도커에서
윈도우 컨테이너
사용하기 2/e

도커에서 윈도우 컨테이너 사용하기 2/e

윈도우 서버 애플리케이션을
클라우드 네이티브 환경으로 보내기 위한 준비

엘튼 스톤맨 지음   남정현 옮김

i!i
에이콘

에이콘출판의 기틀을 마련하신 故 정완재 선생님 (1935-2004)

│ 지은이 소개 │

엘튼 스톤맨 Elton Stoneman

2010년부터 마이크로소프트 MVP로 활동했으며 2013년부터 Pluralsight에서 저자로 활동했다. Docker에 입사하기 전 15년 동안 컨설턴트로 일했고 윈도우, Docker, 애저에서 실행되는 .NET 기반으로 만들어진 대규모 성공적인 솔루션을 설계해 배포해왔다.

마이크로소프트 기술 스택의 새로운 진화를 매우 즐기고 있으며 기존 .NET Framework 애플리케이션을 Docker와 함께 .NET Core를 사용해 윈도우와 리눅스 컨테이너로 현대화하는 것이 왜 필요한지 많은 사람이 이해하도록 도와주고 있다.

Docker를 주제로 블로그 글을 쓰고 트위터로 소통하고 강의 및 발표를 자주 진행한다. Docker와 .NET 사용자 그룹에서 정기적으로 활동하며 DockerCon, NDC, DevSum, BuildStuff, WinOps, Techorama 등 전 세계 여러 콘퍼런스를 다니며 재미 있는 발표를 하는 것을 즐긴다.

가브리엘 N. 쉔커 Dr. Gabriel N. Schenker

25년 이상 IT 업계에서 독립 컨설턴트, 설계자, 리더, 트레이너, 멘터, 개발자로 활동했다. 현재 가브리엘 박사는 컨플루언트사에서 이전에 Docker 사에서 맡았던 일과 비슷한 일을 하는 선임 커리큘럼 개발자로 일하고 있다. 물리학 박사 학위를 소지하고 있으며 Docker 캡틴(커뮤니티 전문가)으로 활동 중이고 공인 Docker 기술자격증도 소지하고 있다. 그리고 ASP 인사이더로 활동 중이다. 휴식 시간에는 매력적인 와이프 베로니카와 예쁜 아이들과 시간을 보낸다.

스테판 셰어러 Stefan Scherer

Docker 사에서 소프트웨어 선임 엔지니어이며 도구와 릴리스 엔지니어링 팀에서 일하고 있다. 윈도우용 Docker를 초창기부터 사용한 얼리 어답터로 마이크로소프트 MVP와 은퇴한 Docker 캡틴 프로그램 내 전문가로서 그의 경험과 피드백을 공유해왔다. 그리고 Chocolatey 패키지 리포지터리에 올라온 Docker 관련 여러 패키지의 메인테이너이기도 하다. 또한 Hypriot 팀 멤버로 커뮤니티 사용자가 ARM 프로세서 기반의 장치에서 실행되는 Docker의 사용 경험을 매우 친숙하게 접할 수 있도록 하는 일도 맡고 있다.

| 옮긴이 소개 |

남정현

2021년 올해까지 12년 연속으로 Microsoft MVP를 수상했으며 게임 업계에서도 최신 기술을 빠르게 도입하는 것으로 유명하고 모두의 사랑을 받는 쿠키런 킹덤을 만든 데브시스터즈에서 데브옵스 엔지니어로 일하고 있다. 회사 일 외에는 한국 애저 사용자 그룹, 닷넷데브, '모여서 각자 코딩하는 모임'이라는 커뮤니티를 운영하고 있다. 국내에서는 모두 관심만 있고 실제로는 사용하기 힘들어하는 Windows 컨테이너와 이를 기반으로 하는 Windows 노드를 포함한 쿠버네티스 클러스터를 국내에서 최초로 프로덕션 환경에 도입하는 프로젝트를 진행했으며 최근 성공적으로 프로젝트를 완료했다. Windows 기반의 기술 스택을 갖는 개발자와 엔지니어에게 새로운 가능성을 제시하는 활동을 꾸준하게 이어가고 있다. 『프로 SQL 애저 입문』(ITC, 2011), 『스프링 프레임워크의 실제』(ITC, 2015), 『제프리 리처의 CLR via C#』(비제이퍼블릭, 2014) 등 총 4권의 번역서와 1권의 공동 저서를 집필했다.

컨테이너 기반 기술은 이제 업계에서 사실상 표준이자 기본 기술이 됐다. 최신 기술을 다루거나 최신 기술에 관심 있는 사람이라면 누구나 기본적인 내용으로 학습하고 인지하는 기술이 됐다. 그리고 이러한 컨테이너를 가장 활용하기 쉽고 편리하게 만들어주는 도구는 단연 Docker라는 것을 부정할 사람도 없다.

컨테이너 기술 덕분에 이전에는 찾아볼 수 없던 수준의 강력함과 유연성을 이뤄내며 IT 업계에 새로운 가능성과 비전을 제시하고 있다. 하나의 서버에서 호스팅할 수 있는 애플리케이션 수를 크게 늘려 더 많은 애플리케이션을 동시에 효율적이고 체계적으로 호스팅할 수 있게 해줘 똑같은 운영 비용 대비 더 많은 작업과 서비스를 가능하게 만들었다.

이 책에서 다루는 Docker는 원래 모두 잘 이해하듯이 리눅스에 기반해 개발돼 온 기술이다. 시대 흐름에 맞춰 윈도우를 개발하는 마이크로소프트도 Docker의 이러한 흥미로운 움직임을 운영 체제에 적극 수용해 윈도우에서도 컨테이너 런타임의 이점을 충분하게 누리도록 새로운 기술 스택을 추가했다. 이것이 바로 이 책에서 다루는 윈도우 컨테이너 기술이며 Docker도 리눅스 컨테이너뿐만 아니라 윈도우 컨테이너를 호스팅하거나 윈도우 컨테이너 이미지를 빌드할 수 있도록 기능을 제공하고 있다.

안타까운 점은 Docker가 리눅스에 국한된 기술이라고 굳게 믿게 할 만한 현실적인 제약 사항이 무척 강력하게 작용한다는 것이다. 리눅스 컨테이너처럼 개발자의 컴퓨터에 쉽게 설치해 쓸 수 없거나 기대한 성능을 끌어내기 위해 알아야 할 사전 조건이 까다로운 편이다. 그리고 윈도우의 상징으로 여겨지는 GUI 애플리케이션을 컨테이너화할 수 없다는 점 때문에 흥미를 금세 잃는 경우도 많을 것이다. 하지만 이는 Docker의 태생과 방향성을 생각해보면 당연한 한편 윈도우 기반 애플리케이션 입장에서는 불공평한 면도 있다.

하지만 컨테이너 런타임을 들여와 얻는 이점은 이러한 불공평을 가볍게 뛰어넘고도 남을 만큼 매력적이고 강력하다. 나는 (주)데브시스터즈에서 데브옵스 엔지니어로 일하며 윈도우 컨테이너를 지원하는 쿠버네티스로 개발 환경 전체를 효율화하는 동시에 프로덕션 환경에서 윈도우 컨테이너로 게임 서비스를 구동할 수 있도록 인프라를 구축해 게임 서비스를 성공적으로 호스팅하는 경험을 할 수 있었다.

컨테이너 런타임을 도입해 관리할 수 있다면 설치와 배포 과정에서 발생하는 인적 오류를 원천 봉쇄할 수 있고 문제가 발생하면 언제든지 컨테이너를 다시 시작하거나 재배포하는 것만으로도 문제를 빨리 복구하고 중단 시간을 최소화할 수 있다. 물론 그러면서도 기존 윈도우 서버 애플리케이션의 이점은 조금만 주의해도 호환성을 얼마든지 맞춰 대응해 나갈 수 있으니 적극 고려할 만한 매력적인 기술이라고 자신 있게 말할 수 있다.

실무에서 윈도우 컨테이너를 도입하길 원하거나 자세한 내용을 알고 싶어하는 모든 이에게 이 책은 좋은 시작점이 될 것이다. 하지만 윈도우 컨테이너를 도입하면서 익숙해지기 위해서는 실제로 알아야 할 내용이 많은 것도 사실이다. 그래서 원서에서는 자세하게 다루지 않았지만 내가 실무에서 윈도우 컨테이너를 도입하면서 경험한, 실수하기 쉬운 내용만 따로 담아 약간의 가이드를 추가했으니 시작 단계에서 발걸음을 떼지 못한 분은 꼭 읽어볼 것을 권한다. 그리고 이 책의 탈고를 마칠 무렵 윈도우 컨테이너의 생태계 지형은 또다시 크게 변화돼 이 책이 설명하던 내용이 2021년에는 더 이상 유효하지 않은 부분이 꽤 늘어났다. 그래서 이 책을 읽는 독자 여러분께서는 책의 본문 외에도 부록의 내용과 함께 실무에서 윈도우 컨테이너를 도입해도 괜찮을지 기술적으로 다시 한 번 신중하게 판단하는 것이 꼭 필요하다.

마지막으로 이 책이 나오기까지 베타 리딩에 참여해주신 모든 분께 감사의 인사를 전하며 출간에 힘써주신 에이콘출판사 관계자 여러분께도 다시 한 번 감사의 말씀을 전한다.

2019년 연말부터 시작돼 아직도 마수를 거두지 않고 있는 코로나19가 하루 빨리 걷히길 바라며

차례

컨테이너는 소프트웨어를 실행할 새로운 방법이다. 컨테이너는 효율적이고 보안성과 이식성이 뛰어나며 윈도우 애플리케이션을 Docker에서 코드 변경 없이 실행할 수 있다. Docker는 매우 어려운 주제인 레거시 애플리케이션의 현대화, 애플리케이션 빌드, 클라우드로의 이동, 데브옵스 도입, 지속적 혁신과 같은 일을 이루게 도와줄 것이다.

이 책은 윈도우에서 Docker를 사용할 때 필요한 모든 것을 기초부터 프로덕션에서 항상 사용 가능한 상태를 보장하기 위해 알아야 할 내용까지 모두 다룬다. 윈도우의 컨테이너에 있는 .NET Framework 및 .NET Core 애플리케이션의 주요 개념과 간단한 예제부터 시작해 Docker로의 여정을 안내할 것이다. 그런 다음 Docker를 사용해 기존 아키텍처를 어떻게 현대화하고 전통적인 ASP.NET과 SQL 서버 애플리케이션을 개발할 수 있는지를 배울 수 있다.

이러한 예제에서는 레거시 단일 애플리케이션을 분산된 애플리케이션으로 분할해 클라우드의 클러스터링된 환경에 배포하는 방법을 보여주며 로컬에서 실행할 때 사용하는 것과 같은 결과물을 사용한다. 그리고 Docker를 사용해 애플리케이션을 컴파일, 패키지, 테스트, 배포하는 CI/CD 파이프라인을 구축하는 방법도 확인할 수 있다. 안심하고 프로덕션 환경으로 전환할 수 있도록 Docker 보안, 관리, 지원 방법을 알아보고 사내 소규모 애플리케이션부터 애저에서 실행되는 대규모 애플리케이션에 이르기까지 Docker 구현의 실제 사례도 알아본다.

▌ 이 책의 대상 독자

기존 단일 애플리케이션을 다시 만들지 않고 현대화할 때, 배포를 프로덕션으로 원활하게 전환하거나 데브옵스 또는 클라우드로 이동할 때 Docker가 큰 도움이 될 것이다. 이 책으로 Docker 관련 견고한 지식과 기반을 얻을 수 있으며 필요한 모든 상황에 폭넓게 대입할 수 있을 것이다.

▌ 이 책의 내용

1장, '윈도우에서 Docker 시작하기'에서는 Docker 런타임을 소개하고 윈도우 10 및 윈도우 서버 2019에서 Docker를 실행해 애저 가상 컴퓨터에서 Docker를 실행하는 방법을 알아본다.

2장, 'Docker로 애플리케이션 컨테이너 이미지 만들고 실행하기'에서는 컨테이너 이미지 즉 컨테이너를 실행할 수 있는 모든 호스트에서 같은 방식으로 실행되는 모든 종속성 있는 패키지 애플리케이션에 초점을 맞춘다. 간단한 웹사이트의 Dockerfile로 컨테이너 이미지를 만든 다음 윈도우에서 실행하는 방법을 확인해본다.

3장, '컨테이너로 .NET Framework 및 .NET Core 애플리케이션 개발하기'에서는 기존 .NET Framework 애플리케이션을 컨테이너로 만들어 윈도우 컨테이너에서 실행하는 방법을 알아보고 모든 운영 체제에서 실행할 수 있는 새로운 .NET Core 애플리케이션을 같은 접근 방법으로 활용하는 방법을 알아본다. .NET Core 애플리케이션은 윈도우와 리눅스에서 모두 잘 실행되며 이식하기 쉬운 컨테이너로 애플리케이션을 옮길 때 이상적으로 적합한 기술이다.

4장, 'Docker 레지스트리와 이미지 공유하기'에서는 제품 팀의 공식 이미지, 공공 커뮤니티 이미지, 개인 저장소의 이미지 등 구축된 이미지를 공유할 수 있는 Docker 허브를 다룬다. 개발 중인 이미지를 게시하는 방법, 내부 사용을 위해 사설 Docker 레지스트리를 실행하는 방법, 그리고 추가 기능이 있는 상업용 레지스트리 솔루션을 알아본다.

5장, '컨테이너 중심 솔루션 설계 채택하기'에서는 4장의 내용을 바탕으로 다양한 고품질 컨테이너 이미지를 사용해 기성품 이미지와 맞춤형 이미지를 혼합해 분산 솔루션을 설계하는 방법을 간단하게 보여준다. 윈도우 컨테이너에서 엘라스틱 서치와 키바나의 새로운 분석 기능과 함께 레거시 모놀리식 애플리케이션을 분해하고 홈페이지 구성 요소를 새로 대체하며 REST API를 추가하는 방법을 배운다.

6장, 'Docker Compose를 사용한 분산 솔루션 구성하기'에서는 애드혹^{Ad-hoc} 분산 솔루션을 Docker 네트워크와 함께 Docker Compose를 사용해 배포 가능한 패키지로 빌드하는 방법을 알아본다. 이로써 컨테이너가 DNS를 사용해 통신할 수 있으며 Docker Compose YAML 파일 구조와 Docker Compose의 실행 방식을 설명한다. 또한 Docker 네트워크의 개요로 컨테이너를 서로 연결하는 것이 얼마나 쉬운지도 알 수 있을 것이다.

7장, 'Docker 스웜을 사용한 분산 솔루션 오케스트레이션'에서는 Docker 스웜을 사용한 프로덕션 준비 클러스터 구축 방법을 설명하며 Docker에 들어 있는 새로운 클러스터링 기술에 중점을 둔다. 윈도우에서 실행되는 스웜 클러스터를 설정하고 라우팅 메시의 작동 방식을 알아보며 분산 애플리케이션을 스웜 서비스로 배포해 서비스 검색 기능을 사용하고 안정적으로 작동하게 만드는 방법을 배운다.

8장, 'Docker 기반의 솔루션과 DTR의 관리 및 모니터링하기'에서는 분산 Docker 솔루션 관리 방법을 설명한다. 윈도우 컨테이너와 함께 기존 관리 도구를 사용할 수 있다. 또한 Docker 스웜에서 컨테이너를 시각화하기 위해 무료/상용 도구를 사용해 컨테이너화된 애플리케이션을 관리하는 새로운 방법을 알아보고 실행 중인 서비스의 순차 업데이트 방법을 배운다.

9장, 'Docker의 보안 위험 및 이점 이해하기'에서는 Docker 보안의 주요 특징 중 하나인 노드에 여러 컨테이너가 실행될 때 발생할 수 있는 위험 즉 공격자가 하나의 컨테이너를 망가뜨리고 다른 컨테이너에 접근할 수 있는 상황을 알아보고 이러한 문제를 최소화하는 방법을 설명한다. Docker 허브와 신뢰할 수 있는 Docker 레지스트리에 들어 있는 이미지에 대한 보안 취약 요소 검색 기능으로 Docker가 보안을 강화하는 방법을 배우고 이미지 내부의 소프트웨어가 내포한 보안 문제를 다룬다.

10장, 'Docker로 만드는 지속적 배포 파이프라인 구축하기'에서는 모든 것이 자동화된 데브옵스 작업 흐름에서 Docker를 다룬다. 소스 제어 및 빌드를 위해 컨테이너에서 Git 서버 및 젠킨스 자동화 서버를 실행하는 Docker를 사용해 전체 배포 파이프라인을 구축한다. 파이프라인은 코드가 푸시될 때 새로운 컨테이너 이미지를 만들고 자동화된 테스트를 실행하며 테스트 환경에 배포한다.

11장, '애플리케이션 컨테이너 디버깅 및 메트릭 보기'에서는 컨테이너를 빌드하거나 실행하는 도중 발생하는 문제를 해결하는 방법을 알아본다. 다양한 버전의 Visual Studio에서 Docker를 사용하는 방법과 애플리케이션 및 컨테이너의 메트릭을 확인해 현재 상태를 대시보드에 표시하는 방법을 알아본다. 또한 Docker가 개발자의 버그 수정 작업 방식을 개선하는 방법도 알아본다.

12장, '잘 아는 것을 컨테이너화하기 – Docker 구현을 위한 지침'에서는 실제 사례에 초점을 맞춘다. Docker의 비즈니스 사례를 제시하고 비즈니스 사례가 충족되는지 확인하는 방법을 설명한다. 개념 증명에서 기존 소프트웨어 스택을 컨테이너화하는 방법과 Docker에서 실행할 수 있는 애플리케이션에서 버티컬 슬라이스(기능 중 일부를 추출해 부분적으로 만들어보는 것)를 추출해 마이크로서비스 아키텍처로 이동하는 방법을 알아본다.

부록 1, '원서 출간 이후 바뀐 내용의 업데이트'에서는 원서가 출간된 후 업데이트된 Docker 및 관련 기술 그중에서도 윈도우 컨테이너와 연관된 부분을 주로 소개하며 바뀐 내용에 맞춰 독자가 검토해야 할 내용을 담고 있다.

부록 2, '윈도우 컨테이너 개발 환경 구축하기'에서는 윈도우 컨테이너 개발 환경을 서버가 아닌 개발자 컴퓨터 환경에 구축할 수 있는 방법을 상세하게 설명한다.

▌ 이 책의 최대 활용법

이 책과 함께 활용하도록 많은 코드 예제가 sixeyed/docker-on-windows GitHub 리포지터리로 제공된다. 예제를 활용하기 위해서는 다음이 필요하다.

- 윈도우 10 1809 업데이트 또는 윈도우 서버 2019[1]
- Docker 버전 18.09 이상

▌ 예제 코드 다운로드

http://www.packtpub.com/support를 방문해 이메일을 등록하면 예제 코드를 받을 수 있으며 이러한 링크를 통해 원서의 Errata도 확인할 수 있다.

예제 코드는 팩트출판사의 깃허브 https://github.com/PacktPublishing/Docker-on-Windows-Second-Edition에서 다운로드할 수 있으며 에이콘출판사 깃허브 저장소 https://github.com/AcornPublishing/docker-windows와 저자 깃허브 저장소 https://github.com/sixeyed/docker-on-windows/tree/second-edition에서도 동일한 예제 코드를 다운로드할 수 있다.

▌ 컬러 이미지 다운로드

이 책에서 사용한 스크린샷과 다이어그램의 컬러 이미지가 포함된 PDF 파일을 제공한다. https://www.packtpub.com/sites/default/files/downloads/9781789617375_Color Images.pdf에서 다운로드할 수 있다.

---

1 번역서가 출간되는 2021년 연말 현재 윈도우 11과 윈도우 서버 2022가 정식 출시됐다.

▌ 표기법

이 책 전체에서 사용한 많은 텍스트 표기법을 설명하겠다.

코드 안의 텍스트: 텍스트, 데이터베이스 테이블 이름, 폴더 이름, 파일 이름, 파일 확장자, 경로 이름, 가짜 URL, 사용자 입력의 코드 단어를 나타낸다. 예를 들어 다음과 같이 표기한다. "애저 포털의 대안으로 **az CLI**를 사용해 DevTest 랩을 관리할 수 있다."

코드 블록은 다음과 같이 표기한다.

```xml
<?xml version="1.0" encoding="utf-8"?>
<configuration>
  <appSettings configSource="config\appSettings.config" />
  <connectionStrings configSource="config\connectionStrings.config" />
</configuration>
```

모든 콘솔의 입력 및 출력 내용은 다음과 같이 표기된다.

```
> docker version
```

볼드체: 새로운 용어, 중요한 단어 또는 화면에 나타나는 단어를 나타낸다. 메뉴나 대화 상자의 단어는 다음과 같은 텍스트로 나타낸다. "다른 작업을 실행하기 전에 **Windows 컨테이너로 전환...**을 선택해야 한다."

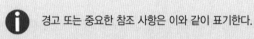

경고 또는 중요한 참조 사항은 이와 같이 표기한다.

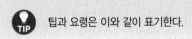

팁과 요령은 이와 같이 표기한다.

▌ 연락하기

독자의 의견은 언제나 환영한다.

정오표: 내용에 문제가 없도록 최선을 다했지만 실수했을 수도 있다. 오류를 발견했다면 자세한 오류 내용을 알려주길 바란다. www.packt.com/submit-errata를 방문해 책을 선택하고 오류 정정을 위한 제출 양식 링크를 클릭해 세부 정보를 입력해주길 바란다.

한국어판의 정오표는 에이콘출판사의 도서정보 페이지 http://www.acornpub.co.kr/book/docker-windows에서 볼 수 있다.

저작권 침해: 인터넷에서 형태와 상관 없이 불법 복제물을 발견했다면 주소나 웹사이트 이름을 제보해주길 바란다. 자료에 대한 링크를 포함해 copyright@packt.com으로 이메일을 보내주길 바란다.

문의: 이 책에 대해 궁금한 점이 있으면 메시지 제목에 책 제목을 언급하고 customercare@packtpub.com으로 이메일을 보내주길 바란다. 한국어판에 관한 질문은 에이콘출판사 편집 팀(editor@acornpub.co.kr)이나 옮긴이의 이메일로 문의하길 바란다.

Docker와
윈도우 컨테이너 이해하기

1부에서는 Docker의 모든 주요 개념(컨테이너, 이미지, 레지스트리, 클러스터)을 여러분에게 소개한다. 여러분은 컨테이너에서 애플리케이션이 실행되는 방법과 Docker를 위해 자체 애플리케이션을 이미지로 만드는 방법을 배운다.

1부에서는 다음 내용을 다룬다.

- **1장**, 윈도우에서 Docker 시작하기
- **2장**, Docker로 애플리케이션 컨테이너 이미지 만들고 실행하기
- **3장**, 컨테이너로 .NET Framework 및 .NET Core 애플리케이션 개발하기
- **4장**, Docker 레지스트리와 이미지 공유하기

01

윈도우에서 Docker
시작하기

Docker는 애플리케이션 플랫폼이다. 격리돼 있고 가벼운 단위인 컨테이너를 사용해 애플리케이션을 실행하는 새로운 방법이다. 컨테이너는 기존 가상 컴퓨터나 베어 메탈 서버보다 더 높은 효율로 애플리케이션을 실행할 수 있다. 컨테이너는 몇 초 안에 시작되며 애플리케이션을 실행할 때 필요한 메모리와 컴퓨팅 자원만 있으면 된다. 또한 Docker는 애플리케이션이 어떠한 종류든 상관 없이 똑같이 동작한다. 한 서버 안에서 최근 새로 나온 .NET Core 애플리케이션 컨테이너와 개발된 지 10년이 넘은 ASP.NET 2.0 웹 폼 애플리케이션 컨테이너를 함께 실행할 수 있다.

컨테이너는 서로 격리된 상태에서 실행되지만 다른 구성 요소와 연동해 사용할 수 있다. 예를 들어 웹 폼 컨테이너는 .NET Core 컨테이너 안에서 실행되는 REST API를 호출할 수 있다. .NET Core 컨테이너는 다른 컨테이너에서 실행되는 SQL 서버 데이터베이스에 접근하거나 다른 컴퓨터에서 실행되는 SQL 서버에 접근할 수 있다. 또한 리눅스와 윈도우 서버에서 모두 Docker를 실행해 클러스터를 구성하고 윈도우 컨테이너가 리눅스 컨테이너와 아무 제약 없이 통신할 수 있다.

기업 규모와 상관 없이 모두 Docker를 사용해 유연하고 효율적으로 운영할 수 있어 큰 이득을 보고 있다. Docker 플랫폼을 만드는 Docker 사의 사례를 보자. Docker를 사용함으로써 하드웨어 요구 사항을 절반으로 낮추고 소프트웨어 출시까지 90% 이상 속도를 끌어올리면서도 애플리케이션이 항상 사용 가능한 상태를 유지할 수 있다. 이와 같이 확실한 비용절감 효과는 기존 데이터센터든 클라우드 환경이든 어디서나 똑같이 적용된다.

Docker에서 실행할 수 있게 애플리케이션을 만드는 것이 단순하게 효율성만 추구하는 것은 아니다. 이식성도 뛰어나다. 작업하는 노트북 컴퓨터에서 컨테이너로 애플리케이션을 만들고 배포하면 데이터센터 안의 서버든 어느 클라우드 서비스의 가상 컴퓨터든 언제 어디서나 똑같이 동작한다. 그 덕분에 배포 과정이 단순해지고 프로그램이 항상 제대로 동작하는 것을 보장할 수 있다. 직접 테스트해 문제 없이 작동하는 결과물을 배포하는 것이기 때문이다. 또한 하드웨어 제조사나 클라우드 공급자를 고려하지 않고 자유롭게 선택할 수 있다.

컨테이너로 전환했을 때의 또 다른 큰 이점은 보안이다. 컨테이너는 애플리케이션 사이를 안전하게 격리해 애플리케이션이 취약점이 있더라도 공격자가 같은 호스트 내의 다른 애플리케이션에 영향을 미칠 수 없게 보호한다. 또한 격리된 환경 덕분에 플랫폼 보안도 강화된다. Docker는 애플리케이션 컨테이너 내부를 검색할 수 있고 애플리케이션 스택에서 보안 취약점이 있으면 사전에 파악해 문제점을 알려줄 것이다. 또한 컨테이너 이미지에 디지털 서명을 추가하고 Docker가 정해진 이미지 제작자만 신뢰하도록 구성해 조건을 만족하는 이미지만 실행하도록 제한할 수 있다.

Docker는 오픈 소스 프로젝트를 사용해 만들어지며 Docker 커뮤니티 에디션[CE]과

Docker 엔터프라이즈[1]로 버전이 구분된다. Docker 커뮤니티 에디션은 매달 새 버전이 출시된다. Docker 엔터프라이즈는 유료로 판매되는 제품이며 무료 버전에 비해 더 많은 기능이 들어 있다. 또한 전문 기술 지원을 받을 수 있고 분기별로 새 버전이 출시된다. Docker 커뮤니티 에디션과 Docker 엔터프라이즈는 모두 리눅스와 윈도우에 설치해 사용할 수 있고 양쪽 버전 모두 같은 기술을 사용하므로 Docker 커뮤니티 에디션과 Docker 엔터프라이즈 구분 없이 애플리케이션 컨테이너를 같은 방식으로 사용할 수 있다.

1장에서는 컨테이너를 배우면서 다음 내용을 알아본다.

- Docker와 윈도우 컨테이너
- Docker의 중요한 개념 이해하기
- 윈도우에서 Docker 실행하기
- 이 책으로 Docker 배우기

▌ 실습에 필요한 준비

1장의 예제를 따라하려면 윈도우 10 2018년 10월 업데이트 (1809) 또는 그 이후 버전에서 윈도우용 Docker 데스크톱을 사용하거나 윈도우 서버 2019에서 Docker 엔터프라이즈를 사용해야 한다. 1장의 코드는 https://github.com/sixeyed/docker-on-windows/tree/second-edition/ch01에서 확인할 수 있다.

---

1 2021년 연말 현재 Docker 커뮤니티 에디션은 도커 데스크톱으로 브랜드가 변경됐고 일정 규모 이상, 일정 매출 이상의 기업에서는 유료 구매가 필요한 소프트웨어로 변경됐다. Docker 엔터프라이즈는 Mirantis 사에서 Docker 엔터프라이즈 부문을 인수해 현재는 미란티스 컨테이너 런타임으로 이름을 바꿔 상용 제품으로 출시했다. 자세한 내용은 부록 1을 참조하길 바란다.

Docker와 윈도우 컨테이너

Docker는 리눅스에서 리눅스의 주요 기능을 이용해 개발됐지만 컨테이너로 애플리케이션을 편리하게 다룰 수 있도록 단순화되고 효율적으로 만들어졌다. 마이크로소프트는 여기서 미래를 보고 Docker 엔지니어링 팀과 긴밀하게 협업하면서 같은 기능을 윈도우에서도 사용할 수 있게 만들었다.

윈도우 서버 2016은 처음으로 컨테이너를 실행할 수 있게 만들어진 버전이며 윈도우 서버 2019에서는 윈도우 컨테이너의 기능과 성능을 더 개선했다. 윈도우 서버에서 개발과 테스트를 목적으로 윈도우 10에서 동일한 컨테이너를 실행할 수 있다. 지금은 윈도우에서 윈도우 애플리케이션을 담은 컨테이너만 실행할 수 있지만 마이크로소프트는 리눅스 애플리케이션을 담은 컨테이너를 윈도우에서도 실행할 수 있도록 기능을 개발하고 있다.

한 가지 알아둘 것이 있다. 윈도우 컨테이너는 윈도우의 그래픽 사용자 인터페이스를 지원하지 않는다. 윈도우 컨테이너는 웹 사이트, API, 데이터베이스, 메시지 큐, 메시지 처리기, 콘솔 애플리케이션처럼 서버용 애플리케이션에 주로 사용한다. Docker로 .NET 윈도우 폼이나 WPF 애플리케이션 같은 클라이언트 애플리케이션을 실행할 수 없다. 하지만 모든 종류의 애플리케이션을 빌드하고 배포하는 과정을 같게 만들기 위해 Docker로 애플리케이션을 패키지로 만들어 배포할 수 있다.

그리고 윈도우 서버 2019와 윈도우 10이 컨테이너를 실행하는 방법도 다르다. Docker를 사용해 컨테이너를 실행하는 방식은 같지만 컨테이너가 실행되는 형태는 다르다. 윈도우 서버에서는 서버에서 컨테이너 안의 애플리케이션을 직접 실행해 컨테이너와 호스트 사이에는 별도의 계층이 없다. 웹 사이트를 서비스하기 위해 컨테이너 안에서 w3wp.exe 프로세스를 실행하면 이 프로세스는 실제로 서버에서 실행된다. 만약 10개의 웹 컨테이너를 실행한다면 서버의 작업 관리자에서 10개의 w3wp.exe 프로세스가 실행되는 것을 볼 수 있다.

윈도우 10은 윈도우 서버 2019와 다른 시스템 커널을 갖고 있으므로 윈도우 서버 커널과 같은 기능을 컨테이너에 제공할 수 있도록 매우 가벼운 가상 컴퓨터 안에서 각각의 컨테이너를 실행한다. 이러한 컨테이너를 Hyper-V 컨테이너라고 부르며 웹 애플리케이션 컨테이너를 윈도우 10에서 실행하면 w3wp.exe 프로세스를 호스트에서 볼 수 없다. 이때 Hyper-V 컨테이너가 직접 윈도우 서버 커널을 실행해 프로세스를 실행하기 때문이다.

 윈도우 10에서는 이 방식을 기본으로 사용하지만 최신 버전의 윈도우 10과 Docker에서는 윈도우 서버 컨테이너를 Hyper-V 컨테이너 방식을 사용하지 않고 직접 실행할 수 있으므로 더 빠른 속도로 컨테이너를 실행할 수 있다.

윈도우 서버 컨테이너와 Hyper-V 컨테이너의 차이점을 아는 것이 좋다. 같은 Docker 아티팩트와 명령문을 사용하므로 절차는 다르지 않지만 Hyper-V 컨테이너를 사용할 때는 좀 더 느리다. 윈도우에서 Docker를 실행할 때 활용할 수 있는 방법을 1장 후반부에서 알아보고 각자 사용 목적에 맞는 가장 적합한 방법을 알아본다.

윈도우 버전

윈도우 서버 컨테이너 안의 애플리케이션은 호스트에서 직접 실행해 프로세스를 만드므로 서버의 윈도우 버전과 컨테이너 안의 윈도우 버전이 같아야 한다. 이 책의 모든 컨테이너 예제에서는 윈도우 서버 2019를 사용하도록 만들어져 있으며 예제를 실행하려면 윈도우 서버 2019 또는 윈도우 10[2] 1809 이상의 버전이 필요하다(winver 명령문을 사용하면 현재 어떠한 버전의 윈도우를 실행하는지 확인할 수 있다).

만약 다른 버전의 컨테이너를 실행해야 한다면 Hyper-V 컨테이너를 사용해 실행할 수 있다. 이러한 방법으로 하위 호환성을 지원하며 윈도우 서버 2016용으로 만든 컨테이너를 윈도우 서버 2019에서도 실행할 수 있다.

---

2 번역서를 집필하는 현 시점에서 윈도우 10의 버전은 윈도우 서버의 버전과 같지 않은 경우가 많다. 책의 내용을 따라하기 위해서는 가상 컴퓨터 기술을 사용할 수 있는 환경에서 최신 버전의 윈도우 10을 사용하거나 정확하게 일치하는 버전의 윈도우 10 또는 윈도우 서버를 주로 사용하는 컴퓨터가 아닌 별도 컴퓨터나 가상 컴퓨터에 Docker를 설치하는 방법을 쓸 수 있다. – 옮긴이

윈도우 라이선스 취득

윈도우 컨테이너는 서버나 가상 컴퓨터에서 실행되는 윈도우와 다른 라이선스 요구 사항을 갖고 있다. 윈도우는 컨테이너 수준이 아닌 호스트 수준의 라이선스 체계를 따른다. 만약 100개의 윈도우 컨테이너를 서버에서 실행한다면 서버 한 대의 라이선스만 필요하다. 가상 컴퓨터를 사용해 애플리케이션을 분리해 실행한다면 이 방법으로 비용을 절약할 수 있다. 가상 컴퓨터를 사용하지 않고 서버에서 직접 컨테이너 안의 애플리케이션을 실행하도록 만들면 가상 컴퓨터를 실행하기 위해 라이선스를 따로 취득하지 않아도 되고 관리 비용도 줄일 수 있다.

Hyper-V 컨테이너는 또 다른 라이선스 계약 방식을 사용한다. 윈도우 10에서는 여러 컨테이너를 실행할 수 있지만 프로덕션 환경에서는 해당되지 않는다. 윈도우 서버에서는 컨테이너를 Hyper-V 모드로 실행해 격리 수준을 강화할 수 있다. 이 방법은 여러 테넌트를 운영하는 환경에서 보안 공격으로 발생할 수 있는 피해를 최소화하는 데 적용할 수 있다. 다만 Hyper-V 컨테이너는 별도 라이선스 모델을 사용한다. 컨테이너를 많이 사용해야 할 경우 윈도우 서버 데이터센터 라이선스를 사용해 개별 라이선스 없이도 Hyper-V 컨테이너를 실행할 수 있다.[3]

마이크로소프트와 Docker는 Docker 엔터프라이즈를 윈도우 서버 2016과 윈도우 서버 2019에서 별도 추가 비용 없이 사용할 수 있도록 협약을 맺었다.[4] 윈도우 서버 라이선스 비용에는 Docker 엔터프라이즈 엔진 비용이 포함돼 컨테이너에서 애플리케이션을 실행할 수 있도록 지원한다. 컨테이너를 실행하거나 Docker 서비스를 사용하면서 문제가 있을 때 마이크로소프트로 지원 요청을 보내면 Docker 엔지니어에게 문제가 전달될 것이다.

---

3 마이크로소프트 애저와 같이 퍼블릭 클라우드 환경에서 윈도우 서버를 사용하는 가상 컴퓨터를 만들고 그 안에서 컨테이너 기술을 사용하면 데이터센터 버전의 운영 체제를 사용하므로 컨테이너의 종류나 개수의 제한 없이 자유롭게 컨테이너를 만들고 실행할 수 있다. – 옮긴이

4 2021년 연말 현재 Docker 엔터프라이즈 제품은 Mirantis 사에서 인수해 새 버전을 출시하고 있다. 아직까지는 윈도우 컨테이너 버전의 미란티스 컨테이너 런타임 실행 시 별도의 라이선스 인증이 필요하진 않지만 향후 변동될 수 있으므로 사용 시 주의가 필요하다.

▌ Docker의 중요 개념 이해하기

Docker는 매우 강력하면서도 이해하기 쉬운 애플리케이션 플랫폼이다. 기존 애플리케이션을 Docker에서 실행하도록 만드는 것은 며칠만 투자해도 가능하며 프로덕션 환경에서 실행하도록 만드는 것도 며칠만 투자하면 된다. 이 책에서는 Docker에서 .NET Framework와 .NET Core 애플리케이션을 실행하기 위한 다양한 예제를 다룬다. 애플리케이션을 Docker에서 실행할 수 있도록 빌드하고 패키지로 만들어 실제로 실행하는 방법을 배우고 솔루션 설계, 보안, 관리, 운영 방법, 지속적인 통합 및 배포^{CI/CD} 달성과 같은 고급 주제도 알아본다.

시작하기 전에 Docker의 중요 개념인 이미지, 레지스트리, 컨테이너, 오케스트레이터를 이해하고 Docker가 실제로 어떻게 실행되는지 알아본다.

Docker 엔진과 Docker CLI

Docker는 백그라운드에서 실행되는 서비스다. 이 서비스는 실행되는 모든 컨테이너를 관리하며 Docker 엔진이라고 부른다. 이 엔진은 컨테이너나 다른 Docker 리소스와 상호작용해야 하는 클라이언트를 위해 REST API를 공개한다. 이 API를 가장 많이 사용하는 클라이언트는 Docker CLI이며 이 책의 코드 샘플을 실행하기 위해 가장 많이 사용할 프로그램이다.

Docker REST API는 누구나 사용할 수 있으며 이 API를 기반으로 만든 다른 종류의 관리 도구로 웹 기반의 사용자 인터페이스를 제공하는 포테이너(오픈 소스)나 Docker 유니버설 제어판^{UCP}(상용 제품) 등이 있다. Docker CLI는 사용하기 매우 간편하며 컨테이너 안의 애플리케이션을 실행하려면 run 명령문을 사용할 수 있고 컨테이너를 제거하려면 rm 명령문을 사용할 수 있다.

또한 Docker API를 원격에서 사용할 수 있도록 구성해 Docker CLI가 원격에서 실행되는 서비스에 연결할 수 있다. 이렇게 하면 클라우드에서 실행되는 Docker 호스트를 사용하는 노트북 컴퓨터의 Docker CLI로 접속해 관리할 수 있다. 원격 연결을 구성할 때는 암호화 기능을 사용해 연결을 더 안전하게 만들 수 있다. 암호화된 연결을 쉽게 설정하는 방법은 1장에서 소개한다.

Docker를 실행할 수 있게 만들면 이미지로부터 컨테이너를 만드는 것부터 시작할 수 있다.

컨테이너 이미지

컨테이너 이미지는 완전한 애플리케이션 패키지다. 이미지에는 하나의 애플리케이션과 실행에 필요한 모든 것이 들어 있다. 언어 런타임, 애플리케이션 호스트, 운영 체제 하부 구성 요소가 들어 있다. 논리적으로 이미지는 하나의 파일이며 이식 가능한 단위다. 컨테이너 이미지를 레지스트리로 푸시해 애플리케이션을 공유할 수 있다. 이미지를 가져올 권한이 있으면 누구든지 컨테이너 안의 애플리케이션을 실행할 수 있고 컨테이너를 실행할 때와 같은 방식으로 작동할 것이다.

좋은 예제가 있다. ASP.NET 웹 폼 애플리케이션은 윈도우 서버에서 IIS 위에서 실행된다. Docker에서 이 애플리케이션을 패키지로 만들기 위해서는 윈도우 서버 코어 기반 이미지에 IIS와 ASP.NET을 추가하고 애플리케이션 코드를 복사한 후 IIS가 애플리케이션을 실행할 수 있도록 구성해야 한다. 이 모든 과정을 Dockerfile이라는 간단한 스크립트로 만들며 파워셸이나 배치 파일을 사용해 필요한 각 단계를 지정할 수 있다.

이미지를 빌드할 때는 `docker image build` 명령문을 사용할 수 있다. Dockerfile과 이미지로 만들 모든 리소스(예를 들어 웹 애플리케이션 콘텐츠)를 지정해 빌드한다. 빌드 후에는 컨테이너 이미지가 만들어진다. 이렇게 하면 이미지의 논리적 크기는 약 5GiB이지만 그중 4GiB는 베이스 이미지로 사용하는 윈도우 서버 코어의 이미지 크기로 다른 이미지와 공유되므로 실제 이미지 크기는 작다(4장. Docker 레지스트리와 이미지 공유하기에서 이미지 레이어와 캐싱 원리를 알아본다).

컨테이너 이미지는 실행하는 애플리케이션의 특정 버전을 위한 파일 시스템의 스냅샷과 비슷하다. 이미지는 만들어진 후에는 내용이 변하지 않으며 이미지 레지스트리를 사용해 배포한다.

이미지 레지스트리

레지스트리는 컨테이너 이미지를 위한 스토리지 서버와 같다. 레지스트리는 공개 또는 비공개로 운영할 수 있으며 자유롭게 사용할 수 있는 공개 레지스트리와 이미지로의 세밀한 접근 제어를 설정할 수 있는 상용 레지스트리 서버가 있다. 이미지는 레지스트리 안에서 고유한 이름으로 저장된다. `docker image push` 명령문을 사용해 권한이 있으면 누구든지 이미지를 업로드할 수 있고 마찬가지로 `docker image pull` 명령문을 사용해 이미지를 다운로드할 수 있다.

가장 유명한 레지스트리는 Docker 허브이며 Docker 사가 직접 운영하는 공개 레지스트리다. 하지만 그들만의 소프트웨어를 배포할 목적으로 각자 레지스트리를 운영하기도 한다.

- Docker 허브는 기본 레지스트리이며 오픈 소스 프로젝트, 상용 소프트웨어, 사설 프로젝트를 위해 일하는 모든 팀에게 매우 인기 있다.[5] Docker 허브에는 수십만 가지의 이미지가 있어 연간 수십억 회 이상 이미지 풀 요청을 처리한다. Docker 허브 이미지를 공개할지 사설 이미지로 만들 것인지 구성할 수 있다. 이미지로의 접근을 보호해야 하는 내부 제품도 Docker 허브로 이미지를 관리할 수 있다. Docker 허브로 GitHub에 저장된 Dockerfile을 가져와 이미지를 빌드하도록 구성할 수 있다. 아쉽게도 이 기능은 리눅스 기반의 이미지만 사용 가능하다. 하지만 곧 윈도우 기반의 이미지도 지원이 추가될 것이다.

---

5 Docker의 유료화 정책 단행으로 Docker 허브도 전송량 제한과 이미지 보관 기한 제한 정책이 추가돼 최근 Docker 허브에서 벗어나 다른 공급자의 제품이나 서비스를 대신 사용하는 사례가 많아졌다.

- 마이크로소프트 컨테이너 레지스트리^{MCR}는 마이크로소프트가 직접 운영하는 이미지 레지스트리로 윈도우 서버 코어, 나노 서버를 포함해 .NET Framework를 사용하도록 미리 만든 이미지도 제공한다. 마이크로소프트의 컨테이너 이미지는 누구든지 다운로드해 사용할 수 있다. 이 이미지는 윈도우를 실행하는 컴퓨터에 서만 실행 가능하며 실행할 때는 윈도우 운영 체제의 라이선스가 필요하다.

일반적인 작업 흐름에서는 CI 파이프라인의 일부로 이미지를 빌드하고 모든 테스트가 통과하면 이미지 레지스트리로 푸시할 것이다. Docker 허브 또는 사설 레지스트리를 대상으로 이와 같이 구성할 수 있다. 그 후에는 컨테이너 안의 애플리케이션을 다른 사람이 실행할 수 있다.

컨테이너

컨테이너는 이미지로부터 만들어진 애플리케이션 인스턴스다. 이미지는 전체 애플리케이션 스택을 포함하고 애플리케이션을 시작하기 위한 과정도 포함하므로 Docker는 컨테이너를 시작할 때 무엇을 해야 할지 알고 있다. 같은 이미지에서 여러 컨테이너를 실행할 수 있고 각각의 컨테이너를 서로 다른 방법으로 시작할 수 있다(2장에서 더 많은 내용을 설명한다).

docker container run 명령문으로 애플리케이션을 시작할 때 이미지의 이름과 구성 방법을 지정해 실행한다. Docker 플랫폼 안에는 배포 기능이 있어 컨테이너를 실행하려는 호스트가 이미지를 갖고 있지 않더라도 우선 Docker는 이미지를 먼저 가져올 것이다. 그다음 지정된 프로세스를 시작하고 여러분의 애플리케이션이 컨테이너 안에서 실행된다.

컨테이너는 CPU나 메모리를 고정해 할당할 필요가 없으며 애플리케이션 프로세스도 필요한 만큼 호스트의 컴퓨팅 자원을 사용할 수 있다. 일반적인 하드웨어에서 충분하게 많은 수의 컨테이너를 실행할 수 있고 CPU를 사용하려는 애플리케이션이 많지 않다면 동시에 충분하게 많은 애플리케이션을 실행할 수 있다. 또한 CPU와 메모리 한도를 지정해 컨테이너를 실행해 애플리케이션이 사용할 수 있는 한도를 제한할 수 있다.

Docker는 컨테이너 런타임과 이미지 만들기와 배포 기능을 제공한다. 규모가 작은 환경이나 개발 환경에서는 노트북 컴퓨터나 테스트 서버와 같은 환경에서 Docker 호스트를 실행하고 각각의 컨테이너를 관리할 것이다. 프로덕션 환경으로 이동하면 항상 사용 가능해야 하고 손쉽게 기능을 확장할 방법을 선택할 수 있어야 한다. Docker 스웜 같은 오케스트레이터가 이럴 때 필요하다.

Docker 스웜

Docker는 컴퓨터 한 대에서 실행할 수 있고 모든 노드가 Docker를 실행하는 클러스터 안의 한 노드에 배정돼 실행할 수 있다. 이와 같은 클러스터를 스웜이라고 부르며 별도로 추가 설치할 것은 없다. 클러스터에 참여하려는 컴퓨터마다 Docker를 설치한 후 첫 번째 컴퓨터가 docker swarm init 명령문으로 스웜을 초기화하고 다른 컴퓨터가 docker swarm join 명령문으로 만들어진 스웜에 가입하면 된다.

스웜 모드는 7장, Docker 스웜을 사용한 분산 솔루션 오케스트레이션에서 더 자세하게 알아본다. 하지만 Docker 플랫폼이 항상 사용 가능하면서도 강력한 보안과 쉽게 확장할 수 있는 기능, 강력한 회복 탄력을 갖고 있다는 것을 알아야 한다. Docker를 배워 프로덕션에서 사용하기 시작하면 앞에서 살펴본 이점을 충분하게 누릴 수 있다.

스웜 모드에서 실행되는 Docker에서는 항상 동일한 결과물을 사용하므로 실행하려는 애플리케이션을 50개 컨테이너로 확장해 20대의 스웜 노드로 확장해 실행할 수 있고 각 컨테이너는 노트북 컴퓨터에서 실행하던 것과 동일하게 실행될 것이다. 스웜에서 실행되는 애플리케이션은 더 나은 성능과 내결함성을 보여줄 것이며 새로운 버전으로 업데이트할 때는 자동으로 순차적으로 업데이트가 적용될 것이다.

스웜 안의 노드는 모든 통신을 각 노드 간에 신뢰할 수 있는 인증서로 암호화해 진행한다. 또한 애플리케이션에서 사용하는 시크릿을 암호화해 스웜에 저장할 수 있으므로 데이터베이스 연결 문자열이나 API 키 같은 정보를 안전하게 저장할 수 있으며 필요한 컨테이너에게만 전달한다.

Docker는 기반이 탄탄한 플랫폼이다. 리눅스에서 처음 개발된 후 약 4년 만에 윈도우 서버에도 2016년 추가 개발됐다. Docker는 크로스 플랫폼을 지원하는 Go 언어로 개발돼 윈도우에 국한되는 코드만 일부 추가됐을 뿐 공통 부분이 많다. Docker를 윈도우에서 실행한다는 것은 이미 수년 동안 프로덕션에서 검증된 믿을 만한 애플리케이션 플랫폼을 사용하는 것이다.

쿠버네티스 소개

Docker 스웜은 널리 쓰이는 컨테이너 오케스트레이터이지만 그 외에도 여러 오케스트레이터가 있다. 쿠버네티스[6]는 또 다른 컨테이너 오케스트레이터로 매우 빨리 크게 성장했으며 지금은 대부분의 퍼블릭 클라우드 공급자가 관리되는 쿠버네티스 서비스를 제공한다. 이 책을 집필하는 현 시점에서 쿠버네티스는 리눅스 전용 오케스트레이터이며 윈도우 지원은 아직 베타 버전 상태다. 컨테이너를 알아가면서 쿠버네티스를 많이 접했을 것이다. Docker 스웜과 쿠버네티스를 비교해보는 것도 좋을 것이다.

우선 둘은 유사점이 많다. 양쪽 모두 컨테이너 오케스트레이터로서 프로덕션에서 규모에 맞게 각 컴퓨터에 배포될 컨테이너를 어떻게 배치해 실행할 것인지를 관리해준다. 양쪽 모두 컨테이너를 실행하며 Docker 스웜과 쿠버네티스 모두 같은 컨테이너 이미지를 사용한다. 양쪽 프로젝트 모두 오픈 소스 프로젝트를 기반으로 만들어졌으며 OCI^{Open Container Initiative} 표준을 따르므로 특정 벤더에 종속될 위험성은 없다. 애플리케이션을 변경하지 않고 Docker 스웜을 먼저 사용하기 시작해 쿠버네티스로 옮겨가거나 반대로 해볼 수도 있다.

이제 차이점을 알아보겠다. Docker 스웜은 매우 단순하다. 분산된 애플리케이션을 컨테

---

6 2019년 4월 쿠버네티스의 윈도우 지원이 정식 출시됐다. 주요 퍼블릭 클라우드 공급자도 서서히 윈도우 쿠버네티스 지원을 발표했다. 하지만 대규모 운영에 한계가 있고 기능 개선이 더 필요하다. 완전하게 동작하는 윈도우 기반의 쿠버네티스를 사용하기 위해서는 최신 버전의 윈도우 서버와 최신 버전의 쿠버네티스를 사용해야 한다.

이너로 실행할 때 스웜에서 어떻게 실행할지를 단 몇 줄의 마크업 언어로 쉽게 구성할 수 있다. 같은 애플리케이션을 쿠버네티스에서 실행할 때는 애플리케이션 구성 마크업을 적게는 4배 또는 그 이상 복잡하게 만들어야 할 수도 있다. 쿠버네티스는 스웜에 비해 더 많은 추상화와 구성 방법이 있어 쿠버네티스로 할 수 있는 일을 스웜에서 할 수 없을 수도 있다. 기능이 많아진 만큼 복잡해져 쿠버네티스를 배우는 것은 스웜을 배우는 것보다 훨씬 어렵다.

쿠버네티스는 조만간 윈도우 지원을 추가할 예정이지만 리눅스 서버와 윈도우 서버 사이의 기능을 대조하면 차이가 클 것이다. 모든 기능이 쿠버네티스에서 완전하게 지원되기 전까지 Docker 스웜을 사용하는 것이 나을 수 있다. Docker는 이미 수백 여 곳 이상의 엔터프라이즈 고객이 사용 중이며 프로덕션에서 Docker 스웜으로 성공적으로 클러스터를 운영한다. 쿠버네티스가 지원하는 특별한 기능이 필요하다면 스웜을 먼저 잘 이해한 후 쿠버네티스를 배운다면 훨씬 쉽게 배울 것이다.

▮ 윈도우에서 Docker 실행하기

윈도우 10에서 Docker를 설치하면 윈도우용 Docker 데스크톱을 간편하게 이용할 수 있다. 윈도우용 Docker 데스크톱은 실행에 필요한 모든 구성 요소를 담고 있으며 최신 버전의 Docker 커뮤니티 엔진을 배포하며 간단한 관리 작업을 할 수 있는 사용자 인터페이스와 함께 이미지 리포지터리와 원격 클러스터를 관리할 수 있는 유용한 방법을 제공한다.

프로덕션 환경에서는 사용자 인터페이스가 제공되지 않는 윈도우 서버 2019 코어를 사용하는 것이 좋다. 이렇게 하면 공격에 취약할 여지를 줄이고 윈도우 업데이트로 최신 버전으로 유지해야 할 범위를 줄일 수 있다. 실행 중인 모든 애플리케이션을 Docker에서 실행할 수 있도록 만들면 윈도우 자체 기능이 더 이상 필요하지 않으며 Docker 엔진만 서비스로 설치해 실행하기만 하면 된다.

앞에서 알아본 모든 설치 방법을 더 자세하게 배우고 이 외에도 애저에서 가상 컴퓨터를 만들어 사용하는 방법을 알아볼 것이다. 윈도우용 Docker를 사용해야 하지만 윈도우 10 이나 윈도우 서버 2019를 사용할 수 없을 때 유용한 방법이다.

 Play with Docker라는 멋진 온라인 Docker 실습 도구(https://dockr.ly/play-with-docker)가 있다. 윈도우 지원이 곧 추가될 예정이며 Docker를 실행하기 전에 미리 준비해야 할 것이 전혀 없고 단지 브라우저를 열어 웹 사이트에 접속해 가이드대로 따라하면 된다.

윈도우용 Docker 데스크톱

윈도우용 Docker 데스크톱은 Docker 공식 웹사이트에서 설치할 수 있다(https://dockr.ly/docker-for-windows). 여기서 스테이블 채널과 에지 채널 중 하나를 골라 설치할 수 있다. 양쪽 채널 모두 커뮤니티 버전의 Docker 엔진을 설치하지만 Edge 채널에서는 매달 출시되는 릴리스 주기를 따르며 시험 중인 기능을 제공한다. 스테이블 채널은 Docker 엔진의 기본 릴리스 주기를 따르며 분기별로 새 버전이 출시된다.

 최신 기능을 시험해보고 싶다면 반드시 에지 채널 버전을 사용해야 한다. 테스트와 프로덕션 환경에서는 Docker 엔터프라이즈를 사용한다. 이 버전을 사용하면 에지 채널 버전에서 사용하던 기능이 여기서는 동작하지 않을 수 있으므로 유의해야 한다. Docker는 최근 윈도우용 Docker 데스크톱에서 쓸 수 있는 엔터프라이즈 기능을 발표했다. 이 기능으로 개발자가 프로덕션에서 사용하는 엔진과 정확하게 같은 버전을 데스크톱에서도 사용할 수 있다.

원하는 채널에 해당하는 설치 프로그램을 다운로드해 실행해야 한다. 설치 프로그램은 시스템이 Docker를 실행할 수 있는지 여부를 확인하고 Docker를 실행할 때 필요한 윈도우 기능을 자동으로 구성할 것이다. Docker가 실행되면 고래 모양의 아이콘이 트레이 아이콘이 모여 있는 알림 바에 표시되고 마우스 오른쪽 버튼으로 아이콘을 클릭하면 그림과 같이 선택 사항이 표시될 것이다.

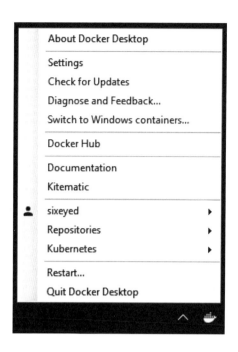

다른 것보다 맨 먼저 Switch to Windows containers 메뉴를 선택해야 한다. 윈도우용 Docker 데스크톱은 리눅스 컨테이너를 리눅스 가상 컴퓨터 안에 별도로 설치된 Docker를 이용해 실행할 수 있다. 이 기능은 리눅스 애플리케이션이 컨테이너에서 어떻게 작동하는지 확인할 수 있는 유용한 기능이지만 이 책의 모든 내용은 윈도우 컨테이너만 다루고 있으므로 윈도우 컨테이너 모드로 전환해야 한다. 한 번만 전환하면 Docker가 설정을 기억할 것이다.

윈도우 버전의 Docker를 실행 중일 때 명령 프롬프트나 파워셸 세션을 열고 컨테이너 관련 작업을 실행할 수 있다. 우선 docker version 명령문을 실행해 의도한 대로 모든 기능이 잘 작동하는지 점검한다. 다음과 비슷하게 표시되면 잘 작동되는 상태다.

```
> docker version

Client: Docker Engine - Community
 Version:            18.09.2
```

```
API version:        1.39
Go version:         go1.10.8
Git commit:         6247962
Built:              Sun Feb 10 04:12:31 2019
OS/Arch:            windows/amd64
Experimental:       false

Server: Docker Engine - Community
 Engine:
  Version:          18.09.2
  API version:      1.39 (minimum version 1.24)
  Go version:       go1.10.6
  Git commit:       6247962
  Built:            Sun Feb 10 04:28:48 2019
  OS/Arch:          windows/amd64
  Experimental:     true
```

 출력 결과는 CLI 클라이언트와 Docker 엔진의 버전 정보를 나타내고 있다. 운영 체제 필드
는 클라이언트와 서버 모두 윈도우로 표시돼야 한다. 그렇지 않으면 아직 리눅스 모드에서 실
행 중인 상태이므로 윈도우 컨테이너 모드로 전환을 다시 시도해야 한다.

이제 Docker CLI로 간단한 컨테이너 하나를 실행할 것이다.

```
docker container run dockeronwindows/ch01-whale:2e
```

이렇게 하면 Docker 허브에 공개된 이미지를 가져오며 이 이미지는 이 책의 샘플 중 하
나로 Docker는 이 컴퓨터로 이미지를 자동으로 가져올 것이다. 다른 이미지를 전혀 받지
않았다면 이 샘플 이미지의 베이스 이미지로 사용한 마이크로소프트의 나노 서버 이미지
도 함께 다운로드하므로 이미지를 받을 때까지 몇 분이 걸릴 수 있다. 컨테이너가 실행되
면 간단한 ASCII 아트가 표시되고 종료될 것이다. 같은 명령문을 다시 실행하면 이번에는
이미지가 로컬에 저장된 상태이므로 더 빨리 실행된다.

윈도우용 Docker는 시작할 때 최신 버전을 검사해 새 버전이 준비되면 설치할 것인지 묻는다. 새 버전이 출시되면 업그레이드하는 것만으로 최신 버전의 Docker 도구를 사용할 수 있다. 현재 설치된 버전을 확인하기 위해서는 **About Docker Desktop** 메뉴를 트레이 아이콘 메뉴에서 선택할 수 있다.

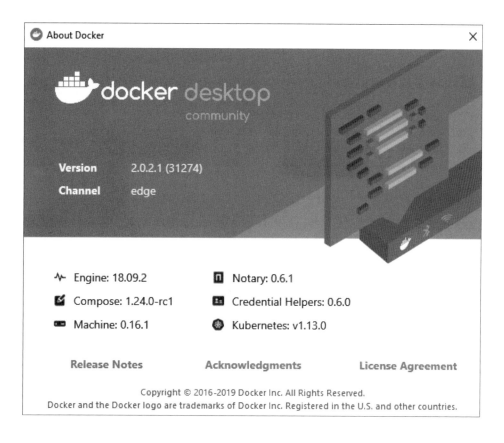

이제 필요한 프로그램이 모두 설치됐다. 윈도우용 Docker 데스크톱에는 이 책 후반부에서 사용할 Docker Compose 도구도 포함되므로 지금부터 이 책의 코드 예제를 쉽게 따라할 수 있다.

Docker 엔진

윈도우용 Docker 데스크톱은 윈도우 10에서 컨테이너를 개발할 때 사용하기에 적합하다. 프로덕션 환경에서는 사용자 인터페이스가 없는 서버를 사용하며 Docker 엔진을 백그라운드 서비스로 설치하는 파워셸 모듈을 사용한다.

윈도우 서버 2019 코어를 처음 설치하면 sconfig 도구를 사용해 가장 최근에 출시된 윈도우 업데이트까지 모두 설치할 수 있고 다음과 같은 파워셸 명령문을 관리자 권한으로 실행해 Docker 엔진과 Docker CLI를 설치할 수 있다.

```
Install-Module -Name DockerMsftProvider -Repository PSGallery -Force
Install-Package -Name docker -ProviderName DockerMsftProvider
```

이 명령들을 실행하면 윈도우에서 필요한 기능을 자동으로 구성하고 Docker를 설치하며 Docker 엔진을 서비스로 등록한다. 윈도우 업데이트를 앞 단계에서 얼마나 많이 설치했는가에 따라 서버를 다시 시작해야 할 수도 있다.

```
Restart-Computer -Force
```

서버가 다시 시작되면 docker version 명령문으로 Docker가 잘 실행되고 있는지 확인할 수 있고 1장 샘플 이미지로 컨테이너를 실행할 수 있다.

```
docker container run dockeronwindows/ch01-whale:2e
```

새 버전의 Docker 엔진이 출시되면 앞의 설치 명령문에서 -Update 옵션을 추가해 다시 실행하면 서버에 설치된 Docker 엔진을 업그레이드할 수 있다.

```
Install-Package -Name docker -ProviderName DockerMsftProvider -Update
```

나는 이 구성을 내가 만든 몇몇 환경에 사용한다. 윈도우 서버 2019 코어를 가벼운 가상 컴퓨터 안에 설치한 후 Docker만 설치해 사용할 것이다. Docker를 서버에서 사용할 때는 원격 데스크톱으로 연결할 수 있다. 또는 Docker 엔진이 원격 연결을 사용할 수 있도록 구성해 노트북 컴퓨터에 설치된 docker CLI 유틸리티로 서버에서 실행되고 있는 컨테이너를 직접 제어할 수 있다. Docker 서버가 직접 원격 연결을 받을 수 있도록 구성하는 것은 더 복잡한 방법으로 더 안전한 원격 연결을 사용할 수 있다.

Docker 엔진이 클라이언트와 통신할 때는 HTTPS에서 사용하는 것과 동일하게 TLS로 연결을 암호화하도록 만드는 것이 가장 좋다. 클라이언트는 서비스와의 통신을 인증할 때 올바른 TLS 인증서가 있을 때만 연결할 수 있다. 암호화 연결을 사용하도록 Docker 서버를 구성하려면 다음 명령문을 가상 컴퓨터에서 실행하고 가상 컴퓨터의 외부 IP 주소를 정확하게 지정해야 한다.

```
$ipAddress = '<vm-ip-address>'

mkdir -p C:\certs\client

docker container run --rm `
 --env SERVER_NAME=$(hostname) `
 --env IP_ADDRESSES=127.0.0.1,$ipAddress `
 --volume 'C:\ProgramData\docker:C:\ProgramData\docker' `
 --volume 'C:\certs\client:C:\Users\ContainerAdministrator\.docker' `
 dockeronwindows/ch01-dockertls:2e


Restart-Service docker
```

이 명령문 실행이 완료되면 Docker 엔진 API는 암호화된 연결만 받아들이도록 구성되며 클라이언트가 접속할 때 필요한 인증서도 자동으로 만들어준다. 가상 컴퓨터의 C:\certs\ client 디렉터리에 만들어진 인증서 파일을 실제로 사용할 Docker 클라이언트 컴퓨터 쪽으로 복사해 사용하면 된다.

클라이언트 컴퓨터에서는 Docker 클라이언트가 원격 Docker 서비스와 통신할 때 사용할 인증서가 저장된 경로를 환경 변수로 지정해 사용할 수 있다. 다음 명령문은 가상 컴퓨터에 원격으로 연결하기 위해 필요한 설정을 해줄 것이다(클라이언트에서 인증서 파일을 저장한 디렉터리 경로와 원격 서버의 IP 주소를 대입해야 한다).

```
$ipAddress = '<vm-ip-address>'

$env:DOCKER_HOST='tcp://$($ipAddress):2376'
$env:DOCKER_TLS_VERIFY='1'
$env:DOCKER_CERT_PATH='C:\certs\client'
```

위의 방법은 Docker 엔진에 원격으로 접속하려는 대상이 있다면 어디든 적용 가능하다. 윈도우 10이나 윈도우 서버 2019를 사용할 수 있는 환경이 아니라면 클라우드에 가상 컴퓨터를 우선 만들고 같은 방법으로 접속할 수 있다.

애저 가상 컴퓨터 안에서 Docker 실행하기

마이크로소프트는 애저에서 Docker를 쉽게 실행할 방법을 제공한다. 윈도우에 Docker를 미리 설치하고 구성해 곧바로 사용할 수 있도록 하고 베이스 이미지도 로컬에 미리 가져와 만들어 둔 가상 컴퓨터 이미지가 있어서 간편하고 빠르게 사용을 시작할 수 있다.

테스트하거나 기능을 알아볼 목적으로 나는 항상 애저의 DevTest Lab을 이용한다. 프로덕션 환경이 아닌 곳에서 이 기능은 매우 유용하다. 기본 설정을 사용하면 DevTest Lab에서 만든 모든 가상 컴퓨터는 매일 저녁 자동으로 종료되므로 몇 시간만 사용하고 쓰지 않은 채 켜둔 가상 컴퓨터 때문에 나올 과다한 요금을 걱정하지 않아도 된다.

애저 포탈에서 DevTest Lab을 만든 후 마이크로소프트가 제공하는 기본 이미지 중 하나인 Windows Server 2019 Datacenter with Containers 이미지를 사용해 가상 컴퓨터를 만든다. 애저 포털을 대신해 az 명령문을 사용해 DevTest Lab을 만들 수 있다. 나는 az 명령문을 컨테이너 이미지로 만들어 윈도우 컨테이너에서 사용할 수 있도록 만들었다. 다음과 같이 실행할 수 있다.

```
docker container run -it dockeronwindows/ch01-az:2e
```

위의 명령문을 실행하면 이미지에 포함된 az 명령문을 사용할 수 있는 컨테이너를 대화형으로 사용할 수 있다. az login 명령문으로 애저에 로그인한 후 브라우저를 열고 애저 CLI를 인증하도록 한다. 그런 다음 컨테이너 안에서 다음 명령문을 실행하면 가상 컴퓨터를 만들 수 있다.

```
az lab vm create `
 --lab-name docker-on-win --resource-group docker-on-win `
 --name dow-vm-01 `
 --image "Windows Server 2019 Datacenter with Containers" `
 --image-type gallery --size Standard_DS2_v2 `
 --admin-username "elton" --admin-password "S3crett20!9"
```

가상 컴퓨터는 사용자 인터페이스가 제공되는 전체 버전의 윈도우 서버 2019를 사용하므로 원격 데스크톱을 사용해 연결한 후 파워셸 세션을 시작하고 Docker를 곧바로 시작할 수 있다. 다른 방법과 마찬가지로 docker version 명령문을 사용해 Docker가 잘 실행되고 있는지 확인할 수 있고 다음 명령문을 사용해 샘플 이미지로부터 컨테이너를 만들어 실행되는 것을 확인할 수 있다.

```
docker container run dockeronwindows/ch01-whale:2e
```

애저 가상 컴퓨터를 사용하는 것이 적절하다면 앞에서 알아본 내용을 따라 Docker API를 원격에서 접속할 수 있도록 설정하면 된다. 이 방법으로 작업 중인 노트북 컴퓨터에서 Docker CLI로 클라우드의 컨테이너를 관리할 수 있다. 애저 가상 컴퓨터는 Docker를 파워셸로 배포하므로 가상 컴퓨터에 설치된 Docker 엔진을 업데이트하기 위해 앞에서 알아본 것과 동일하게 Install-Package ... -Update 명령문을 실행해 최신 버전으로 업데이트할 수 있다.

지금까지 알아본 모든 방법(윈도우 10, 윈도우 서버 2019, 애저 가상 컴퓨터)은 모두 완전하게 같은 컨테이너 이미지를 실행하며 모두 같은 결과가 나타난다. 컨테이너 이미지 dockeronwindows/ch01-whale:2e 안의 샘플 애플리케이션은 어느 환경에서 실행하든 항상 동일하게 동작한다.

▌ 이 책으로 Docker 배우기

이 책의 모든 코드 목록은 내가 만든 GitHub 리포지터리(https://github.com/sixeyed/docker-on-windows)에서 전체 코드를 찾아볼 수 있다. 이 책의 코드를 위한 브랜치가 따로 만들어져 있으며 second-edition으로 브랜치 이름을 지었다. 소스 구조를 보면 각 장마다 폴더가 있고 각 폴더 안에는 코드 샘플마다 폴더가 나눠져 있다. 1장에서는 컨테이너 이미지를 만들기 위해 3개 샘플을 만들었고 각각 ch01\ch01-whale, ch01\ch01-az, ch01\

ch01-dockertls 폴더에 담겨 있다.

나는 새로운 기술을 배울 때 코드 샘플을 따라가는 것을 선호하지만 완전하게 작동하는 데모 애플리케이션을 둘러보는 것을 선호하는 독자를 위해 각 샘플을 모두 Docker 허브에 공개 이미지로 푸시했다. docker container run 명령문을 실행할 때마다 보겠지만 모든 이미지를 Docker 허브에서 받을 수 있으므로 이미지를 직접 빌드하지 않고 이 명령문을 대신 사용해도 된다. 1장의 이미지인 dockeronwindows/ch01-whale:2e 이미지와 같이 모든 이미지는 dockeronwindows라는 이름의 조직 아래 속해 있다. 그리고 이 이미지는 GitHub 리포지터리의 해당 디렉터리 안에 있는 Dockerfile에서 정확하게 같은 이미지를 빌드할 수 있다.

내가 사용하는 개발 환경은 Docker 데스크톱을 사용하는 윈도우 10과 Docker 엔터프라이즈 엔진을 사용하는 윈도우 서버 2019로 나눠져 있다. 내가 구축한 테스트 환경은 윈도우 서버 2019 코어를 사용하며 여기서도 Docker 엔터프라이즈 엔진을 사용한다. 이 책의 모든 코드 샘플은 위의 세 환경에서 모두 테스트한 것이다.

나는 이 책을 집필하는 시점에서 가장 최신 버전인 Docker 18.09 버전 기준을 사용해 테스트를 진행했다. Docker는 항상 하위 호환성을 유지하므로 18.09 이후 버전을 윈도우 10과 윈도우 서버 2019에서 사용한다면 샘플로 제공되는 Dockerfile과 이미지를 같은 방법으로 계속 사용할 수 있다.

나는 이 책이 윈도우용 Docker를 배우기에 좋은 책이 되길 바라며 컨테이너의 기초부터 .NET 애플리케이션을 Docker를 사용해 현대화하고 컨테이너의 보안, 지속적 통합과 배포, 프로덕션 관리까지 한꺼번에 다룰 것이다. 이 책은 여러분의 프로젝트가 Docker를 사용하려면 무엇을 해야 하는지를 알려주는 좋은 지침이 될 것이다.

Docker 기술에 대해 나와 토론하고 싶다면 @EltonStoneman으로 트위터로 언제든지 편하게 연락하길 바란다.

▌ 요약

1장에서는 새로운 애플리케이션은 물론 레거시 애플리케이션도 컨테이너라는 가벼운 컴퓨팅 단위로 모든 것을 실행할 수 있는 애플리케이션 플랫폼인 Docker를 소개했다. 많은 기업이 효율적으로 운영하면서도 강력한 보안을 유지하며 여러 플랫폼으로 쉽게 이식하기 위해 Docker를 도입한다. 1장에서는 다음 주제도 살펴봤다.

- Docker가 윈도우에서 어떻게 동작하고 컨테이너의 라이선스가 관리되는지 살펴봤다.
- Docker에서 중요한 개념인 이미지, 레지스트리, 컨테이너, 오케스트레이터를 살펴봤다.
- 윈도우 10, 윈도우 서버 2019, 애저에서 Docker를 실행할 수 있는 방법을 살펴봤다.

이 책의 다른 코드 예제를 따라해보고 싶다면 계속하기 전에 반드시 Docker 실행 환경부터 구축해야 한다. 2장, Docker로 애플리케이션 컨테이너 이미지 만들고 실행하기에서는 더 복잡한 애플리케이션을 컨테이너 이미지로 만드는 방법과 볼륨에 컨테이너 상태를 저장하고 관리하는 방법을 소개한다.

02

Docker로 애플리케이션 컨테이너 이미지 만들고 실행하기

Docker는 인프라를 보는 관점을 3가지 핵심 구성 요소인 호스트, 컨테이너, 이미지로 나눠 볼 수 있게 해준다. 호스트는 컨테이너를 실행하는 서버로 각 컨테이너는 격리된 상태로 실행되는 애플리케이션 인스턴스다. 컨테이너는 애플리케이션이 담긴 이미지로부터 만든다. 컨테이너 이미지는 개념적으로 매우 단순하며 완전하고 애플리케이션을 실행할 때 필요한 모든 것이 들어 있다. 이미지 형식은 매우 효율적이며 이미지와 컨테이너 런타임 사이에 매우 지능적으로 연계된다. 따라서 이미지를 잘 아는 것이 Docker를 효과적으로 사용하는 첫 걸음이다.

1장, 윈도우에서 Docker 시작하기에서 이미 봤듯이 기본적인 컨테이너를 실행해 Docker가 어떻게 설치됐는지 확인할 수 있었지만 이미지가 구체적으로 어떻게 실행되고 Docker가 이미지를 어떻게 활용하는지는 말하지 않았다. 2장에서는 컨테이너 이미지를 알아보면서 Docker의 구조와 동작 원리를 이해하고 Docker가 이미지를 어떻게 사용하고 기존 애플리케이션을 컨테이너 이미지로 어떻게 만드는지 알아본다.

우선 이미지와 컨테이너의 차이를 알아보자. 같은 이미지에서 여러 개의 컨테이너를 실행 해보면 분명하게 알 수 있다.

2장에서는 Docker의 기본 내용을 다음과 같이 더 자세하게 알아본다.

- 이미지에서 컨테이너 실행하기
- Dockerfile에서 이미지 빌드하기
- 기존 애플리케이션을 컨테이너 이미지로 만들기
- 이미지와 컨테이너 안에서 데이터 다루기
- 레거시 ASP.NET 웹 애플리케이션을 컨테이너 이미지로 만들기

▌ 실습에 필요한 준비

2장의 예제를 따라하기 위해서는 윈도우 10 2018년 10월 업데이트 (1809) 또는 그 이후 버전에서 윈도우용 Docker 데스크톱을 사용하거나 윈도우 서버 2019에서 Docker 엔터 프라이즈를 사용해야 한다. 2장의 코드는 https://github.com/sixeyed/docker-on-windows/tree/second-edition/ch02에서 확인할 수 있다.

▌ 이미지로부터 컨테이너 실행하기

docker container run 명령문으로 이미지에서 컨테이너를 만들 수 있고 컨테이너 안의 애플리케이션을 시작할 수 있다. 이 명령문은 docker container create 명령문과 docker container start 명령문을 각각 실행한 것과 같으며 컨테이너는 이 명령문을 실행하는 시점에서 상태가 달라질 수 있다는 것을 보여준다. 컨테이너를 만들 때는 프로그램을 바로

실행시키지 않도록 할 수 있고 실행 중인 컨테이너는 일시 정지나 정지하거나 다시 시작할 수 있다. 컨테이너는 특정 상태를 가질 수 있고 각 상태마다 다른 방식으로 사용할 수 있다.

태스크 컨테이너에서 한 가지만 실행하기

dockeronwindows/ch02-powershell-env:2e 이미지는 1개 작업만 실행하는 컨테이너 안에서 실행되는 컨테이너 이미지로 만든 애플리케이션의 한 예다. 이 이미지는 윈도우 서버 코어를 베이스 이미지로 사용하며 간단한 파워셸 스크립트를 시작할 때 호출하며 시작하면 현재 환경의 상세한 정보를 출력한다. 이미지에서 직접 컨테이너를 실행하면 어떻게 동작하는지 확인해보자.

```
> docker container run dockeronwindows/ch02-powershell-env:2e

Name                             Value
-----                            -----
ALLUSERSPROFILE                  C:\ProgramData
APPDATA
C:\Users\ContainerAdministrator\AppData\Roaming
CommonProgramFiles               C:\Program Files\Common Files
CommonProgramFiles(x86)          C:\Program Files (x86)\Common Files
CommonProgramW6432               C:\Program Files\Common Files
COMPUTERNAME                     8A7D5B9A4021
...
```

아무 옵션을 주지 않고 실행하면 컨테이너는 이미지에 들어 있는 파워셸 스크립트를 실행하며 운영 체제 환경의 기본적인 정보를 표시한다. 이러한 컨테이너는 태스크 컨테이너로 부르기로 하자. 하나의 작업만 실행하고 종료하기 때문이다.

docker container ls 명령문을 실행해 실행 중인 모든 컨테이너를 확인하려고 하면 이 컨테이너의 정보는 나타나지 않는다. 하지만 docker container ls --all 명령문을 실행해 모든 상태의 컨테이너를 표시하도록 요청하면 이 컨테이너의 상태가 Exited로 나타나는 것을 볼 수 있다.

```
> docker container ls --all
CONTAINER ID      IMAGE           COMMAND        CREATED        STATUS
8a7d5b9a4021      dockeronwindows/ch02-powershell-env:2e         "powershell.exe C:.."
30 seconds ago        Exited
```

태스크 컨테이너는 환경 설정을 위해 실행하는 스크립트나 데이터 백업, 로그 파일 수집과 같이 반복적인 작업을 자동화할 때 유용하다. 컨테이너 이미지 패키지에는 실행할 스크립트와 함께 스크립트가 정상적으로 실행할 때 필요한 정확한 버전의 모든 요구 사항이 들어 있으므로 Docker를 설치한 환경이라면 누구나 스크립트를 실행할 때 필요한 별도 프로그램을 추가로 설치하지 않고도 쉽게 스크립트를 사용할 수 있다.

이와 같은 방식은 특히 파워셸에서 유용하다. 여러 개의 파워셸 모듈에 의존하는 스크립트를 실행할 때 편리하다. 의존하는 모듈은 공개적으로 사용 가능한 모듈일 수 있지만 해당 모듈의 특정 버전이 스크립트에서 필요할 수 있다. 수많은 모듈의 특정 버전을 정확하게 사용자에게 설치하도록 요구하거나 따로 공유하지 않더라도 이러한 모듈을 미리 설치한 이미지를 만들어 공유할 수 있다. 그러면 스크립트 작업을 Docker가 실행하도록 호출하면 된다.

이미지는 자체적으로 완전한 단위이지만 동시에 템플릿으로 사용할 수 있다. 이미지는 하나의 작업만 실행하도록 만들 수 있지만 이미지에서 컨테이너를 실행할 때는 다른 방법을 사용해 다른 일을 하도록 만들 수 있다.

대화형 컨테이너에 연결하기

대화형 컨테이너는 Docker CLI 유틸리티를 사용해 연결을 맺는 방식으로 컨테이너를 원격 컴퓨터에 접속한 것처럼 사용하게 해준다. 대화형 컨테이너는 윈도우 서버 코어 이미지에서 실행할 때 대화형 옵션과 컨테이너가 시작되면 처음 실행할 명령문을 지정해 시작할 수 있다.

```
> docker container run --interactive --tty dockeronwindows/ch02-powershell-env:
2e `
  powershell

Windows PowerShell
Copyright (C) Microsoft Corporation. All rights reserved.

PS C:\> Write-Output 'This is an interactive container'
This is an interactive container
PS C:\> exit
```

--interactive 옵션을 지정하면 대화형으로 컨테이너를 실행하며 --tty 옵션을 지정하면 컨테이너를 터미널 방식으로 제어할 수 있게 세션을 만든다. 컨테이너 이미지 이름 다음에 오는 powershell 문구는 컨테이너가 시작할 때 실행할 명령문을 나타낸다. 명령문을 지정하면 이미지에서 기본으로 설정한 시작 명령문을 대체할 수 있다. 여기서는 이미지에 기본으로 지정된 명령문 대신 파워셸 세션을 시작하므로 환경 변수를 출력하는 스크립트는 실행되지 않는다.

대화형 컨테이너는 그 안에서 명령문이 실행되는 동안 실행이 계속 유지된다. 파워셸에 연결된 동안 docker container ls 명령문을 다른 창에서 실행하면 컨테이너가 계속 실행 중이라는 상태를 표시할 것이다. 컨테이너에서 exit 명령문을 입력하면 파워셸 세션이 끝나고 프로세스가 종료돼 컨테이너도 종료된다.

대화형 컨테이너는 컨테이너 이미지를 만들 때 유용하게 사용할 수 있다. 이 방법을 사용해 단계별로 작업을 진행할 수 있고 의도한 대로 모든 것이 잘 작동하는지 확인할 수 있다. 또한 대화형 컨테이너는 내부 구조를 탐색하는 데 유용한 도구다. Docker 레지스트리에 올라온 다른 이미지를 가져와 애플리케이션을 실행하기 전에 그 안에 들어 있는 내용을 알아볼 수 있다.

이 책을 읽다 보면 Docker가 가상 네트워크 안에서 각 구성 요소가 컨테이너 안에서 실행되며 복잡한 분산 시스템을 운영할 수 있다는 것을 알게 될 것이다. 시스템의 일부를 확인해보고 싶다면 외부에서 공개적으로 드러내지 않더라도 네트워크 안에서 대화형 컨테이너를 실행해 개별 구성 요소를 확인할 수 있다.

백그라운드 컨테이너 안에서 프로세스를 계속 실행하도록 유지하기

컨테이너 유형 중 마지막으로 알아볼 것은 프로덕션 환경에서 가장 많이 쓰이는 형태로 백그라운드에서 프로세스를 오랜 시간 동안 실행하는 형태다. 윈도우 서비스처럼 동작하는 컨테이너다. Docker에서 사용하는 말로 이러한 컨테이너는 분리된 컨테이너라고 부르며 Docker 엔진이 백그라운드에서 이 컨테이너가 계속 실행될 수 있도록 유지하는 것이다. 컨테이너 내부적으로 프로세스가 계속 포그라운드 모드로 실행되는 것이다. 이렇게 실행하는 프로세스로는 웹 서버나 작업을 처리하기 위해 메시지 큐를 계속 바라보는 콘솔 애플리케이션일 수 있다. 프로세스가 계속 실행되는 한 Docker는 컨테이너를 계속 유지할 것이다.

컨테이너 시작 때 몇 분 동안 실행을 유지시킬 명령문을 분리 옵션과 함께 지정해 앞에서 사용한 것과 같은 이미지를 백그라운드 컨테이너로 실행할 수 있다.

```
> docker container run --detach dockeronwindows/ch02-powershell-env:2e `
  powershell Test-Connection 'localhost' -Count 100

bb326e5796bf48199a9a6c4569140e9ca989d7d8f77988de7a96ce0a616c88e9
```

이때는 컨테이너가 실행된 후 터미널로 제어권이 넘어오면서 임의의 문자와 숫자로 구성된 새 컨테이너의 긴 ID 문자열이 반환된다. docker container ls 명령문을 실행하면 컨테이너가 실행 중인 것을 볼 수 있으며 docker container logs 명령문을 실행하면 컨테이너의 콘솔 출력을 볼 수 있다. 지정된 컨테이너에 명령문을 실행할 때는 컨테이너 이름이나 컨테이너 ID의 일부를 지정할 수 있다. ID 값은 임의의 영문자와 숫자로 구성되며 여기서는 컨테이너의 ID가 bb3 문자열로 시작되는 것을 볼 수 있다.

```
> docker container logs bb3

Source              Destination           IPV4Address            IPV6Address
--------            -----------           -------------          -------------
BB326E5796BF        localhost             127.0.0.1              ::1
BB326E5796BF        localhost             127.0.0.1              ::1
```

--detach 옵션을 지정하면 컨테이너가 분리된 상태로 실행돼 백그라운드에서 실행되며 localhost로 Ping 메시지를 100번 반복해 보낼 것이다. 몇 분 지나면 파워셸은 작업을 끝낸 후 실행되는 프로세스가 없으므로 컨테이너는 종료된다.

 백그라운드에서 컨테이너를 계속 실행하기 위해서는 Docker 엔진도 계속 실행돼야 한다는 것을 잊지 말자.

이제 이미지로부터 다양한 방법을 사용해 컨테이너를 만드는 것을 봤다. 이제 이미지를 만든 그대로 사용하거나 기본 실행 모드가 들어 있는 이미지를 템플릿처럼 사용할 수 있을 것이다. 다음으로 이미지를 어떻게 만들 수 있는지 알아본다.

▌ 컨테이너 이미지 빌드하기

컨테이너 이미지는 여러 레이어로 만들어진다. 맨 아래쪽 레이어는 운영 체제로 윈도우 서버 코어처럼 완전한 운영 체제를 담고 있거나 나노 서버처럼 최소한의 OS만 담고 있을 수 있다. 위쪽 레이어들은 기본 OS 이미지에서 출발해 소프트웨어를 설치하거나 파일을 추가하거나 명령문을 실행한 결과 등이 반영된 변경 사항이 들어 있다. 논리적으로

Docker는 이미지를 하나의 단위로 취급하지만 물리적으로 각 레이어는 Docker의 캐시 안에 분리된 파일로 저장되므로 공통 기능이 많은 이미지는 캐시에서 레이어가 다른 이미지와 공유된다.

이미지는 Dockerfile 언어로 만든 텍스트 파일을 사용해 만든다. 이미지를 만들 때 사용할 기본 OS 이미지를 지정해 시작하고 그 위에 추가할 각 단계를 지정한다. 언어 자체가 매우 단순해 프로덕션 수준의 이미지를 만들더라도 익혀야 할 명령문의 종류가 많지 않다. 지금까지 사용했던 파워셸 이미지를 알아보면서 2장에서 내용을 설명한다.

Dockerfile 이해하기

Dockerfile은 컨테이너 이미지에 포함될 소프트웨어를 배포하기 위한 스크립트일 뿐이다. 앞 예제에서 알아본 파워셸 이미지를 만들 때 필요한 코드는 단 세 줄이다.

```
FROM mcr.microsoft.com/windows/servercore:ltsc2019
COPY scripts/print-env-details.ps1 C:\\print-env.ps1
CMD ["powershell.exe", "C:\\print-env.ps1"]
```

Dockerfile을 본 적이 없더라도 무슨 일이 일어날지 쉽게 알 수 있다. FROM, COPY, CMD 같은 지시어는 대문자로 시작하고 그 뒤에 오는 전달 인자parameter 값은 소문자를 사용하는 것이 관례이지만 강제 사항은 아니다. 또한 관례에 따라 Dockerfile이라는 파일 이름으로 텍스트를 저장해야 하지만 이것도 강제 사항은 아니다(윈도우에서 파일 확장명이 없는 것은 이상해 보일 수 있지만 Docker는 리눅스에서 시작된 기술이라는 것을 기억하자).

Dockerfile 안의 지시어를 하나씩 알아보자.

- FROM mcr.microsoft.com/windows/servercore:ltsc2019 이 부분은 이미지가 호스팅되는 곳에 게시된 windows/servercore 이미지의 ltsc2019 버전을 이 이미지의 시작점으로 사용하도록 지정하는 것이다.

- COPY scripts/print-env-details.ps1 C:\\print-env.ps1 이 부분은 로컬 컴퓨터의 파워셸 스크립트를 이미지 안의 특정 위치로 복사할 것을 요청하는 것이다.
- CMD ["powershell.exe", "C:\\print-env.ps1"] 이 부분은 컨테이너가 시작되면 실행할 명령문을 지정하는 부분으로 여기서는 파워셸 스크립트를 실행하도록 지정한 것이다.

그런데 몇 가지 궁금증이 생길 것이다. 베이스 이미지는 어디서 온 걸까? Docker에는 컨테이너 이미지가 저장되는 이미지 레지스트리 개념이 들어 있다. 기본 레지스트리는 Docker 허브라는 자유롭게 사용 가능한 공개 서비스다. 마이크로소프트도 Docker 허브에 몇몇 이미지를 올리곤 하지만 윈도우 베이스 이미지는 마이크로소프트 컨테이너 레지스트리^{MCR}에서 제공된다.

윈도우 서버 코어의 2019 릴리스는 windows/servercore:ltsc2019로 찾을 수 있다. 이미지를 처음 사용하면 Docker는 마이크로소프트 컨테이너 레지스트리에서 로컬 컴퓨터로 이미지를 다운로드한 후 나중에 사용할 수 있도록 캐시에 저장한다.[1]

 마이크로소프트 컨테이너 레지스트리에는 웹 UI가 없기 때문에 검색 편의를 위해 모든 마이크로소프트 이미지 정보를 Docker 허브를 통해 제공한다. 마이크로소프트 컨테이너 레지스트리에 이미지가 올라오면 Docker 허브에도 정보가 업데이트되므로 Docker 허브에서 이미지를 쉽게 검색할 수 있다.

파워셸 스크립트는 어디서 컨테이너로 복사되는 걸까? 이미지를 빌드할 때 Dockerfile이 든 디렉터리가 빌드할 때의 기준 디렉터리가 된다. 이 Dockerfile을 빌드할 때 Docker는 기준 디렉터리 안에서 scripts 폴더를 찾고 그 안에 들어 있는 print-env-details.ps1 파

---

1 편하게 사용할 수 있는 사용자 인터페이스는 아니지만 약간의 스크립트를 활용해 Docker 허브에 제공되는 정보보다 포괄적이고 정밀한 최신 이미지 목록 정보를 얻을 수 있는 방법이 있다. 각 이미지의 태그 목록 페이지에는 사용할 수 있는 모든 태그의 목록을 JSON 형식으로 조회할 수 있는 주소가 제공된다. 윈도우 서버 코어 이미지는 다음 주소를 이용할 수 있다. [https://mcr.microsoft.com/v2/windows/servercore/tags/list] – 옮긴이

일을 찾을 것이다. 파일을 찾지 못하면 이미지 빌드는 실패할 것이다.

 Dockerfile에서는 역 슬래시 문자를 이스케이프 문자로 인식해 여러 줄에 걸쳐 지시어에 전달할 명령문을 쓸 때 사용한다. 이 동작은 윈도우의 파일 경로를 다룰 때 구분 기호와 겹쳐 문제가 있다. C:\ps1 대신 C:\\ps1 또는 C:/print.ps1로 고쳐 써야 한다. 이 문제를 피하는 멋진 방법은 Dockerfile의 첫 시작에 처리 지시어를 추가하는 것이다. 2장 후반부에서 자세하게 보여준다.

파워셸이 이미지에 들어 있는지 어떻게 알 수 있을까? 지금 사용하는 베이스 이미지가 윈도우 서버 코어이므로 파워셸이 들어 있다고 가정하고 사용해도 좋다. 베이스 이미지에는 들어 있지 않은 다른 소프트웨어를 설치할 때 Dockerfile에 필요한 지시어를 얼마든지 추가할 수 있다. 윈도우의 확장 기능을 추가하거나 레지스트리 값을 설정하거나 이미지 안으로 파일을 추가하거나 다운로드하거나 ZIP 파일 압축을 해제하거나 MSI 패키지를 설치하는 등 필요한 것은 뭐든지 할 수 있다.

지금 알아본 것은 매우 간단한 Dockerfile이며 심지어 이중에서 지시어 2개는 필수적인 것도 아니다. 이중에서 FROM 지시어만 필수적인 것이므로 마이크로소프트의 윈도우 서버 코어 이미지와 완전하게 같은 사본을 만들고 싶다면 Dockerfile에 FROM 지시어를 추가해 빌드할 수 있다. 이렇게 만든 이미지로 뭐든지 할 수 있다.

Dockerfile에서 이미지 빌드하기

이제 Dockerfile을 만들었으니 docker 명령문으로 이미지를 만들 차례다. 다른 모든 Docker 명령문처럼 image build 명령문은 직관적이며 반드시 지정해야 할 옵션 숫자가 매우 적고 관례대로 설정되는 내용이 많다.

이미지를 빌드할 때는 콘솔 창을 열고 Dockerfile이 든 디렉터리로 이동해야 한다. 그 다음에는 docker image build 명령문을 실행하면서 이미지에 태그를 부여해 나중에 이미지를 찾을 수 있도록 한다.

```
docker image build --tag dockeronwindows/ch02-powershell-env:2e .
```

모든 이미지는 태그가 필요하며 --tag 옵션을 사용해 지정할 수 있다. 태그를 지정할 때는 그 이미지 이름을 위한 태그가 로컬 이미지 캐시와 이미지 레지스트리에서 고유한 이름이어야 한다. 이렇게 지정한 태그는 컨테이너를 실행할 때 어떠한 이미지를 사용할 것인지를 참조할 때 사용한다. 완전한 형태의 태그 이름을 사용하면 어떠한 이미지 레지스트리를 사용할 것인지 지정할 수 있다. 완전한 태그 이름에는 저장소 이름(애플리케이션의 식별자) 및 접미사(이 버전의 이미지 ID)가 포함된다.

이미지를 직접 만들 때는 원하는 이름을 자유롭게 지정할 수 있다. 하지만 이미지 이름은 {user}/{app}과 같이 레지스트리에서 사용할 사용자 ID로 시작해 애플리케이션 이름이 그 뒤에 오는 것이 관례다. 또한 태그를 사용해 애플리케이션의 버전이나 특별한 구성을 표현할 수 있다. 예를 들어 sixeyed/git과 sixeyed/git:2.17-1-windowsservercore-ltsc2019처럼 Docker 허브에 올라온 내 이미지를 나타낼 수 있다.

image build 명령문 마지막에 오는 마침표는 Docker가 이미지를 빌드할 때 어느 디렉터리를 기준으로 작업해야 하는지를 지정한다. . 표시는 현재 디렉터리를 나타낸다. Docker는 디렉터리의 모든 내용을 임시 폴더로 빌드 작업을 할 때 복사하므로 Dockerfile에서는 어떠한 파일이든 참조할 수 있다. 작업에 필요한 모든 파일을 복사하면 Docker는 Dockerfile에 있는 구문을 처리할 것이다.

Docker가 이미지를 어떻게 만드는지 확인하기

Docker가 이미지를 어떻게 만드는지 원리를 이해하면 효율적인 이미지를 만들 수 있다. image build 명령문은 매우 많은 결과물을 만든다. 각 이미지는 Docker에게 빌드 작업을 하면서 지시한 명령문을 실행한 결과를 담고 있다. Dockerfile의 각 명령문을 실행할 때마다 서로 분리된 새로운 이미지 레이어를 만들어 최종적으로 이렇게 만든 모든 이미지를 종합한 이미지를 만든다. 다음 코드 조각은 이미지를 만드는 과정에서 나온 출력 메시지다.

```
> docker image build --tag dockeronwindows/ch02-powershell-env:2e .

Sending build context to Docker daemon  4.608kB
Step 1/3 : FROM mcr.microsoft.com/windows/servercore:ltsc2019
 → 8b79386f6e3b
Step 2/3 : COPY scripts/print-env-details.ps1 C:\\print-env.ps1
 → 5e9ed4527b3f
Step 3/3 : CMD ["powershell.exe", "C:\\print-env.ps1"]
 → Running in c14c8aef5dc5
Removing intermediate container c14c8aef5dc5
 → 5f272fb2c190
Successfully built 5f272fb2c190
Successfully tagged dockeronwindows/ch02-powershell-env:2e
```

Docker가 이미지를 만드는 과정은 다음과 같다.

1. FROM에서 선택한 이미지는 로컬 캐시에 이미 들어 있으므로 다시 다운로드할 필요가 없다. 8b79로 시작하는 출력되는 문자열은 마이크로소프트의 윈도우 서버 코어 이미지의 ID다.

2. Docker는 빌드 컨텍스트에서 새 이미지 레이어 (ID 5e9e)로 스크립트 파일을 복사한다.

3. Docker는 이미지로부터 컨테이너를 만들었을 때 실행할 시작 프로그램을 설정한다. 이 작업은 2단계에서 임시 컨테이너를 만들고 시작 명령문을 설정한 후 새로운 이미지 레이어 (ID 5f27)로 저장하고 중간 컨테이너 (ID c14c)를 제거하는 과정을 거친다.

최종 레이어는 이미지 이름과 함께 태그가 붙지만 중간 과정에서 만든 모든 레이어도 로컬 캐시에 저장된다. 이와 같은 레이어 시스템은 Docker가 이미지를 빌드하고 컨테이너를 실행할 때 매우 효율적으로 작동한다. 최신 버전의 윈도우 서버 코어 이미지는 4GiB 이상의 압축되지 않은 이미지 크기를 갖고 있지만 윈도우 서버 코어를 베이스 이미지로 사용하면 항상 같은 베이스 이미지를 사용하므로 실제로는 각 사본은 이렇게 큰 용량을 사용하지 않는다.

2장 후반부에서 이미지 레이어와 저장 방식을 더 자세하게 알아본다. 하지만 우선 .NET 과 .NET Core 애플리케이션을 이미지로 만드는 더 복잡한 Dockerfile 예제를 알아본다.

▌ 애플리케이션 이미지 만들기

이미지 만들기의 목표는 애플리케이션을 완전한 단위로 이식을 편하게 만드는 것이다. 이미지는 필요한 어디서든 애플리케이션을 실행하기 편리하게 가능하면 크기가 작아야 하며 운영 체제의 기능에 덜 의존해 실행 속도를 빠르게 만들고 보안 문제를 적게 만드는 것이 좋다.

Docker는 이미지 크기 제약을 따로 두지 않는다. .NET Core 애플리케이션을 이미지로 만든다면 장기적으로 리눅스나 나노 서버에서 실행될 수 있도록 크기가 매우 작은 이미지를 만드는 것이 목표가 될 것이다. 하지만 일단 기존 ASP.NET 애플리케이션 관련 구성 요소를 윈도우 서버 코어에서 실행할 수 있도록 먼저 이미지를 만들 수 있을 것이다. Docker는 애플리케이션을 이미지로 만드는 방법에는 제한이 없으므로 원하는 제작 방법을 자유롭게 선택할 수 있다.

빌드 도중 애플리케이션 컴파일하기

애플리케이션을 컨테이너 이미지로 만드는 방법은 크게 2가지다. 첫째, 애플리케이션 플랫폼과 빌드 도구를 포함하는 이미지를 베이스 이미지로 사용하는 것이다. 이렇게 하면 Dockerfile을 이미지 빌드 단계 중에 소스 코드를 이미지 안으로 복사하고 코드를 컴파일하는 과정을 거치도록 구성할 수 있다.

이 방법은 외부로 공개되는 이미지를 만들 때 흔하게 사용하는 방법이다. 애플리케이션 플랫폼이 로컬에 설치되지 않았더라도 누구든지 이미지를 빌드할 수 있어 많이 사용한다. 또한 애플리케이션 빌드를 위한 도구도 이미지에 함께 들어 있으므로 컨테이너 안에서 실행되는 애플리케이션에 문제가 있다면 디버깅하거나 진단할 수 있다.

다음은 간단한 .NET Core 애플리케이션을 이미지로 만드는 Dockerfile 예제다. 이 Dockerfile은 dockeronwindows/ch02-dotnet-helloworld:2e 이미지를 만들 때 사용한다.

```
FROM microsoft/dotnet:2.2-sdk-nanoserver-1809

WORKDIR /src
COPY src/ .

USER ContainerAdministrator
RUN dotnet restore && dotnet build
CMD ["dotnet", "run"]
```

이 Dockerfile은 Docker 허브에 올라온 마이크로소프트의 .NET Core 이미지를 베이스 이미지로 사용한다. 이 이미지는 여러 .NET Core 이미지 중 한 가지 종류이며 .NET Core 2.2 SDK가 설치된 나노 서버 릴리스 1809 기반 이미지다. 이 빌드 과정은 애플리케이션 소스 코드를 빌드 컨텍스트로부터 복사하고 컨테이너 빌드 과정의 일부로서 코드를 컴파일하는 과정을 거친다.

이번에 나오는 Dockerfile은 앞에 나오지 않은 새로운 3가지 지시어의 사용법을 보여준다.

1. WORKDIR 지시어는 현재 작업 중인 디렉터리를 지정한다. Docker는 이 명령문으로 지정한 디렉터리 경로가 없으면 중간 과정의 컨테이너에서 디렉터리를 만들고 현재 디렉터리 위치를 지정한 위치로 변경한다. 디렉터리를 변경하면 이어서 실행될 Dockerfile 지시어가 이 디렉터리 위에서 실행되며 컨테이너가 이미지로

부터 실행될 때도 이 디렉터리를 기준으로 실행된다.

2. USER 지시어는 빌드 과정에서 사용하는 사용자 계정을 변경한다. 나노 서버는 기본적으로 가장 적은 권한이 있는 사용자를 사용한다. 이 지시어를 실행해 컨테이너 이미지 안에서 관리자 권한이 부여된 기본 사용자로 변경한다.

3. RUN 지시어는 명령문을 중간 컨테이너 안에서 실행하고 명령문 실행이 끝나면 컨테이너 상태를 저장하고 새로운 이미지 레이어를 만든다.

이 이미지를 빌드하면 이미지 빌드의 RUN 지시어로 dotnet 명령의 실행 결과와 빌드 과정이 메시지로 출력된다.

```
> docker image build --tag dockeronwindows/ch02-dotnet-helloworld:2e .
Sending build context to Docker daemon  192.5kB
Step 1/6 : FROM microsoft/dotnet:2.2-sdk-nanoserver-1809
 → 90724d8d2438
Step 2/6 : WORKDIR /src
 → Running in f911e313b262
Removing intermediate container f911e313b262
 → 2e2f7deb64ac
Step 3/6 : COPY src/ .
 → 391c7d8f4bcc
Step 4/6 : USER ContainerAdministrator
 → Running in f08f860dd299
Removing intermediate container f08f860dd299
 → 6840a2a2f23b
Step 5/6 : RUN dotnet restore && dotnet build
 → Running in d7d61372a57b

Welcome to .NET Core!
...
```

Docker 허브에서 .NET Core, Go, Node.js 같은 언어로 만든 애플리케이션 이미지가 이러한 방법으로 많이 만든다. 이러한 언어는 모두 기본 이미지에 기능을 쉽게 추가할 수 있기 때문이다. Docker 허브에서 자동으로 이미지를 빌드하는 것도 가능하므로 코드 변경 사항을 GitHub로 보내면 Docker의 서버가 Dockerfile을 읽어 새로운 이미지를 자동으로 빌드하도록 만들 수 있다. 서버에 .NET Core, Go 또는 Node.js가 설치되지 않더라도 이미지를 빌드할 때 필요한 모든 구성 요소가 베이스 이미지에 이미 들어 있기 때문에 전혀 문제가 없다.

이러한 방식으로 만든 최종 이미지는 프로덕션 애플리케이션의 크기보다 훨씬 더 커진다. 언어 SDK와 도구는 애플리케이션이 차지하는 것보다 훨씬 더 많은 디스크 공간을 사용한다. 컨테이너의 최종 결과물은 어디까지나 애플리케이션뿐이며 이미지 안에 들어 있을 수 있는 모든 빌드 도구는 컨테이너가 프로덕션에서 사용될 때는 전혀 쓰이지 않을 것이다. 이 문제를 해결할 대안으로 애플리케이션을 먼저 빌드한 후 컴파일된 바이너리를 여러분의 컨테이너 이미지로 만들 수 있다.

빌드 전에 애플리케이션 컴파일하기

애플리케이션을 먼저 빌드하도록 만드는 것은 기존 빌드 파이프라인과 잘 맞는다. 빌드 서버는 애플리케이션을 컴파일하는 데 필요한 모든 플랫폼과 빌드 도구를 갖춰야 하지만 완성된 컨테이너 이미지에는 애플리케이션 실행에 필요한 최소한의 구성 요소만 갖고 있어야 한다. 이러한 접근법으로 볼 때 지금 만들 .NET Core 애플리케이션을 위한 Dockerfile을 더 단순하게 만들 수 있다.

```
FROM microsoft/dotnet:2.2-runtime-nanoserver-1809

WORKDIR /dotnetapp
COPY ./src/bin/Debug/netcoreapp2.2/publish .

CMD ["dotnet", "HelloWorld.NetCore.dll"]
```

이 Dockerfile은 FROM 지시어에서 다른 베이스 이미지를 사용한다. 사용하는 베이스 이미지는 .NET Core 2.2 런타임만 포함하고 실행할 때 불필요한 도구는 들어 있지 않다(즉 컴파일된 애플리케이션을 실행할 수 있지만 다른 소스 코드는 컴파일할 수 없다). 이 이미지를 빌드하기 위해서는 반드시 애플리케이션을 먼저 빌드해야 한다. 그래서 docker image build 명령문을 빌드 스크립트 안에 포함시켜 dotnet publish 명령문을 애플리케이션 빌드 중에 실행해 바이너리를 컴파일할 수 있도록 준비시켜야 한다.

다음은 애플리케이션을 컴파일하고 컨테이너 이미지를 빌드할 수 있도록 만든 간단한 빌드 스크립트다.

```
dotnet restore src; dotnet publish src

docker image build --file Dockerfile.slim --tag dockeronwindows/ch02-dotnet-helloworld:2e-slim .
```

 Dockerfile 지시어가 든 파일의 이름을 Dockerfile이 아닌 다른 파일 이름으로 저장했다면 --file 옵션을 다음과 같이 사용해 정확한 파일 이름을 지정해야 한다.
```
docker image build --file Dockerfile.slim
```

이미지로부터 플랫폼 도구를 분리해 빌드 서버 쪽으로 이동시켜 전에 만들었던 최종 이미지보다 훨씬 작은 이미지를 만들 수 있었다. 이전에는 1.75GiB 정도의 크기를 차지했고 이 버전은 410MiB로 차지하는 크기가 줄었다. 줄어든 크기를 확인하기 위해 이미지 목록을 조회할 때 이미지 리포지터리 이름을 필터 조건으로 사용할 수 있다.

```
> docker image ls --filter reference=dockeronwindows/ch02-dotnet-helloworld

REPOSITORY                                TAG       IMAGE ID      CREATED
SIZE
dockeronwindows/ch02-dotnet-helloworld    2e-slim   b6e7dca114a4  About a minute ago
410MB
dockeronwindows/ch02-dotnet-helloworld    2e        bf895a7452a2  7 minutes ago
1.75GB
```

또한 새 버전의 이미지는 기능이 더 제한적이기도 하다. .NET Core의 SDK가 이미지에 들어 있지 않으므로 컨테이너에 접속해 애플리케이션 코드를 보려고 하거나 코드에 변경 사항을 가하고 애플리케이션을 다시 컴파일하는 작업을 할 수 없다.

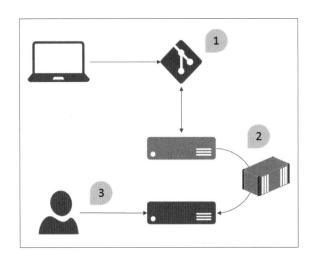

엔터프라이즈 환경이나 상용 애플리케이션에서는 이미 잘 갖춰진 빌드 서버를 사용할 것이며 만든 애플리케이션을 이미지로 만드는 것은 더 포괄적인 작업 흐름의 일부가 될 것이다.

이 파이프라인에서 개발자는 변경 사항을 중앙의 소스 코드 리포지터리로 보낼 것이다. (1) 빌드 서버는 애플리케이션을 컴파일하고 단위 테스트를 실행할 것이며 테스트를 통과하면 컨테이너 이미지를 만들고 스테이징 환경으로 배포될 것이다. (2) 통합 테스트와 엔드 투 엔드 테스트가 스테이징 환경에서 실행될 것이며 모두 통과하면 새로 만든 버전의 애플리케이션 컨테이너 이미지는 테스터가 검증할 수 있는 출시 후보가 될 것이다. (3) 프로덕션 환경에서 새 버전의 이미지로 컨테이너를 실행하는 방법으로 배포할 수 있으며 이때 모든 애플리케이션 스택은 앞의 테스트 과정을 거치면서 사용한 것과 같은 바이너리가 들어 있다는 것을 보장할 수 있다.

이 방법의 단점은 모든 빌드 에이전트에 애플리케이션 SDK가 반드시 설치돼야 한다는 것이며 모든 SDK와 종속되는 구성 요소의 버전이 개발자가 사용하는 것과 일치해야 한다는 것이다. 윈도우 기반 프로젝트에서는 CI 서버에 개발자가 사용하는 것과 같은 도구를 사용할 수 있도록 Visual Studio를 설치하는 것을 자주 볼 수 있다. 이 때문에 빌드 서버를 유지·관리할 때 매우 많은 일을 해야 하고 빌드 서버의 성능에 안 좋은 영향을 미친다.

 또한 컴퓨터에 .NET Core 2.2 SDK를 설치하지 않는 이상 컨테이너 이미지에 들어갈 프로그램을 소스 코드로부터 만들 수 없다.

양쪽을 모두 충족하기 위해 다단계 빌드를 사용할 수 있다. Dockerfile에 애플리케이션을 컴파일하기 위한 단계와 최종 이미지를 만들기 위한 단계를 모두 만드는 방법이다. 다단계 Dockerfile은 이식성이 뛰어나 이미지를 빌드하기 위해 사전에 갖춰야 할 구성 요소가 없고 최종 이미지는 애플리케이션을 실행하기 위한 최소한의 구성 요소만 포함하도록 만들 수 있다.

다단계 빌드로 컴파일하기

다단계 빌드에서는 여러 번의 FROM 지시어를 Dockerfile 안에서 사용할 수 있으며 각각의 FROM 지시어는 새로운 단계의 빌드를 나타낸다. Docker는 이미지를 빌드할 때 모든 지시어를 실행하며 후속으로 등장하는 단계는 이전 단계가 만든 출력 파일을 사용할 수 있지만 맨 마지막 단계의 이미지만 최종 이미지로 채택된다.

앞의 2개 Dockerfile을 하나로 만든 다단계 Dockerfile을 .NET Core 콘솔 애플리케이션을 빌드하기 위해 만들 수 있다.

```
# build stage
FROM microsoft/dotnet:2.2-sdk-nanoserver-1809 AS builder

WORKDIR /src
```

```
COPY src/ .

USER ContainerAdministrator
RUN dotnet restore && dotnet publish

# final image stage
FROM microsoft/dotnet:2.2-runtime-nanoserver-1809

WORKDIR /dotnetapp
COPY --from=builder /src/bin/Debug/netcoreapp2.2/publish .

CMD ["dotnet", "HelloWorld.NetCore.dll"]
```

여기서는 몇 가지 새로운 내용이 추가됐다. 첫 번째 단계에서는 .NET Core SDK가 설치된 크기가 큰 베이스 이미지를 사용했다. 이 단계의 이름은 FROM 지시어 뒤에 AS 키워드를 사용해 이름을 지정할 수 있으며 이름은 builder로 정했다. 빌드 단계의 나머지 부분은 소스 코드를 복사해 애플리케이션을 게시하는 것이다. builder 단계가 완료되면 게시된 애플리케이션이 중간 컨테이너에 저장된다.

두 번째 단계에서는 .NET Core 런타임 이미지를 사용하며 SDK가 들어 있지 않다. 이 단계에서는 앞 단계에서 게시된 출력을 복사한다. --from=builder 옵션을 COPY 지시어에 지정하는 방식으로 출력 파일을 복사할 수 있다. 이 애플리케이션을 빌드하려는 사람은 컴퓨터에 .NET Core를 설치하지 않았더라도 Docker만 사용해 컴파일할 수 있다.

윈도우 애플리케이션을 위한 다단계 Dockerfile은 어디서든 실행할 수 있다. 애플리케이션을 컴파일하고 이미지를 빌드하는 데 필요한 것은 Docker가 설치된 윈도우 컴퓨터와 컴파일할 코드뿐이다. builder 단계에는 컴파일러 도구와 SDK 모두 들어 있지만 최종 이미지에는 애플리케이션과 애플리케이션을 실행하기 위한 최소한의 구성 요소만 담긴다.

이 방법은 .NET Core만 해당하는 것은 아니다. 이 방법은 .NET Framework 애플리케이션에도 적용할 수 있다. 첫 빌드 단계에서는 MSBuild가 설치된 이미지를 사용해 애플리케이션을 컴파일할 수 있다. 이 책 후반부에 이와 관련된 매우 풍부한 예제를 볼 수 있다.

어떠한 방법을 사용하든 다른 시스템과 통합되는 소프트웨어는 더 복잡한 애플리케이션 이미지를 빌드하기 위해 이해해야 할 Dockerfile 지시어 몇 가지가 더 있다.

주요 Dockerfile 지시어 사용하기

Dockerfile의 문법은 매우 단순하다. 이미 FROM, COPY, USER, RUN, CMD 지시어를 알아보면서 애플리케이션을 컨테이너 안에서 실행할 수 있도록 이미지를 만드는 방법을 알아봤다. 실제 사용하는 애플리케이션을 이미지로 만들어 사용하기 위해서는 나와 있는 것보다 더 많은 것이 필요하며 지금 알아본 것 외에 핵심적인 지시어 3가지를 더 이해해야 한다.

다음은 간단한 정적 웹 사이트를 띄우는 Dockerfile 예제다. 인터넷 정보 시스템[IIS] 서비스를 사용하며 기본적인 시스템 정보를 표현하는 HTML 페이지를 기본 웹 사이트를 통해 제공한다.

```
# escape=`
FROM mcr.microsoft.com/windows/servercore/iis:windowsservercore-ltsc2019
SHELL ["powershell"]

ARG ENV_NAME=DEV

EXPOSE 80

COPY template.html C:\template.html
RUN (Get-Content -Raw -Path C:\template.html) `
    -replace '{hostname}', [Environment]::MachineName `
    -replace '{environment}',
[Environment]::GetEnvironmentVariable('ENV_NAME') `
    | Set-Content -Path C:\inetpub\wwwroot\index.html
```

이 Dockerfile은 escape 전처리기로 내용이 시작된다. 이 문장은 Docker가 역 틱 문자 (`)를 이스케이프 문자로 이해하도록 동작을 수정해 기본 역 슬래시 문자 대신 역 틱 문자를 사용해 여러 줄에 걸쳐 명령문을 쓸 수 있도록 이스케이프 처리를 한다. 이 전처리기를 이용해 윈도우 사용자가 선호하는 것처럼 파일 경로에서 역 슬래시 문자를 사용할 수 있고 길게 풀어 쓴 파워셸 명령문을 여러 줄로 나누기 위해 역 틱 문자를 사용할 수 있다.

베이스 이미지는 `microsoft/iis`로 윈도우 서버 코어 이미지에 IIS를 미리 설치한 이미지다. HTML 템플릿 파일을 Docker 빌드 컨텍스트에서 루트 폴더로 복사했다. 그 다음 파워셸 명령문을 실행해 템플릿 파일 내용을 수정하고 IIS의 기본 웹 사이트가 사용하는 디렉터리에 파일을 저장한다.

이 Dockerfile에서는 3가지 새로운 지시어를 사용했다.

- `SHELL` 지시어는 `RUN` 지시어에 지정되는 명령문을 처리할 대상을 지정한다. 기본은 `cmd`이며 여기서는 `powershell`을 대신 사용한다.
- `ARG` 지시어는 이미지에서 사용할 빌드 전달 인자를 기본 값으로 지정한다.
- `EXPOSE` 지시어는 이미지에서 포트를 사용 가능하게 해 이미지의 컨테이너가 호스트에서 트래픽을 전송할 수 있게 한다.

이 정적 웹 사이트에는 단일 홈 페이지가 있으며 응답을 보낸 서버 이름과 페이지 제목에 환경 이름이 표시된다. HTML 템플릿 파일은 호스트 이름과 환경 변수가 들어갈 표식이 들어 있다. `RUN` 지시어는 파일 내용을 읽고 표식에 실제 호스트 이름과 환경 변수 값을 대체한 후 내용을 파일로 저장하는 파워셸 스크립트를 실행한다.

컨테이너는 격리된 공간에서 실행되고 호스트는 이미지에서 명시적으로 사용 가능한 것으로 표시한 포트 번호로 들어온 네트워크 트래픽에만 응답을 보낼 수 있다. `EXPOSE` 지시어로 사용하려는 포트를 지정하는 것은 방화벽을 설정하는 것과 같다. 애플리케이션이 수신 대기할 포트 번호만 내보내기 위해 이 지시어를 사용할 수 있다. 이 이미지로 컨테이너를 만들어 실행하면 포트 `80`으로 공개적으로 통신하면서 Docker가 컨테이너로 웹 트래픽을 처리할 수 있다.

일반적인 방법으로 이 이미지를 빌드하고 Dockerfile에 지정된 `ARG` 지시어를 사용해 빌드할 때 `--build-arg` 옵션으로 기본 값을 재정의할 수 있다.

```
docker image build --build-arg ENV_NAME=TEST --tag dockeronwindows/ch02-static-
website:2e .
```

Docker는 앞에서 본 것과 같이 새로운 지시어를 처리한다. 스택 안에서 새로운 중간 컨
테이너를 기존 이미지로부터 만들고 지시어를 실행하며 새로운 이미지 레이어를 컨테이
너로부터 추출한다. 이미지 빌드를 마치면 정적 웹 서버를 시작할 수 있는 새로운 이미지
가 완성된다.

```
> docker container run --detach --publish 8081:80 dockeronwindows/ch02-static-
website:2e
6e3df776cb0c644d0a8965eaef86e377f8ebe036e99961a0621dcb7912d96980
```

이렇게 실행하면 컨테이너가 분리된 상태로 백그라운드에서 실행되며 --publish 옵션에
지정한 80번 포트를 호스트에서 사용할 수 있게 한다. 포트 번호를 게시하면 Docker가 컨
테이너와 호스트 사이의 트래픽이 통할 수 있도록 연결한다. 여기서는 호스트의 8081번
포트가 컨테이너의 80번 포트와 연결될 수 있도록 지정했다.

또한 Docker가 호스트에서 임의의 포트를 지정할 수 있게 하고 port 명령문을 사용해 컨
테이너가 어떠한 포트를 공개하는지 확인할 수 있으며 호스트의 어떠한 포트로 게시됐는
지 확인할 수 있다.

```
> docker container port 6e
80/tcp → 0.0.0.0:8081
```

이제 이 컴퓨터의 8081번 포트를 브라우저를 열어 탐색할 수 있으며 컨테이너 안의 IIS가
호스트 이름 즉 컨테이너의 ID와 제목 표시줄에 환경 이름을 표시하도록 만든 응답을 내
보내는 것을 볼 수 있다.

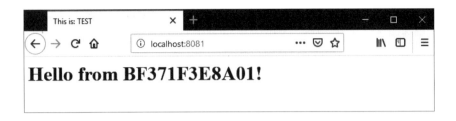

환경 이름은 단순하게 텍스트 설명으로 `docker image build` 명령문으로 전달된 전달 인자 값이다. 이 값은 Dockerfile에 포함된 ARG 지시어와 함께 쓰인 기본 값을 변경한 것이다. 호스트 이름은 반드시 컨테이너 ID를 표시하지만 한 가지 문제가 있다.

웹 페이지에서 호스트 이름은 `bf37`로 시작한다. 지금 띄운 컨테이너의 ID는 `6e3d`로 시작한다. 실제로 실행 중인 컨테이너의 ID와 표시되는 ID가 왜 다른지 이해하기 위해서는 이미지 빌드 과정에 사용하는 임시 컨테이너를 이해해야 한다.

임시 컨테이너와 이미지 상태 이해하기

내 웹사이트 컨테이너에는 `6e3d`로 시작하는 ID가 있다. `6e3d`는 컨테이너 내부의 애플리케이션에서 볼 수 있는 호스트 이름이지만 지금 웹사이트가 보여주려는 ID와는 다르다. 뭐가 잘못된 걸까? Docker가 Dockerfile 안의 빌드 지시어를 실행할 때마다 임시로 중간 컨테이너를 만들어 실행했다는 것을 다시 기억하자.

`RUN` 지시어는 HTML 페이지를 임시 컨테이너 안에 만들면서 파워셸 스크립트가 HTML 파일 안에 호스트 이름을 기록한다. `bf37`이라는 컨테이너 ID가 이때 기록된다. 중간 컨테이너는 Docker에서 제거되지만 HTML 파일은 이미지 안에 영구적으로 저장된다.

이 개념은 매우 중요하다. 이미지를 빌드할 때 실행되는 모든 지시어는 임시 컨테이너 안에서 실행된다. 컨테이너가 제거돼도 이때 기록된 파일 내용은 최종 이미지까지 남아 이 이미지를 사용해 만든 모든 컨테이너에서 같은 내용이 유지된다. 이 웹사이트를 담은 이미지 컨테이너 여러 개를 실행했다면 HTML 파일에 저장된 같은 호스트 이름이 모든 컨테이너에서 표시될 것이다. 이미지 안에 이 파일이 들어 있고 모든 컨테이너가 같은 이미지를 공유하기 때문이다.

물론 이미지와 분리된 개별 컨테이너에 상태를 저장해 컨테이너 사이에 공유되지 않도록 만들 수 있다. 이제 Docker에서 어떻게 데이터를 다룰 수 있는지 알아보고 2장을 마무리하면서 실제 환경에서 사용하는 Dockerfile 예제를 알아본다.

█ 컨테이너 이미지와 컨테이너 안에서 데이터 다루기

컨테이너에서 실행되는 애플리케이션은 운영 체제에서 보통 사용하던 것과 같이 파일을 읽거나 쓸 수 있는 파일 시스템을 사용할 수 있다. 컨테이너 안의 애플리케이션은 드라이브로 표현되는 파일 시스템을 사용한다. 하지만 이것은 가상 파일 시스템이며 내부의 모든 데이터는 여러 개의 서로 다른 물리적 위치에 저장된다.

컨테이너 안에서 C: 드라이브에 저장된 파일은 실제로는 이미지 레이어 안에 저장된 파일로 컨테이너의 고유한 스토리지 레이어 안에 들어 있거나 호스트의 특정 위치와 연결된 볼륨 안에 저장된 파일일 수 있다. Docker는 이렇게 나뉜 여러 위치의 저장소를 하나의 가상 파일 시스템으로 통합해 제공한다.

레이어 안의 데이터와 가상 C: 드라이브

가상 파일 시스템은 Docker가 물리적 이미지 레이어 세트를 가져와 하나의 논리 컨테이너 이미지로 취급하는 방법이다. 이미지 레이어는 파일 시스템의 읽기만 가능한 형태로 컨테이너에 마운트되므로 변경할 수 없다. 그래서 여러 컨테이너에서 안전하게 공유할 수 있다.

각 컨테이너는 모든 읽기 전용 레이어의 맨 위에 쓰기 가능한 레이어를 갖고 있으므로 모든 컨테이너는 다른 컨테이너에 영향을 미치지 않고 자신만의 고유한 데이터를 기록할 수 있다.

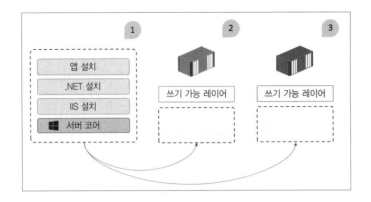

이 다이어그램은 2개의 컨테이너가 같은 이미지를 어떻게 공유하는지를 보여준다. (1)에서는 물리적으로 나뉜 여러 레이어를 나타내며 Dockerfile에서 각각의 지시어로 만든 것이다. 2개의 컨테이너(2와 3)는 실행할 때 이 이미지 레이어를 사용하지만 서로 각각 분리된 고유한 쓰기 레이어를 갖고 있다.

Docker는 하나의 파일 시스템을 컨테이너에 제공한다. 여기서 여러 층의 레이어가 있고 각 레이어가 읽기 전용이라는 것과 무관하게 컨테이너는 단순하게 하나의 드라이브 안에서 원래 사용하던 파일 시스템과 같이 파일을 읽고 쓸 수 있다. 컨테이너 이미지를 만들 때 파일을 만든 것이 있고 컨테이너 안에서 이 파일을 편집하려고 하면 Docker는 컨테이너 안에서 원래 파일의 내용을 복사해 변경된 내용을 컨테이너의 쓰기 레이어 안에 저장한 후 원래의 읽기 전용 파일의 내용은 감춘다. 컨테이너 안의 애플리케이션은 수정된 파일 내용만 볼 수 있지만 원래의 이미지 안에 들어 있던 파일의 내용은 변경되지 않은 채 숨겨진다.

이 동작은 서로 다른 레이어에 나뉘어 저장되도록 만든 이미지를 만들어 시험해보는 것으로 확인할 수 있다. `dockeronwindows/ch02-fs-1:2e` 이미지의 Dockerfile은 나노 서버를 베이스 이미지로 사용해 디렉터리를 만들고 그 안에 파일을 기록한다.

```
# escape=`
FROM mcr.microsoft.com/windows/nanoserver:1809
```

```
RUN md c:\data & `
    echo 'from image 1' > c:\data\file1.txt
```

dockeronwindows/ch02-fs-2:2e 이미지의 Dockerfile은 앞의 이미지를 베이스 이미지로
사용해 데이터 디렉터리에 두 번째 파일을 추가한다.

```
FROM dockeronwindows/ch02-fs-1:2e
RUN echo 'from image 2' > c:\data\file2.txt
```

 FROM 지시어로 지정할 수 있는 이미지에는 특별한 제약이 없고 어떠한 이미지이든 새 이미
지를 만들기 위해 자유롭게 지정할 수 있다. 지시어에 지정하는 이미지는 Docker 허브에 게
시된 이미지를 지정하거나 사설 레지스트리로부터 가져온 상용 이미지를 지정할 수 있다. 또
는 직접 만든 이미지를 지정하거나 여러 레이어로 구성된 복잡한 이미지를 지정할 수 있다.

두 이미지를 빌드하고 dockeronwindows/ch02-fs-2:2e 이미지에서 대화형 컨테이너를 실
행하므로 C: 드라이브의 파일을 확인할 수 있다. 다음 명령문은 컨테이너를 시작하면서
임의로 부여되는 컨테이너 ID 대신 c1이라고 직접 컨테이너 이름을 지정한다.

```
docker container run -it --name c1 dockeronwindows/ch02-fs-2:2e
```

 Docker 명령문에 지정할 수 있는 옵션은 긴 이름과 짧은 이름 모두 제공한다. 긴 이름은 2
개의 대시 문자로 시작한다. 예를 들어 --interactive 같이 사용한다. 짧은 이름은 한 글자로
옵션 이름을 표현하고 1개의 대시 문자로 시작한다. 예를 들어 -i처럼 사용한다. 짧은 이름의
옵션은 합성해 사용할 수도 있다. -i와 -t를 합해 -it로 쓸 수 있고 --interactive -tty와 같
다. docker --help 명령문을 실행해 어떠한 옵션을 더 사용할 수 있는지 확인해볼 수 있다.

나노 서버는 최소한의 기능만 담은 운영 체제로 컨테이너 안에서 애플리케이션을 실행하기 위해 최적화된 이미지다. 이 버전은 완전한 기능을 제공하는 윈도우 운영 체제가 아니므로 나노 서버를 가상 컴퓨터나 실제 컴퓨터에서 쓸 수 있는 운영 체제로 사용할 수 없으며 기존 윈도우 애플리케이션을 나노 서버 컨테이너에서 모두 실행할 수 있는 것은 아니다. 그래서 베이스 이미지는 크기가 작으며 파워셸도 들어 있지 않아 쓸 수 있는 기능이 매우 적다. 다만 업데이트 빈도가 낮고 공격당할 부분도 적다.

나노 서버 컨테이너를 사용하기 위해서는 이전에 쓰던 DOS 명령문을 잘 활용해야 한다. dir 명령문은 컨테이너 안의 디렉터리 내용을 목록으로 보여주는 명령문이다.

```
C:\>dir C:\data
  Volume in drive C has no label.
  Volume Serial Number is BC8F-B36C

Directory of C:\data

02/06/2019  11:00 AM    <DIR>          .
02/06/2019  11:00 AM    <DIR>          ..
02/06/2019  11:00 AM                17 file1.txt
02/06/2019  11:00 AM                17 file2.txt
```

2개의 파일은 모두 C:\data 디렉터리 안에 든 파일로 첫 번째 파일은 ch02-fs-1:2e 이미지에 저장된 파일이고 두 번째 파일은 ch02-fs-2:2e 이미지에 저장된 파일이다. dir 명령문이 담긴 실행 파일은 베이스 이미지로 사용하는 나노 서버 이미지의 레이어에서 가져온 것으로 컨테이너는 모두 같은 방식으로 볼 수 있다.

이제 c1 컨테이너 안에서 기존 파일 내용에 텍스트를 더 추가하고 새로운 파일을 만들 것이다.

```
C:\>echo ' * ADDITIONAL * ' >> c:\data\file2.txt

C:\>echo 'New!' > c:\data\file3.txt
```

```
C:\>dir C:\data
 Volume in drive C has no label.
 Volume Serial Number is BC8F-B36C

Directory of C:\data

02/06/2019  01:10 PM    <DIR>          .
02/06/2019  01:10 PM    <DIR>          ..
02/06/2019  11:00 AM                17 file1.txt
02/06/2019  01:10 PM                38 file2.txt
02/06/2019  01:10 PM                 9 file3.txt
```

파일 목록상 기존 이미지 레이어에서 가져온 file2.txt 파일이 수정됐고 file3.txt라는 새로운 파일을 만든 것을 볼 수 있다. 이제 이 컨테이너에서 빠져나와 같은 이미지를 사용하는 새로운 컨테이너를 만들어 실행해보겠다.

```
C:\> exit
PS> docker container run -it --name c2 dockeronwindows/ch02-fs-2:2e
```

새 컨테이너에서 C:\data 디렉터리 안의 내용이 어떻게 바뀌어 있을까? 확인해보자.

```
C:\>dir C:\data
 Volume in drive C has no label.
 Volume Serial Number is BC8F-B36C

Directory of C:\data

02/06/2019  11:00 AM    <DIR>          .
02/06/2019  11:00 AM    <DIR>          ..
02/06/2019  11:00 AM                17 file1.txt
02/06/2019  11:00 AM                17 file2.txt
```

이미지 레이어는 읽기 전용이며 모든 컨테이너는 각자 고유한 쓰기 레이어가 있기 때문에 위와 같은 결과가 합당하다는 것을 알 수 있다. 새 컨테이너인 c2는 앞의 컨테이너인 c1에서 가한 변경 사항과 상관 없이 기존 이미지에 들어 있던 변경되기 전 내용을 갖고 있다. 그리고 c1 컨테이너에 들어 있는 변경 사항은 c1 컨테이너 안의 쓰기 레이어에만 들어 있다. 각 컨테이너의 파일 시스템은 서로 격리돼 한 컨테이너는 다른 컨테이너가 만든 변경 사항을 볼 수 없다.

컨테이너 간에 데이터를 공유하길 원하거나 호스트와 공유하려면 볼륨을 사용할 수 있다.

컨테이너 간에 볼륨으로 데이터 공유하기

볼륨은 저장소 단위다. 볼륨은 컨테이너와 다른 생명 주기를 갖고 있어 하나 이상의 컨테이너에 마운트될 수 있으며 각각 독립적으로 만든다. Dockerfile 안의 VOLUME 지시어를 사용하면 컨테이너가 항상 볼륨 저장소와 함께 만들게 할 수 있다.

대상 디렉터리를 사용해 볼륨을 지정한다. 대상 디렉터리는 볼륨이 공개되는 컨테이너 내부 위치다. 이미지에 정의된 볼륨으로 컨테이너를 실행하면 볼륨이 호스트의 물리적 위치(하나의 컨테이너에만 해당)에 맵핑된다. 같은 이미지에서 여러 개의 컨테이너를 만들어 실행하면 각각의 볼륨은 호스트의 서로 다른 위치로 연결된다.

윈도우에서 볼륨 디렉터리는 비어 있는 디렉터리여야 한다. Dockerfile에서는 디렉터리에 파일을 만든 다음 볼륨으로 공개할 수 없다. 볼륨은 또한 이미지에 있는 디스크에 정의해야 한다. 윈도우 베이스 이미지에서는 C: 드라이브만 사용할 수 있으므로 볼륨은 C: 드라이브 위에서 만들어야 한다.

dockeronwindows/ch02-volumes:2e의 Dockerfile은 2개의 볼륨을 이미지에서 만들며 명시적으로 cmd 명령문을 컨테이너가 이미지로부터 실행됐을 때 사용할 기본 진입점으로 ENTRYPOINT 지시어로 지정한다.

```
# escape=`
FROM mcr.microsoft.com/windows/nanoserver:1809
```

```
VOLUME C:\app\config
VOLUME C:\app\logs

USER ContainerAdministrator
ENTRYPOINT cmd /S /C
```

 나노 서버는 가장 적은 권한을 갖는 사용자를 기본 사용자로 사용한다. 이 사용자는 볼륨 접근 권한이 없으므로 Dockerfile에서 관리자 계정으로 변경해야 이미지로부터 컨테이너를 실행했을 때 볼륨에 접근할 수 있다.

이미지로부터 컨테이너를 실행했을 때 Docker는 3개의 소스로부터 가상 파일 시스템을 만든다. 이미지 레이어는 읽기 전용이며 컨테이너의 레이어는 읽고 쓸 수 있다. 그리고 볼륨은 읽기 전용으로 설정하거나 읽고 쓰기 모두 지원하도록 설정할 수 있다.

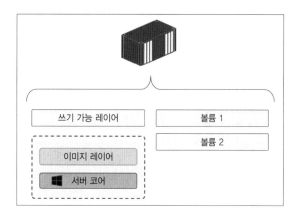

볼륨은 컨테이너와 분리돼 있어 소스 컨테이너가 실행 중이 아니더라도 다른 컨테이너와 공유할 수 있다. 볼륨에 새로운 파일을 만드는 명령문과 함께 이 이미지로부터 태스크 컨테이너를 만들어 실행할 수 있다.

```
docker container run --name source dockeronwindows/ch02-volumes:2e "echo 'start'
> c:\app\logs\log-1.txt"
```

Docker는 컨테이너를 실행하면서 파일을 기록한 후 컨테이너를 종료할 것이다. 컨테이너와 연결된 볼륨은 삭제되지 않을 것이므로 또 다른 컨테이너와 --volumes-from 옵션을 사용해 처음 만든 컨테이너의 이름을 지정해 볼륨을 연결할 것이다.

```
docker container run -it --volumes-from source dockeronwindows/ch02-volumes:2e
cmd
```

이 컨테이너는 대화형 컨테이너다. 그리고 C:\app 디렉터리의 내용을 확인하면 logs와 config 2개의 디렉터리를 만든 것을 볼 수 있고 2개 모두 첫 컨테이너가 볼륨상에 만든 디렉터리다.

```
> ls C:\app


    Directory: C:\app


Mode                LastWriteTime         Length  Name
------              -------------         ------  ------
d----l        6/22/2017  8:11 AM                  config
d----l        6/22/2017  8:11 AM                  logs
```

공유된 볼륨은 읽기와 쓰기 모두 가능하므로 첫 컨테이너에서 만든 파일 내용을 확인할 수 있고 내용을 추가할 수 있다.

```
C:\>type C:\app\logs\log-1.txt
'start'

C:\>echo 'more' >> C:\app\logs\log-1.txt

C:\>type C:\app\logs\log-1.txt
```

```
'start'
'more'
```

컨테이너 간에 데이터를 공유하는 것은 매우 유용한 기능이다. 오랫동안 실행되는 백그라운드 컨테이너에서 만든 데이터나 로그 파일을 백업하기 위해 태스크 컨테이너를 실행할 수 있다. 볼륨은 기본적으로 쓰기 가능하지만 데이터를 변경할 수 있기 때문에 소스 컨테이너 안에서 실행되는 애플리케이션이 정상적으로 동작하지 못하게 할 수 있으므로 항상 주의가 필요하다.

Docker는 기본 모드 대신 읽기 전용으로 다른 컨테이너에서 추가로 볼륨을 마운트할 수 있게 해주는 기능도 제공한다. 이 기능을 사용하기 위해서는 :ro 플래그를 컨테이너 이름 뒤에 붙여 --volumes-from 옵션과 함께 지정하면 된다. 이 방법을 사용하면 변경 사항을 가하지 않고도 안전하게 데이터를 읽을 수 있다. 원본 컨테이너에서 사용하는 것과 같은 볼륨을 읽기 전용 모드로 공유하는 새로운 컨테이너를 다음과 같이 실행할 것이다.

```
> docker container run -it --volumes-from source:ro dockeronwindows/ch02-
volumes:2e cmd

C:\>type C:\app\logs\log-1.txt
'start'
'more'

C:\>echo 'more' >> C:\app\logs\log-1.txt
Access is denied.

C:\>echo 'new' >> C:\app\logs\log-2.txt
Access is denied.
```

새 컨테이너에서는 기존 로그 파일 내용을 변경할 수 없지만 원본 컨테이너가 기록하는 로그 파일 내용을 볼 수 있으며 두 번째 컨테이너에서 추가한 파일 내용을 볼 수 있다.

컨테이너와 호스트 간에 볼륨으로 데이터 공유하기

컨테이너 볼륨은 호스트에 저장되므로 Docker가 실행 중인 컴퓨터에서 직접 접근할 수 있다. 하지만 Docker의 프로그램 데이터 디렉터리 어딘가에 저장된 중첩된 디렉터리 안에 저장된다. docker container inspect 명령문을 사용하면 컨테이너 볼륨의 호스트의 물리적 경로 외에도 컨테이너의 ID, 이름, 컨테이너가 연결된 Docker 네트워크의 가상 IP 주소까지 매우 많은 정보를 조회할 수 있다.

container inspect 명령문을 사용할 때는 결과를 JSON 형식으로 받을 수 있으며 Mounts 필드에서 볼륨 정보만 추출하기 위해 쿼리를 지정할 수 있다. 다음 명령문은 Docker의 출력을 파워셸 명령문 안으로 전달해 JSON으로 표시된 결과를 알아보기 쉽게 바꿔 표시한다.

```
> docker container inspect --format '{{ json .Mounts }}' source | ConvertFrom-
Json
Type        : volume
Name        : 65ab1b420a27bfd79d31d0d325622d0868e6b3f353c74ce3133888fafce972d9
Source      : C:\ProgramData\docker\volumes\65ab1b42...\_data
Destination : c:\app\config
Driver      : local
RW          : TruePropagation :

Type        : volume
Name        : b1451fde3e222adbe7f0f058a461459e243ac15af8770a2f7a4aefa7516e0761
Source      : C:\ProgramData\docker\volumes\b1451fde...\_data
Destination : c:\app\logs
Driver      : local
RW          : True
```

출력된 내용을 간추려 표시했지만 Source 필드 안에는 호스트 볼륨의 데이터가 저장된 전체 경로가 표시된다. 이 소스 디렉터리를 사용해 호스트에서 컨테이너의 파일에 직접 접근할 수 있다. 이 명령문을 윈도우 컴퓨터에서 실행하면 컨테이너 볼륨 내부에 만든 파일을 볼 수 있다.

```
> ls C: \ProgramData\docker\volumes\b1451fde...\_data
  Directory:
C: \ProgramData\docker\volumes\b1451fde3e222adbe7f0f058a461459e243ac15af8770a2f7a
4aefa7516e0761\_data

Mode                  LastWriteTime            Length Name
------                ---------------          ---------- ----
-a----        06/02/2019      13:33               19 log-1.txt
```

이와 같은 방법으로 호스트에서 컨테이너 안의 파일에 접근할 수 있지만 볼륨 ID와 함께
쓰인 중첩된 디렉터리 경로를 사용해 탐색하는 것은 매우 어색하다. 그 대신 컨테이너를
만들 때 호스트의 특정 위치를 볼륨으로 마운트하는 방법을 쓸 수 있다.

호스트 디렉터리로부터 볼륨 마운트하기

--volume 옵션을 사용해 명시적으로 컨테이너의 디렉터리를 호스트의 특정 디렉터리와
연결할 수 있다. 컨테이너의 대상 위치를 VOLUME 지시어로 만든 디렉터리로 지정하거나
컨테이너 파일 시스템의 모든 디렉터리를 지정할 수 있다. 대상 위치가 컨테이너 이미지
에서 이미 만들어 사용 중일 때는 볼륨 마운트로 감춰지므로 이미지가 만든 파일이 보이
지 않는다.

윈도우 컴퓨터의 C: 드라이브에 있는 디렉터리에 실행하려는 애플리케이션의 더미 구성
파일을 만들 것이다.

```
PS> mkdir C:\app-config | Out-Null
PS> echo 'VERSION=18.09' > C:\app-config\version.txt
```

이제 컨테이너를 실행하면 호스트와 볼륨을 연결하게 되고 호스트에 저장된 구성 파일을
읽을 것이다.

```
> docker container run `
   --volume C:\app-config:C:\app\config `
   dockeronwindows/ch02-volumes:2e `
   type C:\app\config\version.txt
VERSION=18.09
```

--volume 옵션으로 마운트할 경로를 지정할 때 {원본}:{대상}과 같이 지정할 수 있다. 원본은 호스트 디렉터리 경로로 미리 만든 디렉터리여야 한다. 대상은 컨테이너 안의 디렉터리 경로로 꼭 만들지 않아도 되지만 이미 파일이 있는 디렉터리라면 기존 디렉터리의 내용은 감춘다.

 볼륨 마운트는 윈도우 컨테이너와 리눅스 컨테이너의 동작이 서로 다르다. 리눅스 컨테이너에서 Docker는 원본과 대상 컨테이너의 내용을 병합해 이미지에 파일이 있으면 볼륨 원본에 있는 파일과 같이 내용을 볼 수 있다. 리눅스용 Docker는 단일 파일 마운트도 제공하지만 윈도우에서는 반드시 디렉터리 단위로만 마운트할 수 있다.

볼륨은 데이터베이스처럼 상태 기반 애플리케이션을 실행할 때 유용하다. SQL 서버를 컨테이너로 실행할 때 데이터베이스 파일이 호스트의 특정 위치에 저장되도록 만들 수 있다. 이때 RAID 배열로 구성된 저장소를 위치로 지정할 수 있다. 스키마를 변경할 일이 있다면 이전 버전의 컨테이너를 제거하고 새 컨테이너를 수정된 컨테이너 이미지로부터 실행할 수 있다. 새 컨테이너에서도 같은 볼륨을 사용할 것이므로 이전에 실행하던 컨테이너의 데이터가 그대로 유지된다.

구성과 상태 관리를 위해 볼륨 사용하기

컨테이너 안에서 애플리케이션을 실행할 때 애플리케이션 상태는 중요하게 고려해야 할 요소다. 컨테이너는 오랫동안 실행될 수 있지만 영구적으로 실행되는 것을 보장하지 않는다. 전통적인 컴퓨터 환경과 달리 컨테이너는 문제가 발생했을 때 컨테이너를 몇 초 안에 빨리 교체할 수 있다. 배포하려는 새로운 기능이 있거나 패치해야 할 보안 취약점이 있다면 업그레이드된 이미지를 만들어 테스트한 후 기존 컨테이너를 중단하고 새 이미지를 사용하는 컨테이너로 교체만 하면 된다.

볼륨은 업그레이드 과정에 애플리케이션 컨테이너와 데이터를 분리해 관리할 수 있게 해준다. 지금부터 방문 횟수를 텍스트 파일로 저장하는 간단한 웹 애플리케이션을 예로 들 것이다. 브라우저로 페이지를 방문할 때마다 횟수를 더해 저장할 것이다.

dockeronwindows/ch02-hitcount-website 이미지의 Dockerfile은 다단계 빌드로 만들었으며 애플리케이션은 microsoft/dotnet 이미지로 빌드되고 빌드 후 생성된 애플리케이션 바이너리는 microsoft/aspnetcore 이미지를 베이스 이미지로 사용해 실행되도록 만들었다.

```
# escape=`
FROM microsoft/dotnet:2.2-sdk-nanoserver-1809 AS builder

WORKDIR C:\src
COPY src .

USER ContainerAdministrator
RUN dotnet restore && dotnet publish

# app image
FROM microsoft/dotnet:2.2-aspnetcore-runtime-nanoserver-1809

EXPOSE 80
WORKDIR C:\dotnetapp
RUN mkdir app-state

CMD ["dotnet", "HitCountWebApp.dll"]
COPY --from=builder C:\src\bin\Debug\netcoreapp2.2\publish .
```

Dockerfile에서 C:\dotnetapp\app-state라는 빈 디렉터리를 만들도록 했다. 애플리케이션이 방문 횟수를 텍스트 파일로 이 위치에 데이터를 저장할 것이다. 이제 이 애플리케이션의 첫 버전을 2e-v1 태그로 만들 것이다.

```
docker image build --tag dockeronwindows/ch02-hitcount-website:2e-v1 .
```

이제 호스트에서는 컨테이너 상태를 저장하기 위한 디렉터리를 만들고 컨테이너가 애플리케이션의 상태 디렉터리를 호스트의 디렉터리와 마운트하도록 실행할 것이다.

```
mkdir C:\app-state

docker container run -d --publish-all `
 -v C:\app-state:C:\dotnetapp\app-state `
 --name appv1 `
 dockeronwindows/ch02-hitcount-website:2e-v1
```

--publish-all 옵션은 Docker가 컨테이너 이미지의 모든 포트를 호스트의 임의의 포트를 사용해 게시하도록 지정하는 옵션이다. 이 방법은 로컬에서 컨테이너를 빠르고 간편하게 테스트하기 위해 사용할 수 있으며 Docker는 호스트에서 사용할 수 있는 남는 포트 번호를 임의로 할당하므로 다른 컨테이너와 포트가 겹칠 것을 걱정하지 않아도 된다. container port 명령문으로 컨테이너를 확인해보면 게시된 포트 번호가 모두 임의의 포트 번호를 할당받은 것을 볼 수 있다.

```
> docker container port appv1
80/tcp → 0.0.0.0:51377
```

http://localhost:51377에서 웹사이트가 실행되는 것을 볼 수 있다. 페이지를 새로 몇 번 고치면 방문 횟수가 증가하는 것을 볼 수 있다.

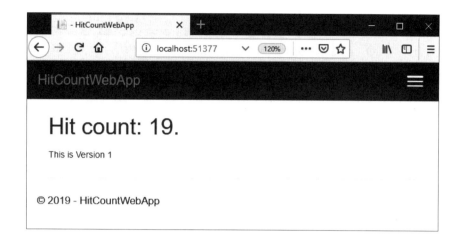

이제 업그레이드된 새 버전의 애플리케이션을 배포해볼 것이다. 이번에는 새 이미지의 태그를 2e-v2로 지정해 이미지를 만들어보자. 이미지가 준비되면 기존 컨테이너를 멈추고 같은 볼륨을 연결해 새로운 컨테이너를 띄울 것이다.

```
PS> docker container stop appv1
appv1

PS> docker container run -d --publish-all `
 -v C:\app-state:C:\dotnetapp\app-state `
 --name appv2 `
 dockeronwindows/ch02-hitcount-website:2e-v2

db8a39ba7af43be04b02d4ea5d9e646c87902594c26a62168c9f8bf912188b62
```

애플리케이션 상태를 담고 있는 볼륨은 재사용이 가능하므로 새 버전은 이전 버전 상태를 재사용해 기능이 계속 잘 작동할 것이다. 새 컨테이너는 새로 게시하는 포트를 사용해 실행할 것이다. 새 버전의 애플리케이션을 웹 브라우저로 열어보면 매력적인 아이콘과 함께 새로운 UI가 나타나지만 방문 횟수는 앞에서 기록한 횟수 그대로 표시된다.

애플리케이션 상태는 서로 다른 버전 사이에서 구조적으로 변화가 있을 수 있기 때문에 상태 관리는 직접 해야 한다. 오픈 소스 Git 서버인 GitLab의 컨테이너 이미지가 좋은 예다. 상태는 볼륨의 데이터베이스에 저장되고 새 버전으로 업그레이드하면 애플리케이션 데이터베이스를 검사해 필요할 때 업그레이드 스크립트를 실행한다.

볼륨 마운트를 이용하는 또 다른 예는 애플리케이션 구성이다. 이미지에 애플리케이션의 기본 구성을 포함시켜 출시할 수 있지만 사용자가 기본 구성 대신 마운트를 사용해 직접 새로운 구성을 재정의할 수 있도록 만들 수 있다.

3장에서 이러한 기술을 잘 활용하는 것을 보게 된다.

▌ 기존 ASP.NET 웹 애플리케이션을 컨테이너 이미지로 만들기

마이크로소프트는 마이크로소프트 컨테이너 레지스트리에서 윈도우 서버 코어 기본 이미지를 사용할 수 있도록 게시했고 서버 코어 이미지에는 윈도우 서버 2019 버전으로 UI를 제외한 대부분의 서버 기능이 들어 있다. 기본 이미지가 개선되면서 Docker 허브의 이미지보다 2GiB가량 줄었지만 100MiB 크기인 나노 서버나 2MiB 크기인 알파인 리눅스 이미지에 비하면 여전하게 매우 큰 크기다. 하지만 대부분의 기존 윈도우 애플리케이션을 컨테이너 이미지로 만들 수 있고 기존 시스템을 Docker로 마이그레이션할 때 큰 도움이 될 수 있다.

NerdDinner를 다시 기억해보자. ASP.NET MVC의 기능을 시연하기 위해 만든 오픈 소스 애플리케이션으로 스콧 헨젤먼^{Scott Hanselman}, 스콧 구스리^{Scott Guthrie}를 비롯한 마이크로소프트 직원들이 처음 만든 애플리케이션이다. 마이크로소프트의 옛날 오픈 소스 프로젝트 사이트인 코드 플렉스에서 이 프로젝트의 소스 코드를 계속 받을 수 있지만 2013년 이후 변경된 것이 없으므로 이 코드를 사용해 레거시 .NET Framework 애플리케이션이 Docker 윈도우 컨테이너로 마이그레이션해 실행될 수 있다는 것을 증명할 수 있을 것이다. 그리고 기존 애플리케이션을 현대화하는 첫 시작이 될 것이다.

NerdDinner를 위한 Dockerfile 만들기

NerdDinner에서도 다단계 빌드 방법을 적용할 것이다. dockeronwindows/ch-02-nerd-dinner:2e 이미지의 Dockerfile은 이에 따라 builder 단계부터 시작될 것이다.

```
# escape=`
FROM microsoft/dotnet-framework:4.7.2-sdk-windowsservercore-ltsc2019 AS builder

WORKDIR C:\src\NerdDinner
COPY src\NerdDinner\packages.config .
RUN nuget restore packages.config -PackagesDirectory ..\packages

COPY src C:\src
RUN msbuild NerdDinner.csproj /p:OutputPath=c:\out /p:Configuration=Release
```

이 단계는 애플리케이션을 컴파일하기 위해 microsoft/dotnet-framework를 베이스 이미지로 사용할 것이다. 이 이미지는 마이크로소프트가 관리하는 Docker 허브 이미지다. 이 이미지는 윈도우 서버 코어 이미지 위에서 만든 것이며 NuGet과 MSBuild를 포함해

.NET Framework 애플리케이션을 컴파일하는 데 필요한 모든 것이 들어 있다. 빌드 단계는 두 단계로 진행된다.

1. NuGet packages.config 파일을 이미지 안으로 복사하고 `nuget restore` 명령문을 실행한다.
2. 나머지 소스 트리를 복사한 후 `msbuild` 명령문을 실행할 것이다.

이렇게 작업 파트를 굳이 나누는 것은 Docker가 여러 이미지 레이어를 사용하기 때문이다. 첫 번째 레이어에는 복원된 모든 NuGet 패키지가 담겨 있고 두 번째 레이어에는 컴파일된 웹 애플리케이션 파일이 담긴다. 이렇게 하는 것은 Docker의 레이어 캐시 전략의 이점을 활용하기 위해서다. NuGet 참조를 변경하지 않는 이상 패키지는 이전에 만든 레이어를 계속 재사용할 것이므로 Docker는 복잡한 패키지 복원 과정을 거치지 않는다. MSBuild 단계는 소스 파일이 변경될 때마다 매번 새로 실행될 것이다.

컨테이너로 만들기 이전의 NerdDinner 애플리케이션이라면 다음과 같은 배포 가이드를 만들었을 것이다.

1. 윈도우를 새로운 서버에 설치한다.
2. 윈도우 업데이트에서 모든 업데이트를 설치한다.
3. IIS를 설치한다.
4. .NET을 설치한다.
5. ASP.NET을 설치한다.
6. 웹 애플리케이션을 C: 드라이브로 복사한다.
7. 애플리케이션 풀을 IIS에서 만든다.
8. IIS에서 새로운 웹사이트를 방금 만든 애플리케이션 풀과 연결해 만든다.
9. 기본 웹사이트를 삭제한다.

이 내용은 Dockerfile의 두 번째 단계의 내용과 같지만 이 모든 단계를 간소화할 수 있다. 마이크로소프트의 ASP.NET 컨테이너 이미지를 `FROM` 지시어로 지정해 베이스 이미지로 사용하면 윈도우에 IIS와 ASP.NET을 맨 처음 설치한 상태와 동일하다. 그 다음 나머지 다섯 단계를 지시어로 만들어 실행만 하면 된다. 다음 내용은 dockeronwindows/ch-02-nerd-dinner:2e 이미지의 Dockerfile이다.

```
FROM mcr.microsoft.com/dotnet/framework/aspnet:4.7.2-windowsservercore-ltsc2019
SHELL ["powershell", "-Command", "$ErrorActionPreference = 'Stop'"]

ENV BING_MAPS_KEY bing_maps_key
WORKDIR C:\nerd-dinner
RUN Remove-Website -Name 'Default Web Site'; `
    New-Website -Name 'nerd-dinner' `
                -Port 80 -PhysicalPath 'c:\nerd-dinner' `
                -ApplicationPool '.NET v4.5'

RUN & c:\windows\system32\inetsrv\appcmd.exe `
    unlock config /section:system.webServer/handlers

COPY --from=builder C:\out\_PublishedWebsites\NerdDinner C:\nerd-dinner
```

 마이크로소프트는 Docker 허브와 마이크로소프트 컨테이너 레지스트리를 자신들의 이미지를 배포하는 수단으로 모두 사용한다. .NET Framework SDK는 Docker 허브에서 받을 수 있지만 ASP.NET 런타임 이미지는 마이크로소프트 컨테이너 레지스트리에 올라와 있다. 필요한 이미지가 있을 때는 항상 Docker 허브를 확인해 이미지가 어디서 제공되는지 찾을 수 있다.

ESCAPE 전처리기와 SHELL 지시어로 보통의 윈도우 파일 경로를 2중 역 슬래시 문자로 이스케이프하지 않고 지정할 수 있으며 파워셸에서 쓰던 것처럼 역 틱 문자로 여러 줄에 걸쳐 명령문을 나눠 쓸 수 있다. IIS상에서 기본 웹사이트를 제거하고 새 웹사이트를 만드는 것은 파워셸에서 간단하게 할 수 있는 작업이며 Dockerfile은 애플리케이션이 사용하는 포트 번호와 경로를 명확하게 보여준다.

여기서는 기본으로 들어 있는 .NET 4.5 애플리케이션 풀을 사용해 원래 배포 과정보다 더 단순하게 만들 수 있다. 가상 컴퓨터에서 실행되는 IIS는 각 웹사이트마다 전용 애플리케이션 풀을 만들어 서로 간섭하지 않도록 독립적으로 구성해야 했다. 반면 컨테이너화된 애플리케이션에서는 컨테이너 안에 오직 하나의 웹사이트만 실행한다. 다른 모든 웹사이트는 각자 다른 컨테이너에서 실행되므로 이미 서로 격리된 상태에서 컨테이너는 기본 애플리케이션 풀을 아무 방해받을 걱정 없이 편하게 사용할 수 있다.

마지막의 COPY 지시어는 builder 단계에서 게시된 웹 애플리케이션을 애플리케이션 이미지로 복사한다. Dockerfile의 마지막 줄도 Docker의 캐싱 기능을 활용하는 내용이다. 애플리케이션에서 작업할 때 소스 코드는 자주 변경되기 마련이다. Dockerfile은 구조적 형태이므로 코드를 변경한 후 docker image build 명령문을 실행하면 첫 단계의 MSBuild와 두 번째 단계의 파일 복사만 실행되고 나머지는 모두 캐싱된 이미지를 사용하므로 속도가 매우 빠르다.

지금까지 설명한 내용만으로도 충분하게 컨테이너로 ASP.NET 웹사이트를 만들 수 있다. 하지만 아직 어색하고 잘 안 맞는 세부 사항이 남아 있다. NerdDinner 애플리케이션은 Web.config 파일 안에 따로 만든 구성이 system.webserver 섹션 안에 들어 있으며 기본적으로 이 섹션은 IIS가 보호한다. 이 섹션을 수정할 수 있도록 보호를 해제하기 위해 두 번째 RUN 지시어에서 appcmd 명령문을 실행했다.

이제 이미지를 빌드해 레거시 ASP.NET 애플리케이션을 윈도우 컨테이너에서 실행할 수 있게 만들 수 있다.

```
docker container run -d -P dockeronwindows/ch02-nerd-dinner:2e
```

컨테이너가 게시한 포트 번호를 확인하기 위해 docker container port 명령문을 실행할 수 있다. 이렇게 확인한 포트 번호로 NerdDinner 페이지에 브라우저를 열어 접속해본다.

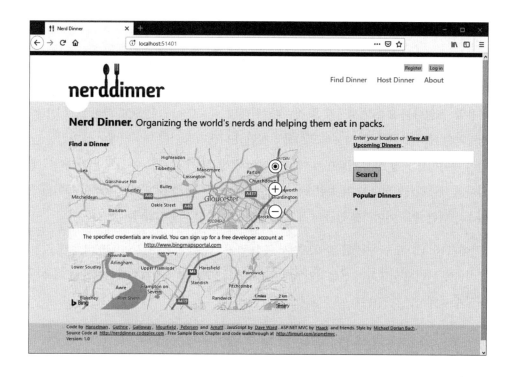

소스 코드를 하나도 바꾸지 않고 6년이 넘은 레거시 애플리케이션을 컨테이너로 실행한 것이다. Docker는 새로운 애플리케이션을 만들기 위한 훌륭한 플랫폼이자 레거시 애플리케이션을 현대화하는 플랫폼인 동시에 기존 애플리케이션을 데이터 센터에서 클라우드로 이동하거나 지원이 중단된 윈도우 운영 체제(윈도우 서버 2003이나 2008)로부터 기존 애플리케이션을 옮길 수 있는 수단으로도 활용할 수 있다.

애플리케이션은 아직 기능이 완전하게 작동하지 않으며 기본적인 기능만 확인했을 뿐이다. Bing 지도 서비스는 API 키를 지정하지 않았기 때문에 여전하게 실제 지도를 보여주지 못한다. API 키는 환경이 달라질 때마다 매번 변경해줘야 한다(각각의 개발자 컴퓨터, 테스트 환경, 프로덕션 환경은 서로 다른 키를 사용할 것이다).

Docker에서는 환경 구성을 관리할 때 환경 변수와 설정 개체를 사용해 관리할 수 있다. 3장, 컨테이너로 .NET Framework 및 .NET Core 애플리케이션 개발하기에서 자세한 내용을 알아본다.

또한 이 버전의 NerdDinner를 더 사용하기 위해 페이지를 탐색하다가 회원 가입을 시도하거나 저녁 만찬 정보를 검색하다 보면 노란색 크래시 페이지가 뜨면서 데이터베이스를 사용할 수 없다는 오류 메시지가 뜰 것이다. 원래의 NerdDinner는 SQL 서버 로컬 DB를 경량화된 데이터베이스로 사용하고 애플리케이션 디렉터리 안에 데이터베이스 파일을 만들어 데이터를 저장했다. 컨테이너 이미지 안에 로컬 DB를 설치할 수 있지만 컨테이너에 하나의 애플리케이션만 담겨야 한다는 Docker의 철학에는 맞지 않다. 그 대신 데이터베이스를 위한 별도 이미지를 만들어 새로운 컨테이너를 실행할 것이다.

3장에서 NerdDinner 예제를 알아보면서 구성 관리 기능을 추가하고 SQL 서버를 별도 컨테이너에 분리해 실행하며 전통적인 ASP.NET 애플리케이션을 Docker 플랫폼을 사용해 어떻게 현대화할 수 있는지 자세하게 알아본다.

▌요약

2장에서는 컨테이너 이미지와 컨테이너를 자세하게 알아봤다. 이미지 안에는 애플리케이션이 들어 있고 컨테이너는 애플리케이션의 인스턴스이며 이미지로부터 만드는 것을 알 수 있다. 컨테이너를 사용해 한 번만 실행할 작업을 간단하게 만들 수 있고 컨테이너를 대화형으로 사용하거나 백그라운드에서 실행되도록 만들 수 있는 것을 봤다. Docker를 더 사용하기 시작하면 이 3가지 기능에 많이 의존할 것이다.

Dockerfile은 이미지를 만들기 위한 소스 스크립트다. Dockerfile은 베이스 이미지를 지정하고 파일을 복사하고 명령문을 실행하기 위한 약간의 지시어로 구성된 간단한 텍스트 파일이다. Docker 명령문으로 이미지를 빌드할 수 있으며 CI 빌드의 한 단계로 이미지 빌드를 손쉽게 추가할 수 있다. 개발자가 올린 코드 변경 사항이 테스트를 모두 통과하면 빌드의 출력 결과가 컨테이너 이미지의 새 버전으로 기록되며 어느 호스트에서든 항상 동일하게 실행이 보장되는 애플리케이션을 배포할 수 있다.

2장에서는 몇 개의 간단한 Dockerfile을 알아봤고 실제 애플리케이션 사례로 마무리했다. NerdDinner는 레거시 ASP.NET MVC 애플리케이션으로 윈도우 서버와 IIS 위에서 실행된다. 다단계 빌드를 사용해 레거시 애플리케이션을 컨테이너 이미지로 만들고 컨테이너로 실행할 수 있었다. Docker가 제공하는 새로운 컴퓨팅 모델이 .NET Core 및 나노 서버를 사용하는 새로운 프로젝트만 위한 것이 아니라 기존 애플리케이션을 Docker로 마이그레이션하고 현대화를 시작하기에도 유용하다는 것을 잘 보여준다.

3장에서는 Docker를 사용해 NerdDinner의 아키텍처를 현대화하고 별도의 분리된 구성 요소로 나누며 Docker로 이 모든 것을 한군데 묶는 방법을 알아본다.

03

컨테이너로 .NET Framework 및 .NET Core 애플리케이션 개발하기

Docker는 애플리케이션을 이미지로 만들어 배포해 컨테이너로 실행하고 관리하기 위한 플랫폼이다. 애플리케이션을 컨테이너 이미지로 만들면 만들어진 패키지는 모두 같은 형태로 구성된다. 그리고 모두 같은 방법으로 배포, 관리, 보안 유지, 업그레이드를 진행할 수 있다. 컨테이너로 만든 모든 애플리케이션은 실행할 때 호환되는 운영 체제 위에서 실행되는 Docker 엔진이 필요하다. 애플리케이션은 격리된 환경에서 실행되므로 같은 컴퓨터 위에서 서로 다른 애플리케이션 플랫폼과 각각 다른 버전을 동시에 아무 제약 없이 실행할 수 있다.

.NET 애플리케이션 입장에서는 한 대의 윈도우 컴퓨터 위에서 성격이 다른 여러 종류의 작업을 실행할 수 있다. ASP.NET 웹사이트 또는 콘솔이나 서비스로 개발된 윈도우 커뮤니케이션 파운데이션^{WCF} 애플리케이션일 수 있다. 레거시 .NET 애플리케이션을 전혀 코

드 수정 없이 컨테이너로 만드는 과정을 2장에서 알아봤다. 하지만 Docker는 애플리케이션이 컨테이너 안에서 어떻게 동작해야 하는지 몇 가지 전제 조건을 만족해야 플랫폼의 모든 기능의 이점을 누릴 수 있다는 것을 알 수 있었다.

3장에서는 Docker 플랫폼의 이점을 완전하게 누리기 위해 어떻게 해야 할지 다음 주제를 알아본다.

- Docker와 기존 애플리케이션 사이의 연동 지점
- 설정 파일과 환경 변수로 기존 애플리케이션을 구성하는 방법
- 애플리케이션 상태 검사 기능으로 모니터링하기
- 서로 다른 컨테이너로 나눠 분산된 솔루션을 실행하는 방법

이 내용은 .NET과 .NET Core 애플리케이션이 Docker에서 의도하는 형태로 동작할 수 있게 해줘 Docker로 모든 것을 관리할 수 있게 해줄 것이다.

3장에서는 다음 주제를 다룬다.

- Docker에 최적화된 애플리케이션 만들기
- 의존성 나누기
- 모놀리식 애플리케이션 나누기

Docker에 최적화된 애플리케이션 만들기

Docker 플랫폼은 애플리케이션이 Docker에서 실행될 수 있도록 코드를 수정할 것을 강요하지 않는다. 특정 언어나 프레임워크를 쓰도록 강요하지 않으며 특별한 라이브러리를 사용해 애플리케이션과 컨테이너를 연결해야 할 필요도 없으며 기존 애플리케이션을 특정 형태로 재구성할 필요도 없다.

다양한 애플리케이션을 지원할 수 있도록 Docker는 애플리케이션과 컨테이너 런타임과

콘솔 출력을 이용해 통신한다. 애플리케이션 로그와 오류 메시지는 콘솔 출력과 오류 출력 스트림으로 나타날 것이다. Docker에서 관리하는 저장소는 운영 체제에서 일반적인 디스크처럼 나타나며 Docker의 네트워킹 스택도 기존에 사용하던 기술과 동일하게 나타난다. 애플리케이션은 각각 분리된 컴퓨팅 환경 위에서 실행되며 서로 다른 컴퓨팅 환경 사이는 보통의 TCP/IP 네트워크로 연결된다.

Docker에서 실행되기에 좋은 애플리케이션은 실행되는 시스템 종류의 제한을 받지 않으며 운영 체제가 흔히 지원하는 파일 시스템, 환경 변수, 네트워킹, 콘솔과 같은 기본적인 메커니즘을 사용한다. 그리고 가장 중요한 것은 애플리케이션은 반드시 하나의 일만 처리한다는 것이다. 앞에서도 봤듯이 Docker는 컨테이너를 실행하며 Dockerfile이나 CLI에서 프로세스를 시작하고 그 프로세스를 관찰한다. 프로세스가 끝나면 컨테이너도 종료된다. 애플리케이션은 Docker가 관찰할 수 있는 하나의 프로세스로 실행되는 것이 이상적이다.

하지만 이러한 내용은 권장 사항이지 필수 사항은 아니다. 필요하다면 별도 시작 스크립트를 사용해 여러 프로세스를 띄울 수 있고 Docker는 아무 문제 없이 실행될 것이다. 하지만 맨 마지막에 시작된 프로세스만 Docker에서 모니터링할 것이다. 또한 애플리케이션의 로그를 콘솔이 아닌 파일에 기록하게 할 수 있지만 이렇게 하면 Docker로 컨테이너의 로그를 확인할 때 아무 것도 볼 수 없을 것이다.

.NET에서는 이러한 요구 사항을 충족하기 위해 콘솔 애플리케이션을 실행할 수 있었고 이 방법은 애플리케이션과 호스트 사이를 간단하게 연동시켜 준다. .NET Core 애플리케이션이 웹사이트와 웹 API까지 모두 콘솔 애플리케이션으로 실행되도록 만든 것도 이 때문이다. 레거시 .NET 애플리케이션이 이러한 요구 사항을 만족하기는 어렵지만 Docker 플랫폼을 잘 활용할 수 있도록 패키지로 만들 수 있다.

인터넷 정보 서비스 애플리케이션을 Docker에서 실행하기

완전한 .NET Framework 애플리케이션은 컨테이너 이미지를 사용해 쉽게 패키지로 만들 수 있지만 알아둘 몇 가지 제약 사항이 있다. 마이크로소프트는 Docker를 위해 나노 서버와 윈도우 서버 코어 베이스 이미지를 제공한다. 완전한 .NET Framework 기능은 나노 서버에서 사용할 수 없으므로 기존 .NET 애플리케이션을 Docker에서 실행하려면 윈도우 서버 코어 베이스 이미지를 사용해야 한다.

윈도우 서버 코어로 실행하려면 애플리케이션 이미지가 약 4GiB 될 것이고 그 대부분은 베이스 이미지가 차지한다. 하나의 애플리케이션 역할을 사용할 때도 완전한 윈도우 서버 운영 체제, 윈도우 서버 기능을 활성화하기 위한 모든 패키지 예를 들어 도메인 이름 서비스DNS, 동적 호스트 구성 프로토콜DHCP 같은 기능이 포함된다. 컨테이너를 윈도우 서버 코어 이미지에서 실행하는 것이 합리적이지만 알아둘 몇 가지가 있다.

- 베이스 이미지에는 많은 소프트웨어를 포함하고 매우 다양한 기능이 공개되므로 더 많은 보안과 기능 패치가 수반될 여지가 있다.
- 윈도우의 여러 핵심 부분이 백그라운드 서비스로 실행되므로 OS는 애플리케이션 프로세스 외에도 자체 프로세스를 많이 실행한다.
- 윈도우에는 자체 애플리케이션 플랫폼이 있으며 호스팅 및 관리를 위한 강력한 기능 집합이 있지만 Docker 방식과는 호환되지 않는다.

몇 시간 정도면 ASP.NET 웹 애플리케이션을 컨테이너로 만들 수 있다. 경량의 최신 애플리케이션 스택에 구축된 애플리케이션보다 배포 및 시작할 때 시간이 좀 더 걸리는 다소 크기가 큰 컨테이너 이미지가 만들어지지만 전체 애플리케이션을 배포, 구성, 실행할 수 있게 준비된 단일 패키지를 만들 수 있다. 이로써 배포의 품질 향상과 배포 시간 단축을 위한 큰 발걸음을 내디뎠다. 레거시 애플리케이션 현대화 과정의 첫 단계가 될 것이다.

ASP.NET 애플리케이션을 Docker와 더 연동하기 위해서는 인터넷 정보 서비스IIS 로그가 기록되는 방법을 수정해야 한다. 이렇게 하면 Docker가 컨테이너 상태를 정상적인지 판단할 수 있다. 그리고 애플리케이션 코드 변경 없이 컨테이너로 설정을 주입할 수 있도록 수정해야 한다. 애플리케이션 현대화 과정 도중 코드 변경을 해야 한다면 최소한의 변경으로 컨테이너의 환경 변수와 파일 시스템에서 애플리케이션 구성 파일을 읽도록 만들 수 있다.

IIS의 로그 설정을 Docker에 친화적으로 만들기

IIS는 HTTP 요청과 응답과 같은 로그 항목을 텍스트 파일로 기록한다. 어떠한 필드를 기록할 것인지 정확하게 구성할 수 있지만 기본 설정에서도 HTTP 요청 경로나 응답 상태 코드, IIS가 응답할 때 걸린 시간과 같은 유용한 정보를 기록한다. 이러한 로그 항목을 Docker로 전달할 수 있다면 좋겠지만 IIS는 자체적으로 로그 파일을 관리하며 디스크에 기록하기 전에 항목을 버퍼링하고 디스크 공간을 관리하기 위해 주기적으로 로그 파일을 회전한다.

로그 관리는 애플리케이션 플랫폼의 기본적인 기능으로 IIS는 웹 애플리케이션을 위해 이 기능을 관리하지만 Docker에는 자체 로깅 시스템이 있다. Docker의 로깅 기능은 컨테이너의 콘솔 출력 스트림에서 로그 항목을 읽게 하는 것만 가능하지만 IIS가 사용하는 텍스트 파일 기록 방식보다 훨씬 강력하며 기능 확장도 쉽다. IIS가 기록하는 로그는 콘솔로 내보낼 수 없다. 백그라운드에서 실행되는 서비스는 콘솔과 연결되지 않으므로 다른 방법이 필요하다.

문제 해결을 위해 2가지 방법을 생각할 수 있다. 첫째, HTTP 모듈을 만들어 IIS 플랫폼에 추가한 후 IIS로부터 로그를 받는 이벤트 처리기를 구현하는 것이다. 이 처리기는 모든 메시지를 큐나 윈도우 파이프로 내보낼 수 있으므로 IIS가 로그를 기록하는 방법을 변경하지 않고 단순하게 로그 싱크를 추가만 해도 된다. 그 다음 전달된 로그 항목을 확인하고 콘솔에 출력하는 콘솔 애플리케이션과 웹 애플리케이션을 함께 패키지로 만들 수 있다. 콘솔 애플리케이션은 컨테이너가 시작될 때 진입점 역할을 할 것이므로 모든 IIS 로그는 콘솔로 전달돼 Docker에서 읽을 수 있을 것이다.

HTTP 모듈 방식은 강력하고 기능을 확장하기 쉽지만 처음 시작할 때 사용하기에 너무 복잡하다. 두 번째 방법은 더 간단하다. IIS가 모든 로그 항목을 하나의 텍스트 파일로 기록하게 만들고 이 파일의 내용에서 새로운 항목이 추가될 때마다 콘솔로 새로운 항목을 출력하는 간단한 파워셸 스크립트를 시작 명령문으로 지정하는 것이다. 컨테이너가 실행되면 모든 IIS 로그 항목은 콘솔로 중계돼 Docker에서도 볼 수 있다.

이 구성을 컨테이너 이미지에 적용하기 위해 우선 IIS가 모든 웹사이트의 모든 로그 항목을 하나의 파일로 기록하도록 구성하고 파일 크기가 커지면 자동으로 회전하도록 구성해야 한다. 파워셸에서 이 작업을 할 수 있다. Set-WebConfigurationProperty 명령문을 Dockerfile에서 실행해 애플리케이션 호스트 수준의 중앙 로깅 속성을 수정하면 된다. 다음 명령문을 dockeronwindows/ch03-iis-log-watcher 이미지의 Dockerfile에서 사용했다.

```
RUN Set-WebConfigurationProperty -p 'MACHINE/WEBROOT/APPHOST' -fi 'system.
applicationHost/log' -n 'centralLogFileMode' -v 'CentralW3C'; `
    Set-WebConfigurationProperty -p 'MACHINE/WEBROOT/APPHOST' -fi 'system.
applicationHost/log/centralW3CLogFile' -n 'truncateSize' -v 4294967295; `
    Set-WebConfigurationProperty -p 'MACHINE/WEBROOT/APPHOST' -fi 'system.
applicationHost/log/centralW3CLogFile' -n 'period' -v 'MaxSize'; `
    Set-WebConfigurationProperty -p 'MACHINE/WEBROOT/APPHOST' -fi 'system.
applicationHost/log/centralW3CLogFile' -n 'directory' -v 'C:\iislog'
```

읽기 어려워 보이는 코드지만 Dockerfile에서는 애플리케이션을 설정하는 데 필요한 것은 뭐든지 할 수 있다는 것을 보여준다. 이 스크립트는 IIS가 모든 로그 항목을 C:\iislog 디렉터리 아래에 기록하게 만들고 파일 크기가 4GiB 정도 되면 오래된 로그를 지우게 만들었다. 설정할 수 있는 여러 가지 방법이 있을 것이다. 중요한 것은 컨테이너는 오랫동안 실행될 수 있는 것이 아니므로 한 컨테이너 안에 기록되는 로그 파일의 크기가 너무 커지면 안 된다는 것이다. IIS는 로그를 기록할 디렉터리를 지정했더라도 그 안에 서브 디렉터리를 만들어 로그를 기록할 것이므로 실제 로그 파일이 저장되는 경로는 C:\iislog\W3SVC\u_extend1.log가 된다. 이제 로그 파일의 위치를 알았으니 파워셸을 사용해 기록되는 로그 항목을 콘솔에도 출력할 수 있다.

이 작업을 CMD 지시어로 실행할 것이므로 Docker가 실행하고 관찰하는 작업은 로그 항목을 콘솔에 출력하는 파워셸 명령문이 된다. 새로운 항목이 콘솔에 출력되면 Docker에서 그 내용을 볼 수 있다. 파워셸은 파일 내용을 쉽게 확인할 수 있지만 파워셸이 이 작업을 실행하려면 파일을 먼저 만들어야 하는 복잡함이 있다. Dockerfile에서 시작 단계에 다음과 같은 여러 명령문을 사용해 이 문제를 해결할 것이다.

```
CMD Start-Service W3SVC; `
    Invoke-WebRequest http://localhost -UseBasicParsing | Out-Null; `
    netsh http flush logbuffer | Out-Null; `
    Get-Content -path 'c:\iislog\W3SVC\u_extend1.log' -Tail 1 -Wait
```

컨테이너가 시작되면 4가지 일이 일어난다.

1. IIS 서비스를 시작한다(W3SVC).
2. HTTP GET 요청을 localhost로 보내 IIS 워커 프로세스를 시작하고 첫 로그 항목을 기록하게 만든다.
3. HTTP 로그 버퍼를 비워 로그 파일이 디스크에 정확하게 기록되게 만들어 파워셸 스크립트가 실행되기 전에 로그 파일이 있게 만든다.
4. 로그 파일을 테일 모드로 읽게 만들어 콘솔에 새로 추가되는 행의 내용이 계속 표시되게 만든다.

이제 평소처럼 이 이미지에서 컨테이너를 실행할 수 있다.

```
docker container run -d -P --name log-watcher dockeronwindows/ch03-iis-log-
watcher:2e
```

컨테이너의 IP 주소를 얻어 브라우저로 접속해 트래픽을 보내면(또는 파워셸의 Invoke-WebRequest를 사용하면) IIS 로그 항목이 Get-Content 명령문으로 가져온 로그 항목이

Docker로 전달되고 docker container logs 명령문으로 조회할 수 있다.

```
> docker container logs log-watcher
2019-02-06 20:21:30 W3SVC1 172.27.97.43 GET / - 80 - 192.168.2.214 Mozilla/5.0+(W
indows+NT+10.0;+Win64;+x64;+rv:64.0)+Gecko/20100101+Firefox/64.0 - 200 0 0 7
2019-02-06 20:21:30 W3SVC1 172.27.97.43 GET /iisstart.png - 80 - 192.168.2.214
Mozilla/5.0+(Windows+NT+10.0;+Win64;+x64;+rv:64.0)+Gecko/20100101+Firefox/64.0
http://localhost:51959/ 200 0 0 17
2019-02-06 20:21:30 W3SVC1 172.27.97.43 GET /favicon.ico - 80 - 192.168.2.214 Moz
illa/5.0+(Windows+NT+10.0;+Win64;+x64;+rv:64.0)+Gecko/20100101+Firefox/64.0 - 404
0 2 23
```

 IIS는 항상 로그 항목을 디스크에 쓰기 전에 메모리에 버퍼링하고 일정 조건을 충족하면 일괄적으로 쓰기를 진행하는 방식으로 로그를 기록할 때 발생하는 성능 문제를 해결한다. 버퍼 비우기 작업은 매 60초마다 또는 버퍼 크기가 64KiB를 넘으면 진행한다. IIS 로그의 버퍼링을 끄고 컨테이너로 즉시 로그를 기록하게 만들려면 앞의 Dockerfile에서 사용한 netsh 명령문을 다음과 같이 실행하면 된다.

docker container exec log-watcher netsh http flush logbuffer

그러면 Ok라는 문구가 나타나며 새로운 항목이 docker container logs에서 곧바로 표시될 것이다.

이제 기존 IIS 이미지에 모든 IIS 로그 항목이 콘솔로 출력되게 구성을 변경하고 명령문을 추가했다. 이 방법은 IIS에서 실행되는 애플리케이션이라면 항상 잘 작동할 것이며 ASP.NET 웹사이트로 오는 요청뿐만 아니라 보통의 정적 웹사이트의 사이트 내용이나 애플리케이션 코드를 전혀 변경하지 않고도 기능을 구현했다. Docker는 콘솔 출력을 로그 항목으로 수집하므로 이 간단한 기능 수정으로 기존 애플리케이션의 로깅을 새 플랫폼으로 통합할 수 있다.

애플리케이션 구성 관리하기

컨테이너 이미지로 애플리케이션을 패키징하는 궁극적인 목적은 같은 이미지를 어떠한 환경에서든 똑같이 사용하기 위해서다. 테스트와 프로덕션용으로 구분해 이미지를 빌드하면 애플리케이션이 서로 달라져 연속성을 보장할 수 없으므로 이렇게 하지 않는다. 프로덕션에는 사용자가 테스트한 것과 반드시 완전하게 같은 이미지가 배포돼야 하며 이 이미지는 빌드 과정에 만들어진 것과 모든 자동화된 테스트 과정에서 사용한 이미지와 같아야 한다.

물론 환경마다 바뀌어야 할 부분은 분명하게 있다. 데이터베이스 연결 문자열, 로깅 수준, 기능 스위치 등이다. 이러한 부분은 애플리케이션 구성이며 Docker 환경에서는 일반적으로 개발 환경에 맞춰 기본 구성 세트로 애플리케이션 이미지를 빌드할 것이다. 런타임에서는 현재 환경에 유효한 구성을 컨테이너 안으로 주입해 기본 구성 값을 덮어쓸 것이다.

이러한 구성을 주입하는 몇 가지 방법이 있다. 3장에서는 볼륨 마운트와 환경 변수를 이 작업을 위해 어떻게 사용할 수 있는지 보여준다. 프로덕션 환경에서는 Docker를 실행하는 여러 대의 컴퓨터를 클러스터로 묶어 운영할 것이며 Docker의 구성 개체나 시크릿과 같이 클러스터의 안전한 데이터베이스 안에 구성 데이터를 저장해 사용할 것이다. 더 자세한 내용은 7장, Docker 스웜을 사용한 분산 솔루션 오케스트레이션에서 자세하게 다룬다.

볼륨에서 구성 파일 마운트하기

전통적인 애플리케이션 플랫폼은 구성 파일을 사용해 환경 사이의 차이점을 관리한다. .NET Framework는 풍부한 기능을 제공하는 XML 방식의 구성 프레임워크를 사용하며 자바 애플리케이션은 보통 키와 값의 쌍으로 구성된 속성 파일을 이용한다. 애플리케이션 이미지를 만들 때 Dockerfile을 사용해 이러한 구성 파일을 추가하고 이미지로부터 컨테이너를 실행할 때 기본 구성을 사용할 수 있다.

애플리케이션을 설정할 때는 구성 파일을 위한 특정 디렉터리를 지정해 구성을 바꿔야 하며 이때 볼륨을 마운트하는 것으로 기본 설정을 대체한다. `dockeronwindows/ch03-`

aspnet-config:2e의 간단한 ASP.NET 웹 폼 애플리케이션이 이러한 사용 방법을 보여준다. Dockerfile을 확인해보면 이미 알고 있는 명령문을 그대로 사용한다.

```
# escape=`
FROM mcr.microsoft.com/dotnet/framework/aspnet

COPY Web.config C:\inetpub\wwwroot
COPY config\*.config C:\inetpub\wwwroot\config\
COPY default.aspx C:\inetpub\wwwroot
```

이러한 이미지는 마이크로소프트의 ASP.NET 이미지를 베이스 이미지로 사용하며 ASPX 파일과 구성 파일을 이미지 안에 복사한다. 이 예제에서 기본 IIS 웹사이트를 사용했고 C:\inetpub\wwwroot에서 내용을 불러온다. Dockerfile에서 COPY 지시어로 이 위치에 파일을 복사해 넣기만 하면 되므로 따로 파워셸 스크립트를 사용하지 않아도 된다.

ASP.NET은 애플리케이션 디렉터리에서 Web.config 파일을 찾을 것이다. 하지만 설정 파일 안의 특정 섹션을 별도 파일로 분리할 수 있다. appSettings와 connectionStrings 섹션을 서브 디렉터리 안에 있는 별도 파일에서 불러오도록 다음과 같이 구성했다.

```
<?xml version="1.0" encoding="utf-8"?>
<configuration>
  <appSettings configSource="config\appSettings.config" />
  <connectionStrings configSource="config\connectionStrings.config" />
</configuration>
```

config 디렉터리 안에서 기본 구성 파일을 불러오므로 추가 설정을 지정하지 않더라도 컨테이너는 정상적으로 실행될 것이다.

```
docker container run -d -P dockeronwindows/ch03-aspnet-config:2e
```

컨테이너의 포트 번호를 확인해 브라우저로 접속해보면 기본 구성 파일로부터 읽어온 값을 표시한 웹 페이지를 볼 수 있다.

다른 환경에서 애플리케이션을 실행할 때는 호스트에서 구성 파일을 불러올 수 있도록 로컬 디렉터리를 볼륨으로 마운트해 컨테이너 안의 C:\inetpub\wwwroot\config 디렉터리와 연결하게 만들 수 있다. 컨테이너를 실행하면 호스트 디렉터리의 파일을 컨테이너 안에서 불러오는 것을 볼 수 있다.

```
docker container run -d -P `
 -v $pwd\prod-config:C:\inetpub\wwwroot\config `
dockeronwindows/ch03-aspnet-config:2e
```

 파워셸을 사용해 이 명령문을 실행했을 때 $pwd 부분이 현재 디렉터리의 정확한 경로를 나타내는 부분으로 바뀌므로 현재 작업 중인 디렉터리 아래의 prod-config 디렉터리의 전체 경로가 컨테이너 안의 C:\inetpub\wwwroot\config 디렉터리와 연결되는 것이다. 이 방법 대신 전체 경로를 직접 지정해도 된다.

이 컨테이너의 포트 번호를 확인해 브라우저로 접속해보면 이번에는 다른 값이 표시되는 것을 볼 수 있다.

여기서 중요한 것은 계속 같은 컨테이너 이미지를 사용했다는 것이며 같은 설치 방식과 같은 바이너리를 모든 환경에 걸쳐 사용했다는 것이다. 바뀐 것은 구성 파일의 내용뿐이며 Docker는 이 작업을 실행하기 위해 잘 정리된 방법을 제공했다.

환경 변수 가져오기

최근 애플리케이션은 환경 변수를 구성 설정을 위한 용도로 사용하는 빈도가 늘어났다. 실제 컴퓨터부터 PaaS^Platform as a Service, 서버리스 함수까지 모두 지원할 수 있게 하기 위해서다. 모든 플랫폼은 환경 변수를 키와 값의 쌍으로 어디서나 동일하게 사용하므로 환경 변수를 사용해 구성을 설정할 수 있게 만든다면 애플리케이션의 이식성을 극대화할 수 있다.

ASP.NET은 이미 풍부한 기능을 제공하는 Web.config 기반의 구성 프레임워크를 제공하지만 약간의 코드 변경으로 핵심 설정을 환경 변수로 이동시킬 수 있다. 이 방법은 하나의 컨테이너 이미지만 만들면 구성을 바꿀 때마다 컨테이너가 사용할 환경 변수를 설정해 여러 플랫폼에서 애플리케이션을 실행할 수 있게 해준다.

Docker는 환경 변수를 Dockerfile로 지정할 수 있게 해주고 지정하지 않았을 때 사용할
기본 값도 정의할 수 있다. ENV 지시어는 환경 변수를 설정해주고 각각의 ENV 지시어에서
는 하나 또는 여러 개의 변수를 설정할 수 있다. 다음 예제는 dockeronwindows/ch03-iis-
environment-variables:2e의 Dockerfile 내용이다.

```
ENV A01_KEY A01 value
ENV A02_KEY="A02 value" `
    A03_KEY="A03 value"
```

각종 설정은 Dockerfile에 ENV 지시문을 추가해 이미지에 들어간다. 이 이미지를 사용해
만든 모든 컨테이너는 기본적으로 이 값을 사용한다. 컨테이너를 실행할 때는 새로운 환
경 변수를 추가하거나 이미지에 설정된 기본 환경 변수 값을 --env 또는 -e 옵션을 사용
해 대체할 수 있다. 환경 변수가 어떻게 동작하는지 간단한 나노 서버 컨테이너로 확인
할 수 있다.

```
> docker container run `
  --env ENV_01='Hello' --env ENV_02='World' `
  mcr.microsoft.com/windows/nanoserver:1809 `
  cmd /s /c echo %ENV_01% %ENV_02%

Hello World
```

IIS에서 호스팅되는 애플리케이션은 Docker가 제공하는 환경 변수를 사용할 때 복잡한
문제가 하나 있다. IIS가 시작할 때는 시스템에서 모든 환경 변수를 읽어 내부에 캐시로 저
장하는 동작이 있다. Docker가 컨테이너를 실행할 때 환경 변수를 지정하면 프로세스 수
준에서 환경 변수를 설정한다. 하지만 IIS는 원래의 환경 변수 값을 이미 캐싱해둔 이후에
이 작업이 이뤄지므로 IIS 애플리케이션으로는 변경된 환경 변수 값이 전달되지 않으므로
IIS 안에서 실행되는 애플리케이션은 변경된 환경 변수 값을 파악하지 못한다. 반면 IIS는

컴퓨터 수준의 환경 변수를 캐싱하지 않으므로 Docker가 컴퓨터 수준의 환경 변수를 변경할 수 있게 유도해 IIS 애플리케이션에서 이 값을 대신 읽게 만들 수 있다.

환경 변수를 가져오는 것은 프로세스 수준의 환경 변수를 읽어 컴퓨터 수준으로 설정하는 방식으로 처리할 수 있다. 컨테이너를 시작할 때 파워셸 스크립트를 사용해 모든 프로세스 수준의 환경 변수를 열거한 후 시스템 환경 변수 수준으로 키와 값을 복사해 설정하는 것이다. 다만 컴퓨터 수준의 환경 변수 값이 이미 있다면 건너뛴다.

```
 foreach($key in
[System.Environment]::GetEnvironmentVariables('Process').Keys) {
    if ([System.Environment]::GetEnvironmentVariable($key, 'Machine') -eq
$null) {
        $value = [System.Environment]::GetEnvironmentVariable($key, 'Process')
        [System.Environment]::SetEnvironmentVariable($key, $value,
'Machine')
    }
 }
```

마이크로소프트가 제공하는 IIS 이미지를 사용한다면 해당 이미지 안에 포함된 Service Monitor.exe 프로그램이 이 작업을 대신 실행하므로 이 스크립트를 사용할 필요가 없다. ServiceMonitor는 3가지 작업을 실행한다. 프로세스 수준의 환경 변수를 IIS 애플리케이션에서도 볼 수 있게 만들고 백그라운드에서 서비스를 시작하며 서비스를 관찰하면서 컨테이너가 계속 실행될 수 있게 해준다. ServiceMonitor가 컨테이너 시작과 함께 프로세스로 시작돼 IIS 서비스가 실패하면 ServiceMonitor 프로세스도 종료돼 Docker가 애플리케이션에 문제가 있어 중지됐다는 사실을 알려줄 수 있다.

ServiceMonitor.exe는 GitHub에 파일로 올라와 있지만 오픈 소스로는 공개되지 않았으며 모든 동작이 문서화된 것은 아니다(기본 IIS 애플리케이션 풀에서만 작동하는 것 같다). IIS 이미지 안에 이 파일이 들어 있으며 이 프로그램 파일을 컨테이너의 진입점으로 사용하도록 **ENTRYPOINT** 지시어를 사용했다. ASP.NET 이미지도 IIS 이미지를 기반으로 하므로 ServiceMonitor[1]를 이미 사용하고 있다.

ServiceMonitor를 사용하면서 IIS 로그가 콘솔로 출력되는 로직을 함께 사용하고 싶다면 ServiceMonitor를 백그라운드에서 실행되게 만들고 로그를 읽어 출력하는 명령문을 Dockerfile에서 시작 명령문으로 사용하도록 변경해야 한다. 관련 내용은 docker onwindows/ch03-iis-environment-variables:2e의 Dockerfile에 나와 있으며 파워셸의 Start-Process 명령문으로 ServiceMonitor를 사용하는 방법을 보여준다.

```
ENTRYPOINT ["powershell"]
CMD Start-Process -NoNewWindow -FilePath C:\ServiceMonitor.exe -ArgumentList
w3svc; `
    Invoke-WebRequest http://localhost -UseBasicParsing | Out-Null; `
    netsh http flush logbuffer | Out-Null; `
    Get-Content -path 'C:\iislog\W3SVC\u_extend1.log' -Tail 1 -Wait
```

 ENTRYPOINT와 **CMD** 지시어는 Docker가 애플리케이션을 어떻게 실행해야 하는지를 지정한다. 이 두 가지 지시어를 활용해 기본 진입점을 지정하고 컨테이너를 시작할 때 사용자가 이미지의 기본 명령문을 대체할 수 있게 해준다.

이미지 안의 애플리케이션은 환경 변수 목록을 읽어 출력하는 간단한 ASP.NET 웹 페이지다. 다음과 같이 통상적인 방법으로 컨테이너를 시작할 수 있다.

---

1 2019년 기준으로 IIS 'ServiceMonitor'의 Visual C++ 소스 코드가 다음 GitHub 리포지터리에 마이크로소프트가 공개했다. [https://github.com/microsoft/IIS.ServiceMonitor] – 옮긴이

```
docker container run -d -P --name iis-env dockeronwindows/ch03-iis-environment-
variables:2e
```

컨테이너가 시작되면 다음과 같은 파워셸 스크립트를 사용해 ASP.NET 웹 폼 페이지가
들어 있는 컨테이너의 포트 번호를 얻어 웹 브라우저로 해당 페이지에 접속할 수 있다.

```
$port = $(docker container port iis-env).Split(':')[1]
start "http://localhost:$port"
```

웹사이트는 프로세스 수준의 변수로 나열된 컨테이너 이미지의 기본 환경 변수 값을 표
시한다.

같은 이미지를 이미지의 기본 환경 변수 값을 변경하거나 새로운 변수를 추가하는 방식으
로 새로 띄울 수 있다.

```
docker container run -d -P --name iis-env2 `
```

```
 -e A01_KEY='NEW VALUE!' `
 -e B01_KEY='NEW KEY!' `
dockeronwindows/ch03-iis-environment-variables:2e
```

새로 시작한 컨테이너의 포트 번호를 확인해 웹 브라우저로 접속해보면 새로운 값을 ASP.
NET 페이지가 나타내는 것을 볼 수 있다.

이제 Docker의 환경 변수 관리 기능을 IIS에 추가했으므로 ASP.NET 애플리케이션은
System.Environment 클래스를 사용해 구성 설정을 읽을 수 있다. 이미지에서 IIS 로그 파
일을 콘솔로 출력할 수 있게 구성했으므로 이제 Docker로 애플리케이션을 구성하고 로
그를 검사할 수 있게 됐다.

마지막으로 남은 개선 사항은 Docker가 컨테이너 내부의 애플리케이션을 어떻게 모니터
링할 수 있는지를 알려주는 것으로 Docker가 애플리케이션의 상태가 정상적인지 확인해
문제가 있다면 어떻게 처리할 것인지 결정할 수 있게 하는 것이다.

애플리케이션 상태를 모니터링할 수 있는 컨테이너 이미지 만들기

지금까지 docker container logs 명령문을 사용해 웹 요청과 응답 로그를 확인할 수 있게 만들었고 환경 변수와 구성 파일을 사용해 API 키와 데이터베이스 사용자 접속 정보를 지정할 수 있게 만들었다. 레거시 ASP.NET 애플리케이션을 다른 Docker에서 실행되는 컨테이너화된 애플리케이션과 같은 방법으로 실행하고 관리할 수 있게 만든 것이다. 또한 컨테이너를 모니터링하도록 Docker를 구성해 예상하지 못한 오류를 관리할 수 있다.

Docker는 애플리케이션의 상태를 확인할 수 있는 모니터링 기능을 제공한다. 단순하게 특정 애플리케이션 프로세스가 실행 중인지 여부만 검사하는 것이 아니라 HEALTHCHECK 지시어를 Dockerfile에서 사용해 구체적인 방법을 지정할 수 있다. HEALTHCHECK 지시어를 사용하면 Docker가 애플리케이션의 정상 상태 여부를 판단할 수 있는 방법을 지정할 수 있다. 이 명령문의 문법은 앞에서 알아본 RUN이나 CMD 지시어와 비슷하다. 실행할 셸 명령문을 지정하면 그 명령문이 실행된 후 반환되는 종료 코드 값이 0이면 정상, 1이면 비정상 상태로 판단한다. Docker는 상태 검사를 컨테이너가 시작된 이후 지속적으로 실행해 컨테이너 상태가 변경된다면 상태 이벤트를 만든다.

웹 애플리케이션에서 정상적인 상태를 정의하는 것은 들어오는 HTTP 요청에 정상적인 응답을 내보낼 수 있는지 여부에 달려 있다. 얼마나 완전하게 검사하고 싶은지에 따라 요청할 내용도 달라질 것이다. 이상적으로 요청은 애플리케이션의 핵심 부분을 실행할 수 있어야 모든 것이 정상적이라고 자신 있게 판단할 수 있을 것이다. 하지만 동시에 요청은 최소한의 시간 안에 적은 영향을 미치며 마무리돼야 많은 양의 상태 검사 요청이 있더라도 고객의 요청에 영향을 미치지 않을 것이다.

웹 애플리케이션을 위한 간단한 상태 검사는 Invoke-WebRequest 파워셸 명령문을 사용해 메인 페이지를 조회하고 이때 반환되는 응답 코드가 200인지 확인해 정상적인 실행 상태라는 것을 확인하는 것이다.

```
try {
    $response = iwr http://localhost/ -UseBasicParsing
    if ($response.StatusCode -eq 200) {
        return 0
    } else {
        return 1
    }
}
catch { return 1 }
```

더 복잡한 웹 애플리케이션은 상태 검사를 위한 새로운 엔드포인트를 추가하는 것이 유용할 수 있다. API와 웹사이트에 진단 엔드포인트를 추가해 애플리케이션의 핵심 로직을 실행하고 참, 거짓 결과 값을 반환하게 만들어 애플리케이션 상태가 정상인지 판단할 수 있도록 만들 수 있을 것이다. 이 엔드포인트를 Docker의 상태 검사 기능으로 부르고 응답 내용과 상태 검사 코드를 확인하게 만들어 애플리케이션이 정상적으로 실행되고 있다고 확신하게 만들 것이다.

Dockerfile에서 사용하는 **HEALTHCHECK** 지시어는 사용법이 매우 단순하다. 상태 검사 사이의 간격과 몇 번 이상 실패했을 때 컨테이너의 상태를 비정상으로 볼 것인지를 설정할 수 있지만 기본 값을 사용하길 원한다면 **HEALTHCHECK CMD** 지시어 다음에 스크립트를 넣으면 된다. 다음 예제는 dockeronwindows/ch03-iis-healthcheck:2e 이미지의 Dockerfile에서 가져온 것으로 파워셸 스크립트를 사용해 진단 URL에 **GET** 요청을 보내고 응답 내용과 상태 코드를 검사한다.

```
HEALTHCHECK --interval=5s `
 CMD powershell -command `
    try { `
     $response = iwr http://localhost/diagnostics -UseBasicParsing; `
     if ($response.StatusCode -eq 200) { return 0} `
     else {return 1}; `
    } catch { return 1 }
```

위의 예제에서 상태 검사 사이의 간격을 얼마로 할 것인지를 지정했다. Docker는 이 설정에 따라 5초마다 상태 검사를 위한 명령문을 실행할 것이다(지정하지 않았을 때의 기본 값은 30초다). 상태 검사는 로컬 컨테이너를 대상으로 실행할 때는 매우 적은 비용으로 실행되므로 이와 같이 짧은 실행 주기를 사용해 문제를 더 빨리 파악하게 만들 수 있다.

이 컨테이너 이미지에 들어 있는 애플리케이션은 ASP.NET 웹 API 애플리케이션으로 진단용 엔드포인트를 갖고 있으며 애플리케이션의 상태를 전환할 수 있는 컨트롤러를 갖고 있다. Dockerfile은 상태 검사 기능을 포함하며 Docker가 이 기능을 이미지로부터 컨테이너를 실행했을 때 어떻게 사용하는지 다음 명령문으로 볼 수 있다.

```
docker container run -d -P --name healthcheck dockeronwindows/ch03-iis-healthcheck:2e
```

docker container ls 명령문을 사용해 컨테이너 상태를 확인해보면 상태 필드 값이 좀 다르게 나오는 것을 볼 수 있다. 예를 들어 Up 3 seconds (health: starting)처럼 표시된다. Docker는 상태 검사를 이 컨테이너에 5초마다 실행하며 이 시점에서는 아직 상태 검사를 한 적이 없는 것이다. 좀 더 기다린 후 상태를 다시 확인해보면 Up 46 seconds (healthy)처럼 표시될 것이다.

API의 상태를 확인하기 위해 다음과 같이 진단용 엔드포인트를 호출할 수 있다.

```
$port = $(docker container port healthcheck).Split(':')[1]
iwr "http://localhost:$port/diagnostics"
```

반환되는 응답 내용에서 "Status":"GREEN"으로 된 내용이 들어 있다면 API는 정상적인 상태라는 뜻이다. 이 컨테이너는 컨트롤러를 이용해 상태를 변경하기 전까지 계속 정상적인 상태로 실행될 것이다. API로 POST 요청을 보내면 그 이후의 모든 요청은 HTTP 응답 코드 500을 보낼 것이다.

```
iwr "http://localhost:$port/toggle/unhealthy" -Method Post
```

이제 애플리케이션은 Docker 플랫폼이 보내는 모든 GET 요청에 500 응답 코드로 응답할 것이며 애플리케이션 상태 검사는 실패할 것이다. Docker는 상태 검사를 계속 시도하며 연속으로 세 번 이상 실패했다면 컨테이너 상태가 비정상이라고 판단한다. 이 시점에서 컨테이너 목록의 상태 필드는 Up 3 minutes (unhealthy)와 같이 표시될 것이다. Docker는 단일 컨테이너의 상태가 비정상으로 표시되더라도 자동으로 취하는 동작이 없으므로 컨테이너는 실행 중인 상태를 계속 유지하며 API에 계속 접근할 수 있다.

상태 검사 기능은 컨테이너가 클러스터로 묶인 Docker 환경(7장, Docker 스웜을 사용한 분산 솔루션 오케스트레이션에서 자세하게 다룬다)에서 실행될 때 중요한 기능이며 모든 Dockerfile 에 이 기능을 추가하는 것이 권장된다. 애플리케이션을 이미지로 만들면서 플랫폼이 애플리케이션의 상태를 검사할 수 있도록 기능을 추가하는 것은 매우 유용한 기능이며 이 기능을 사용해 Docker는 애플리케이션이 실행되는 동안 상태를 계속 모니터링할 수 있다.

이제 ASP.NET 애플리케이션을 컨테이너화하기 위한 모든 도구를 갖췄고 Docker에서 잘 실행되는 애플리케이션을 만들었으며 다른 컨테이너와 마찬가지로 모니터링되고 관리 가능한 형태로 만들었다. 완전한 .NET Framework 애플리케이션을 윈도우 서버 코어에서 실행하려면 여러 개의 필수적인 윈도우 백그라운드 서비스 프로세스를 실행해야 하므로 하나의 프로세스만 실행해야 한다는 원칙에는 부합하지 않지만 컨테이너 이미지를 만들어 논리적으로는 하나의 기능만 실행하도록 만들고 여러 다른 의존 관계를 분리할 수 있다.

▮ 의존성 분리하기

2장에서 레거시 NerdDinner 애플리케이션을 컨테이너로 만든 후 실행될 수 있게 만들었지만 데이터베이스는 포함하지 않았다. 원래의 애플리케이션에서는 실행 중인 컴퓨터와 같은 위치에서 SQL 서버 로컬 DB를 실행할 수 있다고 가정했다. 로컬 DB는 MSI 패키지 방식으로 설치되며 컨테이너 이미지에 MSI 패키지를 다운로드하고 설치하는 RUN 지시어를 Dockerfile에 추가할 수 있다. 하지만 이렇게 만들면 이미지에서 컨테이너를 실행했을 때 2개 기능을 실행하려는 것으로 웹 애플리케이션과 데이터베이스를 한 컨테이너에서 실행하는 것이다.

 2개 기능을 한 컨테이너에서 실행하는 것은 좋은 선택이 아니다. 웹사이트를 데이터베이스 변경 없이 업그레이드하려고 하면 무슨 일이 일어날까? 또는 데이터베이스 점검을 실행할 필요가 있을 때 웹사이트에는 영향을 미치지 않는다고 볼 수 있을까? 웹사이트를 스케일 아웃하려고 하면 어떠할까? 2개 기능을 함께 결합하면 배포할 때 위험한 부분이 늘어나고 테스트 비용이 증가하고 관리하기 복잡해지고 유연하게 운영하기 힘든 문제가 발생한다.

컨테이너 이미지에 데이터베이스를 직접 추가하는 대신 별도 컨테이너에서 데이터베이스를 실행하고 Docker의 네트워크 레이어를 사용해 웹사이트와 데이터베이스가 연결되게 만들 것이다. 이 이미지를 베이스 이미지로 사용해 스키마가 미리 배포되고 연결할 준비가 된 데이터베이스 인스턴스를 만들고 웹 애플리케이션과 연결하게 만들 것이다.[2]

SQL 서버 데이터베이스를 위한 컨테이너 이미지 만들기

데이터베이스 이미지를 설정하는 것은 다른 컨테이너 이미지를 구성하는 것과 다르지 않다. 설치 작업을 Dockerfile로 포장할 것이다. 새 데이터베이스 설치 작업은 다음과 같다.

1. SQL 서버를 설치한다.
2. SQL 서버를 구성한다.
3. DDL 스크립트를 사용해 데이터베이스를 만든다.

---

2 2021년 여름 마이크로소프트는 SQL 서버 컨테이너의 윈도우 버전에 대한 개발을 중단한다는 발표를 했기 때문에 이 책에서 설명하는 것과 같이 기존에 보유하고 있는 SQL 서버 라이선스를 이용해 컨테이너에 직접 이미지를 설치해 사용하는 방법으로만 윈도우 컨테이너 안에서 SQL 서버를 실행할 수 있다. 다만 마이크로소프트가 더 이상 컨테이너 안에서 실행하는 SQL 서버를 공식적으로 지원하지 않기 때문에 이 책에서 설명하는 방법은 어느 날 사용이 불가능할 수 있다.

4. DML 스크립트를 사용해 정적 데이터를 추가한다.

이 방법은 Visual Studio의 SQL 데이터베이스 프로젝트 유형과 DACPAC 배포 모델을 사용해 보통의 빌드 프로세스와 매우 잘 맞다. 게시되는 프로젝트의 출력은 .dacpac 파일로 이 안에는 데이터베이스 스키마와 실행하려는 SQL 스크립트가 들어 있다. SqlPackage 도구를 사용하면 DACPAC 파일의 내용을 SQL 서버 인스턴스로 배포할 수 있으며 데이터베이스가 없으면 새로운 데이터베이스를 만들거나 기존 데이터베이스 스키마와 DACPAC의 스키마가 일치하지 않는다면 업그레이드를 자동으로 진행한다.

이 방법은 특정 애플리케이션을 위한 SQL 서버 컨테이너 이미지에 매우 잘 맞는 방법이다. 이 Dockerfile을 위해 다단계 빌드를 사용할 수 있으므로 다른 사용자는 소스 코드로부터 데이터베이스를 이미지로 만들기 위해 Visual Studio를 설치하지 않아도 된다. 다음은 dockeronwindows/ch03-nerd-dinner-db:2e 이미지의 Dockerfile에서 첫 번째 단계의 내용을 발췌한 예제다.

```
# escape=`
FROM microsoft/dotnet-framework:4.7.2-sdk-windowsservercore-ltsc2019 AS builder
SHELL ["powershell", "-Command", "$ErrorActionPreference = 'Stop';"]

# add SSDT build tools
RUN nuget install Microsoft.Data.Tools.Msbuild -Version 10.0.61804.210

# add SqlPackage tool
ENV download_url="https://download.microsoft.com/download/6/E/4/6E406.../EN/x64/
DacFramework.msi"
RUN Invoke-WebRequest -Uri $env:download_url -OutFile DacFramework.msi ; `
    Start-Process msiexec.exe -ArgumentList '/i', 'DacFramework.msi', '/quiet',
'/norestart' -NoNewWindow -Wait; `
    Remove-Item -Force DacFramework.msi

WORKDIR C:\src\NerdDinner.Database
COPY src\NerdDinner.Database .
```

```
RUN msbuild NerdDinner.Database.sqlproj `
    /p:SQLDBExtensionsRefPath="C:\Microsoft.Data.Tools.Msbuild.10.0.61804.210\
lib\net46" `
    /p:SqlServerRedistPath="C:\Microsoft.Data.Tools.Msbuild.10.0.61804.210\lib\
net46"
```

보기에는 복잡하지만 어려운 내용은 아니다. `builder` 단계는 마이크로소프트의 .NET Framework SDK 이미지를 베이스 이미지로 사용한다. 이 이미지에는 NuGet과 MSBuild 가 포함됐으며 SQL 서버 DACPAC 패키지를 빌드하기 위한 구성 요소는 들어 있지 않다. 처음 2개의 RUN 지시어는 SQL 서버 데이터 도구와 SqlPackage 도구를 설치한다. 데이터 베이스 프로젝트를 컨테이너화해야 할 일이 빈번하다면 이 패키지를 설치한 이미지를 별 도의 SQL 서버 SDK 이미지로 만들 수 있을 것이다.

나머지 단계는 SQL 프로젝트 소스 코드를 이미지로 복사한 후 MSBuild를 이용해 DACPAC 패키지를 만들어내는 과정이다.

다음은 앞의 Dockerfile의 두 번째 단계로 NerdDinner DACPAC 패키지를 SQL 서버 익 스프레스 인스턴스에 실행하는 것이다.

```
FROM dockeronwindows/ch03-sql-server:2e

ENV DATA_PATH="C:\data" `
    sa_password="N3rdD!Nne720^6"

VOLUME ${DATA_PATH}

WORKDIR C:\init
COPY Initialize-Database.ps1 .
CMD powershell ./Initialize-Database.ps1 -sa_password $env:sa_password -
data_path $env:data_path -Verbose

COPY --from=builder ["C:\\Program Files...\\DAC", "C:\\Program
Files...\\DAC"]
COPY --from=builder C:\docker\NerdDinner.Database.dacpac .
```

지금까지 본 것 외에 특별한 지시어는 없다. SQL 서버 데이터 파일을 저장할 볼륨을 구성하고 기본 데이터 파일 저장 위치를 지정하는 환경 변수를 사용하며 기본 위치는 C:\data로 설정했다. 여기서 RUN 지시어를 따로 사용하지 않는 것을 볼 수 있다. 이미지를 만들면서 실제로 데이터베이스를 구성하는 작업을 진행하지 않는다. 단순하게 DACPAC 파일을 이미지에 추가해 컨테이너가 시작할 때 데이터베이스를 만들거나 업그레이드할 수 있게 준비했다.

CMD 지시어에서는 파워셸 스크립트를 사용해 데이터베이스를 구성한다. 시작할 때 실행하는 작업을 별도 스크립트로 포장하는 것은 좋은 아이디어가 아닐 수 있다. Dockerfile만으로 컨테이너가 실행할 때 무슨 일이 일어나는지 모두 파악할 수 없기 때문이다. 하지만 Dockerfile에서 사용할 수 있는 기능이 한정적이므로 모든 기능을 Dockerfile에서 구현하려고 한다면 내용이 매우 길어질 수 있다.

베이스가 되는 SQL 서버 익스프레스 이미지는 sa_password라는 환경 변수로 관리자 계정의 비밀번호를 지정할 수 있게 만들었다. 베이스 이미지의 기능을 확장해 변수의 기본값을 설정했다. 컨테이너를 실행할 때 사용자가 관리자 계정의 비밀번호를 지정할 수 있도록 같은 방식으로 변수를 사용할 것이다. 시작 스크립트의 나머지 부분은 데이터베이스 상태를 볼륨에 저장할 때 해결해야 할 문제를 처리하는 것이다.

SQL 서버 컨테이너를 위한 데이터베이스 파일 관리하기

데이터베이스 컨테이너는 다른 컨테이너와 비슷하지만 상태 관리에 초점이 더 맞춰져 있다. 컨테이너 밖에 데이터베이스 파일을 저장해야 데이터베이스 컨테이너를 데이터 손실 없이 교체할 수 있을 것이다. 2장에서 알아봤듯이 볼륨에 데이터를 저장한다면 문제가 쉽게 해결되겠지만 한 가지 문제가 있다.

SQL 서버 이미지를 스키마와 함께 배포하는 SQL 스크립트를 직접 만들었다면 데이터베이스 파일은 이미지 안의 알려진 위치에 만들어질 것이다. 컨테이너를 실행할 때 볼륨을 마운트하지 않고 실행하더라도 작동에는 이상이 없겠지만 이 데이터는 컨테이너의 쓰기 가능 영역에 저장될 것이다. 데이터베이스를 업그레이드하기 위해 컨테이너를 교체한다면 모든 데이터를 잃어버릴 것이다.

컨테이너를 호스트에서 마운트한 볼륨과 함께 실행하면 SQL 서버 데이터 디렉터리를 호스트 디렉터리와 연결해 데이터 파일이 컨테이너 외부 호스트의 특정 위치에 저장될 것이다. 이러한 방법으로 데이터 파일이 RAID 어레이 같은 신뢰할 수 있는 서버 저장소에 저장되는 것을 보장할 수 있다. 하지만 이러한 방법으로는 데이터베이스를 Dockerfile로 배포할 수 없다. 데이터 디렉터리에는 이미지 안에 저장된 데이터 파일을 갖고 있을 것이고 이 디렉터리를 볼륨 마운트한 디렉터리로 바꾸면 원래의 데이터 파일은 감춰져 사용할 수 없다.

마이크로소프트의 SQL 서버 이미지는 이 문제를 해결하기 위해 데이터베이스와 로그 파일을 실행할 때 추가할 수 있게 만들었다. 호스트에 데이터베이스 파일이 있는지 여부에 따라 필요한 작업을 진행한다. 이때 이미지를 직접 사용해 데이터 폴더를 마운트한 후 연결할 데이터베이스를 지정해 SQL 서버 컨테이너를 실행할 수 있다. 이러한 방법을 사용하려면 다른 SQL 서버 인스턴스를 사용해 데이터베이스를 미리 만들어야 하고 그 다음 컨테이너를 실행할 때 데이터베이스를 찾아 연결해줘야 하므로 제한적인 방법이다. 이러한 방법으로는 자동화된 릴리스 프로세스를 만들기 어렵다.

여기서 사용하는 커스텀 이미지는 좀 다른 접근 방법을 사용한다. 이미지에는 DACPAC

을 포함해 데이터베이스를 배포하는 데 필요한 모든 것이 담겨 있다. 컨테이너가 시작되면 데이터 디렉터리를 확인해 비어 있다면 데이터베이스를 DACPAC 모델을 배포하는 방식으로 새로 만들 수 있다. 데이터베이스 파일이 컨테이너를 시작하는 시점에 이미 있다면 데이터베이스 파일을 먼저 연결한 후 DACPAC 모델을 사용해 업그레이드를 진행한다.

이러한 방법은 새로운 환경에서는 데이터베이스 파일을 새로 만들게 하고 기존 데이터베이스 컨테이너에서는 데이터베이스를 데이터 손실 없이 업그레이드할 수 있게 해준다. 이러한 방법은 호스트에서 데이터베이스 디렉터리를 마운트하든 하지 않든 항상 잘 작동할 것이므로 사용자가 어떻게 컨테이너 저장소를 관리하도록 할지 선택권을 줄 수 있어 수많은 유형을 지원할 수 있다.

이 작업을 실행하기 위한 코드는 모두 Initialize-Database.ps1 파워셸 스크립트 안에 들어 있으며 Dockerfile에서 이 스크립트를 컨테이너의 진입점으로 설정한다. Dockerfile에서는 파워셸 스크립트로 data_path 변수에 데이터 디렉터리를 지정하며 스크립트는 NerdDinner 데이터 (mdf) 파일과 로그 (ldf) 파일이 디렉터리에 있는지 검사한다.

```
$mdfPath = "$data_path\NerdDinner_Primary.mdf"
$ldfPath = "$data_path\NerdDinner_Primary.ldf"

# attach data files if they exist:
if ((Test-Path $mdfPath) -eq $true) {
   $sqlcmd = "IF DB_ID('NerdDinner') IS NULL BEGIN CREATE DATABASE NerdDinner ON
(FILENAME = N'$mdfPath')"
   if ((Test-Path $ldfPath) -eq $true) {
     $sqlcmd = "$sqlcmd, (FILENAME = N'$ldfPath')"
   }
   $sqlcmd = "$sqlcmd FOR ATTACH; END"
   Invoke-Sqlcmd -Query $sqlcmd -ServerInstance ".\SQLEXPRESS"
}
```

이 방법은 사용자가 컨테이너를 볼륨 마운트와 함께 실행하는 상황과 호스트 디렉터리가 이미 이전 컨테이너가 만든 데이터 파일을 포함하는 상황을 모두 지원한다. 새 컨테이너에서도 이 파일을 연결해 정상적으로 실행할 수 있다. 다음으로 SqlPackage 도구가 DACPAC으로 만든 배포 스크립트를 실행해 데이터베이스 업그레이드를 진행한다. SqlPackage 도구는 builder 단계에서 이 이미지로 복사해 만들었기 때문에 계속 사용할 수 있다.

```
$SqlPackagePath = 'C:\Program Files\Microsoft SQL Server\140\DAC\bin\SqlPackage.
exe'
& $SqlPackagePath `
    /sf:NerdDinner.Database.dacpac `
    /a:Script /op:deploy.sql /p:CommentOutSetVarDeclarations=true `
    /tsn:.\SQLEXPRESS /tdn:NerdDinner /tu:sa /tp:$sa_password
```

컨테이너를 시작했을 때 데이터베이스 디렉터리가 비어 있다면 컨테이너에는 NerdDinner 데이터베이스가 없으므로 SqlPackage는 CREATE문을 사용하는 새 데이터베이스를 만드는 스크립트를 만들어 새 데이터베이스를 배포할 것이다. 데이터베이스 디렉터리에 데이터 파일이 있다면 기존 데이터베이스가 연결될 것이다. 이때 SqlPackage는 ALTER와 CREATE 문을 사용해 DACPAC이 포함하는 데이터베이스와 일치하는 데이터베이스를 만들기 위한 스크립트를 만들 것이다.

이 단계에서 만든 deploy.sql 스크립트는 새로운 스키마를 만들거나 기존 스키마를 업그레이드하기 위한 변경 사항을 포함할 것이다. 그리고 양쪽 모두 맨 마지막에 남는 데이터베이스 스키마는 동일할 것이다.

마지막으로 파워셸 스크립트는 SQL 스크립트를 실행할 때 데이터베이스 이름, 파일 접두사, 데이터 파일 경로를 지정해 실행할 것이다.

```
$SqlCmdVars = "DatabaseName=NerdDinner", "DefaultFilePrefix=NerdDinner"...
Invoke-Sqlcmd -InputFile deploy.sql -Variable $SqlCmdVars -Verbose
```

SQL 스크립트를 실행한 후 컨테이너 안에는 데이터베이스가 있으며 이 데이터베이스의 스키마는 Dockerfile의 builder 단계에서 SQL 프로젝트로부터 만든 DACPAC에서 모델링된 것이다. 데이터베이스 파일은 모두 지정된 위치에 미리 의도한 이름으로 만들어지므로 같은 이미지를 사용해 새로운 컨테이너를 만들어 교체하게 되더라도 새 컨테이너는 기존 데이터베이스를 잘 찾아 연결할 수 있을 것이다.

컨테이너 안에서 데이터베이스 실행하기

이제 데이터베이스 이미지가 새로 배포하거나 업그레이드할 때도 모두 잘 작동하게 됐다. 이 이미지는 볼륨을 마운트하지 않더라도 기능을 개발하는 동안 개발자가 편하게 사용할 수 있으므로 컨테이너를 실행할 때마다 매번 새로운 데이터베이스를 사용할 수 있다. 그리고 데이터베이스 파일이 포함된 볼륨으로 컨테이너를 실행해 기존 데이터베이스를 보존해야 하는 환경에서도 같은 이미지를 사용할 수 있다.

다음은 기본 관리자 암호를 사용해 Docker에서 NerdDinner 데이터베이스를 데이터베이스 파일의 호스트 디렉터리와 함께 사용하고 다른 컨테이너에서 접근할 수 있도록 컨테이너의 이름을 지정하는 방법이다.

```
mkdir -p C:\databases\nd

docker container run -d -p 1433:1433 `  --name nerd-dinner-db `  -v
C:\databases\nd:C:\data `  dockeronwindows/ch03-nerd-dinner-db:2e
```

이 컨테이너를 처음 시작하면 DACPAC이 데이터베이스를 새로 만들고 호스트에 마운트된 디렉터리에 데이터 파일과 로그 파일을 저장할 것이다. ls 명령문으로 호스트에 파일이 잘 만들어졌는지 확인하고 docker container logs 명령문으로 만들어진 SQL 스크립트가 잘 실행되고 데이터베이스가 잘 만들어졌는지 확인할 수 있다.

```
> docker container logs nerd-dinner-db
VERBOSE: Starting SQL Server
VERBOSE: Changing SA login credentials
VERBOSE: No data files - will create new database
Generating publish script for database 'NerdDinner' on server '.\SQLEXPRESS'.
Successfully generated script to file C:\init\deploy.sql.
VERBOSE: Changed database context to 'master'.
VERBOSE: Creating NerdDinner...
VERBOSE: Changed database context to 'NerdDinner'.
VERBOSE: Creating [dbo].[Dinners]...
...
VERBOSE: Deployed NerdDinner database, data files at: C:\data
```

docker container run 명령문을 사용하면 표준 SQL 서버 포트인 1433번 포트도 함께 게시돼 .NET이나 SSMS^SQL Server Management Studio를 사용해 원격으로 데이터베이스에 연결해 내용을 확인할 수 있다. 호스트에 SQL 서버를 이미 실행 중이라면 컨테이너의 포트를 1433번 대신 다른 포트 번호로 연결할 수 있다.

컨테이너 안에서 실행 중인 SQL 서버 인스턴스를 SSMS, Visual Studio, Visual Studio Code로 연결하기 위해서는 localhost를 서버 이름으로 지정하고 SQL 서버 인증 방식을 선택한 후 sa 계정에 대한 접속 정보를 사용한다. 여기서는 Sqlectron이라는 매우 가벼운 SQL 데이터베이스 클라이언트를 사용했다.

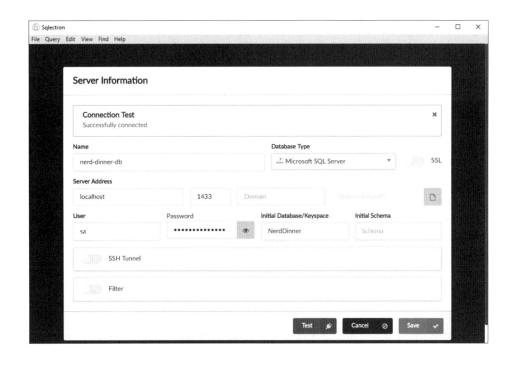

그런 다음 컨테이너로 만든 데이터베이스를 보통의 SQL 서버 데이터베이스처럼 접속해 테이블의 데이터를 조회하거나 데이터를 삽입할 수 있다. Docker 호스트 컴퓨터에서는 localhost를 데이터베이스 서버 이름으로 사용할 수 있다. 포트를 게시함으로써 컨테이너화된 데이터베이스를 호스트 밖에서도 접속할 수 있으며 이때 호스트 컴퓨터의 이름을 서버 이름으로 사용하면 된다. Docker는 1433번 포트로 들어오는 모든 트래픽을 컨테이너 안의 SQL 서버로 라우팅할 것이다.

애플리케이션 컨테이너에서 데이터베이스 컨테이너로 연결하기

Docker는 DNS 서버를 포함해 서비스 디스커버리를 목적으로 컨테이너가 이를 사용할 수 있다. NerdDinner 데이터베이스 컨테이너에 이름을 명시적으로 지정해 시작했으므로 같은 Docker 네트워크 안에 있는 다른 컨테이너가 이 컨테이너에 이름을 사용해 접속할 수 있으며 정확하게 같은 방법으로 웹 서버가 원격 데이터베이스에 DNS 호스트 이름을 사용해 접속할 수 있다.

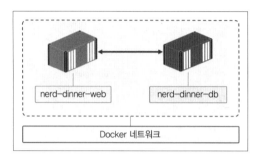

이러한 방법으로 애플리케이션 구성이 전통적인 분산 솔루션보다 훨씬 단순해진다. 모든 환경이 이러한 방법으로 구성 가능하다. 개발 환경, 통합 테스트, QA, 프로덕션 환경까지 웹 컨테이너는 항상 `nerd-dinner-db` 호스트 이름을 사용해 데이터베이스에 접속할 수 있으며 이 데이터베이스는 컨테이너 안에서 실행된다. 컨테이너는 같은 Docker 호스트에서 실행되거나 Docker 스웜 클러스터의 다른 컴퓨터상에서 실행될 수 있다. 어디서 실행되든 애플리케이션에서 신경 쓸 부분은 아니다.

 Docker의 서비스 디스커버리 기능은 컨테이너만을 위한 기능은 아니다. 컨테이너는 호스트 이름을 사용해 네트워크의 다른 서버에 접속할 수 있다. 웹 애플리케이션을 컨테이너 안에서 실행하면서도 데이터베이스 컨테이너 대신 다른 컴퓨터에서 실행되는 실제 SQL 서버에 접속하는 것도 여전하게 가능하다.

각 환경마다 달라질 수 있는 구성이 하나 있다면 SQL 서버 로그인 접속 정보 정도일 것이다. NerdDinner 데이터베이스 이미지에서는 3장 전반부의 `dockeronwindows/ch03-aspnet-config`에서 사용했던 구성 방법을 그대로 사용했다. `Web.config` 파일의 `appSettings` 섹션과 `connectionStrings` 섹션의 내용을 별도 파일로 분할하고 컨테이너 이미지에 들어갈 기본 값을 담은 파일을 함께 포함하도록 만들었다.

개발자는 이미지에서 컨테이너를 실행해 기본 데이터베이스 접속 정보를 지정해 사용할 수 있다. 이렇게 하면 NerdDinner 데이터베이스 컨테이너 이미지에 들어 있는 기본 접속 정보를 사용하게 된다. 다른 환경에서는 컨테이너를 볼륨 마운트와 함께 사용할 수 있다. 호스트 서버의 설정 파일을 볼륨에 포함해 기본 설정과는 다른 애플리케이션 구성과 데이터베이스 연결 문자열을 지정할 수 있다.

이 방법은 민감한 접속 정보 관리를 단순화한 방법으로 코드를 변경하지 않고 애플리케이션을 Docker에 어떻게 친화적으로 만들 수 있는지를 보여주는 예제다. 서버에서 비밀 키 값을 관리하면서 암호화하지 않은 텍스트로 관리하는 것은 좋은 방법이 아니며 9장, Docker의 보안 위험 및 이점 이해하기에서 이와 같은 비밀 키를 관리하는 방법을 더 자세하게 다룬다.

3장에서는 NerdDinner를 위한 Dockerfile에 몇 가지 변경을 추가했다. IIS로부터 로그를 가져와 콘솔로 내용을 출력하고 애플리케이션에 상태 검사를 추가했다. NerdDinner 코드 자체에는 변경을 가한 것이 여전하게 없으며 단순하게 `Web.config` 파일에서 기본 데이터베이스 연결 설정을 SQL 서버 데이터베이스 컨테이너로 연결할 수 있게 내용을 나눴을 뿐이다. 이제 웹 애플리케이션 컨테이너를 실행하면 데이터베이스 컨테이너로 이름을 사용해 연결할 수 있으며 이 데이터베이스 컨테이너는 SQL 서버 익스프레스를 Docker 안에서 실행할 것이다.

```
docker container run -d -P dockeronwindows/ch03-nerd-dinner-web:2e
```

 컨테이너가 만들어지면 명시적으로 어느 Docker 네트워크에 접속할 것인지를 지정할 수 있지만 윈도우에서는 모든 컨테이너가 시스템이 만든 nat라는 네트워크에 기본으로 연결된다. 데이터베이스 컨테이너와 웹 컨테이너는 모두 nat 네트워크에 접속하므로 컨테이너 이름만으로 연결할 수 있다.

컨테이너가 시작되면 컨테이너의 포트 번호를 사용해 웹사이트를 열 수 있으며 등록 링크를 클릭하고 회원 가입을 할 수 있다.

등록 페이지는 ASP.NET 멤버십 데이터베이스를 조회하며 이 데이터베이스는 SQL 서버 컨테이너 안에서 실행된다. 등록 페이지가 정상적으로 작동한다면 웹 애플리케이션은 데이터베이스로 연결을 맺어 데이터 작업을 할 것이다. Sqlectron을 사용해 `UserProfile` 테이블에 새로운 사용자 정보 행이 추가됐는지 확인할 수 있다.

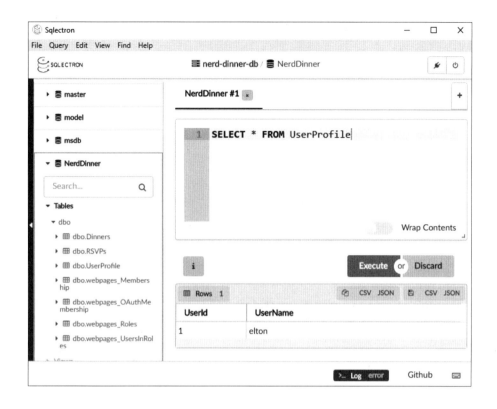

이제 웹 애플리케이션이 SQL 서버 데이터베이스와 분리된 것을 볼 수 있으며 각 구성 요소는 가벼운 컨테이너 안에서 실행된다. 내가 사용하는 개발용 랩톱 컴퓨터에서 각 컨테이너는 CPU가 유휴 상태일 때 1%도 안 되는 CPU 사용률을 기록하며 데이터베이스는 250MiB, 웹 서버는 70MiB가량의 메모리를 사용한다.

> **TIP** docker container top 명령문을 사용하면 컨테이너 안에서 실행되는 프로세스 목록과 메모리 사용량, CPU 사용량을 볼 수 있다.

컨테이너는 리소스 의존도가 낮으므로 서로 다른 컨테이너로 기능 단위를 나누는 데 아무 문제가 없다. 그래서 각 구성 요소를 개별적으로 확장하거나 배포하거나 업그레이드할 수 있다.

▌ 모놀리식 애플리케이션 나누기

SQL 서버 데이터베이스에 의존하는 전통적인 .NET 웹 애플리케이션은 약간의 작업으로 애플리케이션 코드를 다시 만드는 부담 없이 Docker로 쉽게 마이그레이션할 수 있다. NerdDinner 마이그레이션의 현 단계에서 애플리케이션 컨테이너 이미지와 데이터베이스 컨테이너 이미지는 안심하고 반복적으로 배포하고 재사용할 수 있는 상태가 됐다. 또한 몇 가지 유익한 부수효과도 함께 얻었다.

데이터베이스 정의를 Visual Studio 프로젝트로부터 추상화하는 것은 새로운 접근 방식일 수 있지만 이 방법은 데이터베이스 스크립트의 품질을 보장하고 코드와 함께 스키마를 제공하므로 소스 제어와 기존 시스템과 함께 제어가 가능한 형태다. DACPAC, 파워셸 스크립트, Dockerfile은 새로운 IT 기술의 공통 기반이 될 것이다. 개발, 운영, 데이터베이스 관리팀이 같은 결과물과 언어를 사용해 함께 일할 수 있다.

Docker는 데브옵스로의 변화에서 조력자 역할을 하지만 데브옵스가 팀의 로드맵에 있든 없든 Docker는 빠르고 신뢰할 수 있는 릴리스를 위한 기반을 제공할 것이다. Docker의 기술적 이점을 잘 누리려면 모놀리식 애플리케이션을 더 작은 단위로 나눠야 한다. 이렇게 하면 복잡한 구성 요소를 전체 애플리케이션에 회귀 테스트를 하지 않고도 더 자주 출시할 수 있다.

기존 애플리케이션에서 핵심 구성 요소를 추출하면 기존 시스템을 크고 복잡한 계획을 세워 다시 만들지 않더라도 가볍고 새로운 기술을 도입하는 것이 가능하다. 기존 솔루션에서 어느 부분을 마이크로서비스로 추출할 것인지 알고 있다면 마이크로서비스 아키텍처 원칙을 기존 솔루션에 적용할 수 있을 것이다.

복잡한 구성 요소를 모놀리스에서 추출하기

Docker 플랫폼은 모놀리식 기능을 꺼내고 각 기능을 컨테이너로 분리하는 방법으로 레거시 애플리케이션을 현대화할 큰 기회를 제공한다. 기능 안의 로직을 분리해낼 수 있다면 이 부분은 더 작은 컨테이너 이미지를 만들 수 있는 .NET Core로 마이그레이션할 기회이기도 하다.

마이크로소프트의 .NET Core 로드맵은 점점 더 많은 .NET Framework의 기능을 수용하는 형태로 진행되고 있지만 레거시 .NET 애플리케이션을 .NET Core로 옮기는 것은 여전하게 많은 수고가 드는 일이다. 평가할 가치가 있는 일이지만 애플리케이션을 현대화하기 위해 반드시 이 일을 해야 하는 것은 아니다. 모놀리식 애플리케이션을 나누는 것의 가치는 기능을 각각 개발하고 배포하고 유지 · 관리하는 데 있다. 구성 요소가 .NET Framework의 기능에 크게 의존한다면 무리하게 기능을 변경하거나 장점을 포기하지 않아도 된다.

레거시 애플리케이션을 현대화했을 때의 이점은 어떠한 기능 집합이 있는지 이미 잘 알고 있다는 것이다. 시스템의 어떠한 구성 요소가 복잡한지 확인할 수 있으며 이러한 기능을 개별 구성 요소로 추출하는 작업을 시작할 수 있다. 비즈니스에서 중요한 가치를 지니면서도 자주 변경되는 기능이 좋은 후보가 될 것이며 새로운 기능 요청 사항을 빨리 만들고 전체 애플리케이션에 걸쳐 수정하거나 테스트하는 일 없이 빨리 배포할 수 있을 것이다.

마찬가지로 비즈니스의 변경 사항이 드문 매우 많은 종속성이 있는 복잡한 구성 요소도 그대로 유지됐을 때의 가치가 더 뛰어나므로 좋은 후보라고 할 수 있다. 이러한 기능을 별도 구성 요소로 추출하면 주요 애플리케이션의 업그레이드 버전을 배포할 때 복잡한 구성 요소는 변경되는 것이 없으므로 테스트를 적게 해도 된다. 이와 같이 모놀리스 애플리케이션을 나누는 것은 특정 구성 요소 집합을 각각의 배포 주기를 형성하도록 하는 것과 같다.

NerdDinner에서는 분리했을 때의 이득이 있는 서비스가 몇 가지 있다. 3장 후반부에서 그중 하나인 홈페이지를 알아본다. 홈페이지는 사용자가 웹사이트에 접속했을 때 애플리케이션이 보여줄 첫 번째 페이지의 HTML 코드를 렌더링하는 기능이다. 홈페이지로 변경 사항을 배포하는 과정을 빠르고 안정적으로 프로덕션에서 실행할 수 있다면 비즈니스에서는 새 버전의 새로운 사용 방식을 시험할 수 있고 적용 여부를 결정할 수 있을 것이다.

현재의 애플리케이션은 2개의 컨테이너로 구성했다. 3장에서는 홈페이지를 별도 구성 요소로 나눌 것이며 이렇게 하면 총 3개의 컨테이너로 NerdDinner 애플리케이션이 나눠져 실행된다.

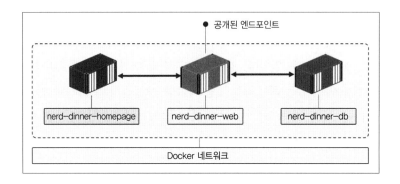

애플리케이션 라우팅은 수정하지 않을 것이다. 사용자가 NerdDinner 애플리케이션에 접속하면 애플리케이션 컨테이너는 새 홈페이지 서비스 컨테이너를 호출해 표시할 내용을 받아올 것이다. 여기서 새로 만든 컨테이너는 외부로 공개할 필요가 없다. 기술적으로 변경해야 할 사항이 딱 하나 있다. 메인 애플리케이션이 새로운 홈페이지 서비스 구성 요소와 통신할 수 있어야 한다는 것이다.

컨테이너 안의 애플리케이션이 어떻게 통신할 것인지 자유롭게 정할 수 있다. Docker의 네트워킹은 TCP/IP와 UDP 프로토콜을 완전하게 지원한다. 전체 프로세스를 비동기로 만들거나 또 다른 컨테이너에서 메시지 큐를 실행할 수 있으며 다른 컨테이너의 메시지 처리기가 이 메시지를 받아 처리할 수 있다. 3장에서 그중 가장 단순한 것부터 시작한다.

ASP.NET Core 애플리케이션에서 UI 구성 요소 호스팅하기

ASP.NET Core는 ASP.NET MVC와 웹 API의 기능을 빠르고 가벼운 런타임 위에서 최적화해 제공하는 현대적인 애플리케이션 스택이다. ASP.NET Core 웹사이트는 콘솔 애플리케이션으로 실행되며 모든 로그를 콘솔 출력으로 내보내고 환경 변수와 파일을 사용해 애플리케이션을 구성할 수 있게 지원한다. 이러한 아키텍처는 Docker에서 실행되기 좋은 형태다.

NerdDinner 홈페이지를 새로운 서비스로 추출하는 데 가장 좋은 방법은 단일 페이지로 ASP.NET Core 웹사이트 위에서 실행할 수 있게 만들고 새로운 애플리케이션의 출력을 기존 애플리케이션에서 사용하는 것이다. 다음 스크린샷은 ASP.NET Core 레이저 페이지 문법을 사용하고 Docker에서 실행되는 스타일리시하고 현대적인 감성의 홈페이지 디자인이다.

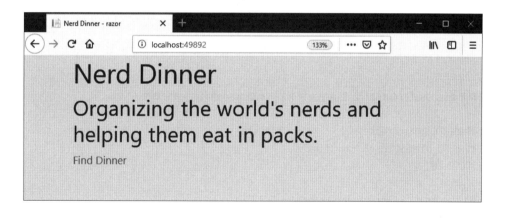

이 홈페이지 애플리케이션을 컨테이너 이미지로 만들기 위해 이전 메인 애플리케이션과 데이터베이스 이미지를 Docker로 빌드할 때와 같은 전략인 다단계 빌드를 사용할 것이다. 10장, Docker를 사용해 지속적 배포 파이프라인 구축하기에서 Docker를 사용해 CI/CD 빌드 파이프라인을 어떻게 사용하고 전체 자동 배포 프로세스를 어떻게 통합할 수 있는지 알아본다.

dockeronwindows/ch03-nerd-dinner-homepage:2e의 Dockerfile은 전체 ASP.NET 애플리케이션을 컨테이너 이미지로 빌드할 때처럼 같은 패턴을 사용한다. builder 단계에서는 SDK 이미지를 사용했고 패키지 복원과 컴파일 과정을 분리했다.

```
# escape=`
FROM microsoft/dotnet:2.2-sdk-nanoserver-1809 AS builder

WORKDIR C:\src\NerdDinner.Homepage
COPY src\NerdDinner.Homepage\NerdDinner.Homepage.csproj .
RUN dotnet restore

COPY src\NerdDinner.Homepage .
RUN dotnet publish
```

Dockerfile의 최종 단계에서는 NERD_DINNER_URL 환경 변수의 기본 값을 설정한다. 애플리케이션은 홈페이지의 링크로 이 값을 사용할 것이다. Dockerfile의 나머지 내용은 게시된 애플리케이션을 이미지 안으로 복사하고 진입점을 설정하는 과정을 담고 있다.

```
FROM microsoft/dotnet:2.2-aspnetcore-runtime-nanoserver-1809

WORKDIR C:\dotnetapp
ENV NERD_DINNER_URL="/home/find"
EXPOSE 80

CMD ["dotnet", "NerdDinner.Homepage.dll"]
COPY --from=builder
C:\src\NerdDinner.Homepage\bin\Debug\netcoreapp2.2\publish .
```

홈페이지 구성 요소를 분리된 컨테이너 안에서 실행할 수 있지만 아직 메인 NerdDinner 애플리케이션과는 연결되지 않았다. 3장에서 사용한 방법을 적용하기 위해서는 원래의 애플리케이션에서 새로운 홈페이지 서비스와 연동할 수 있게 코드를 수정해야 한다.

애플리케이션 컨테이너 연결하기

메인 애플리케이션 컨테이너에서 새 홈페이지 서비스로 연결하는 과정은 데이터베이스에 연결하는 과정과 동일하다. 홈페이지 컨테이너의 이름을 이미 알고 있으므로 다른 컨테이너에서 이 서비스에 연결하기 위해 Docker에 들어 있는 서비스 디스커버리를 이용할 수 있다.

NerdDinner 메인 애플리케이션의 HomeController에서 간단한 변경 사항을 추가하면 메인 애플리케이션이 홈페이지를 직접 렌더링하지 않고 새 홈페이지 서비스가 제공하는 내용을 대신 렌더링한다.

```
static HomeController()
{
   var homepageUrl = Environment.GetEnvironmentVariable("HOMEPAGE_URL",
EnvironmentVariableTarget.Machine);
   if (!string.IsNullOrEmpty(homepageUrl))
   {
     var request = WebRequest.Create(homepageUrl);
     using (var response = request.GetResponse())
     using (var responseStream = new StreamReader(response.GetResponseStream()))
     {
       _NewHomePageHtml = responseStream.ReadToEnd();
     }
   }
}
public ActionResult Index()
{
  if (!string.IsNullOrEmpty(_NewHomePageHtml))
  {
    return Content(_NewHomePageHtml);
  }
  else
  {
    return Find();
  }
}
```

새 코드는 환경 변수에서 홈페이지 서비스의 URL을 가져온다. 데이터베이스 연결 문자열을 지정할 때와 마찬가지로 Dockerfile에 기본 값을 지정할 수 있다. 구성 요소가 실행되는 위치를 특정할 수 없는 분산 애플리케이션 환경에서 이와 같이 이름을 미리 정하는 것은 좋은 방법이 아니지만 컨테이너로 만든 애플리케이션 환경에서는 배포하는 시점에 컨테이너의 이름을 설정할 수 있으므로 코드를 배포한 후에도 참조하는 서비스의 이름이 항상 올바른 것을 보장할 수 있다.

새로 업데이트된 이미지의 태그는 dockeronwindows/ch03-nerd-dinner-web:2e-v2로 정했다. 전체 솔루션을 시작하려면 다음과 같이 3개의 컨테이너를 실행한다.

```
docker container run -d -p 1433:1433 `
 --name nerd-dinner-db `
 -v C:\databases\nd:C:\data `
 dockeronwindows/ch03-nerd-dinner-db:2e

docker container run -d -P `
 --name nerd-dinner-homepage `
 dockeronwindows/ch03-nerd-dinner-homepage:2e

docker container run -d -P dockeronwindows/ch03-nerd-dinner-web:2e-v2
```

모든 컨테이너가 실행되면 NerdDinner 컨테이너가 게시된 포트 번호로 브라우저로 접속할 수 있고 새 구성 요소로 만든 홈페이지가 표시된다.

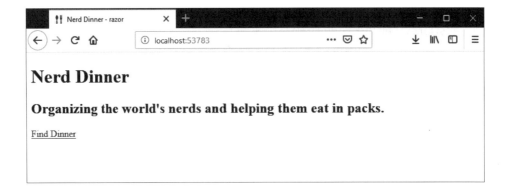

Find Dinner 링크는 원래의 웹페이지로 표시되는 것을 볼 수 있으며 전체 애플리케이션을 다시 출시하거나 테스트하지 않았는데도 홈페이지에 새로운 사용자 인터페이스를 추가하고 홈페이지 부분만 더 자주 출시할 수 있게 됐다.

새 UI가 이상한데요?

이 예제에서 통합된 홈페이지는 새로운 ASP.NET Core 버전의 템플릿 스타일을 전혀 표현하지 않았다. 메인 애플리케이션은 HTML 페이지만 읽었을 뿐 CSS나 다른 리소스는 처리하지 않았기 때문이다. 이러한 문제를 해결할 더 좋은 방법은 역방향 프록시를 컨테이너 안에서 사용하고 다른 컨테이너와 통신하기 위한 접점으로 사용하게 만들어 필요한 모든 리소스를 받아올 수 있게 중계하는 것이다. 이 책 후반부에서 더 자세한 내용을 다룬다.

이제 이 솔루션은 3개의 컨테이너로 분리됐고 이전과 다른 엄청난 유연함을 얻었다. 개발할 때는 높은 가치를 제공하는 기능에만 집중하면서도 수정하지 않은 구성 요소를 테스트하지 않아도 된다. 배포할 때는 프로덕션에 제공하는 새로운 이미지가 정확하게 테스트된 것이라는 것을 알고 신속하고 확실하게 릴리스할 수 있다. 실행할 때는 요구 사항을 기반으로 개별 구성 요소를 독립적으로 확장할 수 있다.

비기능적 요구 사항으로 모든 컨테이너가 예상되는 이름을 갖고 올바른 순서로 시작되고 같은 Docker 네트워크상에 있으므로 솔루션 전체가 올바로 작동하는 것을 보장해야 한다. Docker는 분산된 시스템을 정리하는 데 특화된 Docker Compose라는 도구를 제공해 이 문제를 해결한다. 6장, Docker Compose를 사용한 분산 솔루션 구성하기에서 더 자세한 내용을 다룬다.

요약

3장에서는 3가지 주요 주제를 알아봤다. 첫째, 레거시 .NET Framework 애플리케이션을 컨테이너화하는 방법을 알아보면서 Docker에 잘 어울리면서도 구성, 로깅, 모니터링을 위한 플랫폼과 잘 연동할 수 있는 방법을 알아봤다.

다음으로 SQL 서버 익스프레스와 DACPAC 배포 모델을 사용해 데이터베이스 작업을 컨테이너화하는 방법을 알아봤다. 또한 버전별로 빌드되는 컨테이너 이미지를 사용해 새로운 데이터베이스를 만들거나 기존 데이터베이스를 업그레이드할 수 있도록 지원하는 방법도 알아봤다.

마지막으로 ASP.NET Core와 윈도우 나노 서버를 이용해 메인 애플리케이션이 사용할 수 있는 빠르고 가벼운 서비스를 추출하고 각 서비스를 여러 개의 컨테이너로 구성하는 방법을 알아봤다.

마이크로소프트가 Docker 허브로 제공하는 다른 이미지를 사용하는 방법을 알아봤다. 윈도우 서버 코어와 데이터베이스를 위한 SQL 서버 익스프레스 이미지, .NET Core 이미지를 위한 나노 서버를 활용하는 방법을 알아봤다.

이 책 후반부에서 기능을 각각의 서비스로 추출해 NerdDinner를 현대화하기 위해 이 예제를 다시 다룬다. 그 전에 4장에서 Docker 허브와 다른 레지스트리에 이미지를 저장하는 방법을 자세하게 알아본다.

04

Docker 레지스트리와 이미지 공유하기

애플리케이션을 이미지로 만드는 것은 Docker 플랫폼의 기능 중 하나다. Docker 엔진은 컨테이너를 실행하기 위해 지정된 곳에서 이미지를 다운로드해 실행할 수 있으며 로컬에서 만들어진 이미지를 지정된 곳으로 업로드할 수 있다. 이와 같이 공유되는 이미지 저장소를 레지스트리라고 부르며 이미지 레지스트리가 어떻게 동작하고 사용할 수 있는 레지스트리가 어떠한 종류가 있는지 4장에서 자세하게 알아본다.

이미지를 주로 공유하는 레지스트리는 Docker 허브이며 무료로 제공되는 온라인 서비스이고 Docker 클라이언트가 이미지를 받아오는 기본 위치다. Docker 허브는 커뮤니티가 오픈 소스 소프트웨어를 패키지화하고 무료로 재배포할 수 있는 이미지를 공유하기에 좋은 장소다. Docker 허브는 매우 성공적인 서비스다. 이 책을 집필하는 시점에 이미 수십만 개의 이미지가 등록됐으며 연간 수십억 회 이상의 다운로드가 이뤄진다.

공개 레지스트리는 개인이나 사설 애플리케이션에서 사용하기에 부적합할 수 있다. 이를 위해 Docker 허브에서는 사설 이미지를 호스팅할 수 있는 (GitHub가 공개 코드 리포지터리와 사설 코드 리포지터리를 나눠 서비스하는 것과 비슷한) 상용 서비스를 제공하며 또 다른 상용 레지스트리도 보안 검사 기능을 추가 제공한다. 무료로 사용 가능한 오픈 소스 레지스트리 구현체를 사용해 직접 레지스트리 서버를 운영하는 환경 안에 구축하는 것도 가능하다.

4장에서는 레지스트리를 알아보면서 이미지에 태그를 추가해 컨테이너 이미지 버전을 관리하고 서로 다른 레지스트리의 이미지와 함께 작업하는 방법을 알아본다. 4장에서 다룰 내용은 다음과 같다.

- 레지스트리와 리포지터리 이해하기
- 로컬 이미지 레지스트리 실행하기
- 로컬 레지스트리에 이미지 푸시하고 풀하기
- 상용 레지스트리 사용하기

▍ 레지스트리와 리포지터리 이해하기

docker image pull 명령문을 사용해 레지스트리로부터 이미지를 다운로드할 수 있다. 이 명령문을 실행하면 Docker 엔진은 레지스트리에 접속하고 필요할 때 인증 과정을 거친 후 이미지를 풀한다. 이미지 풀 과정은 연결된 모든 이미지 레이어를 다운로드하고 컴퓨터의 로컬 이미지 캐시에 저장하는 과정이다. 컨테이너는 이미지를 로컬에서 직접 빌드하지 않는 이상 로컬 이미지 캐시에 저장된 이미지만 실행할 수 있기 때문에 처음에는 항상 이미지를 풀해야 한다.

윈도우용 Docker를 실행할 때 맨 처음 사용했을 수 있는 명령문 중에는 2장, Docker 컨테이너로 애플리케이션 이미지 만들고 실행하기의 이 예제와 같은 명령문이 있을 것이다.

```
> docker container run dockeronwindows/ch02-powershell-env:2e
Name                            Value
------                          -------
ALLUSERSPROFILE                 C:\ProgramData
APPDATA                         C:\Users\ContainerAdministrator\AppData\Roaming
...
```

이 이미지가 로컬 캐시에 없더라도 Docker가 기본 레지스트리인 Docker 허브로부터 이미지를 풀할 수 있기 때문에 명령문이 잘 실행되는 것을 볼 수 있다. 로컬에 저장되지 않은 이미지를 사용해 컨테이너를 실행하려고 하면 Docker는 컨테이너를 만들기 전에 이미지를 자동으로 풀할 것이다.

이 예제에서는 Docker에 특별하게 지정한 내용 없이 이미지 이름인 dockeronwindows/ch02-powershell-env:2e만 기재했다. Docker는 이 정보만 있으면 누락된 정보를 기본 값으로 자동으로 파악하므로 레지스트리에서 정확한 이미지를 찾을 수 있다. 리포지터리의 이름인 dockeronwindows/ch02-powershell-env 리포지터리는 하나의 저장 단위로 이 안에 여러 버전의 컨테이너 이미지가 들어 있을 수 있다.

이미지 리포지터리 이름 파악하기

리포지터리는 {registry-domain}/{account-id}/{repository-name}:{tag}와 같은 형태로 고정된 이름 규칙이 있다. 모든 부분이 필요하지만 Docker는 몇 가지 항목의 기본 값을 사용해 유추한다. 예를 들어 dockeronwindows/ch02-powershell-env:2e라는 이름은 사실 docker.io/dockeronwindows/ch02-powershell-env:2e라는 이름이 축약된 이름이다.

- registry-domain은 이미지를 저장하는 레지스트리의 도메인 네임 또는 IP 주소다. Docker 허브가 기본 레지스트리이므로 Docker 허브에 올라온 이미지를 사용할 때는 이 부분을 생략할 수 있다. Docker는 이 부분을 지정하지 않았다면 docker.io를 기본 값으로 사용한다.

- **account-id**는 레지스트리상에서 이미지를 소유한 사용자 계정이나 단체 계정 이름이다. Docker 허브에서는 계정 이름을 반드시 지정해야 한다. 나는 계정에서 **sixeyed**라는 ID를 사용하며 이 책과 함께 제공되는 이미지의 단체 계정 ID는 **dockeronwindows**다. 다른 레지스트리에서는 계정 ID가 필요하지 않을 수 있다.
- **repository-name**은 레지스트리 계정에 대한 모든 저장소 내에서 애플리케이션을 고유하게 파악하기 위해 이미지에 제공하려는 이름이다.
- **tag**는 리포지터리 안에서 다른 이미지와 구분하기 위해 지정하는 이름이다.

tag를 사용해 다른 버전의 애플리케이션이 담긴 이미지와 구분할 수 있다. 빌드하거나 이미지를 풀할 때 태그를 지정하지 않으면 기본 태그인 **latest**로 태그 이름을 Docker에서 자동으로 지정한다. Docker를 처음 사용할 때는 Docker 허브를 사용하고 기본 태그 이름으로 **latest**를 사용하도록 기본 값이 설정돼 자세한 내용을 파악하기 전까지 Docker는 몇 가지 세부 정보를 숨길 것이다. Docker를 사용하다 보면 태그를 애플리케이션 패키지의 서로 다른 버전을 명확하게 구분하기 위해 사용한다는 것을 알게 된다.

좋은 예가 있다. 마이크로소프트의 .NET Core 베이스 이미지는 Docker 허브에서 **microsoft/dotnet** 리포지터리로 제공된다. .NET Core는 크로스 플랫폼 애플리케이션 스택으로 리눅스와 윈도우에서 실행된다. 리눅스 컨테이너는 리눅스 기반의 Docker 호스트에서만 실행되고 윈도우 컨테이너는 윈도우 기반의 Docker 호스트에서만 실행될 수 있어 마이크로소프트는 태그 이름에 운영 체제 정보를 포함시켰다.

이 책을 집필하는 시점에 마이크로소프트는 이미 서로 다른 태그로 구분되는 10가지 이상의 .NET Core 이미지 버전을 **microsoft/dotnet** 리포지터리로 사용할 수 있게 제공한다. 다음은 그러한 태그의 몇 가지 사례다.

- **2.2-runtime-bionic**은 Ubuntu 버전 18.04 기반의 리눅스 이미지로 .NET Core 2.2 런타임이 들어 있다.
- **2.2-runtime-nanoserver-1809**는 나노 서버 버전 1809 기반의 이미지로 .NET Core 2.2 런타임이 들어 있다.

- **2.2-sdk-bionic**은 Ubuntu 버전 18.04 기반의 리눅스 이미지로 .NET Core 2.2 SDK가 들어 있다.
- **2.2-sdk-nanoserver-1809**는 나노 서버 버전 1809 기반의 이미지로 .NET Core 2.2 SDK가 들어 있다.

태그를 사용해 각 이미지에 무엇이 들어 있는지 명확하게 알 수 있지만 기본적으로 비슷하며 모두 **microsoft/dotnet** 이미지의 변형판이다.

Docker는 또한 여러 아키텍처의 이미지를 지원한다. 하나의 이미지 태그가 여러 변형판을 가리킬 수 있다. 이렇게 포함할 수 있는 이미지 변형판은 운영 체제가 리눅스 또는 윈도우 기반이거나 인텔 또는 ARM^{Advanced RISC Machines} 프로세서 기반일 수 있다. 이들은 모두 같은 이미지 이름을 사용하며 **docker image pull** 명령문을 실행하면 호스트의 운영 체제와 CPU 아키텍처와 일치하는 이미지를 찾아 자동으로 푼다. 예를 들어 **docker image pull microsoft/dotnet:2.2-sdk** 명령문을 리눅스 컴퓨터에서 실행하면 리눅스 버전의 이미지를 풀고 윈도우 컴퓨터에서 실행하면 윈도우 버전의 이미지를 풀한다.

> 여러 플랫폼을 지원하는 애플리케이션을 Docker 허브에 게시하고 소비자가 쉽게 사용할 수 있게 만들고 싶다면 반드시 여러 아키텍처로 이미지로 게시해야 한다. 내부 개발 환경에서는 명시적으로 FROM 지시어에 정확한 이미지 태그를 지정하도록 만드는 것이 좋다. 그렇지 않으면 애플리케이션을 빌드할 때 운영 체제가 달라지면 다르게 빌드될 수 있기 때문이다.

이미지를 빌드하고 태그를 붙이고 버전을 관리하는 방법

이미지를 처음 빌드할 때 태그를 지정하지만 **docker image tag** 명령문을 사용해 나중에 이미지에 태그를 명시적으로 추가할 수 있다. 이 기능은 성숙도가 높은 애플리케이션 버전을 관리할 때 유용한 기능으로 사용자가 원하는 형태로 버전 관리 수준을 선택할 수 있다. 다음과 같은 명령문을 실행하면 5개의 태그를 사용하는 이미지를 만들고 애플리케이션 버전을 다양한 형태로 관리할 수 있다.

```
docker image build -t myapp .
docker image tag myapp:latest myapp:5
docker image tag myapp:latest myapp:5.1
docker image tag myapp:latest myapp:5.1.6
docker image tag myapp:latest myapp:bc90e9
```

맨 처음 docker image build 명령에서는 태그를 지정하지 않았으므로 새 이미지는 myapp
:latest라는 이름을 사용한다. 각각의 docker image tag 명령문을 실행하면 같은 이미지
에 새로운 태그를 추가한다. 태그를 지정한다고 이미지가 복사되는 것은 아니며 중복되는
데이터가 만들어지지 않는다. 하나의 이미지가 여러 태그로 다른 이름을 붙인 것뿐이다.
여러 태그를 추가해 소비자가 어떠한 이미지를 사용할 것인지 또는 어떠한 이미지를 베이
스 이미지로 사용할 것인지를 다양하게 선택하게 만들 수 있다.

이 예제 애플리케이션은 시맨틱 버전 체계를 사용한다. 마지막 태그는 자동으로 실행된
빌드 프로세스가 사용한 소스코드의 커밋 ID가 될 수 있으며 이 태그는 밖으로 공개되지
않는 내부용으로 사용될 수 있다. 5.1.6 태그는 패치 버전, 5.1 태그는 마이너 버전 번호,
5 태그는 메이저 버전 번호다.

사용자는 명시적으로 myapp:5.1.6과 같이 명시적인 버전 번호를 지정해 해당 수준의 이미
지가 바뀌지 않을 것임을 확신하고 항상 같은 이미지가 제공될 것임을 보장할 수 있다. 다
음 릴리스는 5.1.7 태그를 사용해 기존 애플리케이션 버전과 다른 이미지가 된다.

myapp:5.1은 패치 버전이 릴리스될 때마다 바뀔 것이다. 예를 들어 5.1 태그는 5.1.7 태
그의 별칭으로 태그될 수 있다. 이때 사용자는 기존 호환성을 무너뜨리는 변경 사항이 발
생하지 않는다는 것을 보장받을 수 있다. myapp:5는 마이너 릴리스가 변경될 때마다 새로
태깅되며 다음 릴리스가 출시되면 myapp:5.2의 별칭이 될 것이다. 사용자는 버전 5의 가
장 최신 버전을 선택하는 것도 가능하며 latest 태그를 사용하면 최신 버전으로 변경할
때 발생할 수 있는 모든 문제를 수용하는 것이다.

이미지를 만드는 사람은 이미지 태그에서 버전을 어떻게 관리할 것인지 직접 결정할 수 있다. 이미지 사용자라면 그리고 이미지를 FROM 지시어를 사용해 빌드에서 베이스 이미지로 사용한다면 가능하면 구체적인 버전을 지정해 사용하는 것이 편하다. .NET Core 애플리케이션을 이미지로 만들 때 Dockerfile 내용이 다음과 같이 시작된다면 문제를 겪을 수 있다.

```
FROM microsoft/dotnet:sdk
```

이 책을 집필하는 시점에서 이 이미지에는 .NET Core SDK 버전 2.2.103이 들어 있다. 애플리케이션이 2.2 버전을 대상으로 한다면 지금은 문제가 생기지 않을 것이다. 애플리케이션에서 필요한 버전과 일치하는 이미지를 사용해 빌드를 진행할 것이기 때문이다. 하지만 .NET Core 2.3이나 3.0이 출시되고 나면 일반화된 :sdk 태그는 새 이미지로 교체돼 2.2 버전의 애플리케이션을 지원하지 않게 될 수 있다. 이미지의 새 버전이 출시된 후에도 이 Dockerfile과 같이 사용한다면 다른 베이스 이미지를 사용하게 되며 이미지 빌드 작업이 실패하거나 .NET Core에 큰 변경 사항이 있다면 애플리케이션을 빌드한 후 실행이 안 될 수도 있다.

그 대신 사용 중인 애플리케이션 프레임워크의 마이너 버전까지 정확하게 태그로 지정하는 것을 고려해야 하며 여러 아키텍처로 구성된 이미지를 사용 중이라면 정확한 운영 체제와 CPU 아키텍처도 지정하는 것이 좋다.

```
FROM microsoft/dotnet:2.2-sdk-nanoserver-1809
```

이와 같이 변경하면 이미지에 추가되는 패치 릴리스의 이점은 유지하면서도 .NET Core 2.2 버전에서 벗어나지 않으며 애플리케이션 이미지를 항상 호스트 플랫폼과 베이스 이미지를 일치시켜 빌드할 수 있다.

직접 만든 이미지뿐만 아니라 로컬 캐시에 있는 이미지는 어떠한 것이든 태그를 붙일 수 있다. 이 기능은 공개된 이미지를 로컬 또는 사설 레지스트리에서 특정 이미지만 사용하도록 제한하고 싶을 때 유용하게 쓸 수 있는 기능이다.

레지스트리로 이미지 푸시하기

이미지를 빌드하고 태그를 추가하는 것은 로컬에서 실행하는 작업이다. docker image build 명령문과 docker image tag 명령의 실행 결과는 Docker 엔진이 관리하는 이미지 캐시 안에서만 변경이 일어나는 작업이다. 이렇게 변경된 내용은 docker image push 명령문을 사용해 레지스트리로 명시적으로 공유돼야 한다.

Docker 허브는 이미지를 풀할 때 별도 인증을 거치지 않아도 되지만 이미지를 업로드할 때는 (또는 사설 이미지를 풀할 때는) 반드시 계정을 등록해야 한다. https://hub.docker.com/에서 무료로 등록할 수 있으며 Docker 허브나 다른 Docker 서비스에서 사용할 Docker ID를 만들 수 있다. Docker ID는 Docker 서비스를 인증해 Docker 허브에 접근하는 수단이다. 이 작업은 docker login 명령문으로 처리할 수 있다.

```
> docker login
Login with your Docker ID to push and pull images from Docker Hub. If you don't
have a Docker ID, head over to https://hub.docker.com to create one.
Username: sixeyed
Password:
Login Succeeded
```

Docker 허브에 이미지를 푸시하기 위해서는 리포지터리 이름에 반드시 Docker ID가 계정 ID로 지정돼야 한다. 로컬에서는 microsoft/my-app처럼 어떠한 이름이든 계정 ID를 자유롭게 지정할 수 있지만 레지스트리상에서 마이크로소프트가 관리하는 리포지터리로는 푸시할 수 없다. 로그인한 Docker ID는 레지스트리 계정으로 푸시할 권한이 있어야 한다.

이 책과 함께 이미지를 게시할 때 저장소의 계정 이름으로 dockeronwindows를 사용해 이미지를 빌드한다. 이 이름은 Docker 허브에 내가 만든 단체 이름이며 내 사용자 계정인 sixeyed는 이미지를 푸시할 권한이 있다. sixeyed로 로그인하면 이미지를 sixeyed 또는 dockeronwindows가 소유하는 리포지터리로 푸시할 수 있다.

```
docker image push sixeyed/git:2.17.1-windowsservercore-ltsc2019
docker image push dockeronwindows/ch03-iis-healthcheck:2e
```

Docker CLI의 출력에서 이미지가 레이어로 어떻게 나눠져 있는지 보여주고 각 레이어의 업로드 상태가 표현된다.

```
The push refers to repository [docker.io/dockeronwindows/ch03-iis-healthcheck]
55e5e4877d55: Layer already exists
b062c01c8395: Layer already exists
7927569daca5: Layer already exists
...
8df29e538807: Layer already exists
b42b16f07f81: Layer already exists
6afa5894851e: Layer already exists
4dbfee563a7a: Skipped foreign layer
c4d02418787d: Skipped foreign layer
2e: digest:
sha256:ffbfb90911efb282549d91a81698498265f08b738ae417bc2ebeebfb12cbd7d6
size: 4291
```

 이러한 이미지는 윈도우 서버 코어를 베이스 이미지로 사용한다. 이러한 이미지는 재배포할 수 있는 이미지가 아니다. Docker 허브에 나타나고 마이크로소프트 컨테이너 레지스트리로부터 다운로드할 수 있지만 다른 공개 이미지 레지스트리로 이미지를 저장할 수 없게 만들었다. 그래서 콘솔에서 Skipped foreign layer와 같이 메시지가 표시되며 Docker는 윈도우 OS를 포함하는 레이어를 Docker 허브에 저장하지 않을 것이다.

다른 사용자 계정으로는 이미지를 게시할 수 없지만 다른 사용자의 이미지에 태그를 추가해 자신의 계정 이름을 붙일 수 있다. 이렇게 실행하는 것은 문제될 것이 없다. 특정 버전의 윈도우 서버 코어 이미지를 다운로드한 후 더 친근한 이름을 지정하고 허브에서 이 계정의 새 이름으로 사용할 수 있게 하고 싶을 때 이렇게 할 수 있다.

```
docker image pull mcr.microsoft.com/windows/servercore:1809_KB4480116_amd64
docker image tag mcr.microsoft.com/windows/servercore:1809_KB4480116_amd64 `
  sixeyed/windowsservercore:2019-1811
docker image push sixeyed/windowsservercore:2019-1811
```

 마이크로소프트는 그동안 여러 가지 태그 스키마 정책을 사용해왔다. 윈도우 서버 2016 이미지에서는 10.0.14393.2608 같이 전체 윈도우 버전 번호를 사용했다. 윈도우 서버 2019 이미지부터는 1809_KB4480116처럼 릴리스 이름 다음에 가장 최신 버전의 윈도우 업데이트를 나타내는 KB 번호를 태그로 붙이고 있다.

Docker는 이미지를 레지스트리로 푸시하는 것을 사용자가 생각하는 것만큼 복잡하지 않게 만들기 위해 영리한 방법을 사용한다. 이미지 레이어 개념은 Docker 호스트의 로컬 이미지 캐시뿐만 아니라 레지스트리에도 그대로 적용된다. Docker 허브에 윈도우 서버 코어를 베이스 이미지로 사용한 이미지를 푸시한다고 가정하면 Docker는 마이크로소프트 컨테이너 레지스트리에 들어 있는 베이스 이미지 레이어를 확인하고 4GiB 크기의 베이스 이미지를 모두 업로드하지 않는다. 그 대신 레지스트리에 없는 나머지 레이어만 업로드한다.

맨 마지막 예는 공개 이미지에 태그를 추가해 공개된 허브에 또 다른 이름을 부여하는 것으로 명령문은 유효하지만 이렇게 사용하는 것보다 사설 레지스트리에서만 별칭을 사용하는 것이 더 효과적일 것이다.

로컬 이미지 레지스트리 실행하기

Docker 플랫폼은 크로스 플랫폼 언어인 Go 언어로 만들어 이식성이 우수하다. Go 기반 애플리케이션은 네이티브 바이너리로 컴파일할 수 있으므로 Go가 설치되지 않더라도 리눅스와 윈도우에서 Docker를 바로 실행할 수 있다. Docker 허브에는 Go로 만든 공식 레지스트리 서버 이미지가 있으므로 고유한 이미지 레지스트리를 이 이미지로부터 컨테이너 형태로 실행할 수 있다.

registry는 Docker 팀이 관리하는 공식 리포지터리이지만 이 책을 집필하는 현 시점에서는 리눅스용으로만 제공된다. 윈도우 버전의 레지스트리 서버도 곧 게시될 수 있지만 4장에서는 직접 레지스트리 이미지를 빌드하는 방법을 알아보면서 Docker의 몇 가지 보편적인 사용 패턴을 시연한다.

 공식 리포지터리는 다른 공개 이미지와 같이 Docker 허브에서 사용할 수 있지만 Docker 사에서 큐레이션했으며 Docker 팀이나 애플리케이션 소유자가 직접 유지·관리한다. 올바로 패키지되고 최신 소프트웨어가 포함된 소프트웨어를 사용할 수 있으므로 신뢰할 수 있다. 공식 이미지는 대부분 리눅스를 기반으로 여러 가지 변형된 버전이 있지만 윈도우 기반의 공식 이미지도 점점 늘어나는 추세다.

레지스트리 이미지 빌드하기

Docker의 레지스트리 서버는 완전한 기능을 제공하는 이미지 레지스트리이지만 API 서버 외에 Docker 허브 같은 웹 기반 사용자 인터페이스는 제공하지 않는다. 이 애플리케이션은 오픈 소스로 GitHub의 docker/distribution 리포지터리에서 소스 코드를 확인할 수 있다. 애플리케이션을 로컬에서 빌드하려면 먼저 Go SDK를 설치해야 한다. 설치한 후에는 다음과 같은 간단한 명령문을 실행해 애플리케이션을 컴파일할 수 있다.

```
go get github.com/docker/distribution/cmd/registry
```

하지만 Go 언어를 자주 쓰는 개발자가 아니라면 로컬 컴퓨터에 Go 언어 관련 도구를 추가 설치하는 오버헤드를 원하지 않을 것이다. 그 대신 업데이트를 할 때 레지스트리 서버를 빌드할 수 있다. Go 도구를 컨테이너 이미지로 만든다면 이 이미지를 사용해 컨테이너를 실행할 때 레지스트리 서버를 빌드해줄 것이다. 3장에서 알아봤듯이 이 작업을 위해 다단계 빌드를 사용할 수 있을 것이다.

다단계 패턴은 많은 장점이 있다. 우선 애플리케이션 이미지의 크기를 가능하면 작게 유지할 수 있다. 런타임에서 사용하지 않을 빌드 도구를 포함하지 않아도 된다. 둘째, 빌드 에이전트가 컨테이너 이미지 안에 포함되므로 빌드 서버에 빌드 관련 도구를 설치할 필요가 없다. 셋째, 개발자는 빌드 서버가 사용하는 것과 완전하게 같은 빌드 프로세스를 사용할 수 있으므로 개발자 컴퓨터와 빌드 서버가 서로 다른 도구를 사용하면서 발생할 수 있는 빌드 문제나 리스크를 방지할 수 있다.

dockeronwindows/ch04-registry:2e의 Dockerfile은 공식 Docker 허브에 게시된 윈도우 서버 코어 기반의 공식 Go 이미지를 사용한다. builder 단계에서는 레지스트리 애플리케이션을 컴파일하기 위해 이 이미지를 사용한다.

```
# escape=`
FROM golang:1.11-windowsservercore-1809 AS builder

ARG REGISTRY_VERSION="v2.6.2"

WORKDIR C:\gopath\src\github.com\docker
RUN git clone https://github.com/docker/distribution.git; `
    cd distribution; `
    git checkout $env:REGISTRY_VERSION; `
    go build -o C:\out\registry.exe .\cmd\registry
```

이 Dockerfile에서는 ARG 지시어를 사용해 특정 소스 코드의 버전을 지정하도록 했다. GitHub 리포지터리에는 릴리스된 각 버전마다 태그가 있다. 기본 값으로 2.6.2를 사용했다. 그 다음에는 git 명령문을 사용해 해당 소스 코드를 체크아웃하고 명시된 버전으로 리비전을 변경한 후 go build 명령문으로 애플리케이션을 컴파일한다. Git 클라이언트와 Go 도구는 모두 golang 이미지 안에 들어 있다. 출력 파일은 registry.exe이며 네이티브 윈도우 실행 파일로 실행할 때는 Go가 필요하지 않다.

Dockerfile의 최종 단계에서는 나노 서버를 베이스 이미지로 사용한다. Go 애플리케이션은 이 환경에서도 잘 작동한다. 다음은 전체 애플리케이션 빌드 단계다.

```
FROM mcr.microsoft.com/windows/nanoserver:1809

ENV REGISTRY_STORAGE_FILESYSTEM_ROOTDIRECTORY="C:\data"
VOLUME ${REGISTRY_STORAGE_FILESYSTEM_ROOTDIRECTORY}
EXPOSE 5000

WORKDIR C:\registry
CMD ["registry", "serve", "config.yml"]

COPY --from=builder C:\out\registry.exe .
COPY --from=builder C:\gopath\src\github.com\docker\...\config-example.yml
.\config.yml
```

이 단계에서 특별하게 복잡한 내용은 없다. 일단 이미지를 설정하는 것부터 시작한다.

1. REGISTRY_STORAGE_FILESYSTEM_ROOTDIRECTORY 환경 변수는 이미지 레지스트리가 데이터를 저장하기 위해 어느 경로를 사용해야 하는지를 결정하는 환경 변수다.
2. VOLUME 지시어는 레지스트리 데이터가 저장될 컨테이너 안의 경로를 지정한 환경 변수의 내용을 가져와 그 경로를 볼륨으로 만들어 연결한다.
3. Docker 레지스트리 서비스가 기본으로 사용하는 5000번 포트를 공개한다.

Dockerfile의 나머지 부분은 컨테이너의 진입점을 설정하고 컴파일된 애플리케이션 바이너리 파일과 builder 단계에서 가져온 기본 구성 파일을 이미지 안으로 복사하는 내용이다.

레지스트리 이미지를 빌드하는 것은 다른 이미지를 빌드하는 것과 별로 다르지 않지만 레지스트리를 직접 실행하기 위해 이 이미지를 사용할 때는 몇 가지 중요한 고려 사항이 있다.

레지스트리 컨테이너 실행하기

레지스트리를 직접 실행하면 이미지를 팀 멤버 간에 공유할 수 있고 모든 애플리케이션 빌드의 결과물을 인터넷 연결 대신 고속 로컬 네트워크 연결을 사용해 저장할 수 있다. 보통 레지스트리 컨테이너를 서버에서 실행해 다음과 같이 누구나 접근할 수 있게 구성할 것이다.

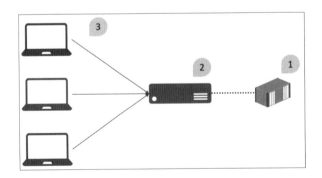

레지스트리는 컨테이너 (1) 안에서 실행되며 별도의 서버 (2)에서 실행될 것이다. 클라이언트 컴퓨터 (3)은 서버로 연결해 레지스트리를 로컬 네트워크상에서 이용할 수 있고 레지스트리로 사설 이미지를 푸시하거나 풀할 수 있다.

레지스트리 컨테이너에 접속할 수 있게 만들기 위해서는 컨테이너의 5000번 포트를 호스트의 5000번 포트로 게시해야 한다. 레지스트리 사용자는 컨테이너에 호스트 서버의 IP 주소나 호스트 이름을 사용해 접속할 수 있으며 이때 사용하는 주소가 이미지 이름에 사용하는 레지스트리 도메인이 된다. 또한 호스트에서 특정 볼륨을 마운트해 이미지 데이터를 특정 위치에 저장할 것이다. 컨테이너를 새 버전으로 교체하면 호스트의 도메인 이름으로 계속 접속할 수 있고 이전 컨테이너가 저장한 모든 이미지 레이어 그대로 사용할 수 있을 것이다.

이 호스트 서버에서는 디스크 드라이브 E:에 RAID 어레이를 구성했으며 레지스트리 컨테이너가 이 볼륨을 data 디렉터리로 마운트하도록 설정할 수 있다.

```
mkdir E:\registry-data
docker container run -d -p 5000:5000 -v E:\registry-data:C:\data dockeronwindows/
ch04-registry:2e
```

이 네트워크에서 컨테이너가 실행되는 물리 컴퓨터의 IP 주소는 192.168.2.146이다. 192.168.2.146:5000을 이미지를 태그할 때 사용할 레지스트리 도메인으로 지정할 수 있지만 유연한 방식은 아니다. 도메인 이름을 사용해 호스트를 접속하게 만들어야 다른 물리 서버로 필요에 따라 변경하는 경우가 발생하더라도 모든 이미지의 태그를 다시 설정하는 것을 방지할 수 있다.

호스트 이름은 네트워크 안의 도메인 이름 서비스[DNS]를 사용하거나 공개 서버라면 CNAME을 지정할 수 있다. 또는 대안으로 클라이언트 컴퓨터의 hosts 파일에 임의의 도메인 이름을 등록해 사용하면 된다. 다음 파워셸 명령문은 registry.local이라는 호스트 이름으로 Docker 서버를 가리키는 항목을 hosts 파일에 추가한다.

```
Add-Content -Path 'C:\Windows\System32\drivers\etc\hosts' -Value
"`r`n192.168.2.146 registry.local"
```

이제 이 서버는 믿을 수 있는 저장소에 데이터를 저장하는 레지스트리 서버를 컨테이너에서 실행하며 클라이언트는 알기 쉬운 도메인 이름을 사용해 레지스트리 호스트에 접속할수 있게 구성됐다. 이제 네트워크에 참가하는 사용자만 접근할 수 있는, 직접 만들어 운영하는 레지스트리에 사설 이미지를 푸시하고 풀할 수 있다.

▌ 로컬 레지스트리에 이미지 푸시하고 풀하기

이미지를 레지스트리에 푸시할 때는 이미지 태그가 레지스트리 도메인과 일치해야 한다. 이미지를 태그하고 푸시하는 과정은 Docker 허브로 푸시하는 과정과 비슷하지만 반드시 로컬 레지스트리 도메인을 새 태그에 명시적으로 지정해야 하는 부분이 다르다. 다음 명령문은 이 책에서 만든 레지스트리 서버 이미지를 Docker 허브로부터 가져와 로컬 레지스트리에 푸시할 수 있는 형태로 새로운 태그를 추가한다.

```
docker image pull dockeronwindows/ch04-registry:2e

docker image tag dockeronwindows/ch04-registry:2e
registry.local:5000/infrastructure/registry:v2.6.2
```

docker image tag 명령문은 우선 원본 이미지의 태그를 지정하고 그 다음 대상 태그를 지정한다. 이미지 이름의 모든 부분을 새로운 대상 태그로 변경할 수 있다. 그래서 다음과 같이 변경했다.

- registry.local:5000은 레지스트리 도메인이다. 원본 이미지 이름은 도메인 이름이 docker.io를 사용한다고 가정한다.
- infrastructure는 계정 이름이다. 원래 계정 이름은 dockeronwindows였다.

- registry는 리포지터리 이름이다. 원래 이름은 ch04-registry였다.
- v2.6.2는 이미지 태그다. 원래 태그는 2e였다.

 이 책의 모든 이미지 태그가 왜 2e라는 이름을 사용하는지 궁금한가? 이 책의 2차 개정판과 함께 작업한 이미지라는 것을 나타내기 위해서다. 1차 개정판에서는 태그 이름을 지정하지 않아 모든 태그의 이름이 latest로 지정된다. Docker 허브에는 여전하게 이 태그가 있지만 새 버전의 이미지를 2e로 명시했기 때문에 기존 이미지와 같은 리포지터리를 사용하면서도 1차 개정판의 독자가 코드 샘플을 사용할 때 호환성 문제를 겪지 않게 할 수 있다.

이제 새로 태그한 이미지를 로컬 레지스트리로 푸시할 수 있지만 Docker는 레지스트리로 푸시할 준비가 아직 되지 않았다.

```
> docker image push registry.local:5000/infrastructure/registry:v2.6.2

The push refers to a repository [registry.local:5000/infrastructure/registry]
Get https://registry.local:5000/v2/: http: server gave HTTP response to HTTPS
client
```

Docker 플랫폼은 보안 준수가 기본이며 이미지 레지스트리에도 같은 원칙이 적용된다. Docker 엔진은 HTTPS로 레지스트리와 통신할 때 모든 통신이 암호화되는 것을 기대한다. 이 간단한 레지스트리에서는 HTTP로 암호화되지 않은 텍스트로 통신하므로 Docker가 암호화된 연결로 레지스트리에 접속을 시도했지만 암호화되지 않은 통신만 가능해 오류를 내보내는 것이다.

Docker가 로컬 레지스트리를 사용할 수 있도록 설정하는 2가지 방법이 있다. 첫째, 레지스트리 서버가 안전한 통신을 할 수 있도록 SSL 인증서를 지정해 HTTPS로 통신할 수 있게 레지스트리 서버를 다시 실행하는 것이다. 프로덕션 환경이라면 당연히 이렇게 만들 것이다. 다른 방법으로는 Docker 구성에서 예외 설정을 추가해 이러한 조건을 무시하도록 간단하게 설정해 보안 관련 예외 검사를 피할 것이다. Docker 엔진은 명시적으로 통신이 허용된 안전하지 않은 레지스트리에 기재된 호스트 이름을 확인해 목록 안에 있다면 HTTP 레지스트리로 접속하는 것을 허용할 것이다.

 레지스트리 이미지를 회사의 SSL 인증서나 자체 서명된 인증서를 지정해 HTTPS로 실행하게 하면 Docker 엔진에서 화이트리스트에 레지스트리 주소를 따로 추가하지 않아도 된다. GitHub의 docker/labs 리포지터리에 윈도우 레지스트리 구축 과정이 자세하게 나와 있으니 확인해보길 바란다.

Docker로 안전하지 않은 레지스트리 접속 허용하기

Docker 엔진은 JSON 형식의 구성 파일을 사용해 설정을 변경할 수 있다. 접속을 허용하려는 안전하지 않은 레지스트리 목록을 여기서 설정할 수 있다. 이 목록에 들어 있는 모든 레지스트리 도메인은 HTTPS 대신 HTTP를 우선 사용하므로 공개 네트워크에 있는 레지스트리를 추가하면 안 된다.

Docker의 구성 파일은 `%programdata%\docker\config\daemon.json`에 위치한다(여기서 Daemon이라는 단어는 리눅스에서 백그라운드 프로세스를 나타내는 용어이며 이러한 파일은 Docker 엔진 구성 파일이다). 로컬 레지스트리 정보를 직접 편집해 보안 옵션으로 추가할 수 있고 그 후에는 Docker 서비스를 재시작한다. 다음과 같이 구성하면 로컬 레지스트리에 HTTP로 Docker가 접속하는 것을 허용할 것이다.

```
{
  "insecure-registries": [
    "registry.local:5000"
  ]
}
```

윈도우 10의 윈도우용 Docker 데스크톱을 사용하면 UI에서 보기 편하게 만든 설정 창을 제공하므로 필요한 작업을 좀 더 쉽게 실행할 수 있다. 파일을 수동으로 편집하는 대신 트레이 아이콘 영역에서 Docker 로고를 마우스 오른쪽 버튼을 클릭한 후 Settings 메뉴를 클릭해 Daemon 페이지에 들어가면 Insecure registries list 항목에 새 항목을 추가할 수 있다.

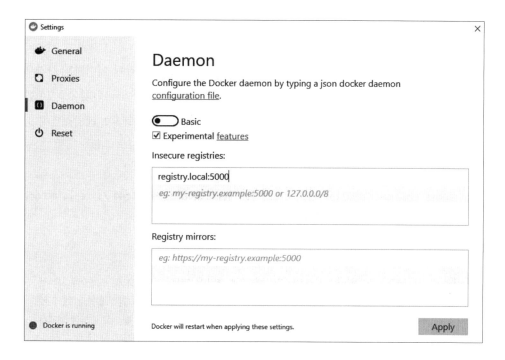

로컬 레지스트리 도메인을 안전하지 않은 목록에 추가한 후에는 이미지를 해당 도메인에서 푸시하거나 풀할 수 있다.

```
> docker image push registry.local:5000/infrastructure/registry:v2.6.2

The push refers to repository [registry.2019:5000/infrastructure/registry]
dab5f9f9b952: Pushed
9ab5db0fd189: Pushed
c53fe60c877c: Pushed
ccc905d24a7d: Pushed
470656dd7daa: Pushed
f32c8541ff24: Pushed
```

```
3ad7de2744af: Pushed
b9fa4df06e58: Skipped foreign layer
37c182b75172: Skipped foreign layer
v2.6.2: digest:
sha256:d7e87b1d094d96569b346199c4d3dd5ec1d5d5f8fb9ea4029e4a4aa9286e7aac
size: 2398
```

이 Docker 서버에 접속할 수 있는 사용자는 로컬 레지스트리에 저장된 이미지를 가져오기 위해 docker image pull 명령문을 실행하거나 docker container run 명령문을 실행할 수 있다. 로컬 이미지를 다른 Dockerfile에서 베이스 이미지로 사용하려면 레지스트리 도메인, 리포지터리 이름, 태그를 FROM 지시어에서 다음과 같이 지정하면 된다.

```
FROM registry.local:5000/infrastructure/registry:v2.6.2 CMD ["cmd /s /c", "echo",
"Hello from Chapter 4."]
```

 기본 레지스트리를 다른 레지스트리로 변경하는 방법은 제공되지 않으므로 도메인을 지정하지 않았을 때 지금 만든 로컬 레지스트리가 기본 레지스트리로 쓰이게 할 방법은 없다. 기본적으로 항상 Docker 허브를 사용한다. 다른 레지스트리의 이미지를 사용하고 싶다면 레지스트리 도메인이 이미지 이름에 항상 기재돼야 한다. 레지스트리 주소가 기재되지 않은 모든 이미지 이름은 docker.io에 등록된 이미지로 간주된다.

윈도우 이미지 레이어를 로컬 레지스트리에 저장하기

마이크로소프트의 이미지를 다른 곳으로 공개적으로 올릴 수는 없지만 사설 레지스트리에 저장할 수는 있다. 이 기능은 윈도우 서버 코어 이미지를 활용할 때 유용한 기능이다. 압축된 이미지의 크기는 2GiB가량이며 마이크로소프트는 매달 새 버전의 이미지를 출시하면서 Docker 허브에 목록을 갱신하며 각 이미지에는 새로운 보안 패치가 포함된다.

업데이트는 보통 이미지에 새로운 레이어를 추가하는 형태로 제공되지만 레이어는

300MiB 이상의 크기가 될 수 있다. 윈도우 이미지 사용자 수가 많다면 매번 새로운 이미지를 인터넷에서 다운로드해야 하므로 네트워크 대역폭 소비가 많아 다운로드에서 시간이 많이 걸릴 것이다. 로컬 레지스트리 서버를 운영한다면 이 이미지를 Docker 허브에서 받아와 로컬 레지스트리에 저장할 수 있다. 이렇게 하면 인터넷 대신 고속 로컬 네트워크로 연결된 로컬 레지스트리에서 이미지를 빨리 풀할 수 있다.

이 기능을 레지스트리에서 사용하려면 Docker 구성 파일에서 `allow-nondistributable-artifacts` 필드를 지정해야 한다.

```
{
    "insecure-registries": [
        "registry.local:5000"
    ],
    "allow-nondistributable-artifacts": [
        "registry.local:5000"
    ]
}
```

이 설정은 윈도우용 Docker UI에 직접 드러나지 않지만 Settings 화면의 Advanced Mode에서 직접 설정할 수 있다.

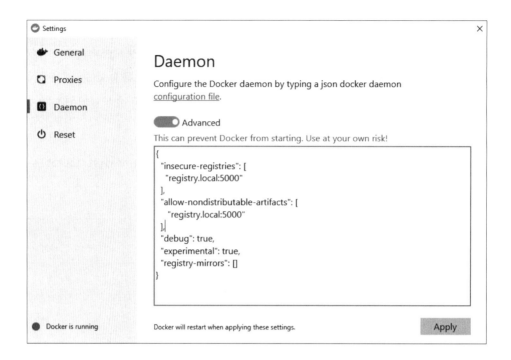

이제 윈도우 외래 레이어를 이 로컬 레지스트리에 푸시할 수 있다. 최신 나노 서버 이미지의 latest 태그도 직접 운영하는 레지스트리 도메인으로 푸시할 수 있다.

```
PS> docker image tag mcr.microsoft.com/windows/nanoserver:1809 `
    registry.local:5000/microsoft/nanoserver:1809

PS> docker image push registry.local:5000/microsoft/nanoserver:1809
The push refers to repository [registry.2019:5000/microsoft/nanoserver]
75ddd2c5f09c: Pushed
37c182b75172: Pushing   104.8MB/243.8MB
```

이렇게 직접 운영하는 레지스트리에 저장하는 윈도우 베이스 이미지 레이어의 ID는 마이크로소프트 컨테이너 레지스트리에서 제공하는 원래 레이어 ID와 다르게 저장된다. 이 때문에 Docker의 이미지 캐시에 영향을 미친다. 로컬 레지스트리 서버에서 고유한 나노 서버 이미지를 처음 사용하는 컴퓨터에서 풀할 때는 전체 태그 이름인 registry.

local:5000/microsoft/nanoserver:1809와 같이 지정해야 한다. 그후 공식 마이크로소프트 이미지를 다시 풀하면 새로운 레이어를 다시 다운로드한다. 내용은 동일하지만 서로 다른 ID를 갖고 있으므로 Docker는 캐시에서 서로 다른 항목으로 취급한다.

> 윈도우 베이스 이미지를 직접 저장하고 관리하려면 일관성이 있는지 확인하고 외부로 공개되지 않는 Dockerfile에 한해서만 사용해야 한다. 또한 이렇게 직접 저장한 이미지에 기반하는 다른 모든 이미지에도 동일하게 적용된다. .NET을 사용하고 싶다면 직접 저장한 윈도우 베이스 이미지를 기반으로 새로운 SDK 이미지를 직접 빌드해야 한다. 이 방법은 매우 비효율적이지만 수많은 조직이 이 방법을 선호한다. 베이스 이미지 통제를 정밀하게 할 수 있기 때문이다.

▌ 상용 레지스트리 사용하기

보안을 유지하면서 사설 이미지를 저장할 수 있는 리포지터리를 운영하기 위해 레지스트리를 반드시 직접 운영할 필요는 없다. 서드 파티에서 제공하는 리포지터리도 사용할 수 있다. 모든 상용 리포지터리는 같은 방식으로 사용할 수 있다. 이미지에 태그를 레지스트리 도메인과 함께 부여하고 레지스트리 서버에 인증하는 방법은 모두 동일하다. 몇 가지 선택지 중 가장 대표적인 것은 Docker 사에서 제공하는 것이며 그 외에도 여러 가지 서비스가 시중에 나와 있다.

Docker 허브

Docker 허브는 가장 널리 사용하는 공개 컨테이너 레지스트리로 이 책을 집필하는 현 시점에도 한 달에 10억 회 이상의 이미지 풀이 일어나고 있다. 또한 Docker 허브에는 무제한 사용할 수 있는 공개 저장소를 둘 수 있고 여러 개의 사설 저장소를 사용하기 위해 구독을 구입할 수 있다.

Docker 허브는 자동화된 빌드 시스템을 갖추고 있어 이미지 리포지터리를 GitHub나 Bitbucket 같은 소스 코드 리포지터리와 연결하면 소스 코드 변경 사항이 푸시될 때마다 Docker 서버는 리포지터리 안의 Dockerfile을 사용해 빌드할 것이다. 이 방법은 지속적 통합[이]을 구현할 때 매우 효과적이며 특히 이식성 높은 다단계 Dockerfile을 사용하면 유용한 기능이다.

허브 구독은 규모가 작은 프로젝트나 팀에서 하나의 애플리케이션을 여러 사용자가 작업할 때 유용하다. 사용자가 단체를 만들 수 있는 인증 프레임워크를 갖고 있으며 이렇게 하면 리포지터리 이름이 특정 사용자 계정 이름이 아닌 단체 이름과 연결되게 만들어준다. 단체에 속한 리포지터리에 여러 사용자에 대한 권한을 부여해 이미지를 푸시하게 할 수 있다.

Docker 허브는 또한 상용 소프트웨어 배포를 위한 레지스트리로도 사용한다. 서버 애플리케이션을 위한 앱 스토어처럼 사용하는 것이다. 회사에서 상용 소프트웨어를 출시한다면 Docker 허브를 사용해 배포하면 좋은 선택이 될 것이다. 지금까지 알아본 방식으로 이미지를 빌드하고 푸시하면서 소스 코드는 안전하게 보호하고 이미지로 만들어진 애플리케이션만 공개하기 때문이다.

Docker에 승인된 게시자로 등록해 이미지를 관리하는 주체가 상업 단체라는 것을 나타낼 수 있다. Docker 허브에서는 승인된 게시자를 따로 찾는 기능을 제공하므로 애플리케이션이 검색 결과에서 더 잘 드러나게 만들 수 있다.

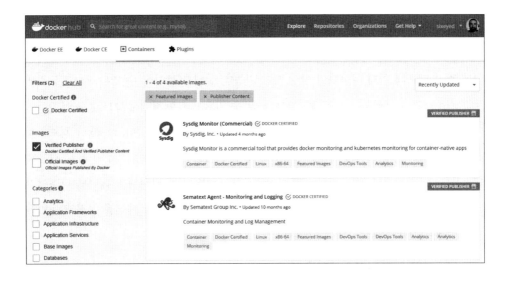

또한 Docker 허브 위에서 제공되는 이미지를 위한 인증 프로세스도 활용할 수 있다. Docker 인증은 소프트웨어 이미지에서 하드웨어 스택에 이르기까지 다양하게 적용된다. 이미지가 인증을 획득하면 Docker 엔터프라이즈를 실행하는 모든 하드웨어에서 잘 작동한다는 것을 보장해주는 것이다. Docker는 인증 프로세스 안의 모든 조합을 테스트하며 엔드 투 엔드 보증은 규모가 큰 엔터프라이즈에서 매우 매력적이다.

신뢰할 수 있는 Docker 레지스트리

신뢰할 수 있는 Docker 레지스트리DTR, Docker Trusted Registry는 Docker 엔터프라이즈 스위트의 일부로 Docker 사가 제공하는 엔터프라이즈 수준의 CaaSContainer as a Service 플랫폼이다. 직접 운영하는 데이터센터와 클라우드 서비스상에서 Docker 호스트 클러스터를 운영하는 엔터프라이즈 고객 대상 서비스다. Docker 엔터프라이즈는 종합적인 관리 스위트인 유니버설 제어 플레인UCP과 함께 제공된다. Docker 클러스터의 모든 리소스를 관리할 수 있는 인터페이스다. 이 기능을 사용해 호스트 서버, 이미지, 컨테이너, 네트워크, 볼륨 등 모든 것을 제어할 수 있다. Docker 엔터프라이즈는 DTR도 제공해 안전하고 확장하기 쉬운 이미지 레지스트리를 사용할 수 있다.

DTR은 HTTPS 통신을 사용하며 클러스터 기반 서비스로 여러 레지스트리 서버를 클러스터에 걸쳐 배포해 쉽게 확장하고 항상 사용 가능한 상태를 보장할 수 있다. DTR을 위해 로컬 스토리지나 클라우드 스토리지를 사용할 수 있으므로 애저에서 DTR을 사용한다면 애저 저장소를 사용해 무제한의 저장 공간에 이미지를 저장할 수 있다. Docker 허브처럼 공유되는 리포지터리를 위해 단체 이름을 만들 수 있지만 DTR에서는 인증을 위해 사용자 계정을 직접 만들거나 경량 디렉터리 액세스 프로토콜LDAP을 지원하는 액티브 디렉터리 같은 인프라와 연결하는 것도 가능하다. 그 다음 역할 기반 액세스 제어를 설정해 세밀하게 조정된 권한 설정을 지정할 수 있다.

보안 검사 기능도 DTR에서 사용할 수 있다. 이 기능을 사용하면 이미지 안의 바이너리 파일을 검사해 알려진 취약점을 미리 확인할 수 있다. 이미지가 새로 푸시되거나 빌드될 때마다 검사를 예약해 실행할 수 있다. 예약된 검사 기능을 사용하면 레거시 이미지가 필요로 하는 데서 발견되는 새로운 취약점이 있을 때마다 알려준다. DTR 사용자 인터페이스는 취약점 정보를 더 자세하게 알려주며 어떠한 파일이 정확하게 어떠한 취약점을 갖고 있는지 알려준다.

Docker 엔터프라이즈에만 제공되는 또 다른 중요한 보안 기능인 콘텐츠 트러스트 설정 기능이 있다. Docker의 콘텐츠 트러스트 설정 기능은 사용자가 이미지를 디지털 서명할

수 있게 해 승인 절차에 참여시킬 수 있다. QA 및 보안팀은 테스트 스위트로 해당 이미지 버전을 실행하고 서명해 프로덕션의 릴리스 후보를 승인하는지 확인할 수 있다. 서명 값은 DTR에 저장된다. UCP는 특정 팀이 서명한 이미지만 실행하도록 구성할 수 있으므로 소프트웨어를 구축하고 승인자를 증명하는 감사 내역과 함께 클러스터가 실행할 소프트웨어를 면밀하게 제어할 수 있다.

Docker 엔터프라이즈는 웹 사용자 인터페이스와 통상적인 Docker CLI를 사용해 이러한 풍부한 기능을 제공한다. 강력한 보안, 높은 신뢰, 쉬운 확장과 같은 특징은 기능 집합에서 중요한 요소로 이미지, 컨테이너, Docker 호스트를 관리하기 위한 표준화된 방법을 찾는 엔터프라이즈 사용자를 위한 좋은 선택이 될 것이다. UCP는 8장, Docker 기반의 솔루션과 DTR의 관리 및 모니터링하기와 9장, Docker의 보안 위험 및 이점 이해하기에서 자세하게 알아본다.

 TIP Docker 엔터프라이즈를 샌드박스 환경에서 별도의 설치 없이 테스트하고 싶다면 http://trial.docker.com에서 원격 체험판을 12시간 동안 이용할 수 있다.

다른 레지스트리

Docker는 이제 매우 유명해 다른 여러 서비스가 영향을 받아 기존 제품에 이미지 레지스트리를 추가했다. 클라우드에서는 아마존 웹 서비스AWS의 EC2 컨테이너 레지스트리ECR, 마이크로소프트의 애저 컨테이너 레지스트리ACR, 구글 클라우드 플랫폼의 컨테이너 레지스트리를 선택할 수 있다. 모두 표준 Docker CLI와 통합되며 각자의 플랫폼의 다른 제품과도 잘 통합되므로 다른 클라우드 서비스 공급자를 이미 사용한다면 해당 제품은 좋은 선택이 될 수 있다.

또한 JFrog의 Artifactory, Quay.io 그리고 최근에는 Github도 호스팅 방식의 독립적인 레지스트리 서비스를 제공한다. 호스팅 방식의 레지스트리는 레지스트리 서버를 운영하는 부담을 줄여주며 이미 사용 중인 서비스나 제품의 공급자가 이미지 레지스트리를 제공한다면 평가할 만하다.

모든 레지스트리 공급자는 각자 다른 기능 집합과 서비스 수준을 제공하므로 각자 제공하는 기능을 비교해보는 것이 좋으며 그중에서도 윈도우 컨테이너 지원 정도를 평가해보는 것이 가장 중요하다. 대부분의 기존 플랫폼은 리눅스 이미지와 리눅스 클라이언트를 지원하도록 맞춰져 있으며 일부는 대등한 기능을 윈도우에서 지원하지 못할 수 있다.

▎ 요약

4장에서는 이미지 레지스트리가 무엇이고 Docker와 함께 어떻게 사용할 수 있는지 알아봤다. 리포지터리 이름과 이미지 태그를 사용해 애플리케이션 버전이나 플랫폼 종류를 확인하는 방법을 알아봤고 로컬 레지스트리 서버를 컨테이너 안에서 실행해 어떻게 구축하고 사용하는지 알아봤다.

사설 레지스트리를 사용하는 것은 Docker를 사용하다 보면 생각보다 빨리 접하는 부분이다. 기존 애플리케이션을 컨테이너로 만들기 시작했고 새로운 소프트웨어 스택을 시험 중이라면 고속 로컬 네트워크를 거쳐 이미지를 푸시 또는 풀하거나 로컬 스토리지 공간 확보에 문제가 있다면 클라우드 저장소를 대신 사용하는 것을 고려해볼 수 있다. Docker를 프로덕션 구현에 더 많이 사용할수록 DTR로 업그레이드해 더 잘 작동하고 더 풍부한 보안 기능이 지원되는 레지스트리를 사용하는 것을 고민할 것이다.

이제 이미지를 공유하고 다른 사람이 공유한 이미지를 사용하는 방법을 알아봤으니 실제로 운영되고 평가를 거친 소프트웨어 구성 요소를 기존 애플리케이션에 컨테이너 중심 솔루션 디자인에 잘 적용할 것인지를 고민해볼 수 있다.

컨테이너화된 솔루션 설계하고 만들기

Docker를 사용하면 새로운 방식으로 애플리케이션을 설계하고 만들 수 있다. 2부에서는 컨테이너를 사용하는 애플리케이션 아키텍처를 생각하는 방법과 Docker를 사용해 애플리케이션을 분배하는 방법을 배운다.

2부에서는 다음 내용을 다룬다.

- **5장,** 컨테이너 중심 솔루션 설계 채택하기
- **6장,** Docker Compose를 사용한 분산 솔루션 구성하기
- **7장,** Docker 스웜을 사용한 분산 솔루션 오케스트레이션

05

컨테이너 중심
솔루션 설계 채택하기

Docker를 애플리케이션 플랫폼으로 도입하면 운영상 탁월한 이점이 있다. 컨테이너는 가상 컴퓨터보다 작은 단위지만 격리된 환경을 지원하므로 더 적은 하드웨어로 더 많은 작업을 처리할 수 있다. Docker에서는 모든 작업이 같은 방식으로 처리되므로 운영팀은 .NET, 자바, Go, Node.js 애플리케이션을 같은 방식으로 관리할 수 있다. Docker 플랫폼은 또한 애플리케이션 아키텍처에서도 좋은 점이 있다. 5장에서는 여러분의 애플리케이션에 컨테이너 중심 솔루션 설계가 고품질과 낮은 위험을 보장하면서도 어떻게 도움을 줄 수 있는지 자세하게 알아본다.

3장, 컨테이너로 .NET Framework 및 .NET Core 애플리케이션 개발하기에서 만든 Nerd Dinner 애플리케이션 샘플로 다시 돌아가보겠다. NerdDinner는 전통적인 .NET 애플리케이션이며 구성 요소 사이의 결합이 강하게 이뤄진 모놀리식 형태의 설계를 사용하며 모든 통신은 동기적 방식으로 이뤄진다. 이 애플리케이션에는 단위 테스트, 통합 테스트, 종단 간 테스트도 없다. NerdDinner는 다른 수많은 .NET 애플리케이션과 비슷하다. 사용자가 필요한 기능은 포함하지만 애플리케이션을 직접 수정하기에는 까다롭고 위험하다. 이러한 애플리케이션을 컨테이너로 만들면 기능을 수정하거나 추가하기 위한 다른 접근 방식을 사용할 수 있다.

Docker 플랫폼의 두 가지 특징은 여러분의 솔루션 설계에 대한 사고방식을 바꿔줄 것이다. 첫째, 네트워킹, 서비스 디스커버리, 로드 밸런싱은 여러분의 애플리케이션이 여러 구성 요소에 걸쳐 배포되고 각 컨테이너가 독립적으로 이동하거나 확장되거나 업그레이드할 수 있게 해준다. 둘째, Docker 허브나 다른 레지스트리에서 사용할 수 있는 프로덕션 수준의 소프트웨어는 일반화된 여러 서비스를 위한 미리 완성된 소프트웨어를 사용할 수 있게 해주고 여러분이 만든 구성 요소와 같은 방식으로 관리할 수 있게 해준다. 이렇게 해서 더 좋은 솔루션을 만들기 위해 인프라나 기술적 제약 사항에서 벗어나 자유로운 선택을 할 수 있다.

5장에서 나는 전통적인 .NET 애플리케이션을 현대화하기 위해 컨테이너 중심 설계를 어떻게 도입할 수 있는지 다음 내용을 보여줄 것이다.

- NerdDinner 설계 목표 정하기
- Docker에서 메시지 큐 실행하기
- 여러 컨테이너로 구성된 솔루션 시작하기
- 레거시 애플리케이션 현대화하기
- 컨테이너에 새로운 기능 추가하기
- 모놀리식에서 분산 솔루션으로 이동하기

▌ 실습에 필요한 준비

5장의 예제를 따라하기 위해서는 윈도우 10 2018년 10월 업데이트 (1809) 또는 그 이후 버전에서 윈도우용 Docker 데스크톱을 사용하거나 윈도우 서버 2019에서 Docker 엔터프라이즈를 사용해야 한다. 5장의 코드는 https://github.com/sixeyed/docker-on-windows/tree/second-edition/ch05에서 확인할 수 있다.

▌ NerdDinner의 설계 목표 정하기

3장, 컨테이너로 .NET Framework 및 .NET Core 애플리케이션 개발하기에서 Nerd Dinner 홈페이지를 별도 구성 요소로 추출해 UI 변경을 빨리 배포할 수 있게 만들었다. 이번에는 레거시 애플리케이션을 분해해 아키텍처를 현대화하기 위한 더 근본적인 변경을 한다.

우선 웹 애플리케이션의 성능상 문제부터 알아본다. NerdDinner의 데이터 계층은 엔티티 프레임워크^{EF}를 사용하며 모든 데이터베이스 처리는 동기적으로 이뤄진다. 사이트에 많은 트래픽이 발생하면 SQL 서버에 매우 많은 연결이 들어오고 많은 쿼리를 실행한다. 성능은 부하가 증가할수록 나빠져 쿼리를 실행할 때 시간 제한을 초과하거나 데이터베이스 연결 풀이 소진돼 웹사이트에서 사용자에게 오류 메시지를 보여줄 것이다.

문제를 최소화하기 위해 모든 데이터 처리 메서드를 비동기 방식으로 바꿀 수 있지만 이 방법은 컨트롤러의 액션도 모두 비동기로 바꿔야 하는 영향도가 매우 큰 방법이다. 그리고 변경을 가한 모든 부분이 제대로 동작하는지 확인할 수 있는 자동화된 테스트 도구도 없다. 그 대신 데이터를 가져올 수 있는 캐시를 추가해 GET 요청이 캐시를 우선 검색하게 하고 없으면 데이터베이스를 검색하게 만들 수 있을 것이다. 하지만 캐시가 제대로 사용될 수 있을 만큼 데이터를 오래 보관하면서도 데이터가 변경되면 계속 동기화해야 하므로 복잡하다. 그리고 이러한 복잡한 변경 사항을 검증할 테스트 방법이 없어 이 방법도 위험한 접근 방법이다.

이러한 변경 사항을 실제로 구현했더라도 정말 이점이 있을지 알 수 없다. 모든 데이터 처리 방식을 비동기 메서드로 변경하면 웹사이트가 더 빨리 실행되고 더 많은 부하를 감당할 수 있을까? 데이터베이스에 덜 의존하도록 캐시를 잘 만든다면 전체적인 성능을 정말 개선할 수 있을까? 이러한 이점은 개선을 위해 충분한 시간을 투자할 수 없다는 사실을 알았거나 실제로 변경하기 전까지 정량화하기 어렵다.

컨테이너 중심 설계에서는 설계 방식을 다르게 만들 수 있다. 어떠한 기능이 데이터베이스를 많이 사용하지만 동기 방식일 필요가 없을 때는 데이터베이스 코드를 별도의 분리된 구성 요소로 옮길 수 있다. 그 다음 구성 요소 사이의 메시징 방식을 비동기 방식으로 만들어 메인 웹 애플리케이션에서 메시지 큐로 이벤트를 보내고 새 구성 요소에서 이 이벤트를 처리하게 만든다. Docker에서는 각 구성 요소가 하나 이상의 컨테이너로 실행될 수 있다.

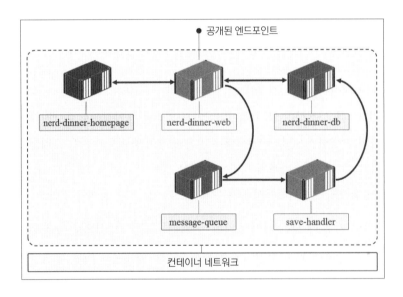

하나의 기능에 집중한다면 변경 사항을 빨리 구현할 수 있다. 다른 방식에 비해 이 설계에는 단점보다 여러 가지 이점이 있다.

- 변경하려는 대상이 분명하며 메인 애플리케이션에서 컨트롤러 액션 하나만 변경하는 것이다.
- 새로운 메시지 처리 구성 요소는 크기가 작고 매우 응집력 있어 테스트하기 매우 쉽다.
- 웹 레이어와 데이터 레이어가 서로 분리돼 각각 독립적으로 규모를 확장하거나 줄일 수 있다.
- 웹 애플리케이션에서 기능을 분리하는 것이므로 확실한 성능 향상을 기대할 수 있다.

이외에도 다른 이점이 있다. 새로운 구성 요소는 원래의 애플리케이션과 완전하게 다른 것으로 단순하게 이벤트 메시지를 받아 처리만 할 수 있으면 된다. 새로 만들 메시지 처리기에서는 .NET, .NET Core, 또는 다른 기술 스택을 쓸 수 있고 모든 기술 스택을 통일시킬 필요가 없다. 또한 애플리케이션에서 게시되는 이벤트도 있으므로 이러한 이벤트를 처리하기 위한 새로운 이벤트 처리기를 추가해 새로운 기능을 구현할 수 있다.

NerdDinner 구성을 Docker에 친화적으로 만들기

NerdDinner는 릴리스 간에 일정한 애플리케이션 구성 값과 서로 다른 환경 간에 변경되는 환경 구성 값 모두에 `Web.config`를 구성에 사용한다. 이 구성 파일은 릴리스되는 패키지에 포함돼 변경하기가 매우 어렵다. 3장, 컨테이너로 .NET Framework 및 .NET Core 애플리케이션 개발하기에서 `appSettings`와 `connectionStrings` 섹션을 `Web.config`에서 떼내 별도 파일로 나눴다. 이렇게 해서 컨테이너에 여러 가지 다른 구성 파일을 저장하는 볼륨을 연결해 여러 구성을 사용해 실행될 수 있게 만들었다.

하지만 구성은 여러 가지 종류가 있으며 볼륨을 마운트할지 여부는 전적으로 개발자의 선택 사항이다. 구성 파일 안에 `UnobtrusiveJavaScriptEnabled` 같은 설정을 코드를 변경하지 않고 기능 설정을 켜거나 끌 수 있다면 좋다. 하지만 매번 다른 환경과 다른 사람이 변경해야 하는 BingMapsKey 같은 설정은 더 쉽게 설정할 방법이 필요하다.

파일로부터 구성을 읽은 후 환경 변수로 값을 다시 정의할 수 있게 하는 여러 계층으로 동작하는 구성 기능이 이상적일 것이다. .NET Core의 구성 시스템이 이러한 방식으로 동작하며 .NET Core 안의 구성 패키지는 실제로는 .NET Standard 라이브러리이므로 기존 .NET Framework 프로젝트에서도 그대로 쓰일 수 있다.

지금부터 만들 큰 변경에 대비해 .NET Core 방식의 구성 모델로 모든 설정을 변경하도록 5장의 코드를 수정했다. 이전 appSettings.config와 connectionStrings.config 파일은 appsettings.json으로 새로운 JSON 형식의 파일로 다시 만들었다.

```json
{
    "Homepage":{
        "Url":"http://nerd-dinner-hompage"
    },
    "ConnectionStrings":{
        "UsersContext":"Data Source=nerd-dinner-db...",
        "NerdDinnerContext":"Data Source=nerd-dinner-db..."
    },
    "Apis":{
        "IpInfoDb":{
            "Key":""
        },
        "BingMaps":{
            "Key":""
        }
    }
}
```

JSON 형식이 더 읽기 쉽고 중첩된 개체를 포함할 수 있으므로 Apis 개체와 같이 비슷한 것을 연결할 수 있다. 구성 개체에서 Apis:BingMaps:Key 키를 사용해 Bing Maps API 키를 코드에서 접근할 수 있다. 그리고 설정 파일은 여전하게 별도 디렉터리에 저장해 다른 볼륨에서 모든 파일을 가져올 수 있게 할 수 있다. 하지만 이뿐만 아니라 환경 변수를 사용해 구성을 대신 지정할 수 있다. 즉 `Apis:BingMaps:Key` 환경 변수가 설정되면 JSON 파일에 지정한 값을 대체할 수 있다. 코드에서는 구성에 대한 키 값만 알고 있으면 실행 시점에서 .NET Core는 환경 변수나 구성 파일로부터 실제 값을 가져온다.

이 방법을 사용하면 개발자가 환경 변수를 지정하지 않고도 데이터베이스 및 웹 컨테이너를 시작할 때 애플리케이션을 사용할 수 있게 JSON 파일에서 데이터베이스 연결 문자열에 기본 값을 사용할 수 있다. 아직 애플리케이션이 완전하게 동작하지 않는다. Bing Maps와 IP 위치 서비스를 사용하기 위해서는 API 키가 필요하기 때문이다. 이 서비스는 사용량이 제한돼 있으므로 각 개발자와 각 환경을 위한 키를 따로 만들게 될 것이며 웹 컨테이너의 환경 변수로 각각의 키를 지정할 수 있을 것이다.

환경 값을 안전하게 지킬 수 있도록 Docker는 암호화되지 않은 텍스트 파일에 값을 저장해 읽도록 하는 대신 컨테이너 실행 명령문 안에서 지정하도록 한다. 파일에서 값을 분리하면 관리자와 Docker 서비스 계정만 파일에 접근할 수 있도록 파일 자체를 보호할 수 있다. 환경 파일은 단순한 텍스트 형식으로 각 행이 각각의 환경 값으로 키와 값의 쌍으로 구성돼 있다. 웹 컨테이너를 위한 환경 파일 안에는 다음과 같은 비밀 API 키가 들어 있다.

```
Apis:BingMaps:Key=[이곳에 키 값을 지정함]
Apis:IpInfoDb:Key=[이곳에 키 값을 지정함]
```

컨테이너를 실행하고 파일 내용을 환경 변수로 불러오려면 `--env-file` 옵션을 사용한다.

 환경 값은 보안에 취약한 상태다. 애플리케이션 접근 권한이 있는 사람은 모든 환경 값을 출력해 여러분의 API 키를 확인할 수 있다. JSON 파일 및 환경 변수와 함께 사용하는 접근 방식은 구성에 Docker Secret을 사용해 프로덕션에서도 같은 애플리케이션 이미지를 사용할 수 있으며 안전하다고 볼 수 있다.

여기까지 변경 사항을 새 버전의 NerdDinner 컨테이너 이미지에 포함했으며 dockeron

windows/ch05-nerd-dinner-web:2e에서 찾을 수 있다. 3장, 컨테이너로 .NET Frame work 및 .NET Core 애플리케이션 개발하기의 다른 예제처럼 Dockerfile은 진입점에서 부트스트랩 스크립트를 사용해 모든 환경 변수를 컴퓨터 수준으로 공개해 ASP.NET 애플리케이션에서 읽을 수 있다.

새 버전의 NerdDinner 웹사이트는 다음과 같은 명령문으로 실행된다.

```
docker container run -d -P `
  --name nerd-dinner-web `
  --env-file api-keys.env `
  dockeronwindows/ch05-nerd-dinner-web:2e
```

이 애플리케이션이 제대로 시작하려면 다른 구성 요소도 실행돼야 한다. 정확한 옵션과 순서를 지켜 컨테이너를 실행하는 파워셸 스크립트가 있지만 5장이 끝날 무렵에는 이 스크립트가 복잡해질 것이다. 이 부분은 6장에서 Docker Compose를 이야기하면서 자세하게 알아본다.

만찬 일정 예약 기능 나누기

DinnerController 클래스에는 상대적으로 리소스 소비가 많은 Create 액션 메서드가 있다. 이 메서드는 동기적으로 동작하지 않아도 된다. 이 기능은 별도 구성 요소로 분리하기에 적당한 후보다. 사용자가 기다리는 동안 웹 애플리케이션에서는 메시지를 데이터베이스에 저장하는 대신 큐에 게시할 수 있다. 사이트의 사용량이 많으면 처리될 때까지 큐 안에서 메시지가 몇 초 또는 몇 분 이상 남을 수 있지만 사용자에게 다시 응답하는 것은 거의 즉각적이다.

새 구성 요소로 기능을 분리하기 위해서는 2가지 작업을 해야 한다. 웹 애플리케이션은 만찬이 예약되면 메시지를 큐에 게시해야 하며 메시지 처리기는 큐에서 메시지를 확인해 메시지가 들어오면 만찬 일정을 저장해야 한다. NerdDinner에서는 기존 코드 기반이 물리적, 논리적으로 모두 모놀리스 형태 즉 하나의 Visual Studio 프로젝트 안에 모델 정의나 UI 코드 같은 것이 섞여 있어 할 일이 더 남아 있다.

5장의 소스 코드에서는 NerdDinner.Model이라는 새로운 .NET 어셈블리 프로젝트를 솔루션에 추가하고 EF 클래스를 여기로 옮겨 메시지 핸들러와 웹 애플리케이션이 프로젝트를 공유할 수 있게 했다. 모델 프로젝트는 .NET Core 대신 .NET Framework 프로젝트를 대상으로 하게 만들어 기존 코드 그대로 사용할 수 있게 하고 이 기능 범위 안에서 불필요한 업그레이드 작업이 발생하지 않게 할 것이다. 이 선택 때문에 메시지 처리기도 .NET Framework 애플리케이션으로 만들어져야 하는 제약이 따른다.

그 외에도 메시지 큐 코드를 분리한 NerdDinner.Messaging이라는 공유 어셈블리 프로젝트도 있다. 여기서는 고성능 오픈 소스 메시지 큐인 NATS 메시지 시스템을 사용할 것이다. NuGet에는 .NET Standard를 대상으로 하는 NATS 클라이언트 패키지가 있으므로 .NET Framework와 .NET Core 모두에서 사용 가능하며 메시징 프로젝트의 클라이언트 패키지도 같은 것을 갖고 있다. 즉 EF 모델을 사용하지 않는 다른 메시지 핸들러는 .NET Core로 만들 수 있는 유연성이 있다.

모델 프로젝트 안에서는 Dinner 클래스의 원형이 유효성 검사나 저장소 관련 동작을 나타내는 EF와 MVC 코드로 오염돼 있다. 예를 들어 다음의 Description 프로퍼티를 보자.

```
[Required(ErrorMessage = "설명이 필요합니다.")]
[StringLength(256, ErrorMessage = "설명은 256자 이내로 기재해야 합니다.")]
[DataType(DataType.MultilineText)]
public string Description { get; set; }
```

이 클래스는 원래 단순한 POCO로 정의돼야 하지만 이러한 어트리뷰트 때문에 이 코드를 참조하는 모든 곳에서 EF와 MVC도 함께 참조해야 하므로 이식성이 떨어진다. 메시징 프로젝트가 이렇게 오염되는 것을 막기 위해 위에서 표시한 어떠한 종류의 어트리뷰트도 포함하지 않은 간단한 Dinner 엔티티를 만들고 메시지 안에 만찬 일정을 담아 보낼 때 사용하려고 한다. 그리고 AutoMapper NuGet 패키지를 사용해 두 클래스 모두 같은 프로퍼티를 갖고 있으므로 기존 Dinner 클래스와 상호변환할 수 있게 만들 것이다.

 이러한 문제점은 레거시 프로젝트라면 흔하게 발견할 수 있는 문제로 관심사의 분리가 이뤄져 있지 않아 기능을 분할하는 것이 간단하지 않을 수 있다. 이러한 접근 방식은 공유되는 구성 요소를 새로운 라이브러리 프로젝트로 격리하기 위해 활용할 수 있다. 또한 이 방법은 기존 로직을 근본적으로 바꾸는 작업을 하지 않더라도 코드 기반을 재설계할 수 있는 방법으로 여러분의 애플리케이션을 현대화할 때 도움을 줄 것이다.

DinnerController 클래스의 Create 메서드의 주요 코드는 이제 기존 모델 클래스 대신 새로운 Dinner 엔티티를 이용해 데이터베이스에 저장하는 대신 메시지를 보내도록 바뀐다.

```
if (ModelState.IsValid)
{
  dinner.HostedBy = User.Identity.Name;
  var eventMessage = new DinnerCreatedEvent
  {
    Dinner = Mapper.Map<entities.Dinner>(dinner),
    CreatedAt = DateTime.UtcNow
  };
  MessageQueue.Publish(eventMessage);
  return RedirectToAction("Index");
}
```

이러한 패턴을 파이어 앤 포겟 메시징 패턴이라고 한다. 웹 애플리케이션이 공급자이며 메시지를 게시한다. 공급자는 응답을 기다리지 않으며 어떠한 구성 요소이든 (메시지를 기다리면) 메시지를 처리할 것으로 보고 관여하지 않는다. 이 방식은 결합도가 낮고 빠르며 메시지 배달 책임을 메시지 큐에게 위임한다.

메시지를 수신하는 것은 새로 만든 .NET Framework 기반 콘솔 프로젝트인 NerdDinner.MessageHandlers.CreateDinner다. 이 콘솔 애플리케이션의 Main 메서드는 공유되는 메시징 프로젝트의 코드를 사용해 메시지 큐로 새로 연결을 맺고 만찬 예약과 관련 있는 이벤트 메시지를 구독할 것이다. 메시지가 수신되면 처리기는 Dinner 엔티티를 데이터베이스 모델로 변환한 후 데이터베이스에 저장한다. 이때 DinnersController 클래스에 원래 구현돼 있던 (조금 정리된) 코드를 사용한다.

```
var dinner = Mapper.Map<models.Dinner>(eventMessage.Dinner);
using (var db = new NerdDinnerContext())
{
  dinner.RSVPs = new List<RSVP>
  {
    new RSVP
    {
      AttendeeName = dinner.HostedBy
    }
  };
  db.Dinners.Add(dinner);
  db.SaveChanges();
}
```

이제 메시지 처리기는 새로운 컨테이너 이미지로 만들어 웹사이트 컨테이너와 연동해 별도 컨테이너로 실행할 수 있다.

.NET 콘솔 애플리케이션을 Docker로 포장하기

콘솔 애플리케이션은 Docker로 만들기에 매우 바람직하다. 애플리케이션을 위해 컴파일된 실행 파일이 Docker가 시작하고 모니터링하는 메인 프로세스가 되므로 여러분은 로깅을 위해 콘솔을 사용하고 구성을 위해 파일과 환경 변수를 사용하는 데 집중하면 된다.

메시지 처리기는 좀 다른 패턴의 Dockerfile을 사용할 것이다. 빌더 단계를 위해 분리된 별도 이미지를 사용해 웹 프로젝트와 새로 추가한 프로젝트를 모두 이 단계에서 컴파일할 것이다. 5장 후반부에서 새로운 모든 구성 요소를 알아본 후 빌더 이미지를 알아본다.

빌더는 솔루션을 컴파일하고 콘솔 애플리케이션을 위한 Dockerfile은 dockeronwindows/ch05-nerd-dinner-builder:2e 이미지를 컴파일된 바이너리를 가져오기 위해 참조할 것이다. 이 작업을 위한 Dockerfile 구성은 단순하다.

```
# escape=`
FROM mcr.microsoft.com/windows/servercore:ltsc2019

CMD ["NerdDinner.MessageHandlers.SaveDinner.exe"]

WORKDIR C:\save-handler
COPY --from=dockeronwindows/ch05-nerd-dinner-builder:2e `
    C:\src\NerdDinner.MessageHandlers.SaveDinner\obj\Release\ .
```

 COPY 지시어의 —from 옵션은 파일을 어디서 복사해올 것인지를 지정한다. 다단계 빌드에서 만들어진 다른 단계나 이 예제처럼 로컬 컴퓨터나 레지스트리상에 만들어진 기존 이미지를 가리킬 수 있다.

새로운 메시지 처리기는 큐와 데이터베이스에 접근해야 하며 각각에 대한 연결 문자열이 프로젝트의 appsettings.json에 기록돼 있다. 콘솔 애플리케이션도 NerdDinner 웹 애플리케이션이 사용하는 것과 같은 Config 클래스를 사용해 JSON 파일에서 기본 값을 읽어 들이고 환경 변수를 사용해 값을 재정의한다.

Dockerfile에서 CMD 지시어에 기재된 진입점은 콘솔 실행 파일이므로 컨테이너는 콘솔 애플리케이션이 실행되는 한 계속 유지될 것이다. 메시지 큐로부터 메시지를 기다리는 수신자는 메인 애플리케이션과 나뉜 별도 스레드로 비동기적으로 실행된다. 처리기 코드는 큐를 반복적으로 조회하지 않고 메시지가 수신될 때만 실행되는 방식으로 애플리케이션이 효율적으로 동작할 것이다.

콘솔 애플리케이션을 계속 유지하기 위해 ManualResetEvent 개체를 사용한다. Main 메서

188

드에서 재설정 이벤트는 절대로 일어나지 않으므로 프로그램이 계속 실행된다.

```
class Program
{
  private static ManualResetEvent _ResetEvent = new ManualResetEvent(false);

static void Main(string[] args)
  {
    // set up message listener
    _ResetEvent.WaitOne();
  }
}
```

이 방식은 .NET Framework나 .NET Core 콘솔 애플리케이션이 계속 실행되도록 만드는 간단하고 효율적인 방법이다. 메시지 처리기 컨테이너를 시작하면 백그라운드에서 계속 실행되며 컨테이너가 멈출 때까지 메시지를 계속 수신할 것이다.

▌ Docker에서 메시지 큐 실행하기

웹 애플리케이션은 이제 메시지를 보내며 처리기가 그 메시지를 수신하게 만들었으므로 이제 마지막으로 필요한 것은 2개의 구성 요소를 연결할 메시지 큐다. 큐도 솔루션의 다른 부분과 같은 수준에서 사용할 수 있어야 하므로 컨테이너로 실행되는 제품이 좋은 선택이다. 여러 서버에 걸쳐 배포되는 분산 솔루션에서 큐는 항상 사용 가능한 상태를 유지하고 빨리 동작하기 위해 클러스터 안에 여러 컨테이너로 나눠져 배포될 수 있다.

여러분이 선택할 메시징 기술은 필요에 따라 다르겠지만 .NET 클라이언트 라이브러리에는 다양한 선택을 할 수 있다. 마이크로소프트 메시지 큐MSMQ는 윈도우에 기본으로 포함된 큐이고 래빗 MQ는 메시지 유실이 발생하지 않게 하는 기능을 지원하는 오픈 소스 큐 제품이며 NATS는 메모리 안에서 동작하는 고성능 큐다.

NATS의 높은 입·출력 효율과 낮은 대기 시간은 컨테이너 간 통신에서 좋은 선택이며 Docker 허브에 NATS의 공식 이미지도 있다. NATS는 리눅스, 윈도우 서버 코어, 나노 서버 등 여러 컨테이너 이미지 타입으로 여러 플랫폼에서 실행할 수 있는 Go로 만들어진 애플리케이션이다.

> 이 책을 집필하는 현 시점에서 NATS 팀은 Docker 허브에 윈도우 서버 2016용 이미지만 게시했다. 윈도우 서버 2019 이미지도 곧 올라올 예정이지만 5장을 위해 직접 이미지를 만들었다. dockeronwindows/ch05-nats:2e의 Dockerfile을 보면 공식 이미지의 콘텐츠를 여러분의 고유한 이미지로 만들기 위해 내용을 가져오는 것이 얼마나 쉬운지 알 수 있을 것이다.[1]

NATS 메시지 큐도 다른 컨테이너와 같은 방법으로 실행한다. 컨테이너 이미지는 4222 포트를 공개해 큐에 연결하기 위한 클라이언트가 사용할 수 있게 하지만 컨테이너 외부에서 메시지를 보내게 만드는 기능이 필요하지 않은 한 외부로 공개하지 않을 것이다. 같은 네트워크 안의 컨테이너는 다른 컨테이너의 포트에 접근할 수 있고 Docker 외부에서 접근할 수 있게 해야 할 때만 포트를 외부에 공개해야 한다. NerdDinner 웹 애플리케이션과 메시지 처리기는 message-queue라는 서버 이름을 사용해 NATS에 연결할 것이므로 컨테이너의 이름을 다음과 같이 지정해야 한다.

```
docker container run --detach `
  --name message-queue `
  dockeronwindows/ch05-nats:2e
```

NATS 서버 애플리케이션은 콘솔에 로그 메시지를 기록하므로 로그 내역을 Docker가 수집한다. 컨테이너가 실행 중일 때는 docker container logs 명령문을 사용해 메시지 큐가 실행 중임을 확인할 수 있다.

---

1 윈도우 서버 2019용 이미지도 출시됐다. – 옮긴이

```
> docker container logs message-queue
[7996] 2019/02/09 15:40:05.857320 [INF] Starting nats-server version 1.4.1
[7996] 2019/02/09 15:40:05.858318 [INF] Git commit [3e64f0b]
[7996] 2019/02/09 15:40:05.859317 [INF] Starting http monitor on 0.0.0.0:8222
[7996] 2019/02/09 15:40:05.859317 [INF] Listening for client connections on
0.0.0.0:4222
[7996] 2019/02/09 15:40:05.859317 [INF] Server is ready
[7996] 2019/02/09 15:40:05.948151 [INF] Listening for route connections on
0.0.0.0:6222
```

메시지 큐는 인프라 수준의 구성 요소로 다른 구성 요소에 대한 종속성이 없다. 다른 컨테이너보다 먼저 시작할 수 있고 애플리케이션 컨테이너가 멈추거나 업그레이드 중일 때도 계속 실행할 수 있다.

▌ 여러 컨테이너로 구성된 솔루션 시작하기

Docker를 점점 더 많이 사용할수록 여러분의 솔루션은 모놀리스에서 분리된 코드를 실행하거나 Docker 허브 또는 다른 곳에서 운영하는 레지스트리에서 신뢰할 수 있는 추가 소프트웨어를 실행하기 위해 더 많은 컨테이너로 분산될 것이다.

NerdDinner는 이제 SQL 서버, 원래의 웹 애플리케이션, 새 홈페이지, NATS 메시지 큐, 메시지 처리기로 이뤄진 5개 컨테이너로 실행된다. 컨테이너 사이에는 서로 필요로 하는 것이 있고 적절한 순서에 맞춰 정확한 이름으로 실행돼야 구성 요소가 Docker의 서비스 디스커버리 기능을 이용해 서로 찾을 수 있다.

6장에서 나는 Docker Compose를 사용해 선언적으로 이러한 의존 관계를 정의한다. 지금은 ch05-run-nerd-dinner_part-1.ps1이라는 파워셸 스크립트를 만들어 명시적으로 컨테이너를 적절한 순서에 따라 시작하게 만드는 스크립트가 있다.

```
docker container run -d `
  --name message-queue `
  dockeronwindows/ch05-nats:2e;

docker container run -d -p 1433 `
  --name nerd-dinner-db `
  -v C:\databases\nd:C:\data `
  dockeronwindows/ch03-nerd-dinner-db:2e;

docker container run -d `
  --name nerd-dinner-save-handler `
  dockeronwindows/ch05-nerd-dinner-save-handler:2e;

docker container run -d `
  --name nerd-dinner-homepage `
  dockeronwindows/ch03-nerd-dinner-homepage:2e;

docker container run -d -p 80 `
  --name nerd-dinner-web `
  --env-file api-keys.env `
  dockeronwindows/ch05-nerd-dinner-web:2e;
```

 이 스크립트에서 나는 3장의 SQL 데이터베이스와 홈페이지 이미지를 사용했고 이러한 구성 요소는 바뀐 것이 없으므로 새로운 구성 요소와 함께 실행될 수 있다. 모든 기능을 사용하려면 api-keys.env 파일 안에 API 키를 직접 지정해야 한다. 이를 위해 Bing Maps API 키와 IP 정보 데이터베이스에 가입해야 한다. 키 없이도 애플리케이션은 실행할 수 있지만 일부 기능이 제대로 동작하지 않을 것이다.

고유한 API 키를 사용해 스크립트를 실행하고 웹 컨테이너의 포트 번호를 확인할 수 있으면 애플리케이션을 웹 브라우저로 열어볼 수 있다. 모든 기능을 제공하는 NerdDinner를 볼 수 있을 것이다. 로그인 후 새로운 만찬을 예약하면서 지도 연동 기능을 완전하게 사용할 수 있다.

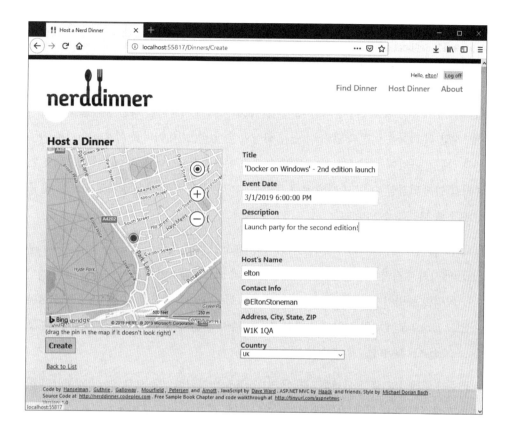

양식을 제출하면 웹 애플리케이션은 이벤트 메시지를 큐에 보낼 것이다. 이 작업은 매우 가벼운 작업으로 웹 애플리케이션은 사용자에게 즉시 응답을 보낼 것이다. 메시지를 수신하는 것은 다른 호스트에 있을 수 있는 다른 컨테이너 위에서 실행되는 콘솔 애플리케이션이다. 이 애플리케이션이 메시지를 받아 처리한다. 처리기는 콘솔 애플리케이션의 활동을 로그로 남겨 관리자가 docker container logs 명령문을 사용해 모니터링할 수 있다.

```
> docker container logs nerd-dinner-save-handler

Connecting to message queue url: nats://message-queue:4222
Listening on subject: events.dinner.created, queue: save-dinner-handler
Received message, subject: events.dinner.created
```

Saving new dinner, created at: 2/10/2019 8:22:16 PM; event ID: a6340c95-3629-4c0c-9a11-8a0bce8e6d91
Dinner saved. Dinner ID: 1; event ID: a6340c95-3629-4c0c-9a11-8a0bce8e6d91

만찬 예약 기능은 사용자가 입력한 데이터를 SQL 서버에 저장하는 기존 동작을 그대로 실행하지만 이 기능은 이전과 달리 더 쉽게 확장할 수 있다. 컨테이너를 설계하면 기존 솔루션과 같은 인프라에 구성 요소를 배포할 수 있고 애플리케이션이 클러스터에 배포되면 기존처럼 쉽게 확장할 수 있고 재해 복구 능력을 그대로 유지하며 영속성 처리 코드를 새 구성 요소로 분리할 수 있다.

Docker 플랫폼을 기반으로 새로운 핵심 구성 요소인 메시지 대기열도 만들어 사용할 수 있다. 메시지 대기열 기술은 엔터프라이즈 수준의 소프트웨어이며 초당 수십만 개의 메시지를 처리할 능력이 있다. NATS는 Docker 허브로 기존 솔루션에 컨테이너로서 실행할 수 있고 Docker 네트워크 안에서 다른 컨테이너와 연결해 즉시 적용할 수 있는 자유 오픈 소스 소프트웨어다.

지금까지 컨테이너 중심 설계를 사용했고 Docker의 강력한 기능으로 NerdDinner의 한 부분을 현대화했다. 특정 기능에 집중한다는 것은 새로운 버전을 안정적으로 출시할 수 있고 바뀐 기능만 테스트하는 것이다. 만찬 일정 만들기 기능에 감사 기능을 추가하려면 메시지 처리기를 업데이트하기만 하면 해당 구성 요소가 업데이트되지 않으므로 웹 애플리케이션에 대한 전체 회귀 테스트를 실행할 필요가 없다.

컨테이너를 염두에 두고 설계하면 레거시 애플리케이션의 아키텍처를 현대화하고 새로운 기능을 추가할 수 있는 토대도 만들 수 있다.

▌ 레거시 애플리케이션 현대화하기

백엔드 기능을 나누는 것은 레거시 모놀리스 애플리케이션을 분리하는 훌륭한 방법이다. 비동기 방식으로 변경했을 때의 이점이 있는 기능이라면 어디든 메시지 큐를 배포에 추가할 수 있고 패턴화할 수 있다. 이외에도 모놀리식 애플리케이션을 나누는 패턴은 여러 가지가 있다. REST API를 공개하고 프론트엔드를 위해 모듈화된 UI를 만들며 리버스 프록시를 사용해 여러 구성 요소로 요청을 라우팅할 수 있게 만들어 NerdDinner를 현대화할 수 있다. 이 모든 것을 Docker로 해낼 수 있다.

REST API를 추가해 데이터 공개하기

대부분 레거시 애플리케이션은 데이터를 외부에서 저장할 수 없도록 저장하곤 한다. 데이터는 다른 애플리케이션이나 비즈니스 파트너가 사용할 수 있다면 더 가치가 있을 것이다. NerdDinner가 좋은 예다. NerdDinner 샘플은 단일 페이지 애플리케이션^{SPA}이 대세가 되기 전에 만들어졌다. 단일 페이지 애플리케이션은 UI 로직과 비즈니스 로직이 분리돼 있으며 REST API로 공개한다. NerdDinner는 데이터를 자체 보관하므로 NerdDinner UI에 접근하기 전에는 만찬 목록을 얻어올 수 없다.

옛날 데이터를 간단한 REST API로 컨테이너 안에서 실행해 제공하는 것은 단순하다. 복잡한 방식은 필요하지 않다. 레거시 애플리케이션 안에서 다른 비즈니스 조직이나 외부 고객에게 유용한 데이터셋이 무엇인지 확인하는 것부터 시작할 수 있다. 그리고 단순하게 그 데이터셋을 불러오는 로직을 별도 기능으로 분리해 읽기 전용 API 형태로 동작하는 컨테이너로 배포만 하면 된다. 필요하면 회차를 반복하면서 이 API에 기능을 추가할 수 있으므로 첫 릴리스에서 전체 서비스 기능을 모두 제공할 필요가 없다.

NerdDinner의 핵심 데이터셋은 만찬 목록이고 읽기 전용 `GET` 요청을 보내면 모든 목록을 내보내는 ASP.NET Core REST API를 만들었다. 5장의 해당 코드는 `NerdDinner.DinnerApi` 프로젝트에 들어 있으며 단순하게 구현했다. 핵심 엔티티 정의를 원래의 `NerdDinner` 프로젝트에서 이미 분리했기 때문에 API에서 기존 명세를 쉽게 공개할 수 있고 원하는 데이터 액세스 기술을 프로젝트 안에서 자유롭게 선택할 수 있다.

여기서는 Dapper를 선택했다. Dapper는 빠르고 직관적이며 .NET Standard를 대상으로 개발됐으므로 .NET Framework와 .NET Core 애플리케이션에서 모두 사용할 수 있는 ORM 프레임워크다. Dapper는 규칙 기반 맵핑을 사용할 때 SQL 구문과 대상 클래스 형식을 지정하면 데이터베이스 쿼리를 실행하고 그 결과를 개체에 대입해준다. 만찬 일정을 기존 테이블로부터 불러와 공유되는 Dinner 개체에 대입하는 코드는 매우 직관적이다.

```
protected override string GetAllSqlQuery => "SELECT *, Location.Lat as
Latitude... FROM Dinners";

public override IEnumerable<Dinner> GetAll()
{
  _logger.LogDebug("GetAll - executing SQL query: '{0}'", GetAllSqlQuery);
  using (IDbConnection dbConnection = Connection)
  {
    dbConnection.Open();
    return dbConnection.Query<Dinner, Coordinates, Dinner>(
      GetAllSqlQuery,
      (dinner,coordinates) => {
        dinner.Coordinates = coordinates;
        return dinner;
      },
      splitOn: "LocationId");
  }
}
```

API 컨트롤러 클래스 안에서 GetAll 메서드가 호출되고 나면 코드의 나머지는 보통의 ASP.NET Core의 코드 형태와 다르지 않다.

Dapper는 보통 이 예제보다 쉽게 쓸 수 있지만 앞에서 봤듯이 필요하면 수동 맵핑을 사용하는 것도 가능하다. NerdDinner는 SQL 서버의 위치 데이터 형식을 사용해 만찬을 어디서 여는지를 저장한다. 이러한 형식은 .NET의 DbGeography 형식과 연결되지만 이러한 형식은 .NET Standard에 포함되지 않는다. 5장의 코드를 보면 DbGeography 형식과 직접 만든 Coordinates 형식을 맵핑하는 사례가 몇 번 나온다. 필요하면 여러분도 이러한 작업을 해야 할 수도 있다.

원래의 NerdDinner 웹 애플리케이션에서 지금 만든 새 API를 DinnersController 클래스 안에서 만찬 목록을 불러올 때 사용하도록 변경했다. DinnerApi:Enabled 구성 설정을 사용해 애플리케이션이 API를 데이터 소스로 사용하거나 데이터베이스로부터 직접 데이터를 가져올 수 있게 선택하도록 했다. 이렇게 만들면 단계별로 기능을 내보낼 수 있다.

```
if (bool.Parse(Config.Current["DinnerApi:Enabled"]))
{
  var client = new RestClient(Config.Current["DinnerApi:Url"]);
  var request = new RestRequest("dinners");
  var response = client.Execute<List<Dinner>>(request);
  var dinners = response.Data.Where(d => d.EventDate >= DateTime.Now).OrderBy(d
=> d.EventDate);
  return View(dinners.ToPagedList(pageIndex, PageSize));
}
else
{
  var dinners = db.Dinners.Where(d => d.EventDate >= DateTime.Now).OrderBy(d =>
d.EventDate);
  return View(dinners.ToPagedList(pageIndex, PageSize));
}
```

새 API는 dockeronwindows/ch05-nerd-dinner-api 컨테이너 이미지에 담겨 있다. 이 컨테이너 이미지를 위한 Dockerfile은 매우 단순하다. 공식 ASP.NET Core 기본 이미지인 microsoft/dotnet:2.1-aspnetcore-runtimenanoserver-1809를 토대로 컴파일된 API

코드를 그 안에 복사만 한 것이다.

NerdDinner 웹 컨테이너만 사용할 수 있고 외부에서는 접근하지 못하게 컨테이너 안의 API를 내부 구성 요소로서 실행할 수 있고 포트를 하나 공개해 Docker 네트워크 외부에서도 접근할 수 있게 만들 수 있다. 공개된 REST API에 보통 소비자가 선호하는 HTTP용 80번 포트나 HTTPS용 443번 포트가 아닌 임의의 다른 포트 번호를 사용하는 것은 특이하다. 이 솔루션에 모든 서비스가 표준 포트 번호를 사용할 수 있게 하고 들어오는 모든 요청을 적절하게 서로 다른 컨테이너로 라우팅해주는 구성 요소인 리버스 프록시를 추가할 것이다.

컨테이너 간 HTTP 요청을 리버스 프록시로 라우팅하기

리버스 프록시는 이 프로젝트에서 유용하게 쓰일 수 있는 기술로 기존 레거시 모놀리스를 현대화하든 새로운 마이크로서비스 아키텍처를 만드는 중이든 모두 유용하다. 리버스 프록시는 단순한 HTTP 서버로 외부에서 웹 트래픽에서 들어오는 모든 요청을 받아 다른 HTTP 서버로 요청을 보내 클라이언트에게 응답을 되돌려준다. Docker에서는 리버스 프록시가 컨테이너 안에서 공개한 포트로 실행되면 외부로 공개한 포트가 없는 다른 컨테이너 대신 응답을 보내고 받는 역할을 담당한다.

다음 그림은 UI와 API 컨테이너가 리버스 프록시와 함께 동작하는 아키텍처를 표현한 것이다.

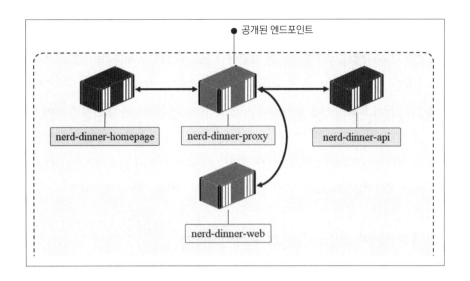

들어오는 트래픽에 대한 모든 라우팅 규칙은 프록시 컨테이너 안에 있다. nerd-dinner-homepage 컨테이너에서 홈페이지 위치 요청을 불러오도록 구성되며 경로가 /api로 시작하면 nerd-dinner-api 컨테이너, 그밖의 다른 모든 요청은 원래의 웹 애플리케이션이 들어 있는 nerddinner-web 컨테이너로 보내도록 한다.

 프록시가 다른 서비스로 클라이언트를 이동하지 않는 것이 중요하다. 프록시는 클라이언트가 연결하는 유일한 엔드포인트다. 프록시는 HTTP 요청을 클라이언트 대신 해 컨테이너의 호스트 이름을 사용해 보낸다.

리버스 프록시는 단순하게 라우팅하는 것 외에도 더 많은 일을 할 수 있다. 모든 트래픽은 리버스 프록시를 거치므로 리버스 프록시가 SSL 터미네이션이나 HTTP 캐싱을 실행하는 계층이 될 수 있다. 또한 리버스 프록시에 인증을 추가하거나 SQL 인젝션과 같은 흔한 공격을 방어하는 웹 애플리케이션 방화벽 기능을 추가할 수 있다. 이러한 기능은 레거시 애플리케이션이라면 더 매력적이다. 프록시 계층을 이용하면 원래의 애플리케이션을 컨테이너 안에서 실행되는 내부 구성 요소로 남겨둬 프록시가 아닌 다른 경로로 접근하지 못하게 막으면서 성능이나 보안을 강화할 수 있다.

리버스 프록시를 구현하는 방법은 여러 가지다. Nginx와 HAProxy는 리눅스 세계에서 흔하게 사용하는 기술이며 윈도우 컨테이너에서도 사용할 수 있다. IIS도 모든 라우팅 설정을 URL 다시 쓰기 모듈을 사용해 구성하고 별도 컨테이너로 실행하게 만들면 리버스 프록시로 쓸 수 있다. 모두 강력한 기능을 제공하지만 실제로 사용하려면 꽤 많은 구성을 해야 한다. 여기서는 컨테이너와 클라우드 네이티브 애플리케이션 사용에 최적화된 Traefik이라는 리버스 프록시를 Docker로부터 필요한 구성을 가져와 사용할 것이다.

컨테이너의 트래픽을 Traefik으로 프록시화하기

Traefik은 빠르고 강력하며 쉽게 사용할 수 있는 리버스 프록시다. 이 리버스 프록시를 컨테이너로 실행하고 HTTP나 HTTPS 포트를 공개한 후 컨테이너가 Docker 엔진 API로부터 들어오는 이벤트를 수신하도록 만들면 된다.

```
docker container run -d -P `
  --volume \\.\pipe\docker_engine:\\.\pipe\docker_engine `
  sixeyed/traefik:v1.7.8-windowsservercore-ltsc2019 `
  --docker --docker.endpoint=npipe://///./pipe/docker_engine
```

 Traefik은 Docker 허브에 공식 이미지가 있지만 NATS와 마찬가지로 윈도우 이미지는 윈도우 Server 2016 버전만 사용할 수 있다. 여기서는 윈도우 서버 2019용으로 직접 만든 이미지를 사용할 것이다. GitHub의 sixeyed/dockerfiles-windows 리포지터리에 Dockerfile이 있지만 사용하기 전에 Docker 허브를 확인해 공식 Traefik 이미지 중 윈도우 서버 2019용 이미지가 나온 것이 있는지 반드시 확인하길 바란다.

앞에서도 볼륨 지정 옵션을 본 적이 있을 것이다. 컨테이너에게 호스트의 파일 시스템 디렉터리를 지정하기 위해 사용했다. 여기서는 윈도우의 명명된 파이프인 docker_engine을 마운트하기 위해 사용했다. 파이프는 클라이언트-서버 통신 방식을 위한 네트워크 방식이다. TCP/IP와 명명된 파이프 모두 Docker CLI와 Docker API 사이의 통신을 위해 사용할 수 있는 방법이다. 이와 같이 파이프를 마운트하면 컨테이너가 실행 중인 호스트의 IP 주소를 모르더라도 컨테이너 안에서 Docker API에 필요한 쿼리를 요청할 수 있다.

Traefik은 `docker.endpoint` 옵션의 연결 세부 사항을 사용해 명명된 파이프 연결로 Docker API에서 이벤트 스트림을 구독한다. 컨테이너가 만들어지고 삭제될 때마다 Docker로부터 통지를 받으며 Traefik은 들어오는 각 이벤트에 들어 있는 데이터로 라우팅 맵을 직접 만든다.

Traefik을 실행하면 애플리케이션 컨테이너를 만들 때 라벨을 추가해 Traefik이 어느 컨테이너로 어떻게 요청을 보낼지를 결정할 수 있다. 라벨은 키와 값만으로 구성된 쌍이며 컨테이너를 만들 때 적용할 수 있다. 라벨은 Docker의 이벤트 스트림에서 표시된다. Traefik은 `traefik.frontend` 접두사를 붙인 라벨을 사용해 라우팅 규칙을 만든다. 이 방법으로 Traefik의 라우팅을 사용해 API 컨테이너를 실행할 수 있다.

```
docker container run -d `
  --name nerd-dinner-api `
  -l "traefik.frontend.rule=Host:api.nerddinner.local" `
  dockeronwindows/ch05-nerd-dinner-api:2e;
```

Docker는 `nerd-dinner-api`라는 컨테이너를 만들고 새로 만들어진 컨테이너의 세부 사항에 대한 이벤트를 보낼 것이다. Traefik이 이벤트를 받고 라우팅 맵에 새로운 규칙을 추가할 것이다. Traefik으로 들어오는 요청 중 `api.nerddinner.local` HTTP 호스트 헤더를 포함한 요청은 API 컨테이너로 보낼 것이다. API 컨테이너는 어떠한 포트도 공개하지 않으며 외부에서는 리버스 프록시만 접근할 수 있다.

> **TIP** Traefik은 라우팅 규칙을 정의할 수 있는 다양한 방법을 제공한다. HTTP 요청의 호스트, 경로, 헤더, 쿼리 문자열까지 다양한 부분을 사용해 정의할 수 있다. Traefik 규칙을 사용해 와일드카드 문자열은 물론 URL의 특정 부분만 매칭하는 것까지 뭐든지 규칙을 만들 수 있다. 그밖에도 로드 밸런싱과 SSL 터미네이션[2]까지 Traefik은 매우 많은 일을 할 수 있다. 상세한 내용은 https://traefik.io에서 확인할 수 있다.

비슷한 규칙을 사용해 NerdDinner의 새 버전을 배포할 수 있고 Traefik이 모든 프론트엔드 컨테이너를 라우팅할 것이다. ch05-run-nerd-dinner_part-2.ps1 스크립트는 기존 웹 컨테이너를 업그레이드하기 전에 먼저 제거한다.

```
docker container rm -f nerd-dinner-homepage
docker container rm -f nerd-dinner-web
```

라벨과 환경 변수는 컨테이너가 만들어진 시점에 적용되며 컨테이너의 생명 주기와 함께 계속 유지된다. 기존 컨테이너에서 이 값을 바꿀 수 없으며 새로운 값을 원하면 반드시 컨테이너를 삭제하고 다시 만들어야 한다. NerdDinner 웹과 홈페이지 컨테이너를 Traefik을 위한 라벨을 붙여 실행하길 원하므로 기존 컨테이너를 대체해야 한다. 스크립트의 나머지 부분에서는 Traefik을 실행하고 웹 컨테이너를 새 구성을 사용하도록 대체하며 API 컨테이너를 시작한다.

```
docker container run -d -p 80:80 `
  -v \\.\pipe\docker_engine:\\.\pipe\docker_engine `
  sixeyed/traefik:v1.7.8-windowsservercore-ltsc2019 `
  --api --docker --docker.endpoint=npipe://///./pipe/docker_engine

docker container run -d `
  --name nerd-dinner-homepage `
```

---

2 SSL 터미네이션이란 외부에서 들어온 암호화된 SSL 트래픽의 내용을 해독해 실제 서버로 전달하는 행위를 말한다.

```
  -l "traefik.frontend.rule=Path:/,/css/site.css" `
  -l "traefik.frontend.priority=10" `
  dockeronwindows/ch03-nerd-dinner-homepage:2e;

docker container run -d `
  --name nerd-dinner-web `
  --env-file api-keys.env `
  -l "traefik.frontend.rule=PathPrefix:/" `
  -l "traefik.frontend.priority=1" `
  -e "DinnerApi:Enabled=true" `
  dockeronwindows/ch05-nerd-dinner-web:2e;

docker container run -d `
  --name nerd-dinner-api `
  -l "traefik.frontend.rule=PathPrefix:/api" `
  -l "traefik.frontend.priority=5" `
  dockeronwindows/ch05-nerd-dinner-api:2e;
```

호스트 헤더 라우팅 규칙을 사용하므로 http://nerddinner.local을 브라우저에 주소로 넣어 탐색할 수 있다.

```
127.0.0.1 nerddinner.local
127.0.0.1 api.nerddinner.local
```

홈페이지의 / 경로 요청은 홈페이지 컨테이너로 전달되며 CSS 파일에 지정된 라우팅 경로도 있으므로 새 홈페이지 스타일도 완전하게 적용된 것을 볼 수 있다.

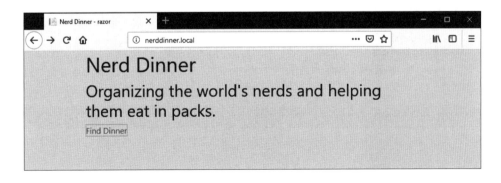

이 응답은 홈페이지 컨테이너의 애플리케이션에서 만든 것이지만 Traefik이 응답을 반환한다. api.nerddinner.local로 웹 브라우저를 열어 접속하면 REST API 컨테이너가 반환하는 모든 만찬 목록을 JSON 형식으로 볼 수 있다.

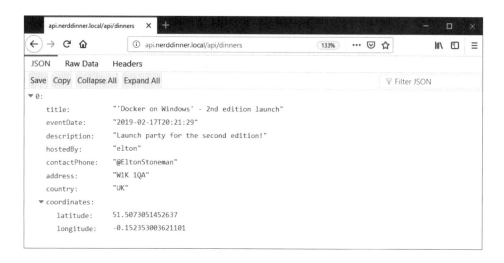

원래의 NerdDinner 애플리케이션은 이전과 같은 방식으로 작동하지만 /Dinners 경로로 접속하면 만찬 목록을 데이터베이스에서 직접 가져오는 방식 대신 API를 사용해 가져온 만찬 목록이 표시되는 것을 볼 수 있다.

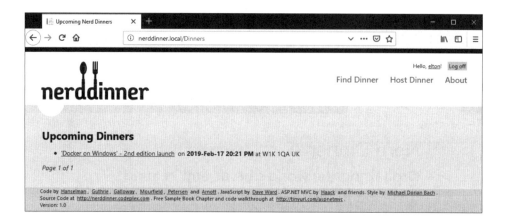

> **TIP** 프록시에 대한 라우팅 규칙을 만드는 것은 단일 프론트엔드 컨테이너로 모놀리스를 분할하는 작업에서 어려운 부분 중 하나다. 마이크로서비스 애플리케이션은 다른 도메인 경로에서 실행되는 다른 관심사를 다루도록 설계되므로 이러한 종류의 작업은 상대적으로 하기 쉽다. UI 기능을 분리된 컨테이너로 라우팅하기 시작할 때는 Traefik의 규칙과 정규식을 잘 이해해야 한다.

컨테이너 중심 설계로 NerdDinner의 아키텍처를 큰 변경 없이 현대화할 수 있었다. 엔터프라이즈 수준의 오픈 소스 소프트웨어와 Docker를 사용해 다음과 같은 3가지 패턴을 적용해 모놀리스 애플리케이션을 분리할 수 있었다.

- 메시지 큐에 메시지를 보내거나 받는 동작으로 기능을 비동기화했다.
- 단순하고 현대적인 기술 스택을 사용하는 REST API로 데이터를 공개했다.
- 프론트엔드의 기능을 여러 컨테이너로 나누고 컨테이너 사이를 리버스 프록시로 라우팅했다.

전체 애플리케이션에 대한 회귀 테스트를 하지 않으므로 이제 기능을 더 기민하게 개선할 수 있다. 또한 핵심 사용자 활동에서 이벤트를 얻을 수 있으므로 이벤트 주도 아키텍처로 나아갈 수 있게 됐다. 이로써 기존 코드를 전혀 변경하지 않고도 완전하게 새로운 기능을 추가할 수 있게 됐다.

▌컨테이너에 새로운 기능 추가하기

모놀리스 애플리케이션을 작은 구성 요소로 나누고 아키텍처를 현대화하는 것은 부작용이 따르기 마련이다. 여기서 취한 접근 방식은 하나의 기능에 대한 이벤트 게시를 도입하는 것이다. 이러한 방법을 기반으로 컨테이너 중심 접근법을 유지하면서 새로운 기능을 추가할 수 있다.

NerdDinner에서는 트랜잭션을 지원하는 데이터베이스인 SQL 서버 한 곳에만 데이터를 저장한다. 웹사이트를 운영하기에는 충분하지만 리포트 만들기와 같이 사용자와 직접 닿아 있는 기능을 만들 때는 제약이 따른다. 사용자 친화적인 방법으로 데이터를 검색하거나 대시보드를 만들거나 자체 리포트를 만드는 등의 기능은 없다.

이 문제를 해결할 이상적인 솔루션은 자체 분석 기능을 제공하는 별도 데이터 저장소인 리포트 데이터베이스를 추가하는 것이다. Docker가 없을 때는 재설계됐거나 추가적인 인프라 또는 2가지 모두 필요한 매우 큰 프로젝트가 된다. Docker를 사용하면 기존 애플리케이션은 그대로 두고 기존 서버의 컨테이너에서 실행되는 새로운 기능을 추가할 수 있다.

엘라스틱 서치는 또 다른 엔터프라이즈 수준의 오픈 소스 프로젝트로 Docker 허브에서 공식 이미지를 가져올 수 있다. 엘라스틱 서치는 키바나와 함께 고급 검색 기능을 제공하는 문서 자료 저장소이자 리포트 데이터베이스로 사용자 친화적인 웹 프론트엔드를 제공한다.

NerdDinner로 만들어진 만찬 일정에 대한 자체 분석 서비스를 같은 네트워크의 엘라스틱 서치와 키바나 컨테이너로 추가할 수 있다. 현재 솔루션에서 상세한 만찬 일정 이벤트를 이미 게시하므로 리포트 데이터베이스에 만찬 일정을 추가하기 위해 새로운 메시지 처리기를 만들어 기존 이벤트를 구독하고 엘라스틱 서치에 상세 정보를 저장하게 할 것이다.

리포트 만들기 기능이 준비되면 실행 중인 애플리케이션을 변경하지 않고 프로덕션에 배포할 수 있다. 컨테이너 중심 설계의 또 다른 장점은 무중단이다. 기능이 분리된 단위로 실행되므로 개별 컨테이너는 다른 컨테이너에 영향을 미치지 않고 시작하거나 업그레이드할 수 있다.

다음 기능을 위해 나머지 솔루션과 독립적인 새 메시지 처리기를 추가할 것이다. 만찬 일정을 저장하는 메시지 처리기를 교체해야 한다면 또한 메시지 처리기를 교체하는 동안 메시지 큐를 버퍼로 사용할 수 있으므로 무중단 상태를 유지할 수 있다.

엘라스틱 서치를 Docker와 .NET과 함께 사용하기

엘라스틱 서치는 매우 유용한 기술로 배울 가치가 있다. 엘라스틱 서치는 자바 애플리케이션이지만 Docker 안에서 실행되므로 블랙박스처럼 생각하고 다른 Docker 작업과 같은 방식으로 관리할 수 있고 자바를 설치하거나 JDK를 구성할 필요가 없다. 엘라스틱 서치는 REST API를 공개해 읽기, 쓰기 및 데이터 검색 작업을 할 수 있게 해주고 거의 모든 주요 언어를 위한 API 클라이언트를 제공한다.

엘라스틱 서치에서 데이터는 JSON 문서로 저장되며 모든 문서는 완전하게 인덱싱돼 문서 안의 어떠한 필드나 값도 찾을 수 있다. 또한 클러스터링을 지원해 수많은 노드에 걸쳐 실행할 수 있어 손쉽게 확장하고 문제 상태를 회복할 수 있다. Docker에서는 각각의 노드를 개별 컨테이너로 실행하고 실행 중인 서버 안에서 여러 컨테이너로 분산해 손쉽게 확장하고 문제 상태를 회복할 수 있으면서도 Docker로 배포와 관리를 편하게 할 수 있다.

엘라스틱 서치를 실행할 때는 상태 종속적인 워크로드를 실행하는 것과 같은 저장소 선택 방식을 적용할 수 있다. 개발 도중 데이터를 컨테이너 안에 저장할 수 있으므로 컨테이너가 교체되면 새로운 데이터베이스를 사용할 수 있다. 테스트 환경에서는 Docker 볼륨을 드라이브 폴더로 마운트해 호스트가 컨테이너 외부에 데이터를 저장하게 만들 수 있다. 프로덕션 환경에서는 대규모 저장소나 클라우드 저장소 서비스 볼륨 드라이버를 사용하게 만들 수 있다.

공식 엘라스틱 서치 이미지가 Docker 허브에 있지만 현재는 리눅스 이미지만 있다. 그래서 윈도우 서버 2019 컨테이너 이미지를 기반으로 직접 만든 엘라스틱 서치 이미지를 Dockerhub에 따로 추가했다. Elasticsearch를 Docker 안에서 실행하는 것은 다른 컨테이너와 다르지 않다. 다음 명령문은 REST API를 위한 기본 포트인 9200번 포트를 공개한다.

```
docker container run -d -p 9200 `
  --name elasticsearch `
  --env ES_JAVA_OPTS='-Xms512m -Xmx512m' `
```

```
sixeyed/elasticsearch:5.6.11-windowsservercore-ltsc2019
```

엘라스틱 서치는 메모리 소비가 많은 애플리케이션으로 시작할 때 시스템 메모리를 2GiB 가량 할당하도록 기본 값을 정한다. 개발 환경에서는 데이터베이스를 위해 이 정도로 메모리를 할당할 필요가 없다. ES_JAVA_OPTS 환경 변수를 설정해 크기를 조절할 수 있다. 위의 명령문에서는 512MiB 메모리만 사용하도록 제한했다.

 엘라스틱 서치는 NATS 같은 크로스 플랫폼 애플리케이션이다. 공식적으로 윈도우용 엘라스틱 서치 이미지는 없지만 내 Github 리포지터리인 sixeyed/dockerfileswindows 리포지터리에서 Dockerfile을 확인할 수 있다. 여기서 공식 OpenJDK 자바 이미지의 윈도우 서버 코어 2019용 버전을 직접 만든 엘라스틱 서치 이미지를 위해 사용하는 것을 볼 수 있다.

엘라스틱 서치를 위한 NuGet 패키지인 NEST 패키지가 있다. 데이터를 읽거나 쓰기 위한 API 클라이언트로 .NET Framework와 .NET Core용으로 만들었다. 이 패키지를 새로 만들 .NET Core 콘솔 프로젝트인 NerdDinner.MessageHandlers.IndexDinner에서 사용할 것이다. 새로 만들 콘솔 애플리케이션은 만찬 예약 이벤트 메시지를 NATS로부터 수신해 상세한 만찬 일정을 엘라스틱 서치에 문서로 저장할 것이다.

새로 만들 코드는 메시지 큐에 접속해 기존 메시지 처리기와 같은 방식으로 메시지를 수신한다. 엘라스틱 서치에서 한 문서로 사용하는 Dinner 클래스가 있으므로 메시지 처리기 코드는 Dinner 엔티티를 dinner 문서로 변환해 엘라스틱 서치에 저장할 수 있다.

```
var eventMessage = MessageHelper.FromData<DinnerCreatedEvent>(e.Message.Data);
var dinner = Mapper.Map<documents.Dinner>(eventMessage.Dinner);
var node = new Uri(Config.Current["Elasticsearch:Url"]);
var client = new ElasticClient(node);
client.Index(dinner, idx => idx.Index("dinners"));
```

엘라스틱 서치는 컨테이너에서 실행되며 새 문서 메시지 핸들러는 나머지 NerdDinner

솔루션과 같은 Docker 네트워크의 컨테이너에서 모두 실행된다. 기존 솔루션이 실행되는 동안 새 컨테이너를 시작할 수 있으며 웹 애플리케이션이나 SQL 서버 메시지 처리기에 대한 변경이 전혀 없다. Docker로 새로운 기능을 추가하는 것은 중단을 전혀 일으키지 않는다.

엘라스틱 서치 메시지 처리기는 앞에서 새로 만든 REST API처럼 EF나 기존 코드와 의존하는 부분이 전혀 없다. 이러한 특징은 .NET Core로 새 애플리케이션을 만들었을 때 이미 활용했다. .NET Core로 애플리케이션을 만들면 리눅스나 윈도우 호스트 어디서든 실행할 수 있게 컨테이너를 만들 수 있다. 이제 Visual Studio 솔루션은 .NET Framework, .NET Standard, .NET Core 프로젝트로 구성됐다. .NET Framework와 .NET Core 애플리케이션 프로젝트 사이에서 코드가 공유된다. 각 애플리케이션의 Dockerfile을 빌드할 때 다단계 빌드를 사용할 수 있지만 프로젝트 규모가 커지면 문제를 일으킬 수 있다.

규모가 큰 .NET 코드 기반 솔루션은 여러 가지 솔루션으로 구성돼 마스터 솔루션이 CI 서버에서 사용될 모든 프로젝트를 포함하고 각기 다른 .sln 파일은 각 영역별로 애플리케이션을 포함해 프로젝트의 하위 집합을 가리키곤 한다. 이로써 여러 다른 팀의 모든 개발자 자신들이 작업하는 범위에 Visual Studio에서 수백만 줄의 코드를 불러들이지 않게 해준다. 이러한 방식은 개발할 때 시간을 절약해주지만 공유되는 구성 요소의 변경이 있으면 다른 팀의 빌드가 깨질 위험성도 수반한다.

모든 구성 요소를 다단계 빌드로 옮기려고 한다면 Docker로 옮길 때 여전하게 문제가 있다. 이때 Visual Studio에서 마스터 솔루션을 빌드하던 옛날 방식처럼 모든 코드를 빌드하는 하나의 Dockerfile을 만드는 대안을 적용할 수 있다.

.NET Framework와 .NET Core가 혼합된 솔루션을 Docker에서 빌드하기

지금까지 알아본 모든 다단계 빌드는 microsoft/dotnetframework:4.7.2-sdk 또는 microsoft/dotnet:2.2-sdk 이미지를 사용했다. 이 이미지는 패키지 복원, 소스 코드 컴파일, 애플리케이션 게시를 위해 적절한 .NET 런타임과 SDK 구성 요소를 제공했다.

.NET Framework 4.7.2는 .NET Core 2.1 SDK를 포함하므로 이 버전(또는 그 이전 버전)을 사용하면 .NET Framework와 .NET Core 애플리케이션을 같은 Dockerfile로 모두 빌드할 수 있다.

 이 책 초판에서 .NET Framework와 .NET Core SDK의 공식 이미지가 전혀 없었기 때문에 Chocolatey 패키지 관리자를 이용해 복잡한 과정을 거쳐 이미지를 직접 만드는 방법을 소개했다. 그리고 "나중에 MSBuild와 .NET Core를 연계한 도구가 출시될 것이 예상되므로 여러 도구를 관리하는 복잡함이 해소될 것이다."라고 말한 적이 있다. 그리고 드디어 마이크로소프트가 Docker에서 이러한 도구를 사용할 수 있게 우리 대신 관리해주게 돼 기쁘다.

복잡한 NerdDinner 솔루션 컴파일하기

5장에서는 NerdDinner를 빌드하는 다른 방법을 사용한다. 이 방법은 .NET Core와 .NET Framework 프로젝트를 혼합하면 CI 프로세스에서 매우 잘 작동한다(Docker에서 CI와 CD를 사용하는 것은 10장, Docker로 지속적 배포 파이프라인 구축하기에서 알아본다). 전체 솔루션을 하나의 이미지로 컴파일하고 이 이미지를 바이너리를 위한 소스로 이 애플리케이션의 여러 Dockerfile에서 사용할 것이다.

다음 다이어그램은 SDK와 빌더 이미지가 5장에서 애플리케이션 이미지를 만들기 위해 어떻게 사용하는지를 보여준다.

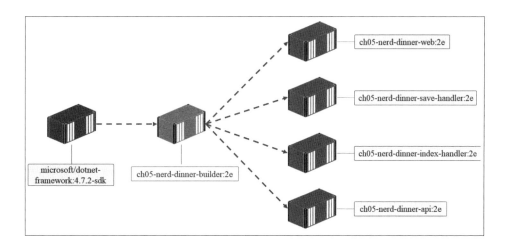

마이크로소프트의 SDK 안에 이 솔루션을 빌드할 모든 도구가 포함돼 있으니 dockeron
windows/ch05-nerd-dinner-builder:2e 안에 든 Dockerfile을 직접 사용하면 된다. SDK
로부터 출발해 솔루션의 소스 트리를 이미지 안으로 복사하고 종속성을 복원한다.

```
# escape=`
FROM microsoft/dotnet-framework:4.7.2-sdk-windowsservercore-ltsc2019 AS builder

WORKDIR C:\src
COPY src .

RUN nuget restore
```

실행하면 NerdDinner 솔루션 파일을 위해 nuget restore 명령문을 실행한다. 이 명령문
은 .NET Framework, .NET Standard, .NET Core 프로젝트의 모든 참조를 복원한다.
마지막 명령문은 각 애플리케이션 프로젝트를 프로젝트 파일과 각각의 출력 파일 경로를
지정해 빌드한다.

```
RUN msbuild ...\NerdDinner.csproj /p:OutputPath=c:\nerd-dinner-web; `
    msbuild ...\NerdDinner.MessageHandlers.SaveDinner.csproj /p:OutputPath=c:\
```

```
save-handler; `
    dotnet publish -o C:\index-handler ...\NerdDinner.MessageHandlers.
IndexDinner.csproj; `
  dotnet publish -o C:\dinner-api ...\NerdDinner.DinnerApi.csproj
```

위 명령문 대신 msbuild 명령문을 실행해 전체 솔루션 파일을 빌드할 수 있지만 이렇게 하면 컴파일된 바이너리만 만들고 게시용으로 디렉터리를 산출하지 않는다. 이 방법은 각각의 애플리케이션을 이미지로 만들 수 있게 준비하는 것이며 빌더 이미지가 관리하는 경로에 출력 파일을 내보낸다. 또한 전체 애플리케이션이 같은 소스 코드 집합을 사용해 컴파일되므로 애플리케이션 사이의 종속성에 문제가 있으면 즉시 찾아낼 수 있다.

이 방식의 단점은 Docker 캐시를 효율적으로 이용하지 못한다는 것이다. 전체 소스 트리가 이미지 안으로 복사되는 것이 첫 단계다. 코드 변경이 발생하면 빌드 과정 도중 패키지의 참조가 변한 것이 없더라도 패키지를 업데이트한다. .sln 파일, .csproj 파일, package.config 파일을 복원 단계를 위해 먼저 복사하고 그 다음 나머지 소스 파일을 빌드 단계에서 복사하는 방식으로 빌더를 조금 다르게 만들 수 있을 것이다.

따라서 더 약한 Dockerfile을 사용해 패키지 캐싱과 더 빠른 빌드가 가능하다. 프로젝트를 추가하거나 제거할 때마다 초기 파일 목록을 편집해야 한다.

여러분의 프로세스에 적합한 접근법을 선택할 수 있다. 이보다 더 복잡한 솔루션 구성을 사용한다면 개발자는 Visual Studio로 애플리케이션을 빌드하고 컨테이너 이미지로 코드를 검사하기 전에 테스트를 실행할 목적으로만 사용할 수 있다. 이때 느린 컨테이너 이미지 빌드 자체는 문제가 되지 않는다(11장, 애플리케이션 컨테이너 디버깅 및 메트릭 보기에서 개발하는 동안 Docker에서 애플리케이션을 실행하는 옵션을 설명할 것이다).

이 이미지가 빌드되는 방법은 거의 비슷하지만 하나 다른 부분이 있다. Dockerfile은 Dockerfile이 있는 폴더보다 한 수준 높은 src 폴더에 복사된다. Docker 컨텍스트에 src 폴더가 포함되게 하기 위해서는 ch05 폴더에서 이미지 빌드 명령문을 실행할 때 Dockerfile 경로를 --file 옵션으로 지정해야 한다.

```
docker image build `
  --tag dockeronwindows/ch05-nerd-dinner-builder `
  --file ch05-nerd-dinner-builder\Dockerfile .
```

이미지를 빌드하면서 모든 프로젝트가 컴파일되고 이미지로 만드는 것이므로 해당 이미지를 Dockerfiles 애플리케이션에서 게시된 출력 소스로 사용할 수 있다. 빌더는 한 번만 빌드하면 되며 그 다음에는 다른 모든 이미지를 빌드할 때 사용할 수 있다.

.NET Core 콘솔 애플리케이션을 컨테이너 이미지로 만들기

3장, 컨테이너로 .NET Framework 및 .NET Core 애플리케이션 개발하기에서 Nerd Dinner 홈페이지를 ASP.NET Core 웹 애플리케이션으로 대체했다. 5장에서 REST API 와 엘라스틱 서치 메시지 처리기를 .NET Core 애플리케이션으로 추가했다. 이 항목도 컨테이너 이미지로 Docker 허브의 microsoft/dotnet의 여러 가지 이미지 종류를 사용해 만들 수 있다.

dockeronwindows/ch05-nerd-dinner-api:2e 안의 REST API를 위한 Dockerfile의 내용은 매우 단순하다. 컨테이너 환경 변수를 설정하고 빌더 이미지에서 게시한 애플리케이션을 복사해 가져오기만 하면 된다.

```
# escape=`
FROM microsoft/dotnet:2.1-aspnetcore-runtime-nanoserver-1809

EXPOSE 80
WORKDIR /dinner-api
ENTRYPOINT ["dotnet", "NerdDinner.DinnerApi.dll"]

COPY --from=dockeronwindows/ch05-nerd-dinner-builder:2e C:\dinner-api .
```

dockeronwindows/ch05-nerd-dinner-indexhandler:2e에 든 메시지 처리기를 위한 Dockerfile은 더 간단하다. .NET Core 콘솔 애플리케이션이므로 공개할 포트 번호가 없다.

```
# escape=`
FROM microsoft/dotnet:2.1-runtime-nanoserver-1809

CMD ["dotnet", "NerdDinner.MessageHandlers.IndexDinner.dll"]

WORKDIR /index-handler
COPY --from=dockeronwindows/ch05-nerd-dinner-builder:2e C:\index-handler .
```

이 Dockerfile의 코드는 .NET Framework 콘솔 애플리케이션으로 만들었던 SQL 서버 메시지 처리기와 내용이 매우 유사하다. 다른 점은 `FROM` 지시어에 지정하는 이미지의 이름이다. 여기서는 .NET Core 런타임 이미지를 사용했고 `CMD` 지시어로 콘솔 애플리케이션 DLL을 실행하는 `dotnet` 명령문을 호출했다는 것이다. 두 메시지 처리기 모두 빌더 이미지에서 컴파일한 애플리케이션 코드를 가져오며 필요한 환경 변수와 시작 명령문을 설정한다.

두 .NET Core 애플리케이션은 `appsettings.json`의 기본 구성 값과 함께 번들로 제공되며 환경 변수를 사용해 컨테이너 런타임에서 다시 정의할 수 있다. 이러한 방법으로 메시지 큐와 엘라스틱 서치 API의 URL, SQL 서버 데이터베이스의 연결 문자열을 받을 수 있다. 시작 명령문은 .NET Core 애플리케이션을 실행한다. ASP.NET Core 애플리케이션은 애플리케이션이 멈출 때까지 계속 포그라운드로 실행된다. 메시지 처리기 .NET Core 콘솔 애플리케이션은 `ManualResetEvent` 개체에 신호가 들어가지 않는 이상 계속 실행될 것이다. 양쪽 모두 로그를 콘솔에 기록하며 Docker가 이 로그를 수집할 것이다.

색인 처리 애플리케이션이 실행되면 NATS가 보내는 만찬 예약 메시지를 기다릴 것이다. 웹 애플리케이션에서 이벤트가 들어오면 NATS는 모든 구독자에게 메시지를 복사해 보낼 것이므로 SQL 서버 저장 처리기와 엘라스틱 서치 색인 처리기는 이벤트 정보의 사본을 받을 것이다. 이벤트 메시지에는 양쪽 처리기가 작업을 처리하는 데 필요한 상세 정보가 포함돼 있다. 나중에 만들 기능에서 더 상세한 정보가 필요하다면 기존 메시지 핸들러를 변경하지 않고 웹 애플리케이션 추가 정보를 포함한 새로운 버전의 메시지를 보내게 할 수 있다.

다른 기능을 제공하는 컨테이너를 키바나와 함께 실행해 지금 말한 새로운 기능을 완성하고 NerdDinner에 자체 분석 기능을 추가해보자.

키바나에 분석 기능 추가하기

키바나는 엘라스틱 서치를 위한 오픈 소스 웹 프론트엔드로 분석을 위한 시각화와 특정 데이터를 검색하게 해준다. 엘라스틱 서치 개발사에서 기능을 제공하며 엄청난 양의 데이터를 사용자에게 친숙한 방식으로 탐색하는 기능을 제공해 폭넓게 쓰이고 있다. 데이터를 대화형 방식으로 탐색하고 고급 사용자는 타인과 공유할 수 있는 포괄적인 대시보드를 만들 수 있다.

최신 버전의 키바나는 NATS나 엘라스틱 서치 같은 크로스 플랫폼 애플리케이션이다. Docker 허브에 리눅스 기반의 여러 공식 이미지가 제공되며 여기서는 윈도우 서버 2019용 이미지를 직접 만들어 사용한다. 키바나 이미지는 메시지 핸들러에서 사용한 것과 같은 규약 기반 접근 방식을 사용해 만들어진다. 기본 API 포트 9200에서 elasticsearch 컨테이너로 연결될 것이다.

5장의 소스 코드 디렉터리 안에는 이 기능을 배포하기 위한 두 번째 파워셀 스크립트가 들어 있다. ch05-run-nerddinner_part-3.ps1 파일은 엘라스틱 서치, 키바나, 인덱스 처리기 컨테이너를 실행하는 스크립트이며 part-1과 part-2의 스크립트로 다른 구성 요소가 이미 실행 중이라는 가정하에 사용할 수 있다.

```
docker container run -d `
  --name elasticsearch `
  --env ES_JAVA_OPTS='-Xms512m -Xmx512m' `
  sixeyed/elasticsearch:5.6.11-windowsservercore-ltsc2019;

docker container run -d `
  --name kibana `
  -l "traefik.frontend.rule=Host:kibana.nerddinner.local" `
  sixeyed/kibana:5.6.11-windowsservercore-ltsc2019;
```

```
docker container run -d `
  --name nerd-dinner-index-handler `
  dockeronwindows/ch05-nerd-dinner-index-handler:2e;
```

 키바나 컨테이너는 Traefik의 프론트엔드 규칙에 따라 라벨이 붙여진다. 기본적으로 키바나 는 5601번 포트로 연결을 수신하지만 여기서는 hosts 파일에 추가한 kibana.nerddinner. local 도메인과 80번 포트로 연결할 수 있게 만들어 Traefik이 UI를 표시할 수 있게 할 것 이다.

이제 전체 스택이 실행될 것이다. 새로운 만찬 일정을 추가하면 메시지 처리기 컨테이너가 엘라스틱 서치와 SQL 서버에 데이터를 저장했다는 것을 나타내는 로그를 기록할 것이다.

```
> docker container logs nerd-dinner-save-handler
Connecting to message queue url: nats://message-queue:4222
Listening on subject: events.dinner.created, queue: save-dinner-handler
Received message, subject: events.dinner.created
Saving new dinner, created at: 2/11/2019 10:18:32 PM; event ID: 9919cd1e-2b0b-
41c7-8019-b2243e81a412
Dinner saved. Dinner ID: 2; event ID: 9919cd1e-2b0b-41c7-8019-b2243e81a412

> docker container logs nerd-dinner-index-handler
Connecting to message queue url: nats://message-queue:4222
Listening on subject: events.dinner.created, queue: index-dinner-handler
Received message, subject: events.dinner.created
Indexing new dinner, created at: 2/11/2019 10:18:32 PM; event ID: 9919cd1e-2b0b-
41c7-8019-b2243e81a412
```

키바나 연결을 Traefik으로 처리하므로 kibana.nerddinner.local로 웹사이트를 열어볼 수 있다. 이제 시작 화면에 필요한 유일한 구성은 엘라스틱 서치가 색인을 호출하는 문서 모음의 이름이다. 여기서 색인은 dinners다. 메시지 처리기를 사용해 문서를 저장하는 기 능을 추가했으므로 키바나는 엘라스틱 서치의 메타 데이터에 접근해 문서의 필드를 확인할 수 있다.

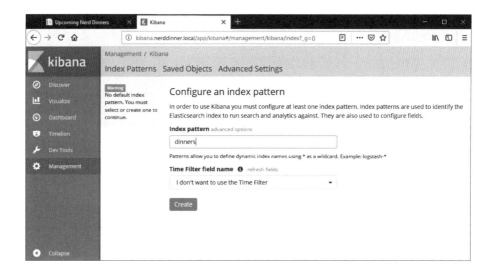

모든 만찬 일정은 이제 트랜잭션이 지원되는 SQL 서버 데이터베이스뿐만 아니라 새로운 리포트 데이터베이스인 엘라스틱 서치에도 저장된다. 사용자는 취합된 데이터로 시각화된 정보를 만들 수 있고 사람이 많이 몰리는 시간대와 위치를 알 수 있으며 원하는 만찬 일정을 검색해 상세한 정보를 담은 문서를 가져올 수 있다.

> **TIP** 엘라스틱 서치와 키바나는 성능이 뛰어난 소프트웨어 시스템이다. 이 소프트웨어 시스템을 Docker를 이용해 누구나 활용할 수 있게 됐다. 이 책 내용에서 벗어나 더 자세하게 알아보지 않았지만 필요하면 엘라스틱 서치나 키바나를 자세하게 설명하는 온라인 리소스를 찾아볼 수 있다.

▌ 모놀리식에서 분산 솔루션으로 이동하기

NerdDinner는 이전 모놀리식 애플리케이션에서 규모를 쉽게 조절하고 기능을 확장할 수 있는 현대화된 플랫폼과 디자인 패턴을 사용하도록 발전시켰다. 컨테이너 중심 설계와 Docker를 이용해 빠르면서도 적은 위험을 수반하는 발전을 이룬 것이다.

프로젝트는 NerdDinner를 웹 컨테이너와 SQL 서버 데이터베이스 컨테이너로 Docker로 옮기는 데서 시작했다. 이제 10개 구성 요소를 컨테이너에서 모두 실행하며 그중 5개는 내가 만든 코드를 담고 있다.

- 기존 ASP.NET NerdDinner 웹 애플리케이션
- 새로운 ASP.NET Core 웹 홈페이지
- 새로운 .NET Framework save-dinner(석식 이벤트 저장) 메시지 처리기
- 새로운 .NET Core index-dinner(석식 이벤트 색인) 메시지 처리기
- 새로운 ASP.NET Core 석식 API

다른 4개는 엔터프라이즈 수준의 오픈 소스 기술을 사용했다.

- Traefik 역방향 프록시
- NATS 메시지 큐
- 엘라스틱 서치 문서 데이터베이스
- 키바나 분석 UI

218

마지막은 프로덕션 환경에서 무료로 사용할 수 있는 SQL 서버 익스프레스다. 각 구성 요소는 가벼운 컨테이너에서 독립적으로 배포돼 실행할 수 있으므로 자율적인 출시 주기를 따를 수 있다.

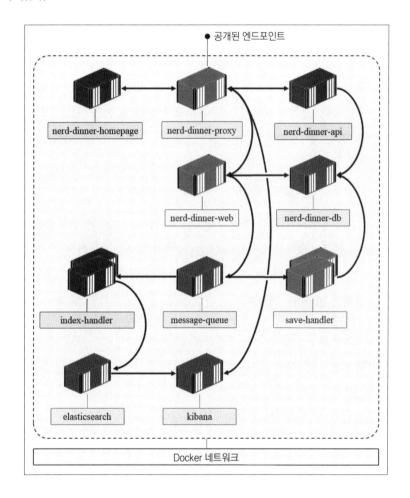

Docker의 뛰어난 이점은 기존 솔루션에 추가할 수 있게 공개된 이미지로 만들어진 소프트웨어의 숫자가 무궁무진하다는 것이다. Docker 허브의 공식 이미지는 커뮤니티에서 수년 동안 테스트됐고 신뢰할 수 있는 수준의 품질을 제공한다. Docker 허브에서 공식 인증된 이미지는 Docker 엔터프라이즈 위에서 동작하는 것을 보장하는 상용 소프트웨어를 제공한다.

점점 더 많은 소프트웨어 패키지가 윈도우에서 컨테이너 이미지로 쉽게 사용할 수 있게 제공돼 큰 범위의 애플리케이션 개발을 진행하지 않더라도 기능을 쉽게 추가할 수 있는 범위도 방대해졌다.

NerdDinner 스택 안에서 직접 만든 새로운 구성 요소는 메시지 처리기와 REST API이며 모두 단순한 애플리케이션으로 100여 줄 내외의 코드로 만들었다. 만찬 일정을 저장하는 처리기는 웹 애플리케이션에서 사용하던 원래의 코드와 EF 모델을 새로운 프로젝트로 분리하도록 리팩토링해 재사용할 수 있었다. 만찬 일정 색인 처리기와 REST API는 .NET Core로 완전하게 새로 만들어 런타임 효율과 편리한 이식을 고려하면서도 기존 Visual Studio 솔루션 안에서 빌드할 수 있다.

컨테이너 중심 접근 방식은 기능을 개별 구성 요소로 나누고 이러한 구성 요소를 직접 만드는 작은 커스텀 애플리케이션 또는 Docker 허브에서 재사용 가능한 이미지로 컨테이너에서 실행되게 설계하는 것이다. 이러한 기능 위주 접근 방식은 프로젝트 이해 관계자에게 가치 있는 영역에 집중하는 것이다.

- 비즈니스의 요구 사항을 받아 새로운 기능을 추가하거나 더 자주 출시할 수 있다.
- 개발할 때는 개발 부채를 최소화하면서 더 뛰어난 아키텍처를 선택할 자유를 얻을 수 있다.
- 운영할 때는 훨씬 더 견고하고 관리하기 쉽다.

빌드와 배포 의존성 관리하기

지금 만든 변화에서 NerdDinner는 체계적으로 구조화돼 있고 논리적인 아키텍처를 갖고 있지만 실질적으로 많은 의존성을 갖고 있다. 컨테이너 중심 설계 접근은 개발 스택을 구성할 때의 자유를 주지만 관리해야 할 새로운 기술 숫자가 급격하게 늘어난다. 프로젝트에 참여해 이 프로젝트를 Docker 밖에서 로컬로 실행하기 위해서는 다음 프로그램을 설치해야 한다.

- Visual Studio 2017
- .NET Core 2.1 런타임과 SDK
- IIS와 ASP.NET 4.7.2
- SQL 서버
- Traefik, NATS, 엘라스틱 서치, 키바나

하지만 프로젝트에서 윈도우 10용 Docker 데스크톱을 사용하면 위의 구성 요소는 전혀 필요 없다. 소스 코드를 복제할 때도 전체 애플리케이션 스택을 Docker를 사용해 빌드할 수 있다. 또한 솔루션을 Docker와 Visual Studio Code 같은 경량화된 에디터를 사용해 디버깅할 수 있어 Visual Studio에 의존하지 않아도 된다.

또한 이러한 변화는 지속적 통합을 더 쉽게 해준다. 빌드 서버에서는 Docker만 있으면 코드를 빌드하고 솔루션을 패키지로 만들 수 있기 때문이다. 빌드 서버도 1회용으로만 사용하는 것이 가능하다. 빌드 작업 큐에 요청이 들어올 때 가상 컴퓨터를 만들고 빌드 작업이 더 이상 없으면 가상 컴퓨터를 폐기할 수 있다. 가상 컴퓨터를 위한 복잡한 초기화 스크립트가 필요 없고 단순하게 Docker를 설치하는 스크립트만 있으면 된다. 또한 클라우드상에서 제공되는 관리되는 CI 서비스는 모두 Docker를 지원하므로 사용할 수 있다.

한편 솔루션을 시작하기 위해 컨테이너에 지정할 적절한 옵션과 컨테이너가 실행되는 순서를 관리하는 스크립트로 솔루션의 런타임 의존성을 관리한다. 이 방법은 유지하기가 까다롭고 제한적이다. 스크립트에는 실패를 처리하거나 이미 시작된 컨테이너를 위한 대체 시작 로직을 처리하는 부분이 없다. 실제 프로젝트에서는 이러한 방법을 사용하지 않을 것이다. 여기서는 컨테이너를 빌드하고 실행하는 데만 집중하기 위해 이 스크립트를 활용했을 뿐이다. 6장에서는 Docker Compose를 이용해 전체 솔루션을 정의해 문제를 올바로 해결하는 방법을 소개한다.

▌요약

5장에서는 컨테이너 중심 솔루션 설계로 Docker 플랫폼을 설계 시점에서 사용해 쉽고 안전하게 여러분의 애플리케이션에 기능을 추가하는 과정을 알아봤다. 그리고 기능 중심 접근법으로 기존 소프트웨어 프로젝트를 현대화해 투자 대비 최고의 이득을 얻고 모든 진행 상황을 명확하게 파악할 수 있었다.

컨테이너 중심 설계 방식은 Docker 허브에서 고수준의 선별된 애플리케이션을 담은 공식적으로 인증된 이미지로 사용할 수 있는 프로덕션 수준의 소프트웨어를 기존 솔루션에 추가해 기능을 확장할 수 있게 해줬다. 미리 만들어진 구성 요소를 추가한 후 직접 만든 작은 구성 요소에 집중해 기능을 완성할 수 있다. 애플리케이션은 느슨하게 결합하게 발전시켜 개별 요소가 독자적인 출시 주기를 따를 수 있다.

5장에서 개선한 솔루션의 개발 생산성은 최적화됐지만 운영 생산성은 그렇지 못해 잘 설계됐지만 한편으로 배포하기에 까다로운 솔루션을 갖고 있다. 6장에서는 여러 개의 컨테이너로 구성된 솔루션의 구성을 정의하고 관리할 수 있는 명확하고 통일된 방법을 제공하는 Docker Compose를 소개한다.

06

Docker Compose를 사용한 분산 솔루션 구성하기

Docker 플랫폼에서 소프트웨어 출시는 중요한 기능이다. Docker 허브의 공식 리포지터리는 분산 솔루션을 확인되고 테스트된 구성 요소를 사용해 설계하기 쉽게 만들어준다. 5장에서 기존 솔루션에 이러한 구성 요소를 컨테이너 중심 디자인 접근법을 취하면서 어떻게 통합할 수 있는지 알아봤다. 이렇게 만든 결과에서 몇 가지 독립적인 구성 요소로 구성된 분산 솔루션을 만들었다. 6장에서는 이렇게 만든 독립적인 구성 요소를 Docker Compose를 사용해 한 번에 어떻게 배포하고 관리할 수 있는지 알아본다.

Docker Compose는 Docker 사에서 출시한 또 다른 오픈 소스 제품으로 Docker의 생태계를 확장한다. Docker의 CLI와 Docker API는 이미지와 컨테이너 같은 개별 리소스를 관리할 수 있다. Docker Compose는 이보다 더 고수준에서 작동하며 서비스와 애플리케이션을 대상으로 한다. 애플리케이션은 한 개 또는 여러 개의 서비스로 구성된 단위로 컨테이너로서 런타임에 배포된다. Docker Compose를 사용해 서비스, 네트워크, 볼륨, 다른 Docker 관련 개체와 같은 애플리케이션과 관련 있는 리소스를 정의하고 그들 사이의 의존성을 표현한다.

Docker Compose는 크게 두 파트로 나뉜다. 디자인 타임에서는 YAML 사양을 따르는 마크업 파일을 사용해 애플리케이션의 상세한 내용을 정의하며 Docker Compose는 이렇게 만든 YAML 파일을 사용해 애플리케이션을 관리할 수 있다. 6장에서는 2가지 내용을 모두 다룬다.

- Docker Compose로 애플리케이션 정의하기
- Docker Compose로 애플리케이션 관리하기
- 애플리케이션 환경 구성하기

> ℹ️ Docker Compose는 윈도우용 Docker 데스크톱과 함께 설치된다. 윈도우 서버용 Docker를 파워셸로 설치했다면 Docker Compose는 들어 있지 않다. 윈도우 서버용으로는 GitHub의 docker/compose 리포지터리에서 개별적으로 다운로드할 수 있다.

▌ 실습에 필요한 준비

6장의 예제를 따라하기 위해서는 윈도우 10 2018년 10월 업데이트 (1809) 또는 그 이후 버전에서 윈도우용 Docker 데스크톱을 사용하거나 윈도우 서버 2019에서 Docker 엔터프라이즈를 사용해야 한다. 6장의 코드는 https://github.com/sixeyed/docker-on-windows/tree/second-edition/ch06에서 확인할 수 있다.

▌ Docker Compose로 애플리케이션 정의하기

Docker Compose의 파일 형식은 매우 단순하다. YAML은 읽기에 편한 마크업 언어이며 Compose 파일 사양에서 애플리케이션 구성은 Docker CLI가 사용하는 옵션 이름과 같은 항목으로 정의할 수 있게 됐다. Compose 파일 안에서는 서비스, 네트워크, 볼륨과 같이 애플리케이션을 구성하는 내용을 정의할 수 있다. 네트워크와 볼륨은 Docker 엔진과 함께 사용할 때와 같은 개념으로 사용할 수 있다. 서비스는 컨테이너에 대한 추상화된 개념이다.

컨테이너는 구성 요소의 단일 인스턴스이며 웹 애플리케이션부터 메시지 처리기에 이르기까지 다양하다. 서비스는 다른 컨테이너상에서 실행되는 여러 개의 인스턴스로 모두 같은 컨테이너 이미지와 실행 옵션을 사용해 실행된다. 여기서는 3개의 컨테이너 안의 서비스가 웹 애플리케이션이 사용할 수 있게 들어 있으며 2개의 컨테이너 안의 서비스가 메시지 처리기에서 사용할 수 있게 들어 있다.

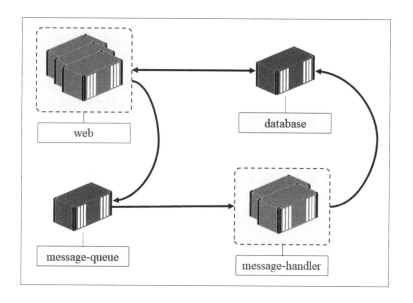

서비스는 잘 알려진 구성을 사용하는 이미지로부터 컨테이너를 실행하기 위한 템플릿과

같다. 서비스를 사용하면서 애플리케이션 구성 요소를 스케일 업할 수 있다. 여러 컨테이너를 같은 이미지로부터 실행하고 이 컨테이너를 하나의 단위로 구성해 관리할 수 있다. 서비스는 독립적인 Docker 엔진에서는 사용하지 않지만 Docker Compose와 Docker 스웜 모드(7장, Docker 스웜을 사용한 분산 솔루션 오케스트레이션)에서 사용한다.

Docker는 컨테이너 검색을 위해 사용하는 것과 같은 방식으로 서비스를 위한 디스커버리 방식을 제공한다. 연결을 원하는 쪽은 서비스 이름을 사용해 접근할 수 있고 Docker는 서비스에서 여러 개의 컨테이너에 대한 연결을 로드 밸런싱한다. 서비스의 인스턴스 개수는 연결을 원하는 쪽에서는 보이지 않으며 항상 서비스 이름만 사용해 접근하지만 Docker는 이렇게 들어온 요청을 하나의 특정 컨테이너로 보낸다.

6장에서는 Docker Compose를 사용해 5장에서 만든 분산 솔루션을 구성하고 `docker container run` 명령문을 실행하는 조악한 파워셀 스크립트를 프로덕션에서 바로 사용할 수 있는 신뢰할 수 있는 Docker Compose 파일로 대체하는 방법을 설명한다.

서비스 정의 만들기

서비스는 Compose 파일 안에서 임의의 순서로 정의할 수 있다. 읽기 더 쉽게 만들기 위해 메시지 큐, 역방향 프록시, 데이터베이스 같은 인프라 구성 요소에 대한 의존성 없는 간단한 서비스부터 정의할 것을 추천한다.

Docker Compose 파일은 `docker-compose.yml`이라는 파일 이름을 관습적으로 사용하며 API 버전에 대한 명시적인 선언문으로 시작한다. 최신 버전은 3.7이다. 애플리케이션 리소스는 최상위 수준에 정의된다. 다음은 서비스, 네트워크, 볼륨을 정의하는 섹션으로 구성된 Compose 파일의 예다.

```
version: '3.7'

services:
    ...
```

```
networks:
    ...

volumes:
    ...
```

 Docker Compose 파일의 사양은 Docker 웹사이트(https://docs.docker.com/ compose/compose-file/)에 자세하게 나와 있다. 이 웹사이트에는 지원되는 버전별 전체 사양과 각 버전 사이의 변경점이 나와 있다.

모든 리소스는 고유한 이름을 사용하며 이 이름은 다른 리소스를 참조하는 데 사용한다. 서비스는 다른 네트워크, 볼륨, 서비스 간에 의존성이 있을 수 있으며 이 모두는 이름을 사용해 정의할 수 있다. 각 리소스 구성은 각 섹션 안에 기술되며 docker network create와 docker volume create 같은 Docker CLI의 만들기 명령과 대부분 비슷한 속성 값을 사용해 세부 설정을 정의한다.

6장에서는 Compose 파일을 사용해 분산된 NerdDinner 애플리케이션을 정의하고 Docker Compose를 이용해 애플리케이션을 어떻게 관리할 수 있는지 알아본다. 우선 공통 서비스에 대한 Compose 파일을 만들어보겠다.

인프라 서비스 정의하기

여기서 가장 간단한 서비스는 상호의존성이 없는 메시지 큐인 NATS다. 각 서비스는 이름과 컨테이너 시작에 필요한 이미지 이름이 필요하다. 부수적으로 docker container run 명령에서 사용할 전달 인자를 포함할 수 있다. NATS 메시지 큐에서는 네트워크 이름 하나를 추가할 것이다. 이 서비스를 위해 만든 모든 컨테이너는 nd-net 네트워크에 연결된다.

```
message-queue:
  image: dockeronwindows/ch05-nats:2e
  networks:
    - nd-net
```

이 서비스 정의에서 메시지 큐 컨테이너를 시작하는 데 필요한 모든 전달 인자를 지정할 것이다.

- message-queue는 서비스 이름이며 다른 서비스가 NATS에 접근하기 위해 사용하는 DNS 이름으로도 사용한다.
- image는 컨테이너가 어떠한 이미지를 사용해 시작할지를 나타낸다. 여기서는 Docker 허브의 공식 NATS 이미지 중 윈도우 서버 2019용으로 직접 만든 이미지를 사용하겠지만 이미지 이름에 레지스트리 도메인을 추가해 사설 레지스트리에 있는 이미지를 대신 사용할 수 있다.
- networks는 컨테이너가 시작될 때 연결할 네트워크 이름이다. 이 서비스는 nd-net 네트워크 하나에만 접속한다. 이 네트워크는 이 애플리케이션 안의 모든 서비스를 위해 제공되는 Docker 네트워크다. 나중에 Docker Compose 파일 안에서 네트워크의 자세한 내용을 알아본다.

 NATS 서비스를 구성하면서 공개하는 포트는 전혀 없다. 메시지 큐는 다른 컨테이너와 내부적으로만 통신한다. Docker 네트워크 안에서 컨테이너는 다른 컨테이너와 통신하기 위해 호스트에 포트를 게시할 필요가 없다. 이렇게 하면 메시지 큐가 안전한 이유는 반드시 Docker 플랫폼으로 같은 네트워크의 다른 컨테이너만 이 메시지 큐에 접속하도록 제한하기 때문이다. 다른 외부 서버나 서버 위에서 실행되는 다른 애플리케이션은 메시지 큐에 접근할 수 없다.

엘라스틱 서치

다음 인프라 구성 요소는 엘라스틱 서치이며 역시 다른 서비스와의 의존성이 전혀 없다. NATS 메시지 대기열도 메시지 처리기를 사용하므로 이러한 모든 서비스를 같은 Docker 네트워크에 연결해야 한다. 그리고 엘라스틱 서치는 사용 가능한 메모리 양을 제한하고 볼륨을 사용해 컨테이너 외부에 데이터를 저장하도록 특별하게 구성한다.

```
elasticsearch:
  image: sixeyed/elasticsearch:5.6.11-windowsservercore-ltsc2019
  environment:
    - ES_JAVA_OPTS=-Xms512m -Xmx512m
  volumes:
    - es-data:C:\data
  networks:
    - nd-net
```

여기서 elasticsearch는 서비스 이름이며 이미지 이름은 sixeyed/elasticsearch다. 이 이미지는 Docker 허브의 공개 이미지다. 서비스 사이를 연결하기 위해 앞에서 만든 것과 같은 nd-net 네트워크를 사용하며 컨테이너의 특정 위치로 볼륨을 마운트한다. 엘라스틱 서치가 컨테이너의 C:\data 디렉터리에 데이터를 기록하면 볼륨에 실제 데이터가 저장될 것이다.

네트워크와 마찬가지로 볼륨도 Docker Compose 파일에서 주요 리소스로 취급된다. 엘라스틱 서치를 위해 es-data라는 볼륨을 컨테이너 안의 데이터 저장 디렉터리에 연결할 것이다. Compose 파일을 나중에 자세하게 알아보면서 어떻게 es-data 볼륨을 만들지 알아볼 것이다.

Traefik

다음은 역방향 프록시인 Traefik이다. 프록시는 컨테이너가 만들어지면 라벨로부터 라우팅 규칙을 만들게 되므로 Docker API를 사용할 수 있도록 연결해야 한다.

```
reverse-proxy:
  image: sixeyed/traefik:v1.7.8-windowsservercore-ltsc2019
  command: --docker --docker.endpoint=npipe:////./pipe/docker_engine --api
  ports:
    - "80:80"
    - "8080:8080"
  volumes:
    - type: npipe
      source: \\.\pipe\docker_engine
      target: \\.\pipe\docker_engine
  networks:
    - nd-net
```

Traefik 컨테이너는 호스트에서 80번 포트를 게시해 애플리케이션 네트워크와 연결하며 Docker API가 공개하는 명명된 파이프를 볼륨으로 사용한다. 이 옵션은 Traefik을 docker container run 명령문으로 실행할 때와 같은 옵션이며 보통 실행 명령에 사용하던 값을 Docker Compose 파일 안으로 그대로 복사해 사용할 수 있다.

게시하려는 포트를 설정하는 방법은 컨테이너를 직접 실행할 때 사용하던 방법과 동일하게 Docker Compose 안에서도 지정할 수 있다. 게시하려는 컨테이너 포트 번호와 게시돼야 하는 포트 번호를 지정해 Docker가 호스트로 들어오는 연결을 컨테이너로 라우팅하게 만든다. ports 섹션은 여러 개의 연결을 지원하며 TCP 또는 UDP를 명시적으로 지정해 구체적인 요구 사항을 적시할 수 있다.

 여기서는 8080 포트를 게시하며 ---api 옵션을 Traefik 구성 안에서 지정했다. 이렇게 하면 Traefik의 대시보드에 접근할 수 있으며 Traefik이 만든 모든 라우팅 규칙을 확인할 수 있다. 이 설정은 프로덕션 환경이 아닌 곳에서 모든 프록시 규칙이 의도한 대로 잘 만들어졌는지 확인할 수 있어 유용하지만 프로덕션 환경에서는 아무 보호 없이 공개되므로 적절한 설정이 아니다.

Docker Compose는 정의를 풀어 쓰는 것도 지원하므로 볼륨 사양을 만들면서 이 부분을 활용했다. 볼륨 마운트를 정의할 때 한 줄의 문자열 대신 볼륨의 종류, 원본, 대상을 여러 줄에 나눠 상세하게 기술했다. 반드시 이렇게 써야 하는 것은 아니지만 읽기에 더 편한 점이 있다.

키바나

키바나는 지금 선언하는 구성 요소 중 처음으로 다른 서비스에 의존하는 구성 요소로 엘라스틱 서치가 실행 중인 상태가 돼야 데이터베이스에 연결할 수 있다. Docker Compose는 컨테이너가 만드는 순서를 보장하지 않으므로 서비스를 시작할 때 서로 의존성이 있다면 명시해줘야 한다.

```
kibana:
  image: sixeyed/kibana:5.6.11-windowsservercore-ltsc2019
  labels:
    - "traefik.frontend.rule=Host:kibana.nerddinner.local"
  depends_on:
    - elasticsearch
  networks:
    - nd-net
```

depends_on 속성은 서비스 사이의 의존성을 어떻게 정의하는지를 보여준다. 여기서 키바나는 엘라스틱 서치에 의존하므로 Docker는 elasticsearch 서비스가 kibana 서비스보다 먼저 시작해 실행되게 해준다.

이러한 방식으로 의존성을 정의하는 것은 분산 애플리케이션을 한 대의 컴퓨터에서 실행할 때는 적절하지만 확장하기가 힘들다. 클러스터에서 실행할 때는 오케스트레이터가 워크로드를 분산하는 것을 관리하는 것이 편리하다. 의존성을 명시적으로 지정하면 의존 대상이 되는 모든 컨테이너가 소비하는 컨테이너가 시작되기 전에 모두 정상 상태로 준비될 때까지 기다려야 해 클러스터를 효과적으로 스케일링할 수 없다. 나중에 Docker 스웜을 알아보면서 이러한 의존성을 관리하는 더 좋은 방법을 알아볼 것이다.

키바나는 Traefik을 거쳐 프록시 형태로 외부에서 접속할 수 있지만 Traefik은 키바나가 실행되는 데 필요한 서비스가 아니다. Traefik이 시작되면 Docker API로부터 실행 중인 컨테이너 목록을 얻어오고 초기 라우팅 맵을 구축한다. 그 다음 Docker의 이벤트 스트림을 구독해 컨테이너가 만들어지거나 지워질 때마다 라우팅 규칙을 수정한다. 이렇게 해 Traefik은 웹 컨테이너 전후에 시작할 수 있다.

kibana 서비스를 위한 컨테이너도 애플리케이션 네트워크에 연결한다. 다른 네트워크 구성을 선택한다면 백엔드 네트워크와 프론트엔드 네트워크를 나눌 수 있을 것이다. 모든 인프라 서비스는 백엔드 네트워크에 연결하고 외부에 드러나는 서비스는 백엔드와 프론트엔드 네트워크에 동시에 연결할 것이다. 이 네트워크는 모두 Docker에서 만드는 네트워크로 이렇게 구분하면 네트워크를 더 유연하게 구성할 수 있다.

애플리케이션 서비스 구성하기

지금까지 구성한 인프라 서비스는 애플리케이션 수준의 구성은 다루지 않았다. 지금까지 컨테이너와 Docker 플랫폼 사이의 네트워크, 볼륨, 포트와 같은 연동 지점을 구성했지만 애플리케이션 구성은 수정하지 않았기 때문에 각 컨테이너 이미지 안에 들어가는 기본 구성을 사용하도록 만들었다.

키바나 이미지는 elasticsearch라는 호스트 이름을 사용해 엘라스틱 서치에 연결되고 Docker Compose 파일에서 이 설정을 이용할 수 있게 서비스 이름을 지정했다. Docker 플랫폼은 elasticsearch라는 호스트 이름으로 들어오는 모든 요청을 해당 서비스로 라우팅하며 서비스와 연결된 컨테이너가 하나 이상이면 로드 밸런싱을 실행하기도 한다. 이렇게 해 키바나는 엘라스틱 서치를 의도한 도메인 이름을 사용해 연결할 수 있다.

이 커스텀 애플리케이션에는 환경 변수를 사용해 Compose 파일에 포함시킬 수 있는 구성 설정이 필요하다. Compose 파일에서 정의한 서비스용 환경 변수는 서비스를 실행하는 모든 컨테이너에 환경 변수로 지정된다.

index-dinner 처리기 서비스는 NATS 메시지 큐에서 메시지를 수신해 엘라스틱 서치로 문서를 추가하므로 같은 Docker 네트워크에 접속해 의존하는 다른 서비스와 통신할 수 있어야 한다. Compose 파일 안에 이러한 의존성을 정의하고 애플리케이션을 위해 구성 항목을 설정할 수 있다.

```
nerd-dinner-index-handler:
  image: dockeronwindows/ch05-nerd-dinner-index-handler:2e
  environment:
    - Elasticsearch:Url=http://elasticsearch:9200
    - MessageQueue:Url=nats://message-queue:4222
  depends_on:
    - elasticsearch
    - message-queue
  networks:
    - nd-net
```

여기서 2개의 환경 변수를 키와 값의 쌍으로 정의하기 위해 environment 섹션을 사용했다. 메시지 큐와 엘라스틱 서치에 연결하기 위해 URL을 지정했다. 이 값은 메시지 처리기 이미지 안에 이미 들어 있는 기본 값이므로 여기서 다시 설정할 필요는 없지만 나중에 명시적으로 다시 설정해야 할 때 이 값을 참조하는 것이 유용해 기재했다.

 Compose 파일을 분산 솔루션을 배포하기 위한 밑바탕으로 사용하면 유용하다. 환경 변수를 명시적으로 지정했다면 어떠한 구성 옵션을 사용할 수 있는지 설명할 수 있으므로 Compose 파일을 관리하기 더 쉽게 만들어준다.

간단한 애플리케이션 설정을 위해 환경 변수를 암호화되지 않은 텍스트로 저장할 수 있지만 민감한 정보는 5장에서 했던 것처럼 별도 파일로 분리하는 것이 좋다. Compose 파일 형식에서도 같은 방법을 사용할 수 있다. 데이터베이스 서비스는 환경 파일을 관리자 계정의 비밀번호를 지정하는 데 사용할 수 있으며 env-file 속성을 사용해 파일 경로를 지정할 수 있다.

```
nerd-dinner-db:
  image: dockeronwindows/ch03-nerd-dinner-db:2e
  env_file:
    - db-credentials.env
  volumes:
    - db-data:C:\data
  networks:
    - nd-net
```

데이터베이스 서비스가 시작되면 Docker는 환경 변수를 db-credentials.env 파일에서 읽어 설정할 것이다. 상대 경로를 사용했으므로 Compose 파일과 같은 위치에 파일이 들어 있어야 한다. 앞에서 했던 것처럼 이 파일의 내용은 한 줄에 하나의 환경 변수에 대한 키와 값 쌍으로 구성돼야 한다. 이 파일 안에서 애플리케이션을 위한 연결 문자열과 데이터베이스를 위한 비밀번호를 포함해 민감한 접속 정보가 한군데서 관리되게 했다.

```
sa_password=4jsZedB32!iSm__
ConnectionStrings:UsersContext=Data Source=nerd-dinner-db,1433;Initial
Catalog=NerdDinner...
ConnectionStrings:NerdDinnerContext=Data Source=nerd-dinner-db,1433;Initial
Catalog=NerdDinner...
```

민감한 데이터가 아직 암호화되지 않은 상태로 남아 있지만 별도 파일로 분리했기 때문에 다음과 같은 2가지 사항을 고려할 수 있다.

- 첫째, 파일 접근을 제한해 보안을 강화할 수 있다.
- 둘째, 서비스 구성을 애플리케이션 정의에서 분리한 것의 이점을 살리기 위해 같은 Docker Compose 파일을 사용해 다른 환경 변수를 불러오기 위해 환경 파일을 다르게 지정하는 방식으로 활용할 수 있다.

> **TIP** 환경 변수는 파일 접근을 통제하지 않는 이상 보안 유지가 안 된다. 컨테이너를 조사하면 환경 변수 값을 볼 수 있으므로 Docker API에 접근할 권한만 있으면 누구나 환경 변수 값을 확인할 수 있다. 비밀번호나 API 키와 같은 민감한 정보는 반드시 Docker 스웜과 함께 제공되는 Docker 시크릿을 사용해야 한다. 7장에서 자세한 내용을 알아본다.

save-dinner 메시지 처리기에서는 데이터베이스 접속 정보를 지정하기 위해 같은 환경 파일을 이용할 수 있다. 이 처리기는 메시지 큐와 데이터베이스 서비스에 의존성이 있지만 새로운 추가 속성을 지정할 것은 따로 없다.

```
nerd-dinner-save-handler:
  image: dockeronwindows/ch05-nerd-dinner-save-handler:2e
  depends_on:
    - nerd-dinner-db
    - message-queue
  env_file:
    - db-credentials.env
  networks:
    - nd-net
```

다음은 Traefik이 공개하는 프론트엔드 서비스인 REST API, 새로운 홈페이지, 레거시 NerdDinner 웹 애플리케이션의 정의다. REST API는 동일한 접속 정보 파일을 사용해 SQL 서버 연결을 구성하며 Traefik 라우팅 규칙을 포함한다.

```
nerd-dinner-api:
  image: dockeronwindows/ch05-nerd-dinner-api:2e
  labels:
    - "traefik.frontend.rule=Host:api.nerddinner.local"
  env_file:
    - db-credentials.env
  networks:
    - nd-net
```

홈페이지는 우선순위를 더 높게 잡아 처리되는 Traefik 라우팅 규칙을 포함한다. Nerd Dinner 웹 애플리케이션이 사용하는 다른 규칙에 우선해 홈페이지 규칙을 확인하게 만든다.

```
nerd-dinner-homepage:
  image: dockeronwindows/ch03-nerd-dinner-homepage:2e
  labels:
    - "traefik.frontend.rule=Host:nerddinner.local;Path:/,/css/site.css"
    - "traefik.frontend.priority=10"
  networks:
    - nd-net
```

마지막은 웹사이트 자체에 대한 서비스다. 여기서는 환경 변수와 환경 파일을 조합해 사용한다. 보통 환경과 상관 없이 똑같이 사용하는 변수 값은 명시적으로 값을 지정하는 것이 구성을 간결하게 만들어주며 주로 기능 옵션을 이렇게 지정했다. 민감한 데이터는 별도 파일에서 읽게 만들 수 있으며 여기서는 데이터베이스 접속 정보와 API 키를 별도 파일에서 읽게 만들었다.

```
nerd-dinner-web:
  image: dockeronwindows/ch05-nerd-dinner-web:2e
  labels:
    - "traefik.frontend.rule=Host:nerddinner.local;PathPrefix:/"
    - "traefik.frontend.priority=1"
  environment:
    - HomePage:Enabled=false
    - DinnerApi:Enabled=true
  env_file:
    - api-keys.env
    - db-credentials.env
  depends_on:
    - nerd-dinner-db
    - message-queue
  networks:
```

```
  - nd-net
```

website 컨테이너는 공개적으로 드러낼 필요가 없으므로 포트를 따로 게시하도록 설정하지 않았다. 이 애플리케이션은 다른 서비스에 접근해야 하므로 역시 같은 네트워크에 연결하게 설정했다.

모든 서비스가 구성됐으므로 네트워크와 볼륨 리소스를 지정해 Compose 파일을 완성할 것이다.

애플리케이션 리소스 지정하기

Docker Compose는 네트워크와 볼륨의 정의를 서비스 정의로부터 분리해 환경에 따라 유연하게 지정할 수 있게 했다. 6장 후반부에서 이러한 유연함이 어떻게 동작하는지 알아볼 것이며 지금은 NerdDinner Compose 파일을 완성하기 위해 기본 값을 사용해 구성할 것이다.

Compose 파일 안의 서비스는 모두 nd-net 네트워크를 사용하게 했으며 Compose 파일 안에 이 네트워크의 설정을 지정해야 한다. Docker 네트워크는 애플리케이션을 분리할 좋은 방법이다. 엘라스틱 서치를 사용하는 솔루션이 여러 개 있을 수 있지만 각각 서로 다른 서비스 수준 보장SLA과 저장소 요구 사항을 갖고 있을 수 있다. 각각의 애플리케이션마다 분리된 네트워크를 사용할 수 있다면 서로 다른 Docker 네트워크에서 분리된 엘라스틱 서치 서비스를 독립적으로 실행할 수 있고 애플리케이션마다 개별적으로 구성할 수 있지만 모두 elasticsearch라는 이름을 동일하게 사용할 수 있다. 이렇게 구성하면 네트워크에 따라 구별하면서도 애플리케이션의 기본 관례를 유지할 수 있어 각각의 서비스는 속한 네트워크 안에서 항상 elasticsearch라는 인스턴스를 찾을 수 있다.

Docker Compose는 네트워크를 런타임 시점에 만들 수 있고 호스트상에 이미 만들어진 외부 네트워크를 사용하도록 리소스를 정의할 수 있다. 다음은 Docker가 처음 설치되면 자동으로 만드는 nat 네트워크를 사용하도록 NerdDinner 애플리케이션의 네트워크를 정의했으며 보통의 Docker 호스트에서 항상 잘 작동하는 기본 구성이다.

```
networks:
  nd-net:
    external:
      name: nat
```

볼륨도 지정해야 한다. 엘라스틱 서치와 SQL 서버는 모두 상태에 의존적인 서비스로 데이터 저장을 위한 이름이 명시된 볼륨을 사용하며 각각 **es-data**와 **nd-data**라는 이름을 사용한다. 앞의 네트워크 리소스와 마찬가지로 볼륨도 외부 볼륨을 사용할 수 있으므로 Docker Compose는 기존 볼륨을 사용할 수 있다. Docker는 기본 볼륨을 자동으로 만들지 않으므로 외부 볼륨을 사용하려면 애플리케이션을 실행하기 전에 각 호스트마다 볼륨을 미리 만들어야 한다. 이러한 방법 대신 Compose 파일에 상세 옵션을 지정하지 않고 볼륨 이름만 지정하면 Docker Compose가 자동으로 볼륨을 만들어줄 것이다.

```
volumes:
  es-data:
  db-data:
```

이렇게 하면 컨테이너의 쓰기 레이어상이 아닌 호스트의 볼륨에 데이터를 기록할 것이다. 이 볼륨은 호스트에 마운트된 볼륨이 아니므로 데이터가 로컬 디스크에 저장되지만 어느 위치에 기록되는지 정확하게 알 수 없다. 각 볼륨은 Docker 데이터 디렉터리인 `C:\ProgramData\Docker` 아래에 데이터를 기록할 것이다. 이렇게 만든 볼륨을 관리하는 방법은 6장 후반부에서 알아본다.

이제 Compose 파일은 서비스, 네트워크, 볼륨이 모두 구성됐으므로 실행할 수 있다. 전체 파일 내용은 `ch06\ch06-docker-compose`에서 확인할 수 있다.

▌ Docker Compose로 애플리케이션 관리하기

Docker Compose는 Docker CLI와 비슷한 인터페이스를 제공한다. `docker-compose` 명령문은 Docker CLI가 제공하는 모든 기능 중 일부 명령문과 비슷한 기능을 지원한다. Compose CLI로 명령문을 실행하면 Docker 엔진으로 요청을 보내 Compose 파일에 기술한 리소스를 대신 처리해준다.

Docker Compose 파일은 애플리케이션에서 필요한 구성을 담고 있다. `docker-compose` 명령문을 실행하면 Compose 파일과 Docker의 모든 개체의 상태를 비교해 Compose 파일에서 지정한 것과 차이가 있는 부분을 확인하고 Compose 파일을 기준으로 변경 사항을 적용한다. 이때 컨테이너를 멈추거나 시작하거나 볼륨을 새로 만드는 작업을 할 수 있다.

Compose는 Compose 파일 안의 모든 리소스를 하나의 애플리케이션으로 취급하며 같은 호스트에서 실행되는 애플리케이션과 구분하기 위해 애플리케이션을 위해 만들어야하는 모든 리소스 이름 앞에 프로젝트 이름을 붙인다. 애플리케이션을 Compose 파일로 실행한 후 호스트에서 실행되는 컨테이너를 확인해보면 서비스 이름이 완전하게 일치하는 컨테이너 이름이 없다는 것을 알 수 있다. Compose는 프로젝트 이름과 순번을 컨테이너 이름에 추가해 서비스에 여러 개의 컨테이너가 연결되는 상황을 지원하지만 Docker의 DNS 시스템에 영향을 미치지 않으므로 컨테이너는 여전하게 서비스 이름을 사용해 다른 컨테이너에 접근할 수 있다.

애플리케이션 실행하기

`ch06-docker-compose` 디렉터리 안에서 NerdDinner Compose 파일의 첫 버전과 모든 환경 변수 파일을 찾아볼 수 있다. 이 디렉터리에서 `docker-compose` 명령문을 한 번만 실행하면 전체 애플리케이션을 한 번에 시작할 수 있다.

```
> docker-compose up -d
Creating ch06-docker-compose_message-queue_1              ... done
Creating ch06-docker-compose_nerd-dinner-api_1           ... done
Creating ch06-docker-compose_nerd-dinner-db_1            ... done
Creating ch06-docker-compose_nerd-dinner-homepage_1      ... done
Creating ch06-docker-compose_elasticsearch_1             ... done
Creating ch06-docker-compose_reverse-proxy_1             ... done
Creating ch06-docker-compose_kibana_1                    ... done
Creating ch06-docker-compose_nerd-dinner-index-handler_1 ... done
Creating ch06-docker-compose_nerd-dinner-web_1           ... done
Creating ch06-docker-compose_nerd-dinner-save-handler_1  ... done
```

실행했던 명령문이 어떻게 동작했는지 하나씩 알아보자.

- up 명령문은 애플리케이션을 실행하고 네트워크와 볼륨을 만들어주며 컨테이너를 모두 실행한다.
- -d 옵션은 모든 컨테이너를 백그라운드에서 실행하는 것이며 docker container run 명령에서 --detach 옵션을 지정해 실행하는 것과 같다.

Docker Compose가 서비스를 위해 depends_on 설정을 그대로 준수하는 것을 볼 수 있다. 서비스가 구동하는 데 필요한 다른 서비스를 먼저 만든다. 그 외 다른 서비스에 의존하지 않는 서비스는 임의의 순서로 만든다. 여기서는 다른 모든 서비스가 참조하는 message-queue 서비스를 먼저 만든다. 그리고 가장 많은 서비스에 의존하는 nerd-dinner-web과 nerd-dinner-save-handler 서비스를 마지막에 만든다.

출력에 표시되는 이름은 개별적인 컨테이너 이름으로 이름에 {project}_{service}_{index}와 같은 규칙을 갖고 있다. 각 서비스는 기본적으로 하나의 컨테이너만 갖고 실행되므로 순번 값이 모두 1로 지정됐다. 프로젝트 이름은 Compose 명령문을 실행했던 디렉터리 이름을 다듬은 이름이다.

docker-compose up 명령문을 실행하고 완료되면 Docker Compose나 표준 Docker CLI를 사용해 컨테이너를 관리할 수 있다. 컨테이너는 보통의 컨테이너와 다르지 않으며

Compose가 전체 애플리케이션을 관리할 수 있게 약간의 메타 데이터를 추가한 정도만 차이가 있을 뿐이다. 컨테이너 목록을 확인해보면 Compose가 만든 모든 서비스 컨테이너가 표시된다.

```
> docker container ls
CONTAINER ID                      IMAGE                                            COMMAND
c992051ba468   dockeronwindows/ch05-nerd-dinner-web:2e                      "powershell
powershe…"
78f5ec045948   dockeronwindows/ch05-nerd-dinner-save-handler:2e            "NerdDinner.
MessageH…"
df6de70f61df   dockeronwindows/ch05-nerd-dinner-index-handler:2e              "dotnet
NerdDinner.M…"
ca169dd1d2f7   sixeyed/kibana:5.6.11-windowsservercore-ltsc2019           "powershell
./init.p…"
b490263a6590   dockeronwindows/ch03-nerd-dinner-db:2e                       "powershell
-Command…"
82055c7bfb05   sixeyed/elasticsearch:5.6.11-windowsservercore-ltsc2019   "cmd /S /
C \".\\bin\\el…"
22e2d5b8e1fa   dockeronwindows/ch03-nerd-dinner-homepage:2e                   "dotnet
NerdDinner.H…"
058248e7998c   dockeronwindows/ch05-nerd-dinner-api:2e                        "dotnet
NerdDinner.D…"
47a9e4d91682   sixeyed/traefik:v1.7.8-windowsservercore-ltsc2019             "/traefik
--docker -…"
cfd1ef3f5414   dockeronwindows/ch05-nats:2e                                 "gnatsd -c
gnatsd.co…"
...
```

Traefik을 실행하는 컨테이너는 80번 포트를 로컬 컴퓨터에 게시했고 NerdDinner를 로컬에서 접근할 수 있게 하기 위해 host 파일에도 항목을 추가했다. NerdDinner 애플리케이션은 새로운 홈페이지와 REST API, 키바나 분석 서비스와 함께 의도한 대로 잘 작동할 것이다. Compose 파일에 필요한 모든 구성을 정의했고 모든 구성 요소가 Docker Compose로 시작했기 때문이다.

지금 Compose 파일 형식의 강력한 기능 중 하나를 봤다. 이 파일에는 애플리케이션 실행에 필요한 완전한 내용이 들어 있으며 애플리케이션을 사용하려는 사람은 누구나 사용할 수 있다. 여기서는 모든 구성 요소가 Docker 허브에 공개된 컨테이너 이미지를 사용하므로 Compose 파일만 있으면 누구나 애플리케이션을 실행할 수 있다. .NET Framework, .NET Core, 자바, Go, Node.js가 이미 구성 요소에 들어 있으므로 Docker와 Docker Compose 외에 NerdDinner를 위해 별도로 필요한 추가 소프트웨어는 전혀 없다.

애플리케이션 서비스 스케일링하기

Docker Compose는 실행 중인 서비스에 컨테이너를 추가하거나 제거해 서비스 규모를 쉽게 늘리거나 줄여준다. 서비스가 여러 컨테이너를 사용해 실행되는 동안 네트워크 안의 다른 서비스는 그 서비스에 계속 접근할 수 있다. 필요한 쪽이 서비스 이름을 사용해 통신하고 Docker 안의 DNS 서버는 서비스와 연결되는 모든 컨테이너에 대한 요청을 분산시켜준다.

컨테이너를 더 추가한다고 자동으로 서비스를 쉽게 확장하거나 문제 상태로부터 쉽게 회복할 수 있는 것은 아니며 서비스를 실행하는 애플리케이션마다 다르다. 단순하게 컨테이너를 추가하는 것만으로는 클러스터가 내부적으로 어떻게 동작하는지를 전혀 구성하지 않았기 때문에 SQL 서버 재해 복구 클러스터를 만들 수 없다. 또 다른 컨테이너를 추가하는 것은 단순하게 별도 데이터 저장소가 있는 2개의 데이터베이스를 띄우는 데 불과하다.

웹 애플리케이션은 스케일 아웃을 지원하도록 만들었다면 보통 스케일링이 가능하다. 상태에 의존하지 않는 애플리케이션은 컨테이너 개수와 상관 없이 모든 컨테이너가 들어오는 모든 요청을 즉시 처리할 수 있어 확장해 실행할 수 있다. 애플리케이션이 세션 상태를 자체 관리한다면 같은 사용자로부터 온 요청은 반드시 같은 서비스가 처리해야 한다. 이때 Sticky Session을 사용하지 않으면 부하를 여러 컨테이너로 분산할 수 없다.

호스트로 포트를 게시하는 서비스도 단일 Docker 엔진 안에서 실행되는 이상 확장할 수 없다. 포트는 하나의 운영 체제 프로세스만 수신 대기할 수 있으며 Docker에서도 마찬가지다. 같은 컨테이너 포트를 여러 컨테이너 포트에 연결하지 못한다. Docker 스웜에서는 여러 개의 호스트를 사용하므로 포트를 게시할 때도 서비스를 확장할 수 있으며 서로 다른 호스트의 Docker가 컨테이너를 실행한다.

NerdDinner에서 메시지 처리기는 완전하게 상태 독립적인 구성 요소다. 큐에서 메시지를 받아오기만 하면 이 안에 필요한 모든 정보가 들어 있으므로 즉시 처리할 수 있다. NATS는 같은 메시지 큐에서 구독자를 그룹화하는 기능을 지원한다. save-dinner 처리기를 실행하는 컨테이너가 여러 개 있을 수 있고 NATS는 각 메시지마다 단 하나의 처리기만 지정할 수 있으므로 메시지가 중복 처리될 걱정은 안 해도 된다. 메시지 처리기의 코드는 이러한 장점을 이미 활용한다.

처리해야 할 메시지 양이 많은 시간대에 메시지 처리기 대수를 늘리면 성능을 개선할 수 있다. 이때 up 명령문과 함께 --scale 옵션을 사용해 스케일링할 서비스의 이름과 인스턴스 수를 지정하면 된다.

```
> docker-compose up -d --scale nerd-dinner-save-handler=3

ch06-docker-compose_elasticsearch_1 is up-to-date
ch06-docker-compose_nerd-dinner-homepage_1 is up-to-date
ch06-docker-compose_message-queue_1 is up-to-date
ch06-docker-compose_nerd-dinner-db_1 is up-to-date
ch06-docker-compose_reverse-proxy_1 is up-to-date
ch06-docker-compose_nerd-dinner-api_1 is up-to-date
Starting ch06-docker-compose_nerd-dinner-save-handler_1 ...
ch06-docker-compose_kibana_1 is up-to-date
ch06-docker-compose_nerd-dinner-web_1 is up-to-date
Creating ch06-docker-compose_nerd-dinner-save-handler_2 ... done
Creating ch06-docker-compose_nerd-dinner-save-handler_3 ... done
```

Docker Compose는 실행 중인 애플리케이션 상태를 Compose 파일과 비교한 후 명령문에서 지정한 사항을 반영한다. 이때 모든 서비스는 save-dinner 처리기를 제외하고 변경되는 내용이 없으며 모두 최신 상태로 표시될 것이다. save-handler는 새로운 서비스 수준을 갖게 되며 Docker Compose는 2개의 컨테이너를 더 만든다.

save-message 처리기의 인스턴스를 3개로 만든 후 라운드 로빈 전략에 따라 들어오는 메시지를 처리한다. 이러한 방법으로 처리 성능을 개선할 수 있다. 처리기는 메시지를 동시에 처리해 SQL 데이터베이스에 메시지를 기록할 수 있으므로 메시지가 처리되는 데 걸리는 시간을 단축하고 더 많은 메시지를 처리할 수 있다. 하지만 여전하게 SQL 서버에 데이터를 저장하려는 프로세스 개수에는 제한이 있으므로 데이터베이스는 이 기능의 병목 현상이 되지 않는다.

웹 애플리케이션으로 여러 개의 만찬 일정을 만들 수 있고 메시지 처리기는 이벤트 메시지가 게시될 때 발생하는 부하를 공유할 수 있다. 로그에서는 서로 다른 처리기가 서로 다른 메시지를 중복 없이 처리하는 것을 확인할 수 있다.

```
> docker container logs ch06-docker-compose_nerd-dinner-save-handler_1
Connecting to message queue url: nats://message-queue:4222
Listening on subject: events.dinner.created, queue: save-dinner-handler
Received message, subject: events.dinner.created
Saving new dinner, created at: 2/12/2019 11:22:47 AM; event ID: 60f8b653-f456-
4bb1-9ccd-1253e9a222b6
Dinner saved. Dinner ID: 1; event ID: 60f8b653-f456-4bb1-9ccd-1253e9a222b6
...

> docker container logs ch06-docker-compose_nerd-dinner-save-handler_2
Connecting to message queue url: nats://message-queue:4222
Listening on subject: events.dinner.created, queue: save-dinner-handler
Received message, subject: events.dinner.created
Saving new dinner, created at: 2/12/2019 11:25:00 AM; event ID: 5f6d017e-a66b-
4887-8fd5-ac053a639a6d
Dinner saved. Dinner ID: 5; event ID: 5f6d017e-a66b-4887-8fd5-ac053a639a6d

> docker container logs ch06-docker-compose_nerd-dinner-save-handler_3
Connecting to message queue url: nats://message-queue:4222
```

```
Listening on subject: events.dinner.created, queue: save-dinner-handler
Received message, subject: events.dinner.created
Saving new dinner, created at: 2/12/2019 11:24:55 AM; event ID: 8789179b-c947-
41ad-a0e4-6bde7a1f2614
Dinner saved. Dinner ID: 4; event ID: 8789179b-c947-41ad-a0e4-6bde7a1f2614
```

단일 Docker 엔진에서 이 애플리케이션을 실행하고 80번 포트를 게시할 수 있는 컨테이너는 하나밖에 없으므로 Traefik 서비스를 확장할 수 없다. 하지만 Traefik이 프록시로 내보낼 프론트엔드 컨테이너는 확장할 수 있다. 여러 인스턴스로 스케일링했을 때 이 애플리케이션이 제대로 동작하는지 미리 확인할 좋은 방법이다. 원래의 NerdDinner 웹 애플리케이션에 2개의 인스턴스를 추가해보겠다.

```
> docker-compose up -d --scale nerd-dinner-web=3
ch06-docker-compose_message-queue_1 is up-to-date ...
Stopping and removing ch06-docker-compose_nerd-dinner-save-handler_2 ... done
Stopping and removing ch06-docker-compose_nerd-dinner-save-handler_3 ... done
Creating ch06-docker-compose_nerd-dinner-web_2 ... done
Creating ch06-docker-compose_nerd-dinner-web_3 ... done
Starting ch06-docker-compose_nerd-dinner-save-handler_1 ... done
```

출력 결과를 자세하게 확인해보면 제대로 처리된 것은 맞지만 의도한 것과 다르게 동작한다. Compose는 2개의 새로운 NerdDinner 웹 컨테이너를 만들어 명령문에서 지정한 3개의 인스턴스 숫자를 맞췄지만 save-handler 컨테이너 2개도 함께 제거했다.

Compose가 docker-compose.yml 파일을 각 서비스의 단일 인스턴스를 사용하는 애플리케이션 정의로 암시적으로 사용하기 때문이다. 그 다음 웹 서비스에 스케일링 값을 추가해 웹 서비스는 반드시 3개가 돼야 하고 나머지 모든 서비스는 각각 1개의 컨테이너만 실행하는 상태로 만들게 유도한다. 이렇게 웹 서비스는 1개의 컨테이너가 실행 중인 것을 확인해 2개를 새로 추가한다. 반면 save-handler 서비스는 3개에서 1개로 축소한다.

Compose 파일에 여러 서비스의 정의를 혼합하고 변경 사항을 이렇게 명령문으로 전달하는 것은 알아본 것과 같은 상황이 발생할 수 있어 권장되지 않는다. 그래서 애플리케이션 하나당 Compose 파일 하나를 만들어 상태를 관리해야 한다. 하지만 이때 Compose 파일에 스케일링 옵션을 지정할 수 없으므로 (이전 버전에서는 가능했지만 스펙 v3에서는 불가능하다) 모든 서비스의 스케일 레벨을 명시적으로 추가해야 한다.

```
docker-compose up -d --scale nerd-dinner-web=3 --scale nerd-dinner-save-handler=3
```

이제 3개의 save-handler 컨테이너를 실행해 메시지 큐 작업을 공유해 동시에 처리할 수 있는 상태가 됐고 3개의 웹 컨테이너를 실행하는 상태를 만들었다. Traefik은 들어오는 요청을 3개의 웹 컨테이너로 분산해 라우팅할 것이다. 8080 포트로 게시한 Traefik 대시보드로 구성이 잘 됐는지 다음 그림과 같이 확인할 수 있다.

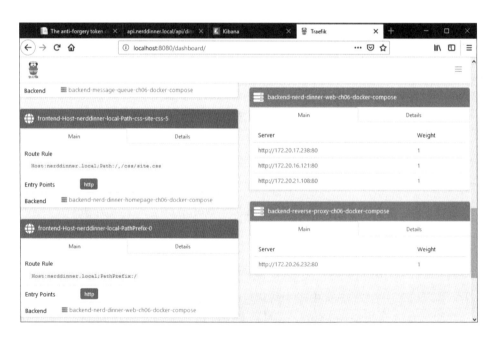

Traefik 대시보드에서 프론트엔드 라우팅 규칙은 왼쪽 파란색 상자, 연결되는 백엔드 서비스는 오른쪽 녹색 상자에서 내역을 확인할 수 있다. nerddinner.local에 경로 접두사

/로 시작하는 요청에 대한 프론트엔드 라우팅 규칙은 모든 트래픽을 `nerd-dinner-web` 백엔드로 보낸다(다만 홈페이지는 다른 규칙을 갖고 있어 예외로 처리된다). 백엔드는 3개의 서비스로 나타나며 Docker Compose로 스케일링한 3개의 컨테이너다. `172.20.*.*` 서버 주소는 Docker 네트워크에서 컨테이너 간에 서로 통신할 수 있는 내부 IP 주소다.

NerdDinner 애플리케이션을 웹 브라우저로 확인할 수 있으며 Traefik이 들어오는 모든 요청을 백엔드 컨테이너로 보내 제대로 동작하는 것을 확인할 수 있다. 로그인을 시도하면 NerdDinner가 여러 인스턴스로 확장할 수 있게 아직 준비되지 않았다는 것을 확인할 수 있다.

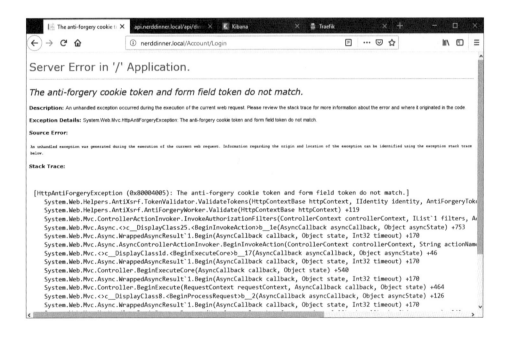

이 오류 메시지는 NerdDinner가 특정 사용자로부터 오는 요청이 특정 웹 애플리케이션 인스턴스가 처리할 수 있게 설계된 것임을 보여준다. Traefik은 이러한 상황을 고려해 Sticky Session 기능을 지원하므로 Compose 파일의 웹 서비스 정의 부분에 새로운 라벨을 추가해 문제를 해결할 수 있다. 다음과 같이 수정하면 NerdDinner 백엔드에 Sticky

Session을 활성화할 수 있다.

```
nerd-dinner-web:
  image: dockeronwindows/ch05-nerd-dinner-web:2e
  labels:
    - "traefik.frontend.rule=Host:nerddinner.local;PathPrefix:/"
    - "traefik.frontend.priority=1"
    - "traefik.backend.loadbalancer.stickiness=true"
```

앞에서와 같이 정확한 스케일링 값을 지정해 다시 배포해보겠다.

```
> docker-compose up -d --scale nerd-dinner-web=3 --scale nerd-dinner-save-
handler=3
ch06-docker-compose_message-queue_1 is up-to-date ...
Recreating ch06-docker-compose_nerd-dinner-web_1 ... done
Recreating ch06-docker-compose_nerd-dinner-web_2 ... done
Recreating ch06-docker-compose_nerd-dinner-web_3 ... done
```

Compose는 웹 서비스 컨테이너를 다시 만들어 이전 컨테이너는 제거하고 새로운 컨테이너를 새로운 구성으로 다시 만든다. 이제 Traefik은 Sticky Session을 사용하므로 지금 보고 있는 브라우저로부터 온 요청이 같은 컨테이너로 전달되는 것을 알 수 있다. Traefik은 별도 쿠키를 만들어 어느 컨테이너 IP 주소로 요청이 전달돼야 하는지를 명시함으로써 이 기능을 구현한다.

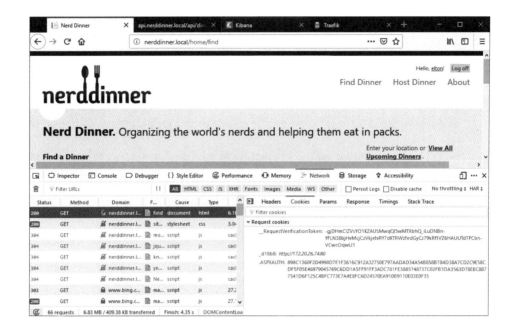

여기서 쿠키 이름은 _d18b8로 모든 요청이 반드시 내부 IP 주소 172.20.26.74로 가야 한다는 것을 명시해 라우팅 경로를 고정한다.

스케일링할 때 발생하는 문제는 테스트 환경에서만 일어나지만 가끔 프로덕션 환경에서도 일어난다. Docker에서 모든 것을 실행하면 개발자 랩톱에서 애플리케이션 기능을 대규모로 테스트할 수 있어 릴리스 전에 이러한 문제를 찾을 수 있다. Traefik과 같은 최신 기술을 사용하면 레거시 애플리케이션의 코드를 수정하지 않고도 이러한 문제를 쉽게 해결할 수 있다.

애플리케이션 서비스 중지하고 시작하기

Docker Compose에는 컨테이너의 생명 주기를 관리하기 위한 몇 가지 명령문이 있다. 옵션이 각각 어떻게 동작하는지 알아야 실수로 리소스를 제거하는 것을 방지할 수 있다.

up과 down 명령문은 전체 애플리케이션을 시작하거나 중지하는 용도로만 쓸 수 있는 무딘 도구다. up 명령문은 Compose 파일에서 지정한 리소스와 현재 상태를 비교해 누락된 모든 리소스를 한 번에 만들어주며 그 후 모든 서비스를 위한 컨테이너를 만들고 시작한다. down 명령문은 이와 반대로 실행 중인 모든 컨테이너를 중지하고 애플리케이션 리소스를 모두 제거한다. Docker Compose로 만든 모든 컨테이너와 네트워크는 이러한 방법으로 제거되지만 볼륨은 제거되지 않으므로 모든 애플리케이션 데이터는 항상 유지된다.

stop 명령문은 단순하게 실행 중인 모든 컨테이너를 중지하고 컨테이너나 다른 리소스를 제거하지 않는다. 이와 같이 컨테이너를 중지하면 실행 중인 프로세스를 안전하게 종료한다. kill 명령문은 컨테이너를 중지하면서 실행 중인 프로세스를 강제 종료한다. 정지된 애플리케이션 컨테이너는 다시 start 명령문으로 시작할 수 있으며 기존 컨테이너의 진입점으로 지정한 프로그램을 다시 실행한다.

정지된 컨테이너는 모든 구성과 데이터를 그대로 유지하지만 정지한 동안 컴퓨팅 리소스는 전혀 사용하지 않는다. 여러 프로젝트를 사용할 때 컨테이너를 시작하고 정지해 작업을 쉽게 전환할 수 있다. NerdDinner를 개발하다가 다른 개발 업무를 먼저 진행해야 할 때 다음과 같이 전체 NerdDinner 애플리케이션을 중지해 부족한 컴퓨팅 리소스를 확보할 수 있다.

```
> docker-compose stop
Stopping ch06-docker-compose_nerd-dinner-web_2            ... done
Stopping ch06-docker-compose_nerd-dinner-web_1            ... done
Stopping ch06-docker-compose_nerd-dinner-web_3            ... done
Stopping ch06-docker-compose_nerd-dinner-save-handler_3   ... done
Stopping ch06-docker-compose_nerd-dinner-save-handler_2   ... done
Stopping ch06-docker-compose_nerd-dinner-save-handler_1   ... done
Stopping ch06-docker-compose_nerd-dinner-index-handler_1 ... done
Stopping ch06-docker-compose_kibana_1                     ... done
Stopping ch06-docker-compose_reverse-proxy_1             ... done
Stopping ch06-docker-compose_nerd-dinner-homepage_1      ... done
Stopping ch06-docker-compose_nerd-dinner-db_1            ... done
Stopping ch06-docker-compose_nerd-dinner-api_1           ... done
Stopping ch06-docker-compose_elasticsearch_1            ... done
```

```
Stopping ch06-docker-compose_message-queue_1           ... done
```

이제 실행되는 컨테이너가 없으므로 다른 프로젝트에서 모든 리소스를 사용해 개발을 진행할 수 있다. 작업이 끝나면 docker-compose start 명령문을 다시 실행해 NerdDinner 애플리케이션을 다시 실행할 수 있다.

또한 이름을 지정해 개별적으로 컨테이너를 중지시킬 수 있다. 이러한 방법으로 애플리케이션이 어떻게 실패 상태를 관리하는지 시험할 수 있다. index-dinner 애플리케이션이 엘라스틱 서치 서비스를 종료시켜 서비스에 연결할 수 없을 때 어떻게 동작하는지 시험하기 위해 다음과 같이 명령문을 실행할 수 있다.

```
> docker-compose stop elasticsearch
Stopping ch06-docker-compose_elasticsearch_1 ... done
```

docker-compose를 사용하는 모든 명령문은 Compose 파일을 Docker에서 실행 중인 서비스와 비교해 처리된다. Docker Compose 명령문을 실행하려면 Docker Compose 파일이 필요하다. 이 부분이 Docker Compose를 사용해 단일 호스트에서 애플리케이션을 실행할 때의 가장 큰 단점이다. 문제 해결의 대안으로 같은 Compose 파일을 배포할 대상으로 Docker 스웜 스택으로 지정해 배포하는 방법이 있다. 7장에서 자세한 내용을 알아본다.

stop과 start 명령문은 Compose 파일을 사용하지만 Compose 파일 안에 정의된 내용뿐만 아니라 지금 실행 중인 컨테이너에서도 작동한다. 따라서 서비스를 스케일링할 때 전체 애플리케이션을 중지했다가 다시 시작하면 스케일링한 모든 컨테이너가 계속 유지된다. up 명령만 Compose 파일을 사용해 애플리케이션 상태를 원래 의도했던 상태로 재설정한다.

애플리케이션 서비스 업그레이드하기

docker-compose up 명령문을 같은 Compose 파일을 사용해 반복하면 처음 실행한 이후에는 변화 사항이 발생하지 않는다. Docker Compose는 Compose 파일과 지금 활성화된 실행 중인 컨테이너와 비교해 정의가 바뀌지 않는 이상 리소스를 전혀 변경하지 않는다. 곧 Docker Compose를 사용해 애플리케이션 업그레이드를 관리할 수 있다.

현재 사용하는 Compose 파일은 3장, 컨테이너로 .NET Framework 및 .NET Core 애플리케이션 개발하기에서 만든 데이터베이스 서비스 이미지를 사용하며 이 이미지는 dockeronwindows/ch03-nerd-dinner-db:2e 태그를 갖고 있다. 6장에서는 데이터베이스 스키마 안의 테이블에 audit 필드를 추가해 새 버전의 데이터베이스 이미지를 만들어 dockeronwindows/ch06-nerd-dinner-db:2e로 태그를 지정할 것이다.

같은 ch06-docker-compose 디렉터리에 두 번째 버전의 Compose 파일인 docker-compose -db-upgrade.yml 파일을 다음과 같이 만들 것이다. 업그레이드 파일은 완전한 애플리케이션 정의를 포함하지 않으며 새로운 이미지 태그를 사용하는 데이터베이스 서비스 정의의 일부만 포함한다.

```
version: '3.7'
services:
  nerd-dinner-db:
    image: dockeronwindows/ch06-nerd-dinner-db:2e
```

Docker Compose는 파일 수준의 재정의를 지원한다. docker-compose 명령문을 실행할 때 여러 개의 Compose 파일을 전달 인자로 지정할 수 있다. Compose는 모든 파일을 명령문에 기재한 순서대로 왼쪽에서 오른쪽으로 파일을 읽어 모든 내용을 합친다. 파일로 재정의하면 애플리케이션 정의에 새로운 섹션을 추가하거나 기존 값을 바꾸는 작업을 할 수 있다.

애플리케이션을 실행하는 동안 docker compose up 명령문을 원래의 Compose 파일과

db-upgrade 재정의 파일을 지정해 다시 실행할 수 있다.

```
> docker-compose `
    -f docker-compose.yml `
    -f docker-compose-db-upgrade.yml `
  up -d

ch06-docker-compose_reverse-proxy_1 is up-to-date
ch06-docker-compose_nerd-dinner-homepage_1 is up-to-date
ch06-docker-compose_elasticsearch_1 is up-to-date
ch06-docker-compose_message-queue_1 is up-to-date
ch06-docker-compose_kibana_1 is up-to-date
Recreating ch06-docker-compose_nerd-dinner-db_1              ... done
Recreating ch06-docker-compose_nerd-dinner-web_1            ... done
Recreating ch06-docker-compose_nerd-dinner-save-handler_1 ... done
Recreating ch06-docker-compose_nerd-dinner-api_1            ... done
```

이 명령문은 db-upgrade 파일을 docker-compose.yml 파일을 재정의하는 데 사용한다. Docker Compose는 2개의 파일을 병합해 최종적으로 만든 서비스 정의가 원래 파일에 들어 있던 모든 값과 함께 재정의 파일에서 지정한 이미지 사양만 변경한 상태로 만들어준다. 새로운 서비스 정의는 지금 Docker에서 실행 중인 내용과 차이가 있으므로 Compose는 데이터베이스 서비스를 다시 만든다.

Docker Compose는 기존 컨테이너를 제거하고 새로운 컨테이너를 새로운 이미지 사양을 사용해 만드는 것으로 서비스를 다시 만든다. 데이터베이스에 의존하지 않는 서비스는 그대로 남아 로그 기록상 최신 상태로 표시되며 데이터베이스에 의존하는 서비스는 새 데이터베이스 컨테이너가 실행되면 역시 새로 만든다.

지금 사용하는 데이터베이스 컨테이너는 3장, 컨테이너로 .NET Framework 및 .NET Core 애플리케이션 개발하기에서 설명한 패턴을 사용해 볼륨에 데이터를 저장하고 컨테이너가 교체된 후 데이터베이스 스키마를 업그레이드하는 스크립트를 자동으로 실행한다. Compose 파일에서 db-data 볼륨을 사용하도록 기본 정의를 담고 있으므로 Docker

Compose는 볼륨을 만들어준다. Compose가 만든 컨테이너와 마찬가지로 볼륨도 표준 Docker 리소스이며 Docker CLI를 사용해 관리할 수 있다. docker volume ls 명령문으로 호스트에 만든 모든 볼륨을 확인할 수 있다.

```
> docker volume ls

DRIVER   VOLUME NAME
local    ch06-docker-compose_db-data
local    ch06-docker-compose_es-data
```

NerdDinner 애플리케이션 배포를 위해 2개의 볼륨이 있는 것을 볼 수 있다. 2개 모두 로컬 드라이버를 사용하며 로컬 디스크에 데이터가 저장된다. SQL 서버 볼륨을 조사해 호스트에 물리적으로 어떠한 경로(Mountpoint 속성에 있는)에 저장되는지 확인할 수 있고 데이터베이스 파일을 확인하기 위해 디렉터리 안의 내용을 볼 수 있다.

```
> docker volume inspect -f '{{ .Mountpoint }}' ch06-docker-compose_db-data
C:\ProgramData\docker\volumes\ch06-docker-compose_db-data\_data

> ls C:\ProgramData\docker\volumes\ch06-docker-compose_db-data\_data

Directory: C:\ProgramData\docker\volumes\ch06-docker-compose_db-data\_data

Mode        LastWriteTime              Length Name
------      ---------------            ------- -------
-a----      12/02/2019      13:47      8388608 NerdDinner_Primary.ldf
-a----      12/02/2019      13:47      8388608 NerdDinner_Primary.mdf
```

볼륨은 컨테이너 밖에 저장되므로 Docker Compose가 앞에서 띄운 데이터베이스 컨테이너를 제거하더라도 모든 데이터는 유지된다. 새로운 데이터베이스 이미지에는 DACPAC 패키지가 들어 있으며 3장, 컨테이너로 .NET Framework 및 .NET Core 애플리케이션 개발하기의 SQL 데이터베이스와 같은 방식으로 기존 데이터베이스 파일의 업그레이드를 실행하도록 구성된다.

새 컨테이너가 시작되면 로그를 확인해 새 컨테이너가 볼륨에서 데이터베이스 파일을 연결한 후 Dinners 테이블을 변경해 audit 열을 새로 추가했는지 확인할 수 있다.

```
> docker container logs ch06-docker-compose_nerd-dinner-db_1

VERBOSE: Starting SQL Server
VERBOSE: Changing SA login credentials
VERBOSE: Data files exist - will attach and upgrade database
Generating publish script for database 'NerdDinner' on server '.\SQLEXPRESS'.
Successfully generated script to file C:\init\deploy.sql.
VERBOSE: Changed database context to 'NerdDinner'.
VERBOSE: Altering [dbo].[Dinners]...
VERBOSE: Update complete.
VERBOSE: Deployed NerdDinner database, data files at: C:\data
```

새 audit 열은 행이 업데이트될 때 타임스탬프 값을 추가해 웹 UI로 새로운 만찬 일정을 입력받았을 때 데이터베이스에 해당 행이 언제 마지막으로 수정됐는지 알 수 있다. 개발 환경에서는 SQL 서버 포트를 클라이언트 연결을 위해 게시하지 않았지만 docker container inspect 명령문을 사용해 컨테이너의 로컬 IP 주소를 조사할 수 있다. 그 다음 SQL 클라이언트를 컨테이너에 직접 연결해 새로운 audit 열의 타임스탬프 값을 확인하기 위해 다음 그림과 같이 쿼리를 실행할 수 있다.

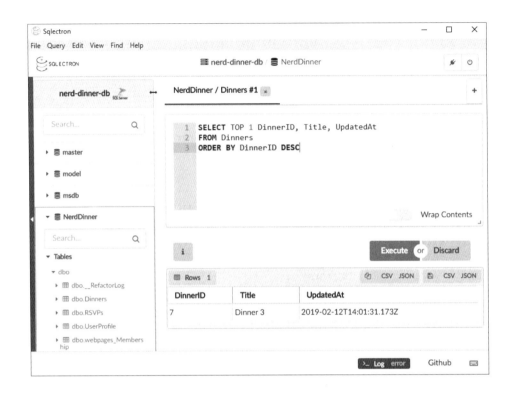

Docker Compose는 이미지 이름뿐만 아니라 정의에 들어 있는 것과 현재 리소스 사이에
차이점이 있는지 확인한다. 환경 변수, 포트 연결, 볼륨 설정을 포함한 기타 구성을 바꾼
것이 있다면 Docker Compose는 해당 리소스를 삭제하고 다시 만들어 실행 중인 애플리
케이션이 원하는 상태가 되게 만든다.

 TIP Compose 파일을 수정해 애플리케이션을 실행할 때는 주의 깊게 작업해야 한다. 파일에서 실행 중인 서비스의 정의를 제거하면 Docker Compose는 기존 서비스 컨테이너가 애플리 케이션의 일부라는 것을 인지하지 못해 상태를 비교할 때 누락될 수 있다. 이렇게 되면 서비 스 컨테이너가 외톨이 상태로 남는다.

애플리케이션 컨테이너 모니터링하기

분산된 애플리케이션을 하나의 단위로 취급하게 만들면 모니터링하기 쉬워지고 문제를 추적하는 것도 편리해진다. Docker Compose는 자체적으로 top과 logs 명령문을 제공해 애플리케이션 서비스 안의 모든 컨테이너 정보를 수집해 결과를 보여준다.

모든 구성 요소의 메모리와 CPU 사용률을 보고 싶다면 docker-compose top 명령문을 실행한다.

```
> docker-compose top

ch06-docker-compose_elasticsearch_1
Name                PID         CPU               Private Working Set
------------------------------------------------------------------------
smss.exe            21380       00:00:00.046      368.6kB
csrss.exe           11232       00:00:00.359      1.118MB
wininit.exe         16328       00:00:00.093      1.196MB
services.exe        15180       00:00:00.359      1.831MB
lsass.exe           12368       00:00:01.156      3.965MB
svchost.exe         18424       00:00:00.156      1.626MB
...
```

컨테이너 목록이 알파벳 순으로 나열되며 각 컨테이너의 프로세스가 특정 순서 없이 목록으로 각각 열거된다. 순서를 바꿀 방법이 없어 가장 바쁘게 돌아가는 컨테이너 안에서 어느 프로세스의 리소스 소비가 가장 심한지 즉시 알 방법은 없지만 모든 결과가 일반적인 텍스트로 표시되므로 파워셀에서 결과를 편집할 수 있다.

모든 컨테이너의 로그 내역을 보기 위해서는 docker-compose logs 명령문을 다음과 같이 실행할 수 있다.

```
> docker-compose logs
Attaching to ch06-docker-compose_nerd-dinner-web_1, ch06-docker-compose_nerd-
dinner-save-handler_1, ch06-docker-compose_nerd-dinner-api_1, ch06-docker-
```

```
compose_nerd-dinner-db_1, ch06-docker-compose_kibana_1, ch06-docker-compose_nerd-
dinner-index-handler_1, ch06-docker-compose_reverse-proxy_1, ch06-docker-compose_
elasticsearch_1, ch06-docker-compose_nerd-dinner-homepage_1, ch06-docker-compose_
message-queue_1

nerd-dinner-web_1    | 2019-02-12 13:47:11 W3SVC1002144328 127.0.0.1 GET / - 80
- 127.0.0.1 Mozilla/5.0+(Windows+NT;+Windows+NT+10.0;+en-US)+WindowsPowerShe
ll/5.1.17763.134 - 200 0 0 7473

nerd-dinner-web_1    | 2019-02-12 13:47:14 W3SVC1002144328 ::1 GET / - 80 - ::1 Mo
zilla/5.0+(Windows+NT;+Windows+NT+10.0;+en-US)+WindowsPowerShell/5.1.17763.134 -
200 0 0 9718
...
```

화면에서 컨테이너 이름은 색상으로 강조되므로 서로 다른 구성 요소를 쉽게 구별할 수 있다. Docker Compose로 로그를 읽을 때의 장점은 모든 컨테이너의 출력 로그를 얻을 수 있다는 것이며 심지어 오류가 발생하거나 컨테이너가 멈췄을 때도 무슨 로그가 남았는지 알 수 있다는 것이다. 이러한 오류 메시지를 사용하면 맥락을 쉽게 파악할 수 있다. 하나의 구성 요소가 다른 구성 요소가 시작됐다고 기록하기 전에 연결 오류가 발생하므로 Compose 파일에서 빠뜨린 내용이 있는지 쉽게 파악할 수 있다.

Docker Compose는 모든 서비스 컨테이너의 모든 로그 항목을 보여주므로 출력되는 내용이 매우 많을 수 있다. 너무 많은 내용이 표시되지 않도록 --tail 옵션을 지정해 각 컨테이너의 가장 최근 항목 몇 줄만 출력하도록 제한할 수 있다.

이러한 유용한 명령은 개발 환경에서 실행하거나 적은 수의 컨테이너를 실행하는 단일 서버의 작은 규모의 프로젝트에서 유용하게 사용할 수 있다. Docker 스웜에서 여러 대의 호스트에 걸쳐 나눠져 실행되는 여러 컨테이너를 쓰는 큰 프로젝트에서 사용하기에는 부적합하다. 이때 컨테이너 중심 관리와 모니터링 기법이 필요하다. 8장, Docker 기반의 솔루션과 DTR의 관리 및 모니터링에서 자세한 내용을 알아본다.

애플리케이션 이미지 관리하기

Docker Compose는 컨테이너뿐만 아니라 컨테이너 이미지도 관리할 수 있다. Compose 파일에서 Docker Compose가 이미지를 빌드하는 과정에서 사용하는 속성을 포함시킬 수 있다. Docker 서비스로 전송하려는 빌드 컨텍스트 즉 모든 애플리케이션 콘텐츠의 루트 폴더와 Dockerfile의 위치를 지정할 수 있다.

컨텍스트 경로는 Compose 파일 위치를 기준으로 상대 경로로 지정할 수 있으며 Dockerfile 경로도 상대 경로로 지정할 수 있다. 이 기능은 각 이미지의 컨텍스트가 서로 다른 폴더에 들어 있는, 이 책의 시연용 소스 코드 같이 복잡한 소스 트리에 유용하다. ch06-docker-compose-build 폴더 안에는 애플리케이션 사양과 완전한 빌드 속성을 담은 전체 Compose 파일이 들어 있다.

다음 코드는 빌드할 이미지에 세부 사항을 어떻게 지정하는지를 보여준다.

```
nerd-dinner-db:
  image: dockeronwindows/ch06-nerd-dinner-db:2e
  build:
    context: ../ch06-nerd-dinner-db
    dockerfile: ./Dockerfile
...
nerd-dinner-save-handler:
  image: dockeronwindows/ch05-nerd-dinner-save-handler:2e
  build:
    context: ../../ch05
    dockerfile: ./ch05-nerd-dinner-save-handler/Dockerfile
```

docker-compose build 명령문을 실행할 때 build 속성에 내용이 들어 있는 모든 서비스가 빌드되고 image 속성에 있는 이름을 사용해 태그가 붙는다. 빌드 과정에서는 보통의 Docker API를 사용하므로 이미지 레이어 캐시도 동일하게 사용하며 변경된 레이어만 다시 빌드된다. Compose 파일에 빌드에 필요한 상세 정보를 추가하면 애플리케이션 빌드에 필요한 모든 과정을 매우 효율적으로 만들 수 있을 뿐만 아니라 한군데서 이미지를 빌드하는 방법을 통합해 관리할 수 있다.

Docker Compose의 또 다른 유용한 기능은 전체 이미지를 묶어 관리하는 것이다. 6장을 위한 Compose 파일은 Docker 허브에서 사용할 수 있는 이미지만 사용하므로 docker-compose up 명령문을 사용해 완전한 애플리케이션을 빌드할 수 있지만 처음 실행할 때는 이미지를 다운로드하기 때문에 다소 시간이 걸린다. 이때 docker-compose pull 명령문을 사용해 필요한 모든 이미지를 미리 불러올 수 있다.

```
> docker-compose pull
Pulling message-queue            ... done
Pulling elasticsearch            ... done
Pulling reverse-proxy            ... done
Pulling kibana                   ... done
Pulling nerd-dinner-db           ... done
Pulling nerd-dinner-save-handler ... done
Pulling nerd-dinner-index-handler ... done
Pulling nerd-dinner-api          ... done
Pulling nerd-dinner-homepage     ... done
Pulling nerd-dinner-web          ... done
```

마찬가지로 docker-compose push 명령문을 사용해 원격 리포지터리로 모든 이미지를 업로드할 수 있다. 양쪽 명령문 모두 Docker Compose는 가장 최근 docker login 명령문으로 로그인한 적 있는 사용자 정보를 사용해 리포지터리에 인증한다. Compose 파일에서 푸시할 권한이 없는 이미지를 사용하면 이 동작은 실패한다. Docker 허브든 사설 레지스트리든 쓰기 권한을 갖고 있다면 모든 이미지는 정상적으로 푸시될 것이다.

▌ 애플리케이션 환경 구성하기

Docker Compose에서 애플리케이션을 정의할 때 애플리케이션의 모든 구성 요소를 서술하는 단일 아티팩트와 그 사이를 연결하는 연동 지점을 포함한다. 이러한 구성을 애플리케이션 매니페스트라고 부른다. 애플리케이션 매니페스트란 애플리케이션의 모든 부분을 열거하는 문서를 말한다. Dockerfile이 소프트웨어 하나를 설치하고 구성하기 위해 명시적으로 정의하듯 Docker Compose 파일은 전체 솔루션을 배포하기 위한 단계를 명시적으로 정의한다.

Docker Compose는 매번 다른 환경에 배포할 수 있는 애플리케이션 정의를 다룰 수 있게 해주므로 Compose 파일을 배포 파이프라인에서 사용할 수 있게 해준다. 일반적으로 인프라 설정 또는 애플리케이션 설정에는 환경 차이가 있다. Docker Compose를 사용하면 외부 리소스 또는 재정의 파일을 이용해 환경마다 다른 부분을 관리할 수 있다.

인프라는 보통 프로덕션 환경과 그렇지 않은 환경 간에 서로 다른 구성을 가지며 Docker 애플리케이션 안의 볼륨과 네트워크에 영향을 미친다. 개발용 랩톱에서는 데이터베이스 볼륨이 로컬 디스크의 특정 위치에 연결됐으며 필요할 때마다 초기화될 것이다. 프로덕션에서는 공유 저장소 하드웨어 장치를 위한 볼륨 플러그인을 이용할 것이다. 마찬가지로 네트워크도 프로덕션 환경에서는 개발 환경에서 고려하지 않는 명시적인 서브넷 범위 설정 같은 것을 고려해야 할 것이다.

Docker Compose는 Compose 파일에서 외부 리소스로 특정 리소스를 지정할 수 있게 해 애플리케이션이 이미 들어 있는 리소스를 사용할 수 있다. 이러한 리소스는 미리 만들어져 있어야 한다. 그러면서도 같은 Compose 파일을 사용해 개별적으로 리소스를 구성할 수 있게 해준다.

Compose는 또 다른 방법도 지원한다. 서로 다른 Compose 파일에 환경마다 개별적으로 정의한 리소스 구성이 있을 때 여러 개의 Compose 파일을 사용해 애플리케이션을 실행하는 방법이다. 이 2가지 방법을 어떻게 사용하는지 시연할 것이다. 다른 디자인 결정과 마찬가지로 Docker는 특정 원칙이나 방법을 강요하지 않으며 상황에 따라 적절한 것을 선택할 여지를 제공한다.

외부 리소스 지정하기

Compose 파일 안의 볼륨과 네트워크 정의는 서비스 정의와 같은 패턴을 따른다. 각 리소스에는 이름이 부여되며 각 리소스 유형별로 사용할 수 있는 docker ... compose 명령문 안의 옵션과 같은 옵션을 지정할 수 있다. 기존 리소스를 Compose 파일 안에서 가리키기 위한 추가 옵션도 있다.

SQL 서버와 엘라스틱 서치 데이터를 위해 기존 볼륨을 사용하려고 할 때 각 볼륨 리소스 아래에 external 속성과 그 아래에 name 속성을 지정해야 한다. ch06-docker-compose-external 디렉터리 안에 있는 Docker Compose 파일에 이와 같이 사용하는 볼륨 정의가 들어 있다.

```
volumes:
  es-data:
    external:
      name: nerd-dinner-elasticsearch-data
  db-data:
    external:
      name: nerd-dinner-database-data
```

외부 리소스 선언이 있는 상태에서는 애플리케이션을 실행하기 위해 docker-compose up 명령문을 그대로 실행할 수 없다. Compose는 외부 리소스로 정의된 볼륨을 만들지 않으며 애플리케이션이 시작되기 전에 반드시 볼륨을 만들어줘야 한다. 그리고 이 볼륨은 서비스에서 필요한 것이므로 컨테이너도 만들지 않는다. 그 대신 다음과 같은 오류 메시지가 뜰 것이다.

```
> docker-compose up -d

ERROR: Volume nerd-dinner-elasticsearch-data declared as external, but could
not be found. Please create the volume manually using `docker volume create
--name=nerd-dinner-elasticsearch-data` and try again.
```

빠진 리소스를 먼저 만들어줘야 한다는 오류 메시지가 보일 것이다. 다음 명령문은 기본 구성을 사용해 기본적인 볼륨을 만들 것이며 그 후에는 Docker Compose를 사용해 애플리케이션을 시작할 수 있다.

```
docker volume create --name nerd-dinner-elasticsearch-data
docker volume create --name nerd-dinner-database-data
```

 Docker는 볼륨마다 다른 구성을 사용해 만들 수 있게 해주므로 RAID 어레이나 NFS 공유 등 명시적으로 대상을 지정해 볼륨을 만들 수 있다. 윈도우에서는 이러한 옵션을 직접 지원하는 로컬 드라이버를 아직 지원하지 않지만 연결된 드라이브를 대안으로 사용할 수 있다. 이 외에도 환경에 따라 애저 저장소 같은 클라우드 서비스를 위한 플러그인이나 HPE 3PAR 같은 엔터프라이즈용 저장소 유닛을 위한 또 다른 종류의 드라이버를 직접 사용할 수 있다.

같은 방식으로 네트워크를 외부 자원으로 정의할 수 있다. 이 Compose 파일에서 처음에는 기본 nat 네트워크를 사용했지만 나중에 애플리케이션을 위해 따로 만든 커스텀 외부 네트워크를 지정하게 했다.

```
networks:
  nd-net:
    external:
      name: nerd-dinner-network
```

윈도우용 Docker는 몇 가지 네트워킹 방법을 제공한다. 그중 가장 기본적이고 손쉽게 구성할 수 있는 것은 네트워크 주소 변환 방식을 사용하는 nat 네트워크다. 이 드라이버는 컨테이너를 물리 네트워크로부터 격리하고 각 컨테이너가 Docker가 관리하는 서브넷 안에서 고유한 IP를 할당받게 해준다. 호스트에서는 컨테이너를 IP 주소를 사용해 접근할 수 있지만 호스트 외부에서는 게시된 포트로만 통신할 수 있다.

nat 드라이버를 사용해 또 다른 네트워크를 만들 수 있고 기존과 다른 네트워크 구성을 사용하기 위해 다른 종류의 드라이버를 선택할 수 있다.

- transparent 드라이버는 물리 라우터가 제공하는 IP 주소를 각 컨테이너에 직접 할당할 수 있게 해준다.
- l2bridge 드라이버는 물리 네트워크상에서 정적 IP 주소를 지정할 수 있게 해준다.
- overlay 드라이버는 Docker 스웜 안에서 실행되는 분산 애플리케이션을 위해 제공되는 드라이버다.

단일 서버 위에서 Traefik을 사용하기에는 nat 드라이버를 사용하는 것이 최적이므로 이 애플리케이션을 위해 별도 네트워크를 직접 만들 것이다.

```
docker network create -d nat nerd-dinner-network
```

컨테이너가 시작되면 Traefik에 hosts 파일에 설정해둔 nerddinner.local 도메인을 사용해 접근할 수 있다.

외부 리소스를 사용하면 실제 네트워크와 볼륨 리소스 구성이 환경마다 다르더라도 하나의 Docker Compose 파일을 동일하게 사용하게 만들 수 있다. 개발자는 기본적인 저장소와 네트워킹 방법을 사용할 것이고 프로덕션 환경에서 운영팀은 더 복잡한 인프라 위에 애플리케이션을 배포할 수 있을 것이다.

Docker Compose 재정의 사용하기

리소스만 환경 사이에서 변화하는 내용은 아니다. 서로 다른 구성 설정과 포트 번호를 게시하는 것과 서로 다른 컨테이너 상태 점검을 위한 설정 등 여러 가지가 있을 수 있다. 각 환경마다 Docker Compose 파일을 완전하게 따로 만들고 싶은 유혹이 들 수도 있지만 절대로 이렇게 하면 안 된다.

여러 개의 Compose 파일을 관리하는 것은 그만큼 내용을 동기화하기 위해 더 많은 시간을 들여야 한다. 그 전에 동기화되지 않은 내용이 있다면 환경에 문제가 발생할 위험성이 있다. Docker Compose의 재정의 기능은 이러한 문제를 해결하는 데 사용할 수 있고 각 환경마다 다른 부분을 명시적으로 만들어 문제를 해결할 수 있다.

Docker Compose는 `docker-compose.yml` 파일과 `docker-compose.override.yml` 파일을 기본적으로 찾으며 2개의 파일을 모두 찾으면 원래의 Docker Compose 파일 정의에 재정의 파일 내용을 추가하거나 덮어쓰는 방식으로 사용한다. Docker Compose CLI를 실행할 때 추가로 파일을 지정해 전체 애플리케이션 사양에 덧붙일 내용을 지정할 수 있다. 이렇게 해 핵심 솔루션 정의는 한 파일에 유지하고 환경마다 달라져야 할 내용은 명시적으로 다른 파일에 나눠 보관할 수 있다.

`ch06-docker-compose-override` 폴더에서 이러한 방법을 사용한다. 핵심적인 `docker-compose.yml` 파일은 전체 솔루션 구조를 서술하는 서비스 정의를 포함하며 개발 환경에서 실행하기 위한 환경 구성을 담고 있다. 같은 폴더 안에는 3개의 재정의 파일이 들어 있다.

- `docker-compose.text.yml`은 테스트 환경에서 사용할 구성 설정을 추가한다.
- `docker-compose.production.yml` 파일은 라이브 환경을 위한 구성 설정을 추가한다.
- `docker-compose.build.yml` 파일은 이미지를 빌드하기 위한 구성 설정을 추가한다.

표준 `docker-compose.yml` 파일은 그대로 사용할 수 있고 다른 옵션 없이도 잘 작동한다. 배포 프로세스가 다른 개발자의 일을 방해하지 않도록 만드는 것은 중요하다. 개발 설정을 메인 파일에 지정하면 개발자는 `docker-compose up -d` 명령문을 실행하는 것만으로 무엇을 재정의해야 할지 모르더라도 작업을 즉시 시작하게 해줄 수 있다.

다음은 `docker-compose.yml` 파일 안의 역방향 프록시 구성이며 임의의 포트 번호를 게시하도록 구성됐고 Traefik 대시보드를 시작시킬 수 있다.

```
reverse-proxy:
  image: sixeyed/traefik:v1.7.8-windowsservercore-ltsc2019
  command: --docker --docker.endpoint=npipe:////./pipe/docker_engine --api
  ports:
    - "80"
    - "8080"
  volumes:
    - type: npipe
      source: \\.\pipe\docker_engine
      target: \\.\pipe\docker_engine
 networks:
   - nd-net
```

이렇게 만들면 이미 다른 애플리케이션을 위해 80번 포트를 사용 중인 개발자에게 유용하
며 Traefik의 라우팅 규칙을 보기 위해 대시보드를 보고 싶어하는 이들에게도 도움이 된
다. 테스트용 재정의 파일은 포트 정의를 변경해 호스트 서버의 80번과 8080번 포트를 사
용하도록 변경하지만 대시보드는 계속 공개되므로 command 섹션은 그대로 유지된다.

```
reverse-proxy:
  ports:
    - "80:80"
    - "8080:8080"
```

프로덕션용 재정의 파일에서는 시작할 때 사용하는 명령문에서 --api 옵션을 제거하므로
대시보드는 띄우지 않으며 80번 포트로만 포트가 게시되도록 변경한다.

```
reverse-proxy:
  command: --docker --docker.endpoint=npipe:////./pipe/docker_engine
  ports:
    - "80:80"
```

나머지 서비스 구성 즉 사용하려는 이미지, Docker 엔진을 사용하기 위한 볼륨 마운트(명

266

명된 파이프), 연결하려는 네트워크 등은 모든 환경이 동일하므로 재정의 파일에서는 변경할 필요가 없는 내용이다.

또 다른 예는 서비스의 Traefik 레이블에 URL의 도메인 이름을 포함하는 새 홈페이지다. 이 부분은 환경마다 다르며 개발용 Docker Compose 파일에서는 nerddinner.local을 사용하도록 설정됐다.

```
nerd-dinner-homepage:
  image: dockeronwindows/ch03-nerd-dinner-homepage:2e
  labels:
    - "traefik.frontend.rule=Host:nerddinner.local;Path:/,/css/site.css"
    - "traefik.frontend.priority=10"
  networks:
    - nd-net
```

테스트용 재정의 파일에서는 도메인이 nerd-dinner.test다.

```
nerd-dinner-homepage:
  labels:
    - "traefik.frontend.rule=Host:nerd-dinner.test;Path:/,/css/site.css"
    - "traefik.frontend.priority=10"
```

프로덕션에서는 nerd-dinner.com이다.

```
nerd-dinner-homepage:
 labels:
    - "traefik.frontend.rule=Host:nerd-dinner.com;Path:/,/css/site.css"
    - "traefik.frontend.priority=10"
```

그리고 나머지 구성은 모든 환경에서 같은 구성을 사용하므로 재정의 파일은 사용하려는 라벨만 새로 지정한다.

Docker Compose는 재정의 파일을 추가할 때 목록 내용을 병합하지 않는다. 새 목록은 이전 목록을 완전하게 대체한다. traefik.frontend.priority 라벨이 모든 파일에 들어 있는 것은 이 때문이다. 메인 파일의 레이블에서 우선순위 값이 병합되지 않기 때문에 재정의 파일의 레이블에 프론트엔드 규칙 값만 지정할 수는 없다.

재정의 환경 파일에 서술된 테스트 환경에는 다른 차이점이 있다.

- SQL 서버와 엘라스틱 서치의 포트 번호를 게시해 문제 해결용으로 사용한다.
- 데이터베이스를 위한 볼륨은 서버의 RAID 어레이로 연결된 E: 드라이브 경로로부터 마운트된다.
- Traefik 규칙은 모두 nerd-dinner.test 도메인을 사용한다.
- 애플리케이션 네트워크는 외부 리소스로 지정돼 관리자가 네트워크 구성을 직접 만들 수 있다.

프로덕션 재정의 파일에는 또 다른 내용이 들어 있다.

- SQL 서버와 엘라스틱 서치의 포트 번호가 게시되지 않고 내부 구성 요소로만 사용할 수 있다.
- 데이터베이스 볼륨이 외부 리소스로 정의했으므로 관리자가 저장소를 직접 구성할 수 있다.
- Traefik 규칙은 모두 nerd-dinner.com 도메인을 사용한다.
- 애플리케이션 네트워크는 외부 리소스로 지정해 관리자가 네트워크 구성을 직접 만들 수 있다.

원하는 환경으로 배포하는 것은 docker-compose up 명령에 사용하려는 재정의 파일을 지정해주는 것으로 간단하게 진행할 수 있다.

```
docker-compose `
```

```
-f docker-compose.yml `
-f docker-compose.production.yml `
up -d
```

이 방법으로 Docker Compose 파일을 효과적으로 단순화할 수 있으며 환경마다 다른 모든 변수 설정을 각각 분리된 파일 안에 저장할 수 있다. 또한 여러 개의 Docker Compose 파일을 조합할 수 있다. 공통 부분이 매우 많은 여러 테스트 환경을 갖고 있다면 애플리케이션 설정을 기본 Compose 파일에 정의하고 공유돼야 하는 테스트 구성을 하나의 재정의 파일에 정의한 후 각 테스트 환경마다 다른 부분을 추가적인 재정의 파일에 정의해 사용할 수 있다.

▌ 요약

6장에서는 분산된 Docker 솔루션을 체계적으로 관리할 수 있는 도구인 Docker Compose를 알아봤다. Compose를 사용해 명시적으로 솔루션 구성 요소를 모두 정의할 수 있으며 구성 요소 사이의 관계나 각 구성 요소의 세부 설정을 간결하게 정의할 수 있다.

Compose 파일은 모든 애플리케이션 컨테이너를 하나의 단위로 관리할 수 있게 해준다. 6장에서 docker-compose 명령문을 사용해 애플리케이션과 연결된 모든 리소스를 만들거나 지우고 컨테이너를 시작하거나 중지시키는 방법을 알아봤다. 또한 Docker Compose를 사용해 구성 요소의 규모를 키우거나 줄이고 솔루션을 업그레이드하기 위해 배포하는 방법을 알아봤다.

Docker Compose는 복잡한 솔루션을 정의하는 강력한 도구다. Compose 파일은 내용이 길어질 수 있는 배포 문서를 효과적으로 정리하고 애플리케이션의 모든 부분을 완벽하게 기술할 수 있게 도와준다. 외부 리소스와 Compose 재정의 기능을 사용해 환경 사이에 다른 부분을 잘 정의하고 전체 배포 파이프라인을 제어할 수 있는 YAML 파일 묶음을 만들 수 있다.

Docker Compose의 제약 사항은 이 도구가 클라이언트 측 도구라는 점이다. `docker-compose` 명령문을 실행하려면 Compose 파일에 접근해야 한다. 하나의 애플리케이션 안에는 리소스를 논리적으로 묶는 단위가 있지만 어디까지나 Compose 파일 안에서만 유지되는 개념이다. Docker 엔진은 여러 개의 리소스만 다루며 이 리소스가 하나의 애플리케이션을 구성하는 단위라는 것을 인지하지 못한다. Docker Compose는 또한 단일 노드로 실행되는 Docker 배포에서만 사용할 수 있다.

7장에서는 여러 노드로 구성된 Docker 스웜 클러스터를 대상으로 하는 배포를 다룬다. 프로덕션 환경에서는 이러한 방법으로 항상 사용 가능한 상태를 유지하면서 쉽게 확장할 수 있다. Docker 스웜은 컨테이너 솔루션을 위한 강력한 오케스트레이션 기능을 제공하며 사용하기도 매우 쉽다. 또한 Compose 파일 형식을 지원하므로 기존 Compose 파일을 사용해 애플리케이션을 배포할 수 있지만 Docker는 스웜 클러스터 안에 논리적인 아키텍처를 저장해 Compose 파일이 없더라도 애플리케이션을 관리할 수 있다.

07

Docker 스웜을 사용한
분산 솔루션 오케스트레이션

지금까지 알아봤듯이 Docker는 개발 환경이나 기본적인 테스트 환경에서 사용하기 위해 개인용 컴퓨터에서 실행할 수 있다. 더 고도화된 테스트 환경과 프로덕션 환경에서 한 서버만으로 실행하는 것은 충분하지 않다. 높은 가용 성능과 유연함을 솔루션에서 구현하기 위해 클러스터로 실행되는 여러 대의 서버가 필요하다. Docker는 플랫폼 자체가 클러스터에 대한 기능을 지원하며 여러 대의 Docker 호스트를 Docker 스웜을 사용해 연결할 수 있다.

지금까지 배운 모든 개념(이미지, 컨테이너, 레지스트리, 네트워크, 볼륨, 서비스)은 스웜 모드에서 계속 사용할 수 있다. Docker 스웜은 오케스트레이션 레이어다. 표준 Docker 엔진과 같은 API를 제공하면서도 분산 컴퓨팅 환경을 관리할 수 있는 추가 기능이 들어 있다. 스웜 모드에서 서비스를 실행할 때 Docker는 어느 호스트에서 컨테이너를 실행할지를 결정하고 컨테이너와 다른 호스트 사이의 통신을 보호하며 호스트 상태를 모니터링한다. 스웜 안의 서버에 문제가 생기면 Docker는 애플리케이션 서비스 수준에 부합하도록 다른 호스트에서 새 컨테이너를 띄우도록 스케줄링을 다시 진행한다.

스웜 모드는 2015년 출시된 Docker 버전 1.12부터 지원되는 기능이며 엔터프라이즈 수준의 프로덕션에 특화된 서비스 오케스트레이션을 제공한다. 스웜 내부의 모든 통신은 상호 TLS를 사용해 보호되므로 노드 사이의 네트워크 트래픽은 항상 암호화된다. 스웜 내부에 애플리케이션 시크릿을 저장할 수 있으며 Docker는 해당 값에 접근하려는 컨테이너에 한해서만 이 값을 제공한다. 스웜은 쉽게 확장할 수 있으므로 새로운 노드를 쉽게 추가해 용량을 증설하거나 유지·보수를 위해 노드를 제거할 수 있다. Docker는 또한 스웜 모드에서 자동으로 순차적으로 업데이트 서비스를 실행해 애플리케이션 업그레이드를 무중단으로 진행할 수 있다.

7장에서는 Docker 스웜을 설정하고 여러 노드 위에서 NerdDinner 애플리케이션을 실행한다. 개별 서비스를 만드는 것부터 시작해 전체 스택을 Compose 파일을 사용해 배포하는 내용을 알아본다. 7장에서는 다음 내용을 배운다.

- 스웜을 만들고 노드 관리하기
- 스웜 모드 안에서 서비스 만들고 관리하기
- Docker에서 애플리케이션 구성 관리하기
- 스웜 배포 스택을 Docker 스웜으로 배포하기
- 무중단으로 업데이트 진행하기

▌ 실습에 필요한 준비

7장의 예제를 따라하기 위해서는 윈도우 10 2018년 10월 업데이트 (1809) 또는 그 이후 버전에서 윈도우용 Docker 데스크톱을 사용하거나 윈도우 서버 2019에서 Docker 엔터프라이즈를 사용해야 한다. 7장의 코드는 https://github.com/sixeyed/docker-on-windows/tree/second-edition/ch07에서 확인할 수 있다.

█ 스웜 클러스터 만들고 노드 관리하기

Docker 스웜 모드는 매니저-워커 아키텍처를 사용해 매니저와 워커 모두 항상 사용 가능한 상태를 유지할 수 있다. 매니저는 관리자가 주로 다루며 활성 매니저를 사용해 클러스터와 클러스터에서 실행되는 리소스를 관리한다. 워커는 주로 사용자 입장에서 다루며 애플리케이션 서비스를 위한 컨테이너를 실행해준다.

스웜 매니저가 애플리케이션을 위한 컨테이너를 실행하는 것도 매니저-워커 아키텍처의 취지에 부합하지 않지만 가능하다. 작은 규모의 스웜 클러스터를 관리하는 것은 상대적으로 오버헤드가 크지 않아 예를 들어 10대의 노드 중 3대가 매니저라면 매니저도 애플리케이션 부하를 나눠 받을 수 있다(하지만 프로덕션 환경에서 이러한 구성은 주의가 필요하다. 매니저 노드에서 애플리케이션을 너무 많이 실행시켜 매니저 노드 자원을 소모시켜 발생하는 위험성을 이해하는 것이 좋다).

또한 윈도우와 리눅스 노드를 같은 스웜 클러스터 안에 혼합해 실행할 수 있으므로 복잡한 애플리케이션을 실행할 때도 사용할 수 있다. 모든 노드는 같은 Docker 버전을 사용하는 것이 권장되지만 Docker 커뮤니티 에디션CE과 Docker 엔터프라이즈 버전은 혼합해 사용해도 문제 없다. 핵심 Docker 엔진이 제공하는 Docker 스웜 기능은 양쪽 모두 같은 기능을 공유하기 때문이다.

 많은 엔터프라이즈 환경에서 Docker 스웜을 구성할 때 매니저로는 리눅스 노드를 사용하고 워커 노드에서는 리눅스와 윈도우 노드를 혼합해 사용한다. 즉 윈도우와 리눅스 애플리케이션이 든 컨테이너를 한 클러스터 안에서 실행할 수 있으며 노드 운영 체제를 위한 최소 비용이 들어가는 방법을 사용할 수 있다.

스웜 클러스터 초기화하기

스웜 클러스터는 어떠한 크기든 지원된다. 단일 노드 스웜 클러스터를 랩톱 컴퓨터에서 만들어 기능을 테스트하는 용도로 사용할 수 있으며 수천 대 노드로 규모를 확장할 수 있다. 스웜 클러스터를 초기화하기 위해 다음과 같이 docker swarm init 명령문을 실행할 수 있다.

```
> docker swarm init --listen-addr 192.168.2.214 --advertise-addr 192.168.2.214
Swarm initialized: current node (jea4p57ajjalioqokvmu82q6y) is now a manager.

To add a worker to this swarm, run the following command:

    docker swarm join —token
SWMTKN-1-37p6ufk5jku6tndotqlcy1w54grx5tvxb3rxphj8xkdn9lbeml-
3w7e8hxfzzpt2fbf340d8phia 192.168.2.214:2377

To add a manager to this swarm, run 'docker swarm join-token manager' and follow
the instructions.
```

이 명령문으로 단일 노드로 실행되는 스웜 클러스터를 초기화할 수 있으며 이때 이 명령문을 실행한 Docker 엔진이 실행 중인 노드를 스웜 매니저로 변경한다. 예제에서 사용한 컴퓨터에는 여러 IP 주소를 지정한 상태이므로 연결 수신을 위한 주소와 외부 공개를 위한 주소 옵션을 별도로 지정해 Docker가 어떠한 네트워크 인터페이스를 스웜 클러스터 통신에 사용할지 결정한다. 항상 IP 주소를 지정하고 매니저 노드를 위해서는 정적 주소를 지정하는 것이 좋은 설정 방법이다.

> 스웜 클러스터를 구성할 때는 내부 사설 네트워크를 스웜 클러스터의 트래픽을 처리하도록 사용해 공개 네트워크로 통신 트래픽이 공개되지 않도록 구성하는 것이 안전하다. 또한 매니저가 공개 네트워크와 통신할 수 없도록 완전하게 차단할 수 있다. 워커 노드만 내부 네트워크 외에 외부 네트워크에 연결돼 통신이 가능하도록 구성되고 로드 밸런서를 인프라 외부 접점으로 사용한다면 워커 노드도 외부에 직접 공개하지 않도록 만들 수 있다.

워커 노드를 스웜 클러스터에 추가하기

docker swarm init 명령문을 실행한 후 나타나는 메시지를 보면 스웜 클러스터를 확장하기 위해 다른 노드를 추가하는 방법을 설명한다. 노드는 한 스웜 안에만 속할 수 있고 가입하려면 토큰을 사용해야 한다. 토큰은 네트워크가 오염됐을 때 의심스러운 노드가 스웜 클러스터에 가입하는 것을 차단해주므로 안전하게 다뤄야 한다. 노드는 워커 또는 매니저로 참여할 수 있으며 각자 다른 토큰이 부여된다. docker swarm join-token 명령문을 사용해 토큰을 보거나 새로운 토큰으로 변경할 수 있다.

두 번째 컴퓨터에서 같은 버전의 Docker를 실행하며 여기서 docker swarm join 명령문을 사용해 스웜에 가입할 수 있다.

```
> docker swarm join `
    --token SWMTKN-1-37p6ufk5jku6tndotqlcy1w54grx5tvxb3rxphj8xkdn9lbeml-
3w7e8hxfzzpt2fbf340d8phia `
    192.168.2.214:2377

This node joined a swarm as a worker.
```

이제 이 Docker 호스트는 스웜 모드로 실행된다. 그리고 매니저 노드에 접속한 후 쓸 수 있는 명령문 몇 가지가 더 있다. docker node 명령문은 스웜 클러스터 안의 노드를 관리하는 명령문으로 스웜 클러스터 안의 모든 노드 목록을 보고 현재 상태를 확인하기 위해 docker node ls 명령문을 사용할 수 있다.

```
> docker node ls
ID                         HOSTNAME         STATUS  AVAILABILITY  MANAGER STATUS
ENGINE VERSION
h2ripnp8hvtydewpf5h62ja7u  win2019-02       Ready   Active
18.09.2
jea4p57ajjalioqokvmu82q6y * win2019-dev-02 Ready   Active        Leader
18.09.2
```

STATUS 값은 스웜 클러스터 안에서 해당 노드가 온라인 상태인지 알려주며 AVAILABILITY
값은 해당 노드가 컨테이너를 실행할 수 있는 상태인지 알려준다. MANAGER STATUS 필드는
3가지 중 하나로 표현된다.

- Leader: 스웜을 제어하는 활성화된 매니저 노드다.
- Reachable: 백업 매니저 노드로 현재 리더 노드가 사용 불가 상태가 되면 다음 리더로 선택될 수 있는 후보다.
- 값 없음: 워커 노드다.

여러 매니저 노드를 사용하면 항상 사용 가능한 상태를 유지할 수 있다. Docker 스웜은
현재 리더 노드가 사용 불가 상태가 되면 Raft 프로토콜을 사용해 새로운 리더를 선출하
므로 매니저 노드 개수를 홀수 개로 유지하면 하드웨어 장애로부터 클러스터를 보호할 수
있다. 프로덕션 환경에서는 반드시 3대의 매니저 노드를 실행해야 하며 수백 대의 노드를
실행하는, 규모가 매우 큰 스웜 클러스터에서도 이 구성이면 충분하다.

워커 노드는 자동으로 매니저 노드로 승격되지 않으므로 모든 매니저 노드가 사용 불가
상태가 되면 스웜 클러스터를 관리할 방법이 사라진다. 이러한 상황에서도 워커 노드의
컨테이너는 계속 실행되지만 워커 노드나 실행 중인 서비스를 모니터링할 방법이 없다.

스웜 노드의 승격과 제거

워커 노드를 매니저 노드로 승격하려면 docker node promote 명령문을 사용하고 반대로
매니저 노드를 워커 노드로 변경하려면 docker node demote 명령문을 사용할 수 있다. 이
명령문은 모두 매니저 노드에서 실행한다.

스웜 클러스터에서 노드를 분리하려면 분리할 노드에서 docker swarm leave 명령문을 직
접 실행해야 한다.

```
> docker swarm leave
```

```
Node left the swarm.
```

스웜 클러스터 안에 노드가 한 대뿐이라면 --force 옵션을 사용해 클러스터를 종료하고 단일 Docker 엔진 모드로 변환할 수 있다.

docker swarm과 docker node 명령문은 스웜 클러스터를 관리하는 명령문이다. 스웜 모드에서 실행할 때는 스웜에 특화된 명령문을 사용해 컨테이너 부하를 관리할 수 있다.

 인터넷에서 자료를 찾다 보면 Docker 스웜과 스웜 모드에 대한 레퍼런스를 보게 될 것이다. 기술적으로 둘은 다르다. Docker 스웜은 초창기에 사용히던 오케스트레이터로 나중에 Docker 엔진의 스웜 모드라는 이름으로 통합됐다. 초기 Docker 스웜은 리눅스에서만 실행돼 윈도우 노드에서 말하는 것은 항상 스웜 모드지만 보통 Docker 스웜이라고 부른다.

Docker 스웜을 클라우드에서 실행하기

Docker는 최소한의 인프라 요구 사항만 필요하므로 어떠한 클라우드 환경에서든 Docker 호스트나 클러스터화된 Docker 스웜을 쉽게 구축할 수 있다. 윈도우 컨테이너를 확장할 수 있게 실행할 때 필요한 것은 윈도우 서버 가상 컴퓨터와 모든 가상 컴퓨터가 한 네트워크에 연결되게 만드는 것뿐이다.

클라우드는 Docker를 실행하기에 매우 좋은 환경이며 Docker는 클라우드로 전환하는 매우 좋은 방법이다. Docker는 현대화된 애플리케이션 플랫폼의 이점을 PaaS[Platform as a Service] 제품 특유의 제약 사항 없이도 누리게 해준다. PaaS 방식은 보통 상용 배포 시스템을 갖고 있어 코드에 외부 시스템 연동을 추가해야 하고 개발자는 같은 실행 환경을 사용할 수 없다.

Docker는 애플리케이션을 이미지로 만들고 솔루션 구조를 어떠한 컴퓨터나 클라우드에서도 똑같이 잘 작동할 수 있도록 이식성 있는 형태로 잡아준다. 클라우드 환경과 상관 없이 모든 클라우드 환경이 지원하는 기본적인 IaaS^Infrastructure as a Service 서비스를 사용할 수 있으며 똑같은 배포, 관리, 실행 방식을 모든 환경에서 사용할 수 있다.

 주요 클라우드 공급자는 관리되는 컨테이너 서비스를 제공하지만 최근 애저에서는 AKS(Azure Kubernetes Service), 아마존 웹 서비스에서는 EKS(Elastic Kubernetes Service), 구글 클라우드에서는 GKE(Google Kubernetes Engine)와 같은 쿠버네티스 중심으로 제공한다. 이 책을 집필하는 현 시점에서 모두 리눅스 기반으로만 제공된다. 윈도우용 쿠버네티스는 활발하게 개발 중이며 언젠가는 모든 클라우드가 윈도우 기반 서비스도 제공할 것이다. 하지만 쿠버네티스는 스웜보다 훨씬 복잡한 오케스트레이터로 이 책의 범위에서 다룰 수 없는 내용이다.

Docker 스웜을 클러스터에 배포하는 쉬운 방법은 Terraform을 사용하는 것이며 클라우드 공급자의 특정 템플릿 언어나 스크립트 도구를 사용하는 것보다 훨씬 간편하고 쉽게 쓸 수 있는 코드 기반 인프라 관리^IaC, Infrastructure as Code 기법이다. 수십 줄 정도의 인프라 구성을 표현하는 코드로 매니저와 워커 노드를 위한 가상 컴퓨터를 정의하고 네트워크 구성, 로드 밸런서 및 기타 필요한 모든 리소스를 정의할 수 있다.

Docker 인증 인프라

Docker는 Terraform을 사용해 Docker 인증 인프라^DCI를 구현할 수 있으며 주요 클라우드 공급자는 물론 온프레미스 가상화 도구를 대상으로 Docker 엔터프라이즈를 배포할 수 있는 단일 도구다. 각 공급자별로 대응되는 서비스를 사용해 엔터프라이즈 수준의 Docker 엔터프라이즈 플랫폼을 배포하며 배포에는 유니버설 제어 플레인과 신뢰할 수 있는 Docker 레지스트리를 포함한다.

DCI는 Docker의 레퍼런스 아키텍처 가이드에서 자세하게 배울 수 있으며 Docker 성공 사례 센터(https://success.docker.com)에서 찾아볼 수 있다. 이 웹사이트에서는 전통적인 애플리케이션을 현대화하거나 컨테이너의 로깅, 모니터링, 저장소, 네트워킹 관련 모범 사례집 같은 내용을 다루는 훌륭한 문서도 있으니 즐겨 찾기에 추가해두고 내용을 자주 확인할 것을 권한다.

스웜 모드 안에서 서비스 만들어 관리하기

6장에서는 Docker Compose를 사용해 분산 솔루션을 관리하는 방법을 알아봤다. Compose 파일에서는 애플리케이션의 각 부분을 네트워크를 사용하는 서비스로 정의해 서로 연결하는 방법을 알아봤다. 같은 Docker Compose 파일 형식의 서비스 개념을 스웜 모드에서도 그대로 사용한다. 스웜 모드에서는 서비스를 이루는 컨테이너를 레플리카라고 부른다. Docker CLI를 사용해 서비스를 스웜에 만들 수 있으며 스웜 매니저는 스웜 노드에서 실행되는 컨테이너를 만들어 레플리카를 만든다.

이번에는 서비스를 만드는 방법으로 NerdDinner 스택을 배포할 것이다. 모든 서비스는 클러스터 위의 같은 Docker 네트워크상에서 실행될 것이다. 스웜 모드에서 Docker는 오버레이 네트워크라는 특별한 통신 방식을 사용한다. 오버레이 네트워크는 여러 물리 호스트 사이를 연결하는 가상 네트워크로 한 스웜 노드에서 연결되는 컨테이너를 다른 노드에서 실행되는 컨테이너가 직접 연결하게 해준다. 서비스 디스커버리도 같은 방식으로 동작한다. 컨테이너가 서비스 이름을 사용해 접근을 시도하면 Docker의 DNS 서버는 직접 컨테이너를 가리킨다.

오버레이 네트워크를 만들기 위해서는 네트워크 드라이버와 이름을 지정해야 한다. Docker CLI는 다른 리소스를 만들 때와 마찬가지로 새로 만든 네트워크의 ID를 되돌려준다.

```
> docker network create --driver overlay nd-swarm 206teuqo1v14m3o88p99jklrn
```

모든 네트워크 목록을 열거할 수 있으며 여기서 새로 만든 네트워크가 오버레이 드라이버를 사용하고 스웜 클러스터를 대상으로 한다는 것을 알 수 있다. 이 네트워크에 연결되는 모든 컨테이너는 어느 노드에서 실행되든 서로 통신할 수 있다.

```
> docker network ls
NETWORK ID          NAME               DRIVER             SCOPE
osuduab0ge73        ingress            overlay            swarm
5176f181eee8        nat                nat                local
206teuqo1v14        nd-swarm           overlay            swarm
```

 여기서 표시되는 실행 결과에는 로컬 범위로 한정되는 기본 nat 네트워크도 함께 표현되며 이 네트워크는 같은 호스트 안의 컨테이너 사이에서만 통신이 가능하다. 스웜 모드 안의 또 다른 네트워크로 ingress가 있다. 이 네트워크는 포트를 게시하도록 만들어진 서비스를 위한 기본 네트워크다.

여기서는 NerdDinner 서비스를 위한 새로운 네트워크를 사용한다. 스웜 클러스터 안의 각 애플리케이션을 사용하는 자체 네트워크와 분리된 독립적인 네트워크가 필요하기 때문이다. Docker Compose 파일을 사용해 7장 후반부에서 전체 솔루션을 배포하는 방법을 알아보겠지만 그 전에 docker service create 명령문을 사용해 수동으로 만드는 방법부터 알아보면서 서비스가 컨테이너와 다른 점을 알아본다. 다음은 NATS 메시지 큐를 Docker 스웜에 서비스로서 배포하는 명령문이다.

```
docker service create `
 --network nd-swarm `
 --name message-queue `
 dockeronwindows/ch05-nats:2e
```

docker service create 명령문을 실행할 때는 이미지 이름 외에는 지정하지 않아도 되지만 분산 애플리케이션을 위해 다음과 같은 사항을 더 지정해야 할 수도 있다.

- **네트워크**: 서비스 컨테이너가 연결한 Docker 네트워크 이름
- **이름**: 다른 구성 요소를 위한 서비스 이름으로 DNS 레코드를 사용한다.

> Docker는 컨테이너를 위한 여러 가지 종류의 DNS 해석 방법을 지원한다. 기본은 가상 IP
> vip 모드로 대부분의 환경에서 잘 작동하므로 이 방식을 사용해야 한다. vip 모드는 윈도
> 우 서버 2019에서만 지원되므로 이보다 낮은 버전에서 예제를 실행하면 엔드포인트 모드가
> dnsrr로 설정되는 것을 볼 수 있다. 이 방식은 DNS 라운드 로빈 모드로 다소 비효율적이며
> 클라이언트가 DNS 응답을 캐시할 때 문제를 일으킬 수 있으므로 윈도우 서버 2016을 사용
> 해야 할 때만 제외하면 피하는 것이 좋다.

네트워크를 만들 때는 service create 명령문을 스웜 매니저 노드에 연결된 Docker CLI
로 실행해야 한다. 매니저 노드는 스웜 안의 모든 노드를 확인해 레플리카를 실행할 여건
이 되는 노드를 찾고 해당 노드에 컨테이너를 만드는 태스크를 예약한다. 기본 레플리카
수준은 1단계이므로 이 명령문으로는 한 컨테이너만 만든다. 하지만 스웜 안의 어떠한 노
드에서든 실행될 수 있다.

docker service ps 명령문은 서비스를 실행 중인 레플리카의 목록에 각 노드 위에 실행되
는 컨테이너의 이름을 함께 보여준다.

```
> docker service ps message-queue
ID              NAME           IMAGE      NODE                     DESIRED STATE   CURRENT STATE
xr2vyzhtlpn5    message-queue.1   dockeronwindows/ch05-nats:2e   win2019-02    Running
Running
```

여기서는 매니저가 win2019-02 노드 위에서 실행되도록 예약했으며 이 노드는 지금 사용
하는 스웜 클러스터의 유일한 워커 노드다. 노드에서 직접 컨테이너를 실행한 것과 똑같
은 것으로 보일 수 있지만 Docker 스웜 서비스로 실행하면 오케스트레이션 관점에서 다
음과 같은 이점을 더 얻을 수 있다.

- **애플리케이션 신뢰성**: 컨테이너가 멈추면 매니저는 즉시 대체분이 시작될 수 있도
  록 예약한다.

- **인프라 신뢰성**: 워커 노드가 사용 불가 상태가 되면 매니저는 다른 노드에 새로운 컨테이너가 실행되도록 예약한다.
- **디스커버리**: 컨테이너가 오버레이 네트워크상에 연결되면 다른 노드에서 실행되는 컨테이너가 서비스 이름만 사용해 윈도우 컨테이너가 같은 스웜 클러스터 안의 다른 리눅스 컨테이너로 또는 그 반대로도 통신이 가능하다.

강력한 보안, 쉬운 확장, 안정적인 애플리케이션 업데이트와 더불어 개별 Docker 서버의 컨테이너보다 Docker 스웜에서 서비스를 실행하면 더 많은 이점이 있다. 7장에서 Docker 스웜의 모든 내용을 다룬다.

소스 코드 리포지터리 안의 `ch07-create-services` 폴더에는 NerdDinner를 위한 모든 서비스가 적절한 순서로 실행되게 만들어진 스크립트가 들어 있다. 각 서비스별 옵션은 6 장, Docker Compose를 사용한 분산 솔루션 구성하기에서 다룬 Compose 파일을 사용해 적절한 서비스를 정의한다. 프론트엔드 서비스와 Traefik 역방향 프록시 사이에는 몇 가지 차이점이 있다.

Traefik은 Docker 스웜에서도 아무 이상 없이 실행된다. Docker API와 연결해 프론트엔드 라우팅 맵을 만들고 백엔드 컨테이너에 대한 프록시를 만들어 Docker 엔진을 실행하는 단일 서버에서 했던 것과 같은 방식으로 동작한다. Traefik을 스웜 모드 안에서 서비스로 등록하려면 Traefik에게 컨테이너 안의 애플리케이션이 어떠한 포트를 사용하는지 알려줘야 한다. Traefik에서는 자동으로 이러한 정보를 알 수 없다. REST API 서비스 정의는 `traffic.port` 라벨을 추가한다.

```
docker service create `
 --network nd-swarm `
 --env-file db-credentials.env `
 --name nerd-dinner-api `
 --label "traefik.frontend.rule=Host:api.nerddinner.swarm" `
 --label "traefik.port=80" `
 dockeronwindows/ch05-nerd-dinner-api:2e
```

Traefik은 만들기 가장 복잡한 서비스로 스웜 모드에서 추가 옵션이 더 필요하다.

```
docker service create `
 --detach=true `
 --network nd-swarm `
 --constraint=node.role==manager `
 --publish 80:80 --publish 8080:8080 `
 --mount type=bind,source=C:\certs\client,target=C:\certs `
 --name reverse-proxy `
 sixeyed/traefik:v1.7.8-windowsservercore-ltsc2019 `
 --docker --docker.swarmMode --docker.watch `
 --docker.endpoint=tcp://win2019-dev-02:2376 `
 --docker.tls.ca=/certs/ca.pem `
 --docker.tls.cert=/certs/cert.pem `
 --docker.tls.key=/certs/key.pem `
 --api
```

매니저 노드에서 실행되는 Docker API로만 스웜 서비스 관련 정보를 알 수 있기 때문에 Docker CLI를 매니저에 연결한 상태에서 스웜 리소스를 다뤄야 한다. 서비스용 제약 옵션은 Docker가 해당 제약 조건에 일치하는 노드에서만 컨테이너를 실행하게 제한할 수 있다. 이때 서비스 레플리카는 매니저 노드 위에서만 실행된다. 물론 이러한 방법만 있는 것은 아니다. Docker API 접근을 위해 보안을 강화한 원격 접속을 워커 노드에서 구현해 뒀다면 Traefik을 워커 노드에서도 실행할 수 있다.

Traefik을 Docker API에 연결하기 위해 앞에서는 윈도우의 명명된 파이프를 볼륨으로 마운트하는 방법을 사용했지만 이 방법은 Docker 스웜에서는 쓸 수 없다. 그래서 API를 TCP 연결로 접근하며 매니저 노드의 DNS 이름인 win2019-dev-02를 사용해 연결할 것이다. Docker 엔진을 TLS 연결을 사용해 보호하고(1장, 윈도우에서 Docker 시작하기에서 설명했던 내용이다) 클라이언트 인증서를 사용해 연결을 안전하게 만들었다. 이 인증서는 매니저 노드의 C:\certs\client 폴더 안에 저장하며 컨테이너 내부에서 디렉터리로 마운트한다.

서비스에서 명명된 파이프를 직접 마운트할 수 있다면 관리자의 호스트 이름을 지정하거나 TLS 인증서를 제공할 필요가 없어 작업이 훨씬 단순해진다. 이 기능은 Docker 19.03 버전부터 사용할 수 있고 이 책을 읽는 지금 사용할 수 있는 기능일 것이다. Docker의 큰 장점은 오픈 소스 구성 요소를 기반으로 만들어진다는 것이다. 그래서 이 기능 관련 토론은 항상 공개되며 이 기능은 https://github.com/moby/moby/issues/34795에서 현재까지의 상황과 함께 개발 현황을 자세하게 알 수 있다.

Docker 스웜에서 스크립트를 실행하면 서비스 ID 목록을 결과로 얻을 수 있다.

```
> .\ch07-run-nerd-dinner.ps1
206teuqo1v14m3o88p99jklrn
vqnncr7c9ni75ntiwajcg05ym
2pzc8c5rahn25l7we3bzqkqfo
44xsmox6d8m480sok0l4b6d80
u0uhwiakbdf6j6yemuy6ey66p
v9ujwac67u49yenxk1albw4bt
s30phoip8ucfja45th5olea48
24ivvj205dti51jsigneq3z8q
beakbbv67shh0jhtolr35vg9r
sc2yzqvf42z4l88d3w31ojp1c
vx3zyxx2rubehee9p0bov4jio
rl5irw1w933tz9b5cmxyyrthn
```

이제 실행 중인 모든 서비스를 docker service ls 명령문으로 한 번에 확인할 수 있다.

```
> docker service ls
ID            NAME                    MODE         REPLICAS  IMAGE
8bme2svun122  message-queue           replicated   1/1       nats:nanoserver
deevh117z4jg  nerd-dinner-homepage    replicated   1/1
dockeronwindows/ch03-nerd-dinner-homepage...
lxwfb5s9erq6  nerd-dinner-db          replicated   1/1
dockeronwindows/ch06-nerd-dinner-db:latest
ol7u97cpwdcn  nerd-dinner-index-handler replicated 1/1
```

```
dockeronwindows/ch05-nerd-dinner-index...
rrgn4n3pecgf    elasticsearch              replicated  1/1
sixeyed/elasticsearch:nanoserver
w7d7svtq2k5k    nerd-dinner-save-handler  replicated  1/1
dockeronwindows/ch05-nerd-dinner-save...
ydzb1z1af88g    nerd-dinner-web            replicated  1/1
dockeronwindows/ch05-nerd-dinner-web:latest
ywrz3ecxvkii    kibana                     replicated  1/1
sixeyed/kibana:nanoserver
```

각 서비스는 레플리카 상태가 1/1인 것으로 표시된다. 즉 1개의 레플리카를 만들도록 요청한 서비스 수준에 맞춰 1개의 레플리카가 실행 중이라는 뜻이다. 다시 말해 서비스를 실행하기 위해 사용한 컨테이너 개수를 말한다. 스웜 모드에서는 2가지 분산 서비스인 복제 모드와 글로벌 모드를 지원한다. 기본적으로 분산 서비스는 단일 레플리카를 사용하며 스웜 클러스터에서 하나의 컨테이너를 사용하는 것이다. 서비스는 스크립트로 레플리카 개수를 지정하지 않고 만들어지므로 이렇게 만든 모든 서비스는 기본적으로 1개의 컨테이너만 사용하는 것이다.

여러 컨테이너에 걸쳐 서비스 실행하기

복제된 서비스는 스웜 모드에서 규모를 확장하는 방식이며 실행 중인 서비스를 업데이트하기 위해 컨테이너를 추가하거나 제거할 수 있다. Docker Compose와 달리 각 서비스의 원하는 상태를 설명하는 Compose 파일로 새로 만들 필요가 없다. docker service create 명령문을 실행하면 상세한 모든 상태 정보가 스웜 클러스터 안에 저장되기 때문이다. 메시지 처리기를 더 추가하기 위해 docker service scale 명령에 추가하려는 서비스의 이름과 원하는 서비스 수준을 지정한다.

```
> docker service scale nerd-dinner-save-handler=3
nerd-dinner-save-handler scaled to 3
overall progress: 1 out of 3 tasks
```

```
1/3: starting  [=========================================>    ]
2/3: starting  [=========================================>    ]
3/3: running   [==========================================>   ]
```

메시지 처리기 서비스는 기본적으로 단일 레플리카로 시작하므로 이렇게 하면 2개의 컨테이너가 추가돼 SQL 서버 처리기 서비스의 태스크를 공유하는 상태가 된다. 여러 노드로 구성된 스웜 클러스터에서는 매니저가 컨테이너를 실행할 여력이 되는 임의의 노드에 실행을 예약할 수 있다. 이때 어느 서버에서 컨테이너가 실행되는지 알거나 고민할 필요가 전혀 없지만 궁금하다면 서비스 목록을 docker service ps 명령문으로 확인해보고 컨테이너가 어디서 실행되는지 확인할 수 있다.

```
> docker service ps nerd-dinner-save-handler
ID               NAME     IMAGE    NODE          DESIRED STATE      CURRENT STATE
sbt4c2jof0h2     nerd-dinner-save-handler.1 dockeronwindows/ch05-nerd-dinner-
save-handler:2e       win2019-dev-02      Running       Running 23 minutes ago
bibmh984gdr9     nerd-dinner-save-handler.2 dockeronwindows/ch05-nerd-dinner-
save-handler:2e       win2019-dev-02      Running       Running 3 minutes ago
3lkz3if1vf8d     nerd-dinner-save-handler.3  dockeronwindows/ch05-nerd-dinner-
save-handler:2e       win2019-02          Running       Running 3 minutes ago
```

이때 2개의 노드로 구성된 스웜 클러스터를 운영하며 레플리카는 win2019-dev-02와 win2019-02 2개의 노드에 나눠 실행된다는 것을 알 수 있다. 스웜 모드는 서비스 프로세스를 레플리카로 부르지만 실제로는 컨테이너다. 스웜의 각 노드에 로그인해 서비스 컨테이너를 docker ps, docker logs, docker top 명령문으로도 평소처럼 관리할 수 있다.

보통 이렇게 하지 않을 것이다. 레플리카를 실행하는 노드는 스웜이 관리자 대신 모든 것을 관리해주는 블랙박스이며 매니저 노드로 모든 서비스를 관리할 수 있다. Docker Compose와 마찬가지로 서비스에 대한 로그를 통합해 볼 수 있고 Docker CLI로 스웜 매니저 노드에 연결해 같은 작업을 할 수 있다.

```
PS> docker service logs nerd-dinner-save-handler
nerd-dinner-save-handler.1.sbt4c2jof0h2@win2019-dev-02
    | Connecting to message queue url: nats://message-queue:4222
nerd-dinner-save-handler.1.sbt4c2jof0h2@win2019-dev-02
    | Listening on subject: events.dinner.created, queue: save-dinner-handler
nerd-dinner-save-handler.2.bibmh984gdr9@win2019-dev-02
    | Connecting to message queue url: nats://message-queue:4222
nerd-dinner-save-handler.2.bibmh984gdr9@win2019-dev-02
    | Listening on subject: events.dinner.created, queue: save-dinner-handler
...
```

레플리카는 서비스에 대한 재해 복구를 스웜이 어떠한 방식으로 구현하는지 보여준다. 서비스에 대한 레플리카 수준을 docker service create, docke service update, docker service scale 명령문 등으로 지정하면 값이 스웜 내부에 저장된다. 매니저 노드는 서비스를 위한 모든 태스크를 모니터링한다. 컨테이너가 멈추고 원하는 레플리카 수준 아래로 서비스 상태가 바뀌면 멈춘 컨테이너를 대체하는 태스크가 새로 예약된다. 7장 후반부에서 여러 노드로 구성된 스웜 클러스터에서 같은 솔루션을 사용해 이 기능을 시연할 것이다. 이때 스웜에서 특정 노드를 제거했을 때도 서비스가 문제 없이 계속 실행되는 것을 볼 수 있다.

글로벌 서비스

복제된 서비스 외에 글로벌 서비스 개념이 있다. 스웜의 각 노드마다 고유한 컨테이너를 하나씩 실행해 단일 서버처럼 서비스를 실행하는 방식이 필요할 때가 있을 것이다. 이를 위해 각 서비스를 글로벌 모드로 실행할 수 있다. Docker는 정확하게 노드당 하나의 태스크를 실행하며 새로운 노드가 추가될 때마다 이때도 노드에 새로운 서비스를 추가하는 태스크를 예약한다.

글로벌 서비스는 여러 서비스에 걸쳐 공통으로 사용하는 구성 요소를 항상 사용 가능한 상태로 유지할 수 있도록 유용하게 쓸 수 있다. 하지만 그와 동시에 단순하게 인스턴스 숫자가 많은 것만으로 애플리케이션 클러스터를 만들 수는 없다. NATS 메시지 큐는 여러 서버에 걸쳐 실행되는 클러스터로 실행될 수 있으며 글로벌 서비스로 실행하기에 좋은 후보일 것이다. NATS를 클러스터로 실행하기 위해서는 각 인스턴스가 다른 인스턴스의 주소를 서로 알아야 하며 이때 Docker 엔진이 할당하는 동적 가상 IP 주소 방식으로는 잘 작동하지 않는다.

그 대신 엘라스틱 서치 메시지 처리기를 글로벌 서비스로 실행해 각 노드가 메시지 처리기를 하나씩 실행할 것이다. 기존에 실행 중인 서비스의 종류는 바꿀 수 없으므로 우선 원래의 서비스를 제거해야 한다.

```
> docker service rm nerd-dinner-index-handler nerd-dinner-index-handler
```

그 다음 새로운 글로벌 서비스를 만들 수 있다.

```
> docker service create `
>>   --mode=global `
>>   --network nd-swarm `
>>   --name nerd-dinner-index-handler `
>>   dockeronwindows/ch05-nerd-dinner-index-handler:2e;
q0c20sx5y25xxf0xqu5khylh7
overall progress: 2 out of 2 tasks
h2ripnp8hvty: running
[==================================================>]
jea4p57ajjal: running
[==================================================>]
verify: Service converged
```

이제 스웜의 각 노드마다 하나의 태스크가 실행되며 태스크 전체 개수는 클러스터에 새 노드가 추가될 때마다 증가하고 노드가 제거될 때마다 축소될 것이다. 이 방법은 재해 복구를 위해 배포되는 서비스에 유용하며 서비스의 전체 용량은 클러스터 크기에 알맞게 조절된다.

글로벌 서비스는 또한 모니터링과 감사 기능에도 적합하다. 스플렁크 같은 중앙화된 모니터링 시스템을 사용하거나 엘라스틱 서치용 비트로 인프라의 데이터를 수집하길 원한다면 각 노드에 하나씩 에이전트를 글로벌 서비스로 실행할 수 있을 것이다.

글로벌 서비스와 복제된 서비스로 Docker 스웜은 인프라 규모에 맞춰 애플리케이션 규모를 늘리고 서비스를 특정 수준으로 유지할 수 있다. 이 방법은 고정된 크기의 스웜 클러스터를 사용하지만 다양한 부하를 온프레미스 환경에 배포해야 할 때 유용하다. 애플리케이션 구성 요소가 항상 같은 시간대에 최대 처리량을 소화해야 할 필요가 없으면 요구 사항에 맞게 확장하거나 축소할 수 있다. 클라우드에서는 더 많은 유연함을 얻을 수 있다. 클러스터의 전체 크기를 스웜 클러스터에 새로운 노드를 추가하는 방식으로 확장할 수 있으며 애플리케이션 서비스를 더 크게 확장할 수 있다.

여러 인스턴스에 걸쳐 애플리케이션을 확장해 실행하는 것은 보통 더 복잡하다. 실행 중인 모든 인스턴스를 등록하는 방법, 부하를 서로 공유해 처리하는 방법, 모든 인스턴스를 모니터링하는 방법을 마련해 특정 인스턴스가 실패할 때 그 인스턴스로 부하가 전달되지 않도록 해야 한다. 이 모든 기능이 Docker 스웜에 이미 들어 있으므로 서비스 디스커버리로 이 기능을 그대로 사용할 수 있다. 로드 밸런싱, 재해 복구, 애플리케이션 자가 치유를 위한 인프라가 들어 있다.

스웜 모드의 로드 밸런싱과 확장

Docker는 DNS를 사용해 서비스 디스커버리를 구현하므로 컨테이너는 기본 네트워킹 방식만으로 다른 컨테이너를 찾을 수 있다. 애플리케이션은 서버 이름을 클라이언트 연결 구성상에서 사용하며 애플리케이션이 연결할 대상에 대한 DNS 쿼리를 만들면 Docker는 해당 컨테이너의 IP 주소를 돌려준다. Docker 스웜에서도 같은 방식으로 동작한다. 대상 서버의 이름이 클러스터상에 분산돼 실행되는 수십 개의 레플리카로 구성된 Docker 서비스의 이름이다.

Docker가 여러 레플리카로 구성된 서비스의 DNS 관리에 응답하는 방법은 2가지다. 기본은 가상 IP^{VIP} 주소를 사용하는 것이다. Docker는 서비스를 위해 단일 IP 주소를 사용하며 호스트 운영 체제의 네트워킹 스택에 의존해 VIP에 대한 요청을 실제 컨테이너로 라우팅해준다. VIP는 로드 밸런싱과 서비스 상태를 관리한다. 요청은 서비스 안의 모든 정상 컨테이너와 공유된다. 이 기능은 리눅스에서는 오랫동안 구현되고 사용됐지만 윈도우에서는 서버 2019에서 처음 구현됐다.

VIP 외에 DNS 라운드 로빈^{DNSRR}이 있으며 endpoint_mode 설정을 서비스 구성에 지정한다. DNSRR은 서비스 안의 모든 정상 컨테이너의 IP 주소 목록을 반환해 목록 순서를 바꾸는 방식으로 부하 분산을 구현한다. DNSRR은 서버 2019 이전에는 윈도우 컨테이너에서 쓸 수 있는 유일한 방법이었으며 많은 예제가 이 방법을 사용한다. 하지만 이제 VIP가 더 권장된다. 클라이언트는 보통 DNS 조회 응답을 캐싱하는 경향이 있다. DNSRR에서는 서비스를 업데이트한 후 클라이언트가 이미 교체된 컨테이너의 IP 주소를 캐싱해 연결이 실패하는 문제가 나타날 수 있다. VIP에서 이러한 문제는 발생하지 않는다. DNS 응답과 연결된 IP 주소는 하나뿐이며 언제 접속하더라도 항상 정상 상태의 컨테이너로 요청이 라우팅될 것이므로 클라이언트는 이 주소를 안전하게 캐싱할 수 있다.

Docker 스웜은 네트워크 트래픽의 부하 분산을 여러 서비스 레플리카를 대상으로 나눠주는 것을 담당하지만 스웜 안으로 들어오는 외부 트래픽의 부하 분산도 담당한다. 새로운 NerdDinner 아키텍처에서는 Traefik 역방향 프록시만 외부에서 접근 가능한 유일한 구성 요소다. 컴퓨터 한 대에서 포트는 단 하나의 프로세스에서만 사용할 수 있다는 것을 알고 있으므로 프록시 서비스를 클러스터의 각 노드당 하나의 컨테이너만 둬 확장할 수 있다. 하지만 Docker 스웜을 사용하면 시스템에서 같은 포트를 사용해 레플리카가 없거나 여러 개일 때 서비스를 오버 프로비저닝하거나 언더 프로비저닝할 수 있다.

오버레이 네트워크에 연결된 스웜 서비스는 포트를 게시할 때 표준 컨테이너와 다르게 작동한다. 스웜의 각 노드는 게시된 포트로 연결을 수신하며 트래픽이 들어오면 정상 상태의 컨테이너로 요청을 보낸다. 이 컨테이너는 요청을 받은 노드 위에서 실행되는 컨테이너이거나 다른 노드에서 실행되는 컨테이너일 수 있다.

이 예제에서 클라이언트는 HTTP GET 요청을 Docker 스웜에서 실행되는 서비스가 사용하는 표준 포트 80번으로 보낸다.

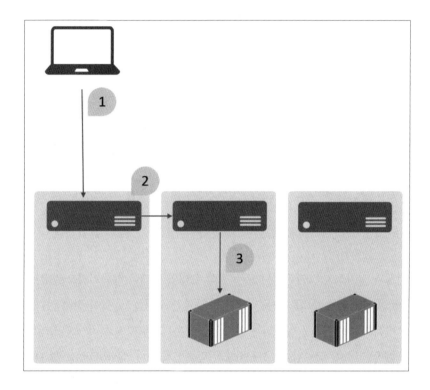

1. 클라이언트 요청은 서비스 레플리카를 하나도 실행하지 않는 노드로 먼저 도착한다. 노드에는 80번 포트를 수신 대기하는 컨테이너가 하나도 없으므로 요청을 직접 처리하지 못한다.

2. 수신한 노드는 들어온 요청을 80번 포트를 수신하는 스웜의 다른 노드로 전달하며 이 과정은 바깥 클라이언트에게는 보이지 않는다.

3. 새로운 노드는 전달받은 요청을 컨테이너로 보내 실제 처리를 실행하고 응답 결과를 돌려준다.

이러한 네트워킹 방법을 인그레스 네트워킹이라고 부르며 매우 강력한 네트워킹 기능이다. 즉 대규모 클러스터에서 소규모 서비스를 실행하거나 소규모 클러스터에서 대규모 서비스를 실행할 수 있으며 같은 방식으로 작동한다. 서비스를 클러스터 안의 노드보다 적은 수의 레플리카로 실행하더라도 Docker는 다른 노드로 요청을 투명하게 전송하므로 전혀 문제가 없다. 서비스가 노드 숫자보다 더 많은 레플리카를 실행하더라도 모든 노드는 요청을 처리할 수 있고 Docker가 노드의 컨테이너 사이의 부하 분산을 처리하므로 역시 문제가 없다.

 Docker 스웜 안의 네트워킹은 자세하게 알아보고 이해해두는 것이 좋다. 이를 토대로 쉽게 확장하고 문제 상태로부터 쉽게 회복할 수 있는 시스템을 설계할 수 있기 때문이다. 나는 Pluralsight에서 Managing Load Balancing and Scale in Docker Swarm Mode Clusters 코스를 만들어 리눅스와 윈도우 컨테이너의 네트워킹 관련 핵심 주제를 모두 설명한다.

로드 밸런싱과 서비스 디스커버리는 모두 정상 상태의 컨테이너를 기반으로 운영되며 모두 Docker 스웜의 기능이므로 사용자 측에서 특별한 구성을 할 것이 전혀 없다. 스웜 모드에서 오버레이 네트워크로 실행되는 서비스는 기본적으로 VIP 서비스 디스커버리와 게시된 포트는 인그레스 네트워킹을 사용하도록 만들어져 있다. NerdDinner를 Docker 스웜에서 실행하면 프로덕션 환경에 맞춰 항상 사용 가능하고 쉽게 확장할 수 있도록 배포 구성을 바꿀 것이 전혀 없으며 애플리케이션 구성에만 집중하면 된다.

▌ Docker 스웜에서 애플리케이션 구성 관리하기

5장, 컨테이너 중심 솔루션 설계 채택하기에서 시간을 할애해 NerdDinner 스택을 위한 유연한 구성 시스템을 컨테이너 이미지 안에 추가한 적이 있다. 이 작업의 핵심 원칙은 각 이미지에 개발 환경을 위한 내용을 기본으로 포함하되 컨테이너를 실행할 때 설정을 재정의할 수 있게 하는 것이었다. 모든 환경에서 같은 컨테이너 이미지를 사용할 수 있으며 이 때 동작을 바꾸기 위해 설정을 교체하는 것만 필요하다.

이 방법은 단일 Docker 엔진 환경에서 잘 작동했다. 환경 변수를 사용해 개별 설정을 재정의할 수 있게 하고 볼륨 마운트를 사용해 전체 구성 파일의 내용을 교체할 수 있었다. Docker 스웜에서는 할 수 있는 일이 더 많다. Docker의 구성 개체와 시크릿을 사용해 데이터를 스웜 안에 저장해 컨테이너로 전달할 수 있다. 이렇게 사용하면 구성이나 민감한 데이터를 환경 변수나 파일로 지정하는 것보다 더 간편하게 관리할 수 있으면서도 모든 환경에서 항상 같은 컨테이너 이미지를 쓸 수 있다.

Docker 구성 개체로 구성 저장하기

스웜 모드에는 노드와 서비스 외에도 스택, 시크릿, 구성이라는 새로운 리소스가 더 있다. 구성 개체는 스웜 안에 만든 단순한 텍스트 파일로 서비스 컨테이너 안에서 파일로 표현된다. 이러한 방법은 구성 설정을 관리하는 좋은 방법이다. 모든 애플리케이션 관련 설정을 한군데 저장하고 관리할 수 있게 해주기 때문이다.

구성 개체를 사용하는 방법으로 크게 2가지가 있다. docker config 명령문을 사용해 만들어 관리할 수 있으며 docker service 명령문과 Docker Compose 파일로 서비스에서 사용할 수 있게 지정하는 방법이다. 이렇게 분리하는 것은 애플리케이션 정의가 구성과 분리한 것이다. 정의는 모든 환경에 걸쳐 동일하고 각 구성은 Docker가 환경마다 불러오는 것이다.

Docker는 구성 개체를 텍스트 파일로 컨테이너 안에서 표현하며 지정한 경로에 파일을 표시한다. 시크릿을 my-app-config라고 스웜 클러스터에 저장했다면 C:\my-app\config\appSettings.config라는 파일로 나타난다. Docker는 파일 형식을 따지지 않으므로 XML, JSON, 키-값 쌍 또는 다른 모든 파일 형식을 사용할 수 있다. 어디까지나 애플리케이션이 이 파일을 어떻게 쓸지 결정하며 하나의 완전한 구성 파일일 수 있고 컨테이너 이미지의 기본 구성을 기초로 내용을 병합할 때 사용할 수 있을 것이다.

NerdDinner 애플리케이션을 현대화하면서 .NET Core 구성 프레임워크를 애플리케이션 설정을 위해 들여왔다. NerdDinner 솔루션을 이루는 모든 애플리케이션에서 같은 Config 클래스를 모든 .NET Framework와 .NET Core와 상관 없이 공유했다. Config 클래스를 사용할 때 별도로 지정한 파일 위치에서 설정 값을 읽어오도록 구성 공급자를 다음과 같이 수정할 수 있다.

```
public static IConfigurationBuilder AddProviders(IConfigurationBuilder config)
{
  return config.AddJsonFile("config/appsettings.json")
                .AddEnvironmentVariables()
                .AddJsonFile("config/config.json", optional: true)
                .AddJsonFile("config/secrets.json", optional: true);
}
```

구성 공급자는 우선순위의 역순으로 동작한다. 맨 먼저 애플리케이션 이미지와 함께 들어 있는 config/appsettings.json 파일을 불러올 것이다. 그 다음에는 모든 환경 변수 값이 병합된다. 없는 키는 새로 추가되고 기존 키 값과 겹치면 환경 변수 값으로 대체한다. 다음으로 config/config.json 파일이 경로에 있으면 기존 값 위에 파일 내용을 병합한다. 마지막으로 config/secrets.json 파일이 있으면 이 파일 안의 값도 병합된다.

이 패턴은 계층적으로 구성 데이터를 불러올 수 있게 해준다. 모든 기본 값은 컨테이너 이미지 안에 들어 있다. 실행할 때 사용자는 환경 변수나 환경 변수 파일을 사용해 기본 값을 변경할 수 있으며 개발자가 단일 Docker 호스트에서 작업할 때 값을 쉽게 변경할 수 있다. 클러스터화된 환경에서는 Docker 구성 개체와 시크릿 정보를 배포할 때 함께 지정할 수 있으며 이 값도 기본 값과 모든 환경 변수를 재정의한다.

간단한 예제로 새로운 REST API의 로그 기록 수준을 변경해볼 것이다. appsettings. json 파일이 컨테이너 이미지 안에 들어 있고 기본 로그 기록 수준은 경고 수준 이상의 항목을 기록한다. 애플리케이션은 정보 수준의 로그 항목을 GET 요청을 받을 때마다 기록할 것이므로 구성에서 로그 기록 수준을 변경하면 모든 로그 항목을 볼 수 있다.

사용하려는 모든 설정은 nerd-dinner-api-config.json 파일 안에 들어 있다.

```
{
 "Logging": {
  "LogLevel": {
   "Default": "Information"
  }
 }
}
```

우선 구성 개체를 스웜 안에 저장해 컨테이너가 원본 파일이 없어도 동작하도록 만들어야 한다. docker config create 명령에 개체 이름과 구성 내용이 담긴 파일 경로를 지정할 수 있다.

docker config create nerd-dinner-api-config .\configs\nerd-dinner-api-config.json

구성 개체를 만들 때만 파일이 필요하다. 이제 스웜 클러스터 안에 데이터가 저장됐다. 스웜 노드 안의 모든 노드는 구성 데이터에 접근할 수 있으며 컨테이너에 데이터를 전달할 수 있고 Docker 엔진에 접근할 수 있다면 누구나 이 구성 데이터를 원본 파일이 없어도 볼 수 있다. docker config inspect 명령문으로 구성 개체의 내용을 볼 수 있다.

```
> docker config inspect --pretty nerd-dinner-api-config
ID:                     yongm92k597gxfsn3q0yhnvtb
Name:                   nerd-dinner-api-config
Created at:             2019-02-13 22:09:04.3214402 +0000 utc
Updated at:             2019-02-13 22:09:04.3214402 +0000 utc
Data:
{
  "Logging": {
```

```
    "LogLevel": {
      "Default": "Information"
    }
  }
}
```

구성 개체의 암호화되지 않은 텍스트를 docker config inspect 명령문을 실행해 볼 수 있다. 이 기능을 활용하면 애플리케이션 문제를 해결하기 쉽지만 보안 관점에서는 좋지 않다. 민감한 데이터는 반드시 Docker의 시크릿 기능을 구성 개체 대신 사용해 데이터를 보호해야 한다.

Docker 구성 개체를 스웜 서비스에서 사용하기

--config 옵션을 사용하면 구성 개체를 서비스를 만들 때 컨테이너가 사용할 수 있도록 만들 수 있다. 그 다음에는 애플리케이션에서 직접 이 데이터를 사용할 수 있게 되지만 1가지 주의할 점이 있다. 구성 개체는 컨테이너 안에 파일 형태로 표현돼 관리자 계정만 이 파일을 읽을 수 있도록 보호된다. 애플리케이션이 실행되는 계정 권한이 부족하면 파일이 있는 것은 확인할 수 있지만 파일 내용을 읽을 수는 없다. 누군가 컨테이너의 파일 시스템 접근을 획득하더라도 구성 파일을 안전하게 지켜줄 수 있다.

리눅스 컨테이너에서는 좀 다르게 동작한다. 컨테이너 안에서 어떠한 사용자가 파일 소유권이 있는지 ID를 지정할 수 있으므로 특정 계정이 파일 권한을 제한할 수 있다. 윈도우 컨테이너에서는 이러한 기능이 제공되지 않지만 리눅스 컨테이너와 기능 차이가 없도록 개발되고 있다. 이 책을 집필하는 현 시점에서 구성 개체를 사용하려면 애플리케이션은 반드시 관리자 계정으로 실행되거나 로컬 시스템 접근이 가능한 계정으로 실행돼야 한다.

애플리케이션의 권한을 상승시켜 실행하는 것은 보안 관점에서 좋지 않지만 컨테이너 안에서 애플리케이션을 실행할 때는 별 문제가 안 된다. 9장, Docker의 보안 위험 및 이점 이해하기에서 자세하게 알아본다.

5장, 컨테이너 중심 솔루션 설계 채택하기에서 만들었던 REST API의 Dockerfile을 수정해 컨테이너가 포함된 관리자 계정으로 실행되도록 만들었다.

```
# escape=`
FROM microsoft/dotnet:2.1-aspnetcore-runtime-nanoserver-1809

EXPOSE 80
WORKDIR /dinner-api
ENTRYPOINT ["dotnet", "NerdDinner.DinnerApi.dll"]
USER ContainerAdministrator

COPY --from=dockeronwindows/ch05-nerd-dinner-builder:2e C:\dinner-api .
```

바뀐 부분은 USER 지시어를 쓰는 부분으로 Dockerfile의 나머지 부분과 컨테이너를 시작할 때 사용할 계정을 지정하는 것이다. 그 외에 나머지 코드는 완전하게 동일하다. 5장 컨테이너 중심 솔루션 설계 채택에서 사용한 빌더 이미지를 계속 사용한다. 바뀐 내용을 포함하는 새 이미지를 dockeronwindows/ch07-nerd-dinner-api:2e로 만들고 실행 중인 API 서비스를 업그레이드한 후 docker service update 명령문으로 새로운 구성을 적용한다.

```
docker service update `
 --config-add src=nerd-dinner-api-config,target=C:\dinner-
api\config\config.json `
 --image dockeronwindows/ch07-nerd-dinner-api:2e `
 nerd-dinner-api;
```

서비스를 업데이트하면 실행 중인 레플리카를 새로운 구성을 사용해 교체한다. 이때 새로운 이미지와 구성 개체를 사용한다. 이제 GET 요청을 REST API로 보내면 정보 수준의 로그를 기록하므로 docker service logs 명령문으로 훨씬 더 자세한 내용을 볼 수 있다.

```
> docker service logs nerd-dinner-api
nerd-dinner-api.1.cjurm8tg1lmj@win2019-02    | Hosting environment: Production
nerd-dinner-api.1.cjurm8tg1lmj@win2019-02    | Content root path: C:\dinner-api
nerd-dinner-api.1.cjurm8tg1lmj@win2019-02    | Now listening on: http://[::]:80
nerd-dinner-api.1.cjurm8tg1lmj@win2019-02    | Application started. Press Ctrl+C
to shut down.
nerd-dinner-api.1.cjurm8tg1lmj@win2019-02    | info: Microsoft.AspNetCore.
Hosting.Internal.WebHost[1]
nerd-dinner-api.1.cjurm8tg1lmj@win2019-02    | Request starting HTTP/1.1 GET
http://api.nerddinner.swarm/api/dinners
nerd-dinner-api.1.cjurm8tg1lmj@win2019-02    | info: Microsoft.AspNetCore.Mvc.
Internal.ControllerActionInvoker[1]
nerd-dinner-api.1.cjurm8tg1lmj@win2019-02    | Route matched with {action =
"Get", controller = "Dinners"}. Executing action
NerdDinner.DinnerApi.Controllers.DinnersController.Get (NerdDinner.DinnerApi)
```

이러한 방법으로 기능 옵션과 동작 설정을 환경마다 다르게 변경할 수 있다. 애플리케이션 구성을 이와 같이 만드는 것은 매우 유연한 방식이다. 개발자는 단일 Docker 엔진을 사용해 컨테이너를 이미지의 기본 설정만으로 실행하거나 환경 변수로 재정의하거나 전체 구성 파일을 로컬 볼륨 마운트 기능으로 대체할 수 있다. 테스트와 프로덕션 환경에서는 Docker 스웜을 사용해 관리자가 중앙에서 구성 개체를 관리할 수 있으며 모든 환경에 걸쳐 완전하게 같은 컨테이너 이미지를 계속 사용할 수 있다.

Docker 시크릿으로 민감한 데이터 저장하기

스웜 모드는 본질적으로 안전하다. 모든 노드 사이의 통신은 암호화되며 스웜은 암호화된 데이터 저장소를 제공해 매니저 노드 사이에 배포된다. 이 저장소를 애플리케이션 시크릿을 저장하는 데 사용할 수 있다. 시크릿은 구성 개체와 완전하게 같은 방식으로 작동한다. 스웜 안에 시크릿을 만들고 서비스에서 사용할 수 있도록 제공할 수 있다. 시크릿의 차이점은 스웜의 데이터 저장소 안에 시크릿이 저장되고 이 값은 매니저와 워커 노드사이에 전달되는 동안 암호화된다는 것이다. 이러한 값은 레플리카로 실행되는 컨테이너안에 전달될 때만 암호화가 해제돼 구성 개체를 파일로 접근할 수 있는 것과 동일하게 컨테이너 안에 나타난다.

시크릿은 이름과 내용을 사용해 만들 수 있으며 콘솔에서 직접 입력하거나 파일 내용을읽어 내용을 만들 수 있다. 시크릿으로 SQL 서버 관리자 계정 비밀번호를 저장해보겠다.ch07-app-config 폴더의 secrets 폴더에 데이터베이스 비밀번호를 담은 시크릿 파일이들어 있다. 스웜에 이 비밀번호를 안전하게 저장해 사용하기 전에 데이터베이스 이미지가시크릿을 취급할 수 있도록 몇 가지 작업을 해야 한다.

dockeronwindows/ch06-nerd-dinner-db Docker 이미지에서 SQL 서버 데이터베이스 스키마를 이미지로 만든 적이 있다. 이 이미지는 환경 변수를 사용해 관리자 비밀번호를 설정했다. 개발자에게는 적합한 기능일지 모르지만 테스트 환경에서는 비밀번호가 쉽게 드러나므로 문제가 있는 방법이다. 7장을 위한 새 버전의 Dockerfile과 데이터베이스 시작스크립트를 만들어 시크릿 파일로부터 비밀번호를 읽을 수 있게 만들었다.

ch07-nerd-dinner-db를 위한 InitializeDatabase.ps1 스크립트를 새로 만들면서 sa_password_path라는 전달 인자를 받도록 하고 파일이 있으면 파일로부터 비밀번호를 읽도록 간단한 코드를 추가했다.

```
if ($sa_password_path -and (Test-Path $sa_password_path)) {
  $password = Get-Content -Raw $sa_password_path
  if ($password) {
    $sa_password = $password
    Write-Verbose "Using SA password from secret file: $sa_password_path"
}
```

이 방식은 REST API에서 취했던 것과 완전하게 다른 접근 방식이다. 애플리케이션은 구성할 때 자체 요구 사항이 있으며 Docker가 구성 데이터를 파일로 제공하는 것과 연계되게 만들어야 한다. 대부분 Dockerfile 안에서 모든 작업을 할 수 있으므로 파일로부터 구성 데이터를 직접 읽도록 변경할 필요가 없어야 한다.

Dockerfile은 비밀번호 파일 관련 기본 경로가 지정된 환경 변수를 사용한다.

```
ENV sa_password_path="C:\secrets\sa-password"
```

이 외에도 데이터베이스를 실행하는 다른 방법을 지원한다. 개발자는 구성 설정을 전혀 지정하지 않고도 실행할 수 있다. 애플리케이션 이미지 안에 들어 있는 연결 문자열에 지정한 비밀번호와 일치하는 기본 비밀번호를 사용하도록 이미지 안에 들어 있는 것 그대로 사용한다. 클러스터 환경에서 관리자는 시크릿을 애플리케이션 배포 과정과 분리해 만들 수 있고 데이터베이스 컨테이너에서만 접근할 수 있도록 보호할 수 있다.

시크릿을 만들고 데이터베이스 서비스를 업데이트해 시크릿에서 비밀번호를 받아오게 하는 새 이미지와 시크릿을 사용하도록 만들어야 한다.

```
docker secret create nerd-dinner-db-sa-password .\secrets\nerd-dinner-db-sa-password.txt;

docker service update `
--secret-add src=nerd-dinner-db-sa-password,target=C:\secrets\sa-password `

--image dockeronwindows/ch07-nerd-dinner-db:2e `
nerd-dinner-db;
```

이제 데이터베이스는 Docker 스웜이 보호하는 강력한 비밀번호를 사용한다. 사용자가 Docker 엔진에 접근하더라도 시크릿 내용은 볼 수 없으며 시크릿을 사용하도록 명시적

300

으로 지정된 서비스 안의 컨테이너에서만 암호화가 해제된다. 시크릿을 조사할 수 있지만 메타데이터만 확인할 수 있다.

```
> docker secret inspect --pretty nerd-dinner-db-sa-password
ID:               u2zsrjouhicjnn1fwo5x8jqpk
Name:             nerd-dinner-db-sa-password
Driver:
Created at:       2019-02-14 10:33:04.0575536 +0000 utc
Updated at:       2019-02-14 10:33:04.0575536 +0000 utc
```

지금 당장 애플리케이션은 이 데이터베이스를 사용하도록 만든 애플리케이션의 연결 문자열을 고치지 않고 데이터베이스 비밀번호를 변경했기 때문에 제대로 동작하지 않는다. 이 상황은 분산된 애플리케이션을 Docker 스웜에 명령문을 직접 실행해 관리했을 때 필연적으로 마주칠 수 있는 위험한 상황이다. 이 방법 대신 반드시 애플리케이션은 서비스와 다른 모든 리소스에 대한 정의를 담은 Docker Compose 파일을 사용해 선언적으로 관리해야 하고 Docker 스택으로 한 번에 배포해야 한다.

▌ Docker 스웜으로 스택 배포하기

Docker 스웜의 스택은 Docker Compose를 단일 호스트에서 사용하거나 Docker 스웜에서 서비스를 수동으로 만들 때의 문제점을 해결한다. 스택은 Compose 파일을 사용해 만들 수 있으며 Docker는 스웜 안에 스택 서비스의 모든 데이터를 저장한다. 이로써 Docker가 애플리케이션을 표현하는 리소스 집합을 인지하며 어떠한 종류의 Docker 클라이언트를 사용하든 Compose 파일 없이도 서비스를 관리할 수 있다.

스택은 애플리케이션을 구성하는 모든 개체를 추상화한 것이다. 표준 Docker Compose 파일처럼 서비스, 볼륨, 네트워크도 있지만 구성 개체, 시크릿 같은 Docker 스웜 개체도 지원하며 그 외에도 애플리케이션을 확장해 배포하기 위한 추가 배포 설정도 지원한다.

> 스택은 사용하는 오케스트레이터에 대한 추상화도 지원한다. Docker 엔터프라이즈는 Docker 스웜과 쿠버네티스를 같은 클러스터에서 실행하는 것을 지원하며 양쪽 오케스트레이터를 대상으로 애플리케이션 스택을 간단한 Docker Compose 파일 형식과 Docker CLI를 사용해 배포할 수 있다.

Docker Compose 파일을 사용해 스택 정의하기

Docker Compose 파일 스키마는 클라이언트 측의 배포를 단일 Docker 호스트에 진행하는 것부터 Docker 스웜 클러스터의 여러 호스트에 걸쳐 스택을 배포하는 것을 지원하는 형태로 발전했다. 서로 다른 특성의 묶음은 서로 다른 상황과 관련 있으며 도구에서 강제하는 부분이다. Docker Compose는 스택을 배포할 때 쓰는 속성은 무시하며 Docker 스웜은 단일 노드 배포에만 적용되는 속성은 무시한다.

이 문제를 공략하기 위해 여러 개의 Compose 파일을 만들어 활용할 수 있으며 애플리케이션의 기본적인 설정은 한 파일 안에 포함하고 로컬 설정을 담는 재정의 파일과 스웜 설정을 담는 재정의 파일은 각각 다른 파일로 만든다. ch07-docker-compose 폴더에 이러한 형태로 만든 Compose 파일이 들어 있다. 핵심 서비스 정의는 docker-compose.yml 파일 안에 들어 있으며 매우 단순하게 만들었다. 모든 배포 방식에서 공통적으로 사용하는 내용만 담겨 있다. Traefik을 위한 역방향 프록시 정의도 단순하게 만들어져 있다.

```
reverse-proxy:
 image: sixeyed/traefik:v1.7.8-windowsservercore-ltsc2019
 networks:
 - nd-net
```

docker-compose.local.yml 재정의 파일에는 랩톱 컴퓨터에서 애플리케이션을 개발하고 Docker Compose로 배포하는 것과 관련 있는 속성을 추가했다. Traefik을 위해서는

Docker 엔진의 명명된 파이프를 볼륨으로 마운트하고 포트를 게시하기 위한 명령문을
추가할 필요가 있다.

```
reverse-proxy:
  command: --docker --docker.endpoint=npipe:////./pipe/docker_engine --api
 ports:
   - "80"
   - "8080"
 volumes:
   - type: npipe
     source: \\.\pipe\docker_engine
     target: \\.\pipe\docker_engine
```

docker-compose-swarm.yml 재정의 파일에서는 클러스터 기반의 Docker 스웜 환경에서
필요한 내용이 들어 있다. 2개의 노드로 구성된 테스트 스웜이든 200개 이상의 노드로 구
성된 프로덕션 스웜이든 Compose 파일은 항상 동일하게 사용될 것이다. Traefik 명령문
을 설정해 스웜 매니저와 TCP를 사용해 연결하도록 명령문을 설정하고 TLS 인증서를 스
웜의 시크릿 저장소에 보관하도록 설정했다.

```
reverse-proxy:
   command: --docker --docker.swarmMode --docker.watch --docker.endpoint=tcp://
win2019-dev-02:2376
           --docker.tls.ca=/certs/ca.pem --docker.tls.cert=/certs/cert.pem
...
  ports:
    - "80:80"
    - "8080:8080"
  secrets:
    - source: docker-client-ca
      target: C:\certs\ca.pem
    - source: docker-client-cert
      target: C:\certs\cert.pem
    - source: docker-client-key
      target: C:\certs\key.pem
```

```
deploy:
  placement:
    constraints:
      - node.role == manager
```

 이러한 애플리케이션 매니페스트에서 유일하게 이식이 어려운 부분은 스웜 매니저의 DNS 이름으로 지정된 win2019-dev-02다. 6장, Docker Compose를 사용한 분산 솔루션 구성하기에서 설명했듯이 명명된 파이프를 스웜 모드에서는 아직 마운트할 수 없지만 곧 개선될 부분이다. 기능이 구현되면 스웜 모드 안에서도 단일 Docker 엔진을 사용할 때와 동일하게 Traefik이 사용할 수 있도록 명명된 파이프를 지정할 수 있으며 Compose 파일은 어떠한 Docker 클러스터에서든 잘 작동할 것이다.

나머지 서비스도 이러한 패턴은 유사하다. Docker에서 사용할 기본적인 정의는 compose.yml 파일 안에 들어 있으며 개발자를 위한 로컬 설정은 로컬 파일, 스웜 클러스터를 위한 다른 재정의 값은 스웜 파일에 나눠져 저장된다. 핵심 Compose 파일은 지정해야 할 구성이 들어 있지 않아 그대로 사용할 수 없다. 6장, Docker Compose를 사용한 분산 솔루션 구성하기에서 Docker Compose 파일만으로도 개발 환경을 설정할 수 있도록 구성했던 것과는 다른 접근 방법이다. 어느 방식이 더 적합한지는 선택하기 나름이지만 이러한 방법이 유용한 점은 모든 환경에 대한 설정을 놓치지 않고 개별적인 재정의 파일 안에서 관리할 수 있다는 것이다.

더 자세하게 알아보면 도움이 될 만한 다른 서비스 옵션도 몇 가지 더 있다. REST API는 핵심 Compose 파일에 이미지와 네트워크 설정만 담고 있다. 로컬 재정의 파일에서는 API를 프록시에 등록하기 위해 사용하는 라벨이 들어 있으며 데이터베이스 서비스에 대한 의존성도 함께 쓰였다.

```
nerd-dinner-api:
  depends_on:
    - nerd-dinner-db
```

```
    labels:
      - "traefik.frontend.rule=Host:api.nerddinner.local"
```

스웜 모드는 depends_on 속성을 지원하지 않는다. 스택은 배포한 후 실행될 때 서비스의
시작 순서를 보장하지 않는다. 애플리케이션 구성 요소가 문제로부터 쉽게 회복될 수 있
고 모든 의존성을 만족할 때까지 연결을 재시도하는 로직을 포함한다면 서비스 시작 순서
는 별로 상관 없을 것이다. 구성 요소가 문제로부터 쉽게 회복되지 않고 의존성을 찾을 수
없다면 프로그램이 종료되면 Docker는 실행에 실패한 컨테이너를 다시 시작하며 몇 번의
재시도 끝에 애플리케이션이 준비된 상태가 될 것이다.

 레거시 애플리케이션에서는 의존성에 해당하는 구성 요소는 항상 사용 가능하고 즉시 응답
할 것이라는 전제로 개발했기 때문에 시작할 때 문제가 발생하면 보통 스스로 문제 해결을 하
지 않는다. 클라우드 서비스로 이동하면 이러한 가정은 더 이상 사용할 수 없으며 컨테이너
환경도 마찬가지다. Docker는 레거시 애플리케이션을 시작할 때 점검과 상태 확인 기능을
Dockerfile에 추가해 문제가 발생하면 스스로 복구될 때까지 실패한 컨테이너를 계속 교체
해 문제를 해결하려고 한다.

스웜 재정의 파일에는 시크릿과 구성 설정을 추가하며 traefik에 적용될 컨테이너 라벨에
도 차이가 있다.

```
nerd-dinner-api:
  configs:
    - source: nerd-dinner-api-config
      target: C:\dinner-api\config\config.json
  secrets:
    - source: nerd-dinner-api-secrets
      target: C:\dinner-api\config\secrets.json
  deploy:
    replicas: 2
    labels:
      - "traefik.frontend.rule=Host:api.nerddinner.swarm"
```

```
- "traefik.port=80"
```

구성 설정과 시크릿은 스웜 모드에서만 적용되지만 다른 Compose 파일에 포함하더라도 단일 Docker 엔진 환경에서는 무시될 것이므로 괜찮다. 배포 섹션도 스웜 모드만 위한 기능이며 레플리카를 위한 인프라 설정을 포함한다. 여기서 레플리카 숫자를 2로 설정해 스웜이 이 서비스를 위해 2개의 컨테이너를 실행해야 하는 것을 지정할 수 있다. Traefik을 위한 라벨도 배포 섹션 아래에 지정했다. 서비스 자체가 아닌 컨테이너에 지정한 라벨이 적용돼야 한다는 것을 명확하게 설정할 수 있다.

Docker는 볼륨, 노드, 서비스, 시크릿, 컨테이너를 포함한 다른 모든 Docker 리소스마다 라벨로 설명을 지정할 수 있으며 라벨을 추가하거나 제거할 수 있고 Docker 엔진 API에서는 키와 값의 쌍으로 표현된다. Traefik은 스웜 모드에서 Compose 파일의 배포 섹션에 기재한 컨테이너 라벨만 검색한다. 서비스 섹션에 지정된 라벨이 있다면 이 라벨은 컨테이너가 아닌 서비스에만 추가된다. 이때 컨테이너에는 라벨이 전혀 추가되지 않으므로 Traefik은 라우팅 정보를 등록하지 않는다.

스웜 리소스를 Docker Compose 파일에 정의하기

7장에서 핵심 docker-compose 파일은 서비스 섹션만 포함하고 다른 리소스는 정의하지 않았다. 이 애플리케이션은 단일 Docker 엔진에 배포하는 것과 Docker 스웜에 배포하는 리소스가 완전하게 다르기 때문이다.

로컬 재정의 파일은 기본 nat 네트워크를 사용하며 SQL 서버와 엘라스틱 서치에서는 기본 사양의 볼륨을 사용한다.

```
networks:
  nd-net:
    external:
      name: nat
```

```
volumes:
  ch07-es-data:
  ch07-db-data:
```

스웜 재정의 파일은 모든 서비스가 연결된 **nd-net** 네트워크를 **nd-swarm**이라는 외부 네트워크로 맵핑하며 네트워크는 스택을 배포하기 전에 미리 만들어둬야 한다.

```
networks:
  nd-net:
    external:
      name: nd-swarm
```

스웜 재정의 파일에 볼륨 관련 내용은 들어 있지 않다. 단일 Docker 엔진에서 사용했던 것처럼 스웜 모드에서도 같은 방법으로 볼륨을 사용할 수 있지만 데이터센터의 저장 장치에 연결하거나 클라우드 저장소 서비스를 컨테이너 볼륨으로 사용하기 위해 다른 드라이버를 선택할 수 있다.

 Docker의 저장소는 따로 다룰 만한 주제다. 내가 개설한 Pluralsight 강좌인 Handling Data and Stateful Applications in Docker에서 자세한 내용을 다룬다. 이 코스에서는 데스크톱의 컨테이너에서 상태 기반 애플리케이션과 데이터베이스를 실행하고 Docker 스웜에서 항상 사용 가능한 상태를 유지하며 대규모로 실행하는 방법을 보여준다.

스웜 재정의 파일에는 애플리케이션 구성 관련 내용을 포함한 또 다른 섹션 2개가 더 있다.

```
configs:
  nerd-dinner-api-config:
    external: true
  nerd-dinner-config:
    external: true
```

```
secrets:
  nerd-dinner-db-sa-password:
    external: true
  nerd-dinner-save-handler-secrets:
    external: true
  nerd-dinner-api-secrets:
    external: true
  nerd-dinner-secrets:
    external: true
```

관리해야 할 구성이나 시크릿이 많게 느껴진다면 이 구성 데이터는 어떠한 플랫폼에서 사용하든 애플리케이션에서 꼭 필요하다는 것을 염두에 둬야 한다. 이 모든 구성이 중앙에 저장되고 한군데서 관리할 수 있다는 것이 Docker의 장점이며 민감한 데이터를 포함하는 구성을 안전하게 저장하고 전송할 방법을 갖고 있는 것이다.

모든 구성과 시크릿 개체는 외부 리소스로 정의했으므로 이 애플리케이션을 배포하기 전에 스웜에 미리 만들어둬야 한다. ch07-docker-stock 디렉터리에 apply-configuration.ps1이라는 스크립트가 있으며 이 안에는 애플리케이션 실행에 필요한 모든 docker config create 명령문과 docker secret create 명령문이 들어 있다.

```
> .\apply-configuration.ps1
ntkafttcxvf5zjea9axuwa6u9
razlhn81s50wrqojwflbak6qx
npg65f4g8aahezqt14et3m31l
ptofylkbxcouag0hqa942dosz
dwtn1q0idjz6apbox1kh512ns
reecdwj5lvkeugm1v5xy8dtvb
nyjx9jd4yzddgrb2nhwvqjgri
b3kk0hkzykiyjnmknea64e3dk
q1l5yp025tqnr6fd97miwii8f
```

출력되는 내용은 새로 만들어진 개체의 ID 값이다. 이제 모든 리소스가 준비됐으므로 애플리케이션을 스택으로 배포할 수 있다.

스웜 스택을 Docker Compose 파일로부터 배포하기

이제 이 애플리케이션을 Docker Compose와 함께 개발용 랩톱 컴퓨터에서 여러 개의 Compose 파일을 지정해 배포할 수 있다. 파일은 핵심 파일과 로컬 재정의 파일로 만들었다. 스웜 모드에서 표준 docker 명령문을 docker-compose 명령문 대신 사용해 스택을 배포할 수 있다. Docker CLI는 스택을 배포할 때 여러 파일을 처리하는 기능을 지원하지 않지만 Docker Compose를 사용해 여러 원본 파일을 묶어 하나의 스택 파일을 만들 수 있다. 다음 명령문은 스택 배포를 위해 하나의 docker-stack.yml 파일을 2개의 Compose 파일을 모두 합쳐 만들어준다.

```
docker-compose -f docker-compose.yml -f docker-compose.swarm.yml config > docker-stack.yml
```

Docker Compose는 입력 파일을 결합해 내용을 만든 후 출력할 내용이 올바른지 검사한다. docker-stack.yml 파일 안에 든 출력 내용을 가져왔다. 이 추가 단계로 배포 파이프라인에서 필요한 요구 사항을 쉽게 맞출 수 있다. 이제 스웜에 핵심 서비스에 대한 설명과 시크릿, 배포 구성을 모두 담은 하나의 스택 파일로 스택 애플리케이션을 배포할 수 있다.

스택을 Compose 파일로 배포할 때는 docker stack deploy 명령문 한 번으로 배포할 수 있다. Compose 파일 경로와 스택 이름을 함께 지정하면 Docker는 Compose 파일 안의 모든 리소스를 만든다.

```
> docker stack deploy --compose-file docker-stack.yml nerd-dinner
Creating service nerd-dinner_message-queue
Creating service nerd-dinner_elasticsearch
Creating service nerd-dinner_nerd-dinner-api
Creating service nerd-dinner_kibana
Creating service nerd-dinner_nerd-dinner-index-handler
Creating service nerd-dinner_nerd-dinner-save-handler
Creating service nerd-dinner_reverse-proxy
Creating service nerd-dinner_nerd-dinner-web
```

```
Creating service nerd-dinner_nerd-dinner-homepage
Creating service nerd-dinner_nerd-dinner-db
```

명령문을 실행하면 논리적으로 스택 형태로 묶인 리소스 집합으로 결과가 만들어진다. 이름에 규칙을 부여하고 라벨을 사용해 같은 그룹 구성을 확인하던 Docker Compose와 달리 스택은 Docker에서 정확하게 취급된다. 스택 이름, 스택 안의 서비스 개수 같은 기초 정보를 포함해 모든 스택을 목록으로 조회할 수 있다.

```
> docker stack ls
NAME                 SERVICES              ORCHESTRATOR
nerd-dinner          10                    Swarm
```

스택에 10개의 서비스가 있으며 137줄의 YAML 텍스트로 구성된 Docker Compose 파일 1개로 배포됐다. 2개의 데이터베이스, 역방향 프록시, 여러 개의 프론트엔드, REST API, 메시지 큐, 여러 개의 메시지 처리기를 포함한 복잡한 시스템 치고는 구성에 쓰인 텍스트 양이 매우 작다. 이 정도 크기의 시스템은 일반적으로 수백 페이지로 실행되는 Word 배포 문서로 설명할 것이고 모든 단계를 실행하려면 한 단계씩 진행해가면서 주말에도 일해야 할 것이다. 이 모든 작업을 명령문 하나로 끝낸 것이다.

또한 스택을 실행하는 컨테이너로 드릴 다운해 docker stack ps 명령문으로 실행 중인 상태와 노드를 보거나 docker stack services 명령문을 사용해 스택 서비스에 대한 상위 수준을 볼 수 있다.

```
> docker stack services nerd-dinner
ID              NAME        MODE        REPLICAS        IMAGE
3qc43h4djaau    nerd-dinner_nerd-dinner-homepage        replicated  2/2
dockeronwindows/ch03...
51xrosstjd79    nerd-dinner_message-queue               replicated  1/1
dockeronwindows/ch05...
820a4quahjlk    nerd-dinner_elasticsearch               replicated  1/1
sixeyed/elasticsearch...
```

```
eeuxydk6y8vp    nerd-dinner_nerd-dinner-web              replicated  2/2
dockeronwindows/ch07...
jlr7n6minp1v    nerd-dinner_nerd-dinner-index-handler    replicated  2/2
dockeronwindows/ch05...
lr8u7uoqx3f8    nerd-dinner_nerd-dinner-save-handler     replicated  3/3
dockeronwindows/ch05...
pv0f37xbmz7h    nerd-dinner_reverse-proxy                replicated  1/1
sixeyed/traefik...
qjg0262j8hwl    nerd-dinner_nerd-dinner-db               replicated  1/1
dokeronwindows/ch07...
va4bom13tp71    nerd-dinner_kibana                       replicated  1/1
sixeyed/kibana...
vqdaxm6rag96    nerd-dinner_nerd-dinner-api              replicated  2/2
dockeronwindows/ch07...
```

결과에 표시된 내용을 보면 프론트엔드 컨테이너와 메시지 처리기를 여러 개의 레플리카로 나눠 실행하는 것을 알 수 있다. 종합하면 15개의 컨테이너가 2대의 노드로 구성된 스웜 위에서 실행 중이며 2대의 가상 컴퓨터를 합쳐 4개의 CPU 코어와 8GiB 크기의 RAM을 사용할 수 있는 상태다. 유휴 상태일 때 컨테이너는 매우 적은 자원을 사용하며 이때 남은 리소스로 추가 스택을 실행할 수 있다. 심지어 같은 스택으로 프록시의 포트 번호만 바꿔 또 다른 스택을 한 벌 더 만들어 같은 하드웨어를 사용하지만 완전하게 분리된 테스트용의 두 환경을 만들 수 있다.

서비스를 스택으로 묶으면 애플리케이션을 훨씬 관리하기 쉬워지며 특히 각각의 애플리케이션이 여러 개의 서비스로 이뤄져 있다면 그 장점이 극대화된다. 스택은 Docker 리소스 집합을 추상화한 개념이지만 여전하게 각 개별 리소스를 직접 관리하는 것도 가능하다. docker service rm 명령문을 실행하면 서비스가 스택의 일부더라도 제거할 수 있다. 다시 docker stack deploy 명령문을 실행하면 Docker는 스택에서 차이가 나는 부분을 확인해 서비스를 다시 만들 것이다.

새로운 버전의 애플리케이션을 담은 이미지로 업데이트를 진행하거나 서비스 속성을 바꾸려고 하면 서비스를 명시적으로 직접 수정하는 방법을 사용할 수 있고 선언적으로 스택 파일을 고쳐 다시 배포할 수 있다. Docker는 특정 방향으로 제한을 두지 않지만 선언적인 방법을 사용하는 것이 더 유리하며 Compose 파일을 하나의 원천으로 사용하는 것이 좋다.

솔루션 안의 메시지 핸들러 개수를 늘리기 위해 스택 파일의 deploy 섹션에 레플리카 숫자를 :2로 추가하거나 `docker service update --replicas=2 nerd-dinner_nerd-dinner-save-handler` 명령문을 실행할 수 있다. 서비스를 업데이트하고 스택 파일을 맞춰 고치지 않고 다음에 스택을 배포하면 처리기의 레플리카 개수는 1개로 줄어들 것이다. 스택 파일은 보통 목표로 하는 최종 상태를 표현하는 것으로 여겨지며 현재 상태가 스택 파일에서 가리키는 상태에서 벗어나면 다시 배포해 교정할 수 있다.

선언적인 방법을 사용하는 것은 항상 모든 변경 사항을 Docker Compose 파일로 관리하는 것이며 스택을 다시 배포하는 방식으로 애플리케이션을 업데이트한다. Compose 파일은 소스 제어 시스템 안에서 애플리케이션의 소스 코드와 Dockerfile과 함께 관리되므로 버전을 유지하고 비교하며 라벨을 붙여 관리할 수 있다. 특정 버전의 애플리케이션에 대한 소스 코드를 가져오면 애플리케이션을 빌드하고 배포하는 데 필요한 모든 것을 얻는 것이다.

 시크릿과 구성은 소스 코드 저장소보다 안전한 곳에 보관해 관리 권한이 있는 사용자만 암호화되지 않은 텍스트에 접근할 수 있게 보호하길 바랄 것이다. Compose 파일은 단순하게 외부 시크릿에 대한 참조일 뿐이므로 민감한 데이터를 외부의 더 안전한 곳에서 지키면서도 애플리케이션 정보가 여기저기 분산되지 않도록 똑같이 지속적으로 관리할 수 있다.

노드 1개 또는 2대 이상의 스웜으로 실행하는 것은 개발과 테스트 환경에서 충분한 선택이다. 전체 NerdDinner 스위트를 하나의 스택으로 실행하고 스택 파일이 올바로 정의했는지 검사하며 애플리케이션 동작을 확인하기 위해 규모를 늘리거나 줄일 수 있다. 지금 구성한 스웜 클러스터는 1대의 매니저 노드만으로 운영되므로 매니저 노드에 문제가 발생하면 스택을 관리할 수 없으므로 항상 사용 가능하지 않을 수 있다. 수백 대의 노드로 이뤄진 스웜 클러스터를 데이터센터 안에서 운영할 때는 3대의 매니저 노드로 항상 사용 가능한 상태를 유지할 수 있다.

스웜 클러스터를 만들 때는 클라우드상에서 실행해 항상 사용 가능한 상태를 유지할 수 있도록 시스템 규모를 유연하게 조절하거나 확장할 수 있다. 주요 모든 클라우드 공급자는 Docker를 그들의 IaaS 서비스 위에서 실행할 수 있도록 지원하므로 Docker가 미리 설치된 리눅스와 윈도우 가상 컴퓨터를 사용할 수 있고 7장에서 봤듯이 이렇게 만들어진 가상 컴퓨터를 스웜에 명령문 하나로 가입시킬 수 있다.

Docker 스웜은 단순하게 애플리케이션을 클러스터에서 확장할 수 있도록 실행하는 것만 다루진 않는다. 여러 노드에 걸쳐 애플리케이션을 실행하면 항상 사용 가능한 상태를 유지하므로 애플리케이션은 실패 상황에서도 살아남을 것이며 애플리케이션 생명 주기를 지원하는 것의 이점을 얻고 무중단 순차 업데이트와 함께 자동화된 롤백도 가능하다.

▌ 무중단으로 업데이트 배포하기

Docker 스웜은 애플리케이션 업데이트를 중단 없이 할 수 있는 2가지 방법을 제공한다. 하나는 순차 업데이트이고 또 하나는 노드 드레이닝이다. 순차 업데이트는 릴리스할 새 버전의 구성 요소가 있을 때 새 이미지를 사용하는 컨테이너로 기존 애플리케이션 컨테이너를 교체한다. 업데이트가 교체 가능하도록 준비되므로 여러 복제본이 있으면 다른 태스크를 업그레이드하는 동안 요청을 처리하기 위해 항상 태스크가 실행된다.

애플리케이션 업데이트도 자주 있지만 Docker 버전을 업그레이드하거나 윈도우를 패치하는 등의 호스트를 업데이트하는 작업이 때때로 필요하다. Docker 스웜은 노드에서 실행 중인 모든 컨테이너를 중단하고 새로운 컨테이너를 실행하지 않도록 막는 노드 비우기 작업을 할 수 있다. 노드가 비워질 때 서비스에 대한 복제본 수준이 떨어지면 다른 노드에서 태스크가 시작된다. 노드가 비워지면 호스트 업데이트를 시작할 수 있고 작업이 끝나면 다시 스웜 클러스터에 되돌아올 수 있다.

다음 2가지 상황을 알아보면서 7장을 마친다.

애플리케이션 서비스 업데이트하기

Docker 스웜에서 실행 중인 스택이 있고 디자인을 새로 개선해 더 멋지고 검사하기 쉽게 변경한 새로운 홈페이지 구성 요소를 포함한 애플리케이션 업데이트를 배포하려고 한다. 이 모든 내용을 dockeronwindows/ch07-nerd-dinner-homepage:2e 컨테이너 이미지로 만들었다. 이 업데이트를 적용하기 위해 새로운 Docker Compose 재정의 파일을 만들어 기존 서비스에 새로운 이미지 이름을 지정했다.

```
version: '3.7'
services:
  nerd-dinner-homepage:
    image: dockeronwindows/ch07-nerd-dinner-homepage:2e
```

 TIP 보통 서비스를 업데이트하기 위해 재정의 파일을 사용하진 않는다. 핵심 Docker Compose 파일에서 이미지 태그를 지정하고 버전 관리 리포지터리에 변경 사항을 올렸을 것이다. 여기 서는 재정의 파일을 사용해 7장의 예제를 따라가기 편리하게 만들었다.

이 업데이트는 두 단계로 진행된다. 첫째, 새로운 애플리케이션 매니페스트 파일을 핵심 Compose 파일과 여러 개의 재정의 파일을 조합해 만들어야 한다.

```
docker-compose `
 -f docker-compose.yml `
 -f docker-compose.swarm.yml `
 -f new-homepage.yml `
 config > docker-stack-2.yml
```

이제 전체 구성을 스택에 배포할 수 있다.

```
> docker stack deploy -c .\docker-stack-2.yml nerd-dinner
Updating service nerd-dinner_nerd-dinner-save-handler (id:
0697sstia35s7mm3wo6q5t8nu)
Updating service nerd-dinner_nerd-dinner-homepage (id: v555zpu00rwu734l2zpi6rwz3)
Updating service nerd-dinner_reverse-proxy (id: kchmkm86wk7d13eoj9t26w1hw)
Updating service nerd-dinner_message-queue (id: jlzt6svohv1bo4og0cbx4y5ac)
Updating service nerd-dinner_nerd-dinner-api (id: xhlzf3kftw49lx9f8uemhv0mo)
Updating service nerd-dinner_elasticsearch (id: 126s2u0j78k1c9tt9htdkup8x)
Updating service nerd-dinner_nerd-dinner-index-handler (id:
zd651rohewgr3waud6kfvv7o0)
Updating service nerd-dinner_nerd-dinner-web (id: yq6c51bzrnrfkbwqv02k8shvr)
Updating service nerd-dinner_nerd-dinner-db (id: wilnzl0jp1n7ey7kgjyjak32q)
Updating service nerd-dinner_kibana (id: uugw7yfaza84k958oyg45cznp)
```

명령문을 실행한 후 나타나는 결과에서 모든 서비스가 업데이트 중이라는 것이 표현되지
만 Docker 스웜은 실행 중인 상태와 Compose 파일이 의도하는 상태가 다른 부분만 변
경할 것이다. 이 배포 과정에서 home-page 서비스를 Compose 파일에서 지정한 새 이
미지 이름을 사용해 업데이트할 것이다.

> 이 업데이트에서는 업그레이드하려는 이미지에 대한 제약이 없다. 같은 리포지터리 이름 안
> 의 태그를 사용할 필요가 없어 완전하게 다른 이미지 이름을 지정하는 것도 가능하다. 매우
> 유연한 기능이지만 의도치 않게 메시지 처리기를 새로운 버전의 웹 애플리케이션으로 바꾸거
> 나 반대의 실수를 하지 않도록 주의해야 한다.

Docker는 한 번에 하나의 컨테이너를 업데이트하며 업데이트 사이마다 얼마나 지연 간격
을 둘지 지정할 수 있고 업데이트가 실패할 때 어떠한 동작을 할 것인지 정할 수 있다. 업데
이트가 처리되는 동안 docker service ps 명령문을 실행해 원래의 컨테이너가 Shutdown
상태로 들어가고 대체되는 컨테이너가 Running 또는 Starting 상태로 나타나는 것을 볼
수 있다.

```
> docker service ps nerd-dinner_nerd-dinner-homepage
ID      NAME      IMAGE NODE      DESIRED STATE      CURRENT STATE      ERROR PORTS
is12l1gz2w72 nerd-dinner_nerd-dinner-homepage.1 win2019-02 Running Running about
a minute ago
uuOs3ihzp4lk \_ nerd-dinner_nerd-dinner-homepage.1 win2019-02 Shutdown Shutdown 2
minutes ago
Oruzheqp29z1 nerd-dinner_nerd-dinner-homepage.2 win2019-dev-02 Running Running 2
minutes ago
5ivddeffrkjj \_ nerd-dinner_nerd-dinner-homepage.2 win2019-dev-02 Shutdown
Shutdown 2 minutes ago
```

새로운 NerdDinner 홈페이지 애플리케이션을 위한 Dockerfile에는 상태 검사 기능이 들어 있어 Docker가 이전 컨테이너를 교체하기 전에 새 컨테이너가 상태 검사를 통과할 때까지 기다린다. 순차 업데이트 도중 몇몇 사용자는 이전 버전의 홈페이지를 보고 다른 몇몇 사용자는 새로운 홈페이지를 보게 될 것이다.

Traefik과 새 홈페이지 컨테이너 간에는 VIP 네트워킹을 사용하므로 실행되는 컨테이너로만 정확하게 트래픽이 전달되고 사용자는 ch07 이미지를 사용하도록 만들어진, 업데이트가 완료된 컨테이너나 아직 업데이트를 기다리는 ch03 이미지를 사용한 컨테이너로부터 응답을 받을 것이다. 이 애플리케이션의 접속량이 매우 많다면 서비스가 충분한 용량을 확보할 수 있게 해 하나의 태스크가 업데이트될 때 다른 태스크가 부하를 처리하도록 남겨둬야 할 것이다.

순차 업데이트는 무중단이 가능하도록 하지만 업데이트 도중 애플리케이션이 정상적으로

316

작동할 것을 보장하지 않는다. 이러한 방식의 업데이트는 상태를 관리하지 않는 애플리케이션에서만 사용할 수 있다. 세션 상태를 관리하는 태스크가 있다면 사용자가 애플리케이션을 사용할 때 문제가 발생한다. 상태 정보를 갖는 컨테이너가 교체된다면 그 상태 정보는 소실될 것이다. 상태를 관리하는 애플리케이션이 있다면 업그레이드 과정을 더 세심하게 계획하거나 상태를 저장하는 별도 공유 구성 요소를 컨테이너로 실행하도록 개선하는 것을 고려할 수 있을 것이다.

서비스 업데이트 롤백하기

스웜 모드에서 서비스를 업데이트할 때 스웜은 이전 배포의 모든 구성 정보를 저장한다. 배포한 버전에 문제가 있는 것을 확인하면 다음과 같은 명령문 하나로 이전 상태로 되돌아갈 수 있다.

```
> docker service update --rollback nerd-dinner_nerd-dinner-homepage nerd-dinner_
nerd-dinner-homepage
```

롤백은 서비스 업데이트의 특수한 형태다. 업데이트할 태스크에 이미지 이름을 지정하는 대신 롤백 옵션을 지정해 서비스가 이전에 사용한 이미지로 순차 업데이트를 실행하도록 만든다. 이 방법도 하나의 태스크를 한 번에 롤백하므로 무중단 프로세스다. docker stack deploy 또는 docker service update 명령문을 사용했는지 여부와 상관 없이 업데이트 적용 방법과 관계 없이 이 명령문을 사용해 롤백할 수 있다.

 롤백은 선언적 Docker Compose 파일 대신 명령문을 사용해 애플리케이션을 관리하려는 몇 가지 상황 중 하나다. 서비스를 업데이트하면서 문제를 발견했다면 명령문 하나로 이전 상태로 쉽게 되돌릴 수 있다.

서비스 업데이트는 바로 직전의 서비스 구성만 롤백을 위해 유지한다. 버전 1에서 버전 2

와 버전 3으로 업데이트했다면 버전 1의 구성 정보는 소실된다. 버전 3에서 버전 2로 롤백할 수 있지만 이때 버전 2에서 다시 롤백을 실행하면 버전 3으로 롤백된다.

업데이트 동작 구성하기

대규모로 배포할 때는 기본 업데이트 동작을 변경해 롤 아웃을 더 빨리 완료하거나 더 보수적인 롤 아웃 전략을 실행할 수 있다. 기본 동작은 한 번에 하나의 태스크만 업데이트 사이에 지연 시간 없이 진행하는 것이며 업데이트가 실패하면 롤 아웃을 멈춘다. 업데이트 동작 구성은 3가지 전달 인자로 재정의할 수 있다.

- update-parallelism: 동시에 업데이트할 태스크 개수
- update-delay: 태스크를 업데이트할 때 기다릴 간격을 시간, 분, 초 단위로 지정할 수 있다.
- update-failure-action: 태스크 업데이트가 실패했을 때 실행할 태스크로 롤 아웃을 계속 진행할지 멈출지 정할 수 있다.

Dockerfile에서 기본 전달 인자를 지정해 이미지에 포함시키거나 Compose 파일에 포함시켜 배포할 때 지정하거나 service 명령에서 지정할 수 있다. NerdDinner를 프로덕션 배포할 때는 Compose 파일의 update_config 항목에서 10초 지연으로 3개씩 일괄 업데이트되도록 설정된 9개의 SQL 메시지 처리기 인스턴스가 있을 수도 있다.

```
nerd-dinner-save-handler:
  deploy:
  replicas: 9
  update_config:
    parallelism: 3
    delay: 10s
...
```

서비스 업데이트 구성은 docker service update 명령문으로도 변경할 수 있으므로 업데

이트 전달 인자를 수정하고 명령문 하나로 순차 업데이트를 준비할 수 있다.

상태 검사는 서비스 업데이트에서 특히 중요한 기능이다. 상태 검사가 서비스 업데이트 안의 새 태스크에서 실패하면 이미지 자체에 문제가 있을 수 있다. 이 상태에서 롤 아웃을 완료하면 모든 태스크가 비정상적으로 작동하고 장애가 발생할 것이다. 기본 업데이트 구성은 이러한 상황을 방지하게 만들어 업데이트된 태스크는 실행 도중 상태로 진입하지 않고 롤 아웃은 중단된다. 업데이트가 더 이상 진행되지 않지만 애플리케이션에 장애가 발생하는 것보다 나은 결과일 것이다.

스웜 노드 업데이트하기

애플리케이션 업데이트는 업데이트 작업의 일종이며 또 다른 것으로 호스트 업데이트가 있다. 윈도우 Docker 호스트로는 최소한의 기능만으로 구성된 운영 체제인 윈도우 서버 2019 코어를 사용하는 것이 좋다. 이 버전은 사용자 인터페이스가 없어 업데이트해야 할 범위가 훨씬 줄지만 시스템을 다시 시작해야 하는 업데이트가 여전하게 필요할 수 있다.

서버를 다시 시작하는 것은 영향도가 매우 큰 과정으로 Docker 엔진 서비스를 중단하면서 실행 중인 모든 컨테이너를 종료한다. Docker를 업그레이드하는 것도 같은 이유로 영향도가 큰 작업으로 Docker 엔진을 다시 시작해야 하기 때문에 그렇다. 스웜 모드에서는 서비스 수준에 영향을 미치지 않으면서도 업데이트 기간 동안 노드를 중단해 이를 관리할 수 있다.

만들어 둔 스웜 클러스터에서 이 작업을 어떻게 할 수 있는지 보여주겠다. win2019-02에서 작업이 필요하다면 **docker node update** 명령문을 사용해 비우기 모드로 변경해 모든 태스크가 안전하게 다시 스케줄링되게 만들 수 있다.

```
> docker node update --availability drain win2019-02 win-node02
```

노드를 비우기 상태로 만드는 것은 모든 컨테이너를 중단하는 것이며 이 컨테이너는 서비스 태스크 컨테이너이므로 다른 노드에 새로운 컨테이너를 띄워 기존 컨테이너를 바꾼다. 비우기가 끝나면 win-node02 노드에는 모든 태스크의 실행이 중단됐으므로 더 이상 태스크가 실행되지 않는다. 모든 태스크를 의도적으로 종료했으므로 태스크 목록을 확인해보면 모든 태스크가 Shutdown 상태로 변경된 것을 볼 수 있다.

```
> docker node ps win2019-02
ID           NAME             NODE           DESIRED STATE        CURRENT STATE
kjqr0b0kxoah nerd-dinner_nerd-dinner-homepage.1 win2019-02 Shutdown Shutdown 48
seconds ago
is12l1gz2w72  \_ nerd-dinner_nerd-dinner-homepage.1 win2019-02 Shutdown Shutdown
8 minutes ago
xdbsme89swha nerd-dinner_nerd-dinner-index-handler.1 win2019-02 Shutdown Shutdown
49 seconds ago
j3ftk04x1e9j nerd-dinner_nerd-dinner-db.1 win2019-02 Shutdown Shutdown 47 seconds
ago
luh79mmmtwca nerd-dinner_nerd-dinner-api.1 win2019-02 Shutdown Shutdown 47
seconds ago
...
```

서비스 목록을 확인해 모든 서비스가 필요한 레플리카 수준을 계속 유지하는 것도 확인할 수 있다.

```
> docker service ls
ID             NAME                                MODE         REPLICA
126s2u0j78k1   nerd-dinner_elasticsearch           replicated   1/1
uugw7yfaza84   nerd-dinner_kibana                  replicated   1/1
jlzt6svohv1b   nerd-dinner_message-queue           replicated   1/1
xhlzf3kftw49   nerd-dinner_nerd-dinner-api         replicated   2/2
wilnzl0jp1n7   nerd-dinner_nerd-dinner-db          replicated   1/1
v555zpu00rwu   nerd-dinner_nerd-dinner-homepage    replicated   2/2
zd651rohewgr   nerd-dinner_nerd-dinner-index-handler replicated 2/2
0697sstia35s   nerd-dinner_nerd-dinner-save-handler replicated  3/3
yq6c51bzrnrf   nerd-dinner_nerd-dinner-web         replicated   2/2
kchmkm86wk7d   nerd-dinner_reverse-proxy           replicated   1/1
```

스웜은 win2019-02 노드에서 실행되던 레플리카를 대체하는 새로운 컨테이너를 만들었다. 사실 모든 레플리카는 이제 한 노드에서 실행되지만 Ingress 네트워킹과 VIP 부하 분산 덕분에 애플리케이션은 문제 없이 동일하게 작동할 것이다. Docker 엔진은 비우기 모드로 계속 실행 중이므로 비우기 상태인 노드로 외부 트래픽이 들어오면 활성 상태의 노드에 있는 컨테이너로 트래픽을 보낼 것이다.

비우기 상태의 노드는 사용 불가 상태로 간주되므로 스웜은 새로운 태스크를 스케줄링할 때 비우기 상태의 노드로는 태스크를 배정하지 않을 것이다. win-node02는 이제 완전하게 클러스터에서 제외됐으므로 로그온한 후 윈도우 업데이트를 sconfig 도구로 실행하거나 Docker 엔진을 업데이트할 수 있다.

노드를 업데이트하면 Docker 엔진이나 서버를 다시 시작할 것이다. 모든 작업이 끝나면 서버를 스웜 클러스터 노드에서 온라인 상태로 다시 되돌릴 수 있으며 이를 위해 다음의 docker node update 명령문을 실행한다.

```
docker node update --availability active win2019-02
```

이 명령문으로 노드는 다시 사용 가능한 상태로 돌아온다. 노드가 스웜 클러스터에 가입하면 Docker가 이미 실행 중인 서비스를 재배치하지 않으므로 win-node02가 다시 사용 가능한 상태로 복원되고 더 많은 여유가 생기더라도 컨테이너는 모두 win2019-dev02에서 계속 실행될 것이다.

높은 부하량을 처리하는 환경이라면 스웜에 가입하는 노드는 서비스가 시작되고 중지되고 스케일링되면서 곧이어 태스크를 공유할 것이다. 더 정적인 환경에서는 서비스의 밸런스를 직접 재구성하기 위해 docker service update --force 명령문을 실행할 수 있다. 이 명령문은 서비스의 구성을 변경하지 않지만 모든 활성 노드 위에 새로운 컨테이너 실행을 예약해 기존 레플리카를 대체한다.

> ℹ️ 이 동작은 정상적인 컨테이너를 중단하므로 장애를 일으킬 수 있다. 재배치를 진행하더라도 애플리케이션이 영향을 받지 않을 것이라는 확신이 있어야 이 작업을 진행할 수 있다. Docker는 실행하는 애플리케이션의 아키텍처를 모르기 때문에 노드가 스웜 클러스터에 합류할 때 서비스가 자동으로 재조정되지 않는 이유를 알 수 없으며 정상적인 동작을 보장할 수 없다.

스웜 모드는 애플리케이션의 모든 구성 요소와 스웜을 실행하는 노드를 중단 시간 없이 업데이트하는 강력한 기능을 제공한다. 서비스가 중단된 노드를 수용할 충분한 용량을 확보하기 위해 업데이트 도중 스웜에 추가 노드를 투입해야 할 수도 있지만 나중에 추가 노드를 제거할 수 있다. 순차 업데이트와 정상 상태의 컨테이너로의 트래픽 라우팅을 위해 별도로 도구를 준비할 필요가 없고 모든 것은 Docker에 들어 있다.

하이브리드 스웜에서 호스트 혼합하기

스웜 모드에는 매우 강력한 기능이 하나 더 있다. 스웜 안의 노드는 Docker API를 사용해 통신하며 API는 플랫폼에 독립적인 부분으로 윈도우와 리눅스 서버가 혼합된 하나의 스웜 클러스터 안에서 자유롭게 쓸 수 있다. Docker는 또한 CPU 아키텍처가 다르더라도 실행할 수 있어 전통적인 64비트 Intel 서버뿐만 아니라 효율적인 새로운 ARM 보드도 지원한다.

리눅스는 이 책에서 다루는 주제는 아니지만 혼합 스웜 클러스터가 할 수 있는 독창적인 기능을 말하기 위해 간단하게 알아보려고 한다. 혼합 스웜 클러스터에서는 리눅스와 윈도우 노드가 매니저와 워커 노드로 사용될 수 있다. 기존에 사용하던 것과 완전하게 같은 Docker CLI로 노드와 서비스를 동일하게 관리한다.

혼합 스웜 클러스터의 예로 매니저 노드가 리눅스인 것을 들 수 있다. 이렇게 구성하면 클라우드에서 스웜 클러스터를 실행하는 비용을 낮출 수 있다. 프로덕션 스웜에서는 최소한 3대의 매니저 노드가 필요할 것이다. 모든 부하가 윈도우 노드 기반이라면 리눅스 노드를 매니저로 사용하면서 가능하다면 ARM을 선택해 비용을 더 효율적으로 관리할 수 있을 것이다. 이렇게 절약한 비용은 윈도우 노드를 위해 사용할 수 있을 것이다.

혼합된 클러스터의 또 다른 사례를 들어보겠다. NerdDinner 솔루션에서는 리눅스용 컨테이너 이미지로 제공되는 오픈 소스 소프트웨어를 사용하지만 윈도우 환경에서 실행하기 위해 윈도우 서버 2019 컨테이너로 이미지를 만들어야 했다. 크로스 플랫폼 구성 요소를 혼합된 스웜 클러스터의 리눅스 컨테이너 안에서 실행하도록 마이그레이션할 수 있을 것이다. 5장, 컨테이너 중심 솔루션 설계 채택하기의 .NET Core 구성 요소나 Traefik, NATS 메시지 큐, 엘라스틱 서치, 키바나 심지어 SQL 서버까지 마이그레이션할 수 있을 것이다. 리눅스 이미지는 윈도우 이미지보다 보통 더 작고 가벼워 각 호스트마다 더 많은 컨테이너를 더 밀도 있게 실행할 수 있을 것이다.

혼합된 스웜 클러스터의 뛰어난 이점은 이러한 모든 구성 요소를 이전과 같은 방법과 사용자 인터페이스로 관리할 수 있다는 것이다. 로컬에서 실행되는 Docker CLI를 스웜 매니저 노드로 연결하고 리눅스에서 실행되는 Traefik 프록시를 관리하고 윈도우에서 실행되는 ASP.NET 애플리케이션을 정확하게 같은 명령문으로 관리할 수 있다.

▍요약

7장은 전적으로 Docker 안에 들어 있는 클러스터 구축 기능인 Docker 스웜 모드 관련 내용을 다뤘다. 스웜 클러스터를 만들고 노드를 추가하거나 제거하고 오버레이 네트워크로 연결된 스웜 클러스터에 서비스를 배포하는 방법을 알아봤다. 또한 항상 사용 가능한 상태를 유지하기 위한 서비스를 만들어야 한다는 사실을 보여줬고 구성 및 시크릿을 사용해 민감한 애플리케이션 데이터를 스웜 클러스터에 안전하게 저장하는 방법을 설명했다.

스웜 클러스터에 Compose 파일을 사용해 애플리케이션을 스택으로 배포하면 애플리케이션 구성 요소를 매우 쉽게 그룹으로 묶어 관리할 수 있다. 단일 노드로 구성된 스웜 클러스터를 대상으로 하든 수백 대의 노드로 구성된 스웜 클러스터를 대상으로 하든 같은 절차를 사용해 배포할 수 있다는 것을 보여줬다.

Docker 스웜에서 항상 사용 가능한 상태란 애플리케이션 업데이트와 롤백을 중단 시간 없이 할 수 있는 것이다. 심지어 윈도우나 Docker를 업데이트하기 위해 노드를 제외할 수 있고 그러면서도 애플리케이션이 필요한 서비스 수준을 남은 노드가 충족시켜줄 수 있다는 것도 알아봤다.

8장에서는 Docker 기반 솔루션을 위한 관리 방법을 더 자세하게 알아본다. 우선 Docker 안에서 실행되는 기존 애플리케이션을 관리하는 도구를 알아보는 것으로 시작한다. 그 다음에는 프로덕션 환경에서 스웜 클러스터를 관리하기 위한 Docker 엔터프라이즈를 알아본다.

Docker 프로덕션 환경 준비하기

Docker를 사용하면 프로덕션으로 이동하기 위한 프로세스 및 도구가 변경된다. 새로운 도구를 사용하면 장점도 있는 동시에 새로운 내용도 배워야 한다. 3부가 끝날 무렵 여러분은 프로덕션 환경에서 자신 있게 Docker를 사용할 수 있을 것이다.

3부에서는 다음 내용을 다룬다.

- **8장,** Docker 기반의 솔루션과 DTR의 관리 및 모니터링하기
- **9장,** Docker의 보안 위험 및 이점 이해하기
- **10장,** Docker로 지속적 배포 파이프라인 구축하기

Docker 기반의 솔루션과
DTR의 관리 및 모니터링하기

Docker 위에서 만들어진 애플리케이션은 기본적으로 이식성이 뛰어나고 모든 환경에서 배포 과정이 동일하다. 여러분의 애플리케이션을 시스템 테스트와 사용자 테스트로 프로덕션으로 내보낼 때 항상 같은 결과물을 사용할 것이다. 컨테이너 이미지는 테스트 환경에서 사용한 것과 정확하게 같은 이미지로 프로덕션에서 사용할 수 있게 해주며 환경상 차이가 나는 부분은 모두 Compose 파일 수준, Docker 설정 개체, Docker 시크릿을 이용해 제어할 수 있게 해준다.

8장 후반부에서 Docker를 이용해 지속적 배포를 하는 방법을 보면서 배포 프로세스를 자동화할 것이다. Docker를 채택한다는 것은 새로운 애플리케이션 플랫폼을 사용한다는 것이므로 단지 배포 프로세스만 말하는 것이 아니다. 컨테이너화된 애플리케이션은 가상 컴퓨터나 베어 메탈 서버 위에서 애플리케이션이 배포되는 것과는 근본적으로 다르다.

8장에서는 Docker에서 실행되는 애플리케이션을 어떻게 관리하고 모니터링할 수 있는지 알아본다.

윈도우 애플리케이션을 관리할 목적으로 사용하던 기존 관리 도구 중 일부는 Docker 안에서 실행되는 애플리케이션을 관리할 목적으로도 여전하게 사용할 수 있으며 몇 가지 예제로 방법을 알아본다. 하지만 이전과 다른 관리 도구가 컨테이너 안에서 실행되는 애플리케이션을 위해 필요하며 8장에서는 Docker에 특화된 관리 제품에 주로 초점을 맞춘다.

8장에서는 간단한 Docker 애플리케이션을 사용해 어떻게 컨테이너를 관리할 수 있는지 다음 내용을 포함해 알아본다.

- 인터넷 정보 서비스[IIS] 관리자로 컨테이너 안에서 시행 중인 IIS 서비스에 연결하기
- 윈도우 서버 관리자로 컨테이너에 연결해 이벤트 로그와 기능 알아보기
- 오픈 소스 프로젝트를 사용해 Docker 스웜 클러스터를 보고 관리하기
- Docker 엔터프라이즈와 함께 유니버설 제어 플레인[UCP] 사용하기

▌ 실습에 필요한 준비

8장의 예제를 따라하기 위해서는 윈도우 10 2018년 10월 업데이트 (1809) 또는 그 이후 버전에서 윈도우용 Docker 데스크톱을 사용하거나 윈도우 서버 2019에서 Docker 엔터프라이즈를 사용해야 한다. 8장의 코드는 https://github.com/sixeyed/docker-on-windows/tree/second-edition/ch08에서 확인할 수 있다.

▌ 윈도우 도구로 컨테이너 관리하기

윈도우의 여러 관리 도구는 원격 컴퓨터에서 실행되는 서비스를 관리할 수 있다. IIS 관리자, 서버 관리자, SSMS[SQL Server Management Studio]는 모두 네트워크의 원격 서버에 연결해 시

스템 상태를 파악하거나 관리 작업을 실행할 수 있다.

컨테이너는 원격에서 실행되는 컴퓨터와 다르지만 도구를 사용할 목적으로 원격 접속이 가능하도록 설정할 수 있다. 일반적으로 관리 도구를 위해 관리 목적의 포트 번호를 공개하고 윈도우 기능을 활성화하며 파워셸 명령문을 실행하곤 한다. Docker에서 실행되는 애플리케이션에서는 이 모든 작업을 Dockerfile 안에서 처리할 수 있으며 각각의 도구를 위한 상세한 설정 방법을 알아볼 것이다.

친숙한 도구를 사용할 수 있다는 것은 장점이 될 수 있지만 제약 사항이 있다. 다시 말하지만 컨테이너는 영속적이지 않으며 언제든지 파기될 수 있다. IIS 관리자로 웹 애플리케이션 컨테이너에 연결하고 애플리케이션 풀 설정을 변경했다면 애플리케이션을 새로운 컨테이너 이미지로 교체할 때 설정이 유실된다. 그래픽 관리 도구로 실행 중인 컨테이너의 문제를 진단할 수 있지만 변경 사항은 반드시 Dockerfile에 반영한 후 다시 배포해야 한다.

IIS 관리자

IIS 웹 관리자 콘솔은 완벽한 예제다. 원격 관리 기능은 윈도우 이미지에서 기본적으로 비활성화됐지만 간단한 파워셸 스크립트를 사용해 구성할 수 있다. 우선 웹 관리 기능을 설치해야 한다.

```
Import-Module servermanager
Add-WindowsFeature web-mgmt-service
```

그 다음 원격 관리 기능을 활성화하는 레지스트리 설정을 추가하고 웹 관리 서비스를 시작한다.

```
Set-ItemProperty -Path HKLM:\SOFTWARE\Microsoft\WebManagement\Server -Name
EnableRemoteManagement -Value 1
Start-Service wmsvc
```

또한 Dockerfile에서 EXPOSE 지시어를 사용해 기본 포트인 8172번 포트로 관리 서비스에 접속할 수 있게 해줘야 한다. 이렇게 하면 연결은 가능하지만 이와 별도로 IIS 관리 콘솔은 원격 컴퓨터에 대한 사용자 인증 정보가 필요하다. 액티브 디렉터리를 사용하지 않고 인증을 할 수 있게 하려면 설정 스크립트에서 비밀번호를 지정해 새로운 사용자를 만들어야 한다.

```
net user iisadmin "!!Sadmin*" /add
net localgroup "Administrators" "iisadmin" /add
```

 TIP 이 방법은 보안이 취약하다. 이미지에 관리자 계정을 만들고 포트를 공개하고 새로운 서비스를 실행하는 것은 모두 애플리케이션에 공격 가능한 표면을 넓히는 결과를 만든다. Dockerfile에서 스크립트를 실행하는 대신 원격 접속이 필요할 때만 실행 중인 컨테이너에 접속해 스크립트를 실행하는 것이 바람직하다.

간단한 웹 서버 이미지를 만들어 원격 관리 기능을 활성화하는 스크립트를 포함하는 Dockerfile 샘플을 dockeronwindows/ch08-iis-with-management:2e 리포지터리에서 받을 수 있다. 이 이미지를 사용해 HTTP와 IIS 관리 포트를 공개하는 컨테이너를 다음과 같이 실행할 것이다.

```
docker container run -d -p 80 -p 8172 --name iis dockeronwindows/ch08-iiswith-
management:2e
```

컨테이너가 실행되면 EnableIisRemoteManagement.ps1 스크립트를 컨테이너 안에서 실행해 IIS 관리 서비스가 원격 접속을 할 수 있도록 설정할 것이다.

```
> docker container exec iis powershell \EnableIisRemoteManagement.ps1
The command completed successfully.
The command completed successfully.
```

```
Success     Restart Needed   Exit Code    Feature Result
--------    ---------------   ----------   ---------------
True        No               Success      {ASP.NET 4.7, Management Service,
Mana...

Windows IP Configuration
Ethernet adapter vEthernet (Ethernet):
   Connection-specific DNS Suffix   . : localdomain
   Link-local IPv6 Address . . . . . : fe80::583a:2cc:41f:f2e4%14
   IPv4 Address. . . . . . . . . . . : 172.27.56.248
   Subnet Mask . . . . . . . . . . . : 255.255.240.0
   Default Gateway . . . . . . . . . : 172.27.48.1
```

설치 스크립트 마지막에는 ipconfig 명령문을 실행하므로 컨테이너의 내부 IP 주소를 알수 있다(또는 docker container inspect 명령문으로도 내부 IP 주소를 확인할 수 있다).

이제 윈도우 호스트에서 IIS 관리자를 실행해 **시작 페이지 > 서버에 연결** 메뉴를 선택하고 컨테이너의 IP 주소를 입력한다. IIS 인증 정보를 요구하면 설치 스크립트에서 만든 사용자인 iisadmin과 비밀번호를 입력한다.

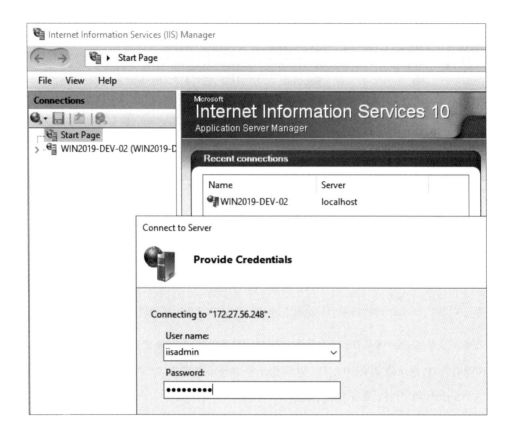

그러면 원격 서버에 연결해 보던 것과 마찬가지로 애플리케이션 풀과 웹사이트 계층도를 볼 수 있다.

이 방법은 IIS 구성이나 IIS에서 실행 중인 ASP.NET 애플리케이션의 구성을 확인할 좋은 방법이다. 가상 디렉터리 설정, 애플리케이션 풀, 애플리케이션 구성을 확인할 수 있지만 설정을 확인하는 용도로만 이 도구를 사용해야 한다.

애플리케이션 구성에서 문제를 발견하면 실행 중인 컨테이너가 아니라 Dockerfile에 변경 사항을 반영해야 한다. 이러한 기법은 기존 애플리케이션을 컨테이너로 마이그레이션할 때 유용하게 사용할 수 있다. Dockerfile에서 웹 애플리케이션을 MSI와 함께 설치할 때는 MSI 패키지가 실제로 무엇을 했는지 정확하게 볼 수 없지만 IIS 관리자를 연결해 실행하면 정확한 결과를 볼 수 있다.

SSMS

SSMS^{SQL Server Management Studio}는 표준 SQL 클라이언트 포트인 1433번 포트를 사용하므로

더 직관적이다. 별도의 포트 공개나 서비스 시작이 필요 없고 마이크로소프트와 이 책 이미지에는 SSMS 접속에 필요한 모든 것이 이미 설정돼 있다. SQL 서버 인증 방식으로 sa 계정을 사용해 인증하면 컨테이너 안의 SQL 서버에 연결할 수 있다.

다음 명령문은 SQL 서버 2019 익스프레스 에디션 컨테이너를 1433번 포트를 공개하고 sa 계정에 대한 인증 정보를 지정해 실행하는 방법을 보여준다.

```
docker container run -d -p 1433:1433 `
  -e sa_password=DockerOnW!nd0ws `
  --name sql `
  dockeronwindows/ch03-sql-server:2e
```

이러한 방법으로 표준 SQL 서버 포트인 1433번 포트를 공개하므로 컨테이너 안에 있는 SQL 서버에 연결하는 3가지 방법을 모두 사용할 수 있다.

- 호스트에서 localhost를 서버 이름으로 사용한다.
- 원격 컴퓨터에서 Docker 호스트의 컴퓨터 이름 또는 IP 주소를 서버 이름으로 사용한다.
- 호스트에서 컨테이너의 IP 주소를 서버 이름으로 사용한다.

컨테이너의 IP 주소를 알고 있으므로 Docker 호스트에서 SSMS를 실행하면 SQL 인증 정보만 넣으면 접속할 수 있다.

이제 컨테이너 안의 SQL 인스턴스도 여느 SQL 서버 인스턴스와 마찬가지로 데이터베이스를 만들거나 사용자 권한을 할당하거나 DACPAC을 복원하거나 SQL 스크립트를 실행하는 등의 관리 작업을 할 수 있다. 다시 말하지만 여기서 만드는 변경 사항은 이미지에 영향을 미치지 않으며 새 컨테이너에 반영할 내용이 있으면 이미지를 새로 만들어야 한다.

원한다면 이 방법으로 SSMS로 데이터베이스를 만들 수 있으며 SQL 서버를 직접 설치하지 않아도 SQL 서버를 실행할 수 있다. 스키마를 완성하거나 새로운 서비스 계정과 초기 데이터를 추가한 후 데이터베이스를 스크립트로 내보낼 수 있다.

간단한 예제 데이터베이스를 이러한 방법으로 만들고 스키마와 데이터를 init-db.sql이라는 단일 파일로 만들었다. dockeronwindows/ch08-mssql-withschema:2e의 Dockerfile에서는 SQL 스크립트와 패키지, 컨테이너를 만들 때 데이터베이스 배포를 위해 실행할 파워셸 스크립트를 포함하도록 만들었다.

```
# escape=`
FROM dockeronwindows/ch03-sql-server:2e
SHELL ["powershell", "-Command", "$ErrorActionPreference = 'Stop';"]
```

```
ENV sa_password DockerOnW!nd0ws
VOLUME C:\mssql

WORKDIR C:\init
COPY . .

CMD ./InitializeDatabase.ps1 -sa_password $env:sa_password -Verbose

HEALTHCHECK CMD powershell -command `
 try { `
  $result = invoke-sqlcmd -Query 'SELECT TOP 1 1 FROM Authors' -Database
DockerOnWindows; `
  if ($result[0] -eq 1) {return 0} `
  else {return 1}; `
} catch { return 1 }
```

 SQL 서버 이미지에 **HEALTHCHECK** 지시어를 사용했다. 이 지시어를 사용하면 Docker가
데이터베이스가 정상적으로 실행 중인지 확인하는 작업을 대신해준다. 여기서는 스키마가 제
대로 만들어져 있지 않으면 실패하게 만들었으므로 스키마 배포가 완벽하게 성공하지 않는
이상 컨테이너 상태가 비정상으로 보고될 것이다.

이 이미지를 사용해 컨테이너를 만드는 방법은 기존과 동일하다.

```
docker container run -d -p 1433 --name db dockeronwindows/ch08-mssql-with-
schema:2e
```

포트 1433을 공개하면 호스트의 임의의 포트 번호에서 데이터베이스 컨테이너를 사용할
수 있으므로 SQL 클라이언트를 사용해 데이터베이스에 연결하고 스키마나 데이터를 볼
수 있다.

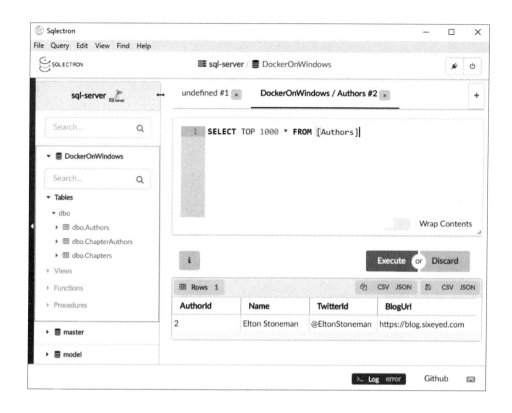

지금 하는 것은 새로운 애플리케이션 데이터베이스 배포이며 이때 SQL 서버의 개발자 에 디션으로 실제 데이터베이스에 대한 스키마를 개발하지만 실제 데이터베이스로는 로컬 SQL 서버 인스턴스 대신 SQL 서버 익스프레스를 Docker로 실행한다.

SQL 서버 인증을 사용하는 것이 기술적으로 퇴보한 것처럼 느껴진다면 Docker가 다른 런타임 모델을 사용한다는 것을 상기해야 한다. 여러 데이터베이스를 실행하는 SQL 서버 를 실행하면 접속 정보가 노출됐을 경우 모든 데이터베이스가 위험에 빠지므로 이렇게 만 들지는 않을 것이다. 각 SQL 작업은 각 컨테이너마다 분리된 인증 정보를 사용하며 각각 의 컨테이너는 독립적이므로 SQL 인스턴스를 데이터베이스 단위로 제어할 수 있고 나중 에는 서비스당 하나의 데이터베이스를 배치할 수 있을 것이다.

Docker를 실행하면 보안이 향상될 수 있다. SQL 서버를 원격에서 접속할 필요가 없는 이상 SQL 컨테이너가 포트를 공개하게 만들 필요는 없다. 데이터베이스 접근이 필요한 애플리케이션이라면 SQL 컨테이너가 실행되는 Docker 네트워크를 공유하는 컨테이너로서 실행할 수 있고 호스트에서 1433번 포트를 공개하지 않아도 SQL 서버에 접근할 수 있다. 즉 동일한 Docker 네트워크 안에서 실행되는 컨테이너만 SQL 서버 컨테이너에 접근할 수 있으며 프로덕션 환경에서는 Docker 시크릿을 이용해 상세한 연결 정보를 제어할 수 있다.

 액티브 디렉터리 계정으로 윈도우 인증을 사용하고 싶다면 Docker에서도 동일하게 사용할 수 있다. 컨테이너는 시작할 때 도메인에 가입할 수 있으므로 SQL 서버를 위한 서비스 계정을 SQL 서버 인증 방식 대신 윈도우 인증 방식으로 지정할 수 있다.

이벤트 로그

이벤트 뷰어를 이용해 로컬 컴퓨터에서 원격 서버의 이벤트 로그를 보는 것이 가능하지만 윈도우 서버 코어나 나노 서버 이미지에서는 원격 이벤트 로그 서비스를 활성화하지 않았다. 그래서 이벤트 뷰어 UI에서 컨테이너에 접속해 이벤트를 조회할 수 없다. 그 대신 다음 절에서 알아볼 서버 관리자 UI로 이벤트 로그를 조회할 수 있다.

단순하게 이벤트 로그를 읽기만 하는 것이라면 파워셸 명령문을 실행 중인 컨테이너에서 실행해 로그 내역을 가져올 수 있다. 다음 예제에서는 직접 만든 데이터베이스 컨테이너의 SQL 서버 애플리케이션에서 가장 최근 발생한 이벤트 로그 2개를 조회한다.

```
> docker exec db powershell `
    "Get-EventLog -LogName Application -Source MSSQL* -Newest 2 | Format-Table
TimeWritten, Message"


TimeWritten                     Message
-------------                   ---------
```

```
6/27/2017 5:14:49 PM          Setting database option READ_WRITE to ON for
database '...
6/27/2017 5:14:49 PM          Setting database option query_store to off for
database...
```

컨테이너에 진단할 별도의 방법이 없을 때 문제가 발생하면 이벤트 로그를 조회하는 것이 유용하다. 하지만 이 방법은 수십 수백 개의 실행 중인 컨테이너를 조회하기에는 적합한 방법이 아니다. 그래서 이벤트 로그 내용 중 관심사에 해당하는 내용을 콘솔로 출력하게 만들어 Docker 플랫폼에서 수집할 수 있게 만들고 컨테이너 로그로 읽거나 Docker API 에 접근할 수 있는 관리 도구를 활용하는 것이 좋은 방법이다.

이벤트 로그를 콘솔로 중계하는 것은 3장, 컨테이너로 .NET Framework 및 .NET Core 애플리케이션 개발하기에서 IIS 로그를 중계한 것과 같이 단순하다. 이벤트 로그를 기록하는 모든 애플리케이션을 위해 이벤트 로그를 반복적으로 계속 읽어 콘솔에 출력해주는 시작 스크립트를 진입점으로 지정할 수 있다.

이 방법은 서비스 방식으로 동작하는 애플리케이션에서 유용하며 마이크로소프트가 SQL 서버의 윈도우 버전 이미지를 만들 때도 사용했다. 그 이미지 안의 Dockerfile은 파워셸 스크립트를 CMD 지시어로 호출해 스크립트 마지막에는 Get-EventLog 명령문으로 호출해 그 결과를 콘솔에 기록하는 동작을 반복하게 만들어져 있다.

```
$lastCheck = (Get-Date).AddSeconds(-2)
while ($true) {
  Get-EventLog -LogName Application -Source "MSSQL*" -After $lastCheck | `
  Select-Object TimeGenerated, EntryType, Message
  $lastCheck = Get-Date
  Start-Sleep -Seconds 2
}
```

이 스크립트는 이벤트 로그를 2초 간격으로 마지막으로 읽은 지점부터 끝까지 모든 이벤트 로그를 읽고 그 내용을 콘솔에 출력한다. 스크립트는 Docker가 시작하는 프로세스로 로그 내역은 Docker API가 표면에 드러낼 수 있다.

이 방식은 일정 시간마다 호출되는 반복문을 사용하며 이벤트 로그에서 일부 데이터만 가져오는 것이며 이벤트 데이터를 컨테이너의 이벤트 로그와 Docker에 중복해 저장한다. 애플리케이션이 이벤트 로그에 이미 로그를 기록하고 애플리케이션을 수정하지 않고 컨테이너로 옮기길 원한다면 올바른 방법이다. 이때 서비스 같은 백그라운드 애플리케이션 프로세스가 계속 실행되는 것을 보장할 수단이 필요하며 Docker는 이벤트 로그 루프만 바라보므로 Dockerfile 안의 상태 검사 기능으로 검사 기능을 보강해야 한다.

서버 관리자

서버 관리자는 원격에서 서버를 관리하거나 모니터링하는 데 최적화된 도구이며 컨테이너 기반의 윈도우 서버 코어에 접속해도 잘 작동한다. IIS 관리자 콘솔과 같은 방법을 사용해 컨테이너 안에 관리자 권한이 있는 사용자를 추가하고 호스트에서 이 사용자로 접속하는 방법을 사용할 수 있다.

IIS와 마찬가지로 이미지에 스크립트를 추가해 필요할 때 접근하게 만들 수 있다. 이렇게 하면 이미지가 원격 접근을 항상 허용하도록 만드는 것보다 안전하다. 스크립트는 사용자를 추가하고 관리자 권한이 있는 사용자가 원격으로 접속할 수 있도록 구성하고 윈도우 원격 관리^{WinRM} 서비스를 실행한다.

```
net user serveradmin "s3rv3radmin*" /add
net localgroup "Administrators" "serveradmin" /add

New-ItemProperty -Path
HKLM:\SOFTWARE\Microsoft\Windows\CurrentVersion\Policies\System `
  -Name LocalAccountTokenFilterPolicy -Type DWord -Value 1
Start-Service winrm
```

이 방법을 사용한 예제 이미지를 dockeronwindows/ch08-iis-withserver-manager:2e에

서 볼 수 있다. 이 이미지는 IIS를 기반으로 하며 서버 관리자가 원격 접속을 할 수 있게 허용하는 스크립트를 포함한다. 또한 WinRM이 사용하는 포트인 5985와 5986번 포트를 공개하도록 Dockerfile을 구성했다. 이제 이 이미지를 이용해 백그라운드에서 IIS를 실행하도록 컨테이너를 시작한 후 원격 접근을 활성화할 수 있다.

```
>> docker container run -d -P --name iis2 dockeronwindows/ch08-iis-with-server-manager:2e
9c097d80c08b5fc55cfa27e40121d240090a1179f67dbdde653c1f93d3918370

PS> docker exec iis2 powershell .\EnableRemoteServerManagement.ps1
The command completed successfully.
...
```

이제 서버 관리자로 컨테이너의 IP 주소를 사용해 컨테이너로 접속할 수 있지만 컨테이너는 도메인에 아직 가입하지 않았다. 서버 관리자는 보안 채널로 인증을 시도하지만 실패할 것이므로 신뢰할 수 있는 호스트 목록에 서버를 등록해줘야 한다. 도메인에 가입되지 않은 서버를 등록하기 위해서는 IP 주소 대신 컨테이너의 호스트 이름을 알아야 한다.

```
> docker exec iis2 hostname
9c097d80c08b
```

이제 이 서버의 hosts 파일(C:\Windows\system32\drivers\etc\hosts)에 컨테이너 호스트 이름을 추가한다.

```
#ch08
172.27.59.5   9c097d80c08b
```

그리고 이제 컨테이너를 신뢰할 수 있는 목록에 추가할 수 있다. 이 명령문은 컨테이너 내부가 아니라 호스트에서 실행해야 한다. 컨테이너의 호스트 이름을 로컬 컴퓨터의 신뢰할 수 있는 서버 목록에 추가하기 위해 윈도우 서버 2019 호스트에서 다음과 같은 명령문을 실행한다.

```
Set-Item wsman:\localhost\Client\TrustedHosts 9c097d80c08b -Concatenate -Force
```

 이 책에서는 윈도우 서버 2019에서 예제를 따라한다고 가정하지만 윈도우 10에서도 서버 관리자를 사용할 수 있다. 원격 서버 관리 도구(RSAT)를 설치하면 서버 관리자를 윈도우 10에서도 같은 방식으로 이용할 수 있다.

서버 관리자에서 **모든 서버 > 서버 추가**를 선택한 후 DNS 탭을 선택하면 컨테이너의 호스트 이름을 입력할 수 있고 서버 관리자는 호스트 이름을 IP 주소로 변환할 것이다.

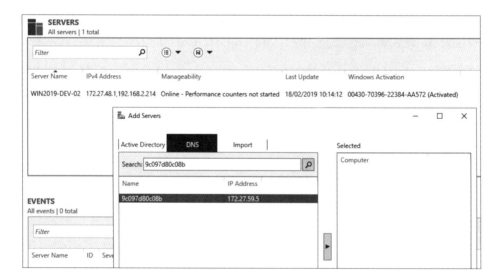

서버 상세 정보를 선택하고 **확인** 버튼을 클릭하면 서버 관리자는 컨테이너로 연결을 시도 할 것이다. **모든 서버** 탭에서는 서버의 최신 정보를 볼 수 있는데 서버가 온라인 상태이지 만 접근 권한이 없다고 표시될 것이다. 이제 서버 목록 안의 컨테이너를 오른쪽 버튼으로 클릭하고 Manage As 메뉴를 클릭해 로컬 관리자 계정에 해당하는 접속 정보를 입력한다.

사용자 이름을 지정할 때는 도메인 부분에 호스트 이름을 지정해야 한다. 스크립트에서는 serveradmin이라는 사용자 계정을 만들었지만 여기서는 호스트 이름인 c097d80c08b를 포함해 c097d80c08b\serveradmin과 같이 지정해야 한다.

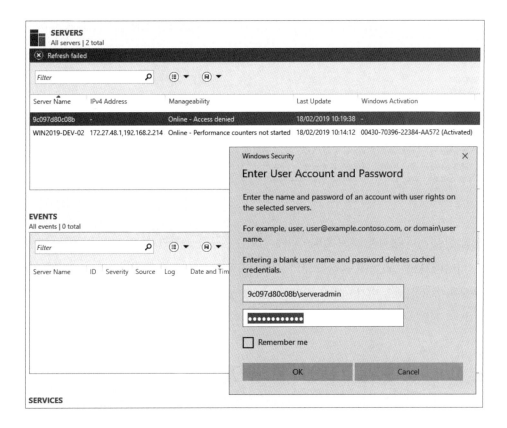

연결된 후에는 다음 그림과 같이 컨테이너의 이벤트 로그 항목, 서비스, 설치된 역할과 기능이 서버 관리자 화면으로 표시된다.

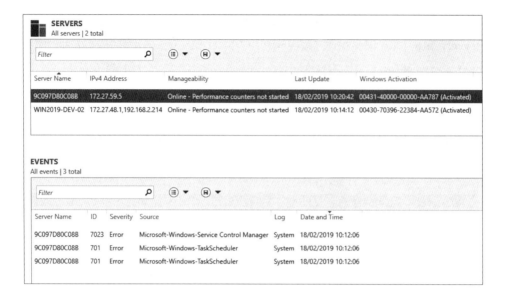

또한 원격 서버 관리자 UI로 컨테이너에 새로운 기능을 추가할 수 있지만 권장하는 방법은 아니다. 다른 모든 UI 관리 도구와 마찬가지로 탐색과 조사를 위해서만 이 도구를 사용해야 하고 실제로 변경 사항을 반영할 때는 Dockerfile을 이용해 변경하는 것이 좋다.

Docker 도구로 컨테이너 관리하기

지금까지 기존 윈도우 관리 도구를 사용해 컨테이너를 관리하는 방법을 알아봤지만 이러한 도구를 이용해 할 수 있는 일을 Docker 관점에서는 바로 적용할 수 없다. 하나의 웹 애플리케이션을 실행할 수 있는 컨테이너를 IIS 관리자의 트리 방식 탐색 기능으로 관리하는 것은 소용 없다. 서버 관리자에서 이벤트 로그를 볼 수 있겠지만 이벤트 목록을 콘솔로 내보내 Docker API가 확인할 수 있게 하는 것이 더 유용할 것이다.

또한 원격 관리 도구가 컨테이너에 접근할 수 있게 하려면 명시적으로 애플리케이션 이미지에 포트를 공개하고 사용자를 추가하고 서비스를 추가로 실행하도록 만들어야 한다. 이러한 모든 변경은 실행 중인 컨테이너를 보안상 취약하게 만든다. 지금까지 소개한 도구는 어디까지나 개발과 테스트 환경에서만 유용하게 쓸 수 있고 프로덕션 환경에서는 지양해야 한다는 것을 기억해야 한다.

Docker 플랫폼은 똑같은 API를 제공해 컨테이너상에서 실행되는 모든 종류의 애플리케이션을 지원할 수 있으며 새로운 종류의 관리 인터페이스를 만들 때 유용하다. 8장 나머지 부분에서는 Docker를 고려한 관리 도구를 알아보고 Docker CLI 관련 대체 관리 인터페이스를 알아본다. 몇 가지 오픈 소스 도구를 시작으로 상용 버전의 Docker 엔터프라이즈의 CaaS^{Container as a Service} 플랫폼까지 알아본다.

Docker 시각화 도구

시각화 도구^{Visualizer}는 Docker 스웜의 노드와 컨테이너의 기본적인 정보를 보여주는 매우 단순한 웹 UI 애플리케이션이다. 이 애플리케이션은 GitHub 리포지터리 dockersamples/docker-swarm-visualizer에 게시한 오픈 소스 프로젝트다. Node.js 애플리케이션이며 리눅스와 윈도우용 컨테이너 이미지를 모두 제공한다.

8장을 위해 애저에 하나의 리눅스 관리 노드, 2개의 리눅스 워커 노드, 2개의 윈도우 워커 노드로 구성된 하이브리드 Docker 스웜 클러스터를 배포했다. 시각화 도구를 리눅스 컨테이너로 관리 노드에서 띄울 수 있으며 Docker 엔진 API에 바인딩되는 서비스로 배포할 수 있다.

```
docker service create `
--name=viz `
--publish=8000:8080/tcp `
--constraint=node.role==manager `
--mount=type=bind,src=/var/run/docker.sock,dst=/var/run/docker.sock `
dockersamples/visualizer
```

이 애플리케이션이 제대로 동작하려면 관리 노드 위에서 실행돼야 하며 매니저는 리눅스 운영 체제를 사용하므로 컨테이너가 Docker API와 통신할 수 있도록 마운트 옵션을 지정한다. 리눅스에서는 소켓을 파일 시스템 마운트로 연결할 수 있으므로 컨테이너에서는 TCP 프로토콜을 사용해 포트를 공개하지 않고 안전하게 통신할 수 있다.

 또한 모든 것이 윈도우 노드로 구성된 스웜 클러스터에서도 이 시각화 도구를 사용할 수 있다. Docker는 현재 윈도우의 네임드 파이프를 볼륨으로 단일 서버에서 마운트할 수 있도록 기능을 제공하지만 Docker 스웜에서는 해당 기능을 제공하지 않는다. 하지만 7장, Docker 스웜을 사용한 분산 솔루션 오케스트레이션에서 Traefik을 적용할 때와 같은 방법으로 TCP 통신 방식으로 API를 마운트할 수 있다.

시각화 도구는 스웜 클러스터 안의 컨테이너의 로그를 조회할 수 있는 읽기 전용 뷰를 제공한다. UI에서는 호스트와 컨테이너의 상태를 보여주며 스웜 클러스터의 부하 상태, 워크로드 분산 배치 등을 빨리 보여준다. 다음 그림은 애저에 배포된 Docker 엔터프라이즈 클러스터 위에서 실행되는 NerdDinner 스택의 모습이다.

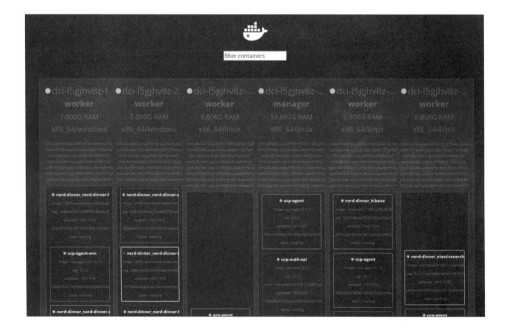

노드와 컨테이너 모두 정상적으로 작동 중인 것을 한눈에 볼 수 있으며 Docker가 스웜 클러스터상에 최대한 고르게 컨테이너를 배치한 것을 볼 수 있다. 시각화 도구는 인터페이스로 모든 Docker 리소스를 공개하는 Docker 서비스의 API를 사용한다.

Docker API는 쓰기 기능도 제공하므로 리소스를 만들거나 수정할 수 있다. 포테이너라는 오픈 소스 프로젝트를 사용해 API로 관리 기능을 사용할 수 있다.

포테이너

포테이너는 Docker를 위한 경량화된 관리 UI다. 컨테이너 방식으로 실행되며 단일 Docker 호스트와 스웜 모드로 실행되는 클러스터를 관리할 수 있다. 포테이너는 GitHub 리포지터리 portainer/portainer에 공개된 오픈 소스 프로젝트다. 포테이너는 Go 언어로 만들었으므로 크로스 플랫폼 애플리케이션이며 리눅스와 윈도우 컨테이너에서 모두 실행할 수 있다.

포테이너는 2가지 구성 요소인 에이전트와 관리 UI로 나뉜다. 각 노드에 에이전트를 실행해야 하고 그 다음에 관리 UI를 실행해야 한다. 모든 구성 요소는 컨테이너로 실행되므로 8장의 소스 코드가 담긴 ch08-portainer 폴더의 Docker Compose 파일을 사용해 배포할 수 있다. Compose 파일은 포테이너 에이전트를 글로벌 서비스로 정의해 스웜의 각 노드에서 실행할 컨테이너로 만든다. 그 다음에 포테이너 UI를 정의한다.

```
portainer:
  image: portainer/portainer
  command: -H tcp://tasks.agent:9001 --tlsskipverify
  ports:
    - "8000:9000"
  volumes:
    - portainer_data:/data
  networks:
    - agent_network
  deploy:
```

```
mode: replicated
replicas: 1
placement:
  constraints: [node.role == manager]
```

 Docker 허브에 게시된 portainer/portainer 이미지는 여러 아키텍처를 지원하는 이미지이므로 같은 이미지 태그를 리눅스와 윈도우에서 모두 사용할 수 있으며 Docker는 호스트 OS와 일치하는 이미지를 사용할 것이다. 윈도우에서는 Docker 소켓을 사용할 수 없지만 포테이너 문서에서는 Docker API를 윈도우에서 사용하는 상세한 방법을 설명한다.

포테이너에 처음 접속하면 관리자 비밀번호를 지정해야 한다. 그 다음에 서비스는 Docker API에 연결해 모든 리소스의 상세한 정보를 보여줄 것이다. 스웜 모드에서는 스웜에 속하는 노드 개수, 배포된 스택과 서비스 개수, 실행 중인 컨테이너, 이미지, 볼륨, 클러스터 안의 네트워크 구성 상태를 볼 수 있다.

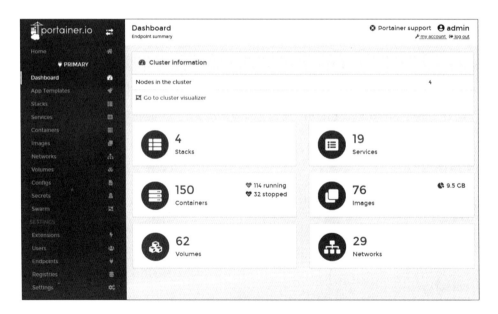

클러스터 시각화 도구 링크는 각 노드에서 실행 중인 컨테이너의 정보를 포함해 Docker 스웜 시각화 도구와 매우 비슷한 UI를 보여준다.

서비스 보기에서는 실행 중인 모든 서비스를 볼 수 있고 여기서 각 서비스의 상세 정보를 볼 수 있으며 서비스의 스케일 규모를 수정할 수 있는 바로 가기를 제공한다.

포테이너는 새로운 Docker 기능이 추가될 때마다 함께 개선됐으며 포테이너를 이용해 스택, 서비스를 배포하거나 관리할 수 있다. 각 서비스에 대한 로그를 보거나 컨테이너의 콘솔 세션으로 접속하거나 UI에 들어 있는 Docker Compose 템플릿으로 공용 애플리케이션을 배포할 수 있다.

포테이너 안에서는 여러 사용자와 팀을 만들어 리소스에 대한 접근 제어를 적용할 수 있다. 특정 팀이 사용할 수 있는 기능을 제한하는 접근 권한을 제공하는 서비스를 만들 수 있다. 포테이너의 자체 로컬 사용자 데이터베이스 또는 경량화된 디렉터리 접근 프로토콜LDAP 공급자를 연결해 인증을 처리할 수 있다.

포테이너는 개발 중인 오픈 소스 프로젝트이자 매우 훌륭한 도구이지만 관리 도구로 사용하기 전에 최신 버전을 받아 요구 사항을 충족하는지 테스트해보는 것이 좋다. 포테이너는 원래 리눅스용 도구로 만들어졌으며 윈도우용 기능 중 일부는 불완전하게 기능을 제공하는 부분이 있을 수 있다. 이 책을 집필하는 현 시점에서 윈도우 노드에서 실행되는 에이전트 컨테이너는 특별한 구성을 적용해야 한다. 그래서 스웜의 글로벌 서비스로 배포할 때 제약이 있고 포테이너에서 글로벌 서비스 기능으로 적용 가능한 윈도우 컨테이너를 볼 수 없다.

프로덕션 환경에서는 소프트웨어에 대한 기술 지원이 필요할 수 있다. 포테이너는 오픈소스 프로젝트이지만 상용 기술 지원을 받을 방법이 있다. 엔터프라이즈상에서 배포하거나 엄격한 보안 규정을 따르는 환경에서 사용해야 할 때 Docker 엔터프라이즈가 모든 기능을 제공한다.

▌ Docker 엔터프라이즈로 CaaS 기능 이용하기

Docker 엔터프라이즈는 Docker 사에서 제공하는 상용 버전의 Docker다. Docker 엔터프라이즈는 완전한 CaaS 플랫폼으로 Docker를 사용해 단일 노드부터 다수의 호스트에서 다수의 컨테이너를 실행하는 것까지 통일된 방법을 지원한다.

Docker 사에서는 프로덕션 수준의 제품으로 데이터센터 안의 클러스터를 구성하는 서버나 클라우드에서 실행할 수 있다. 클러스터링 기능은 쿠버네티스와 Docker 스웜과 같은 여러 오케스트레이터를 지원한다. 프로덕션 환경에서 개발용 랩톱에서 실행하던 단일 노드 클러스터와 완전하게 같은 애플리케이션 플랫폼을 사용해 100대의 노드를 구축할 수 있다.

Docker 엔터프라이즈는 2가지 구성 요소로 나뉜다. 그중 신뢰할 수 있는 Docker 레지스트리DTR는 이미지 서명 기능과 보안 검사 기능을 포함한 사설 Docker 허브 서비스를 제공한다. 9장, Docker의 보안 위험 및 이점 이해하기에서 Docker의 보안 이야기를 하면서 DTR을 알아본다. 그리고 관리 구성 요소는 유니버설 제어 플레인UCP이라는 새로운 형태의 관리 인터페이스다.

유니버설 제어 플레인 이해하기

UCP는 웹 방식의 인터페이스로 노드, 이미지, 서비스, 컨테이너, 비밀 정보, Docker의 여러 리소스를 관리할 수 있다. UCP 자체는 스웜 클러스터의 연결된 서비스에서 컨테이너로 실행되는 분산 애플리케이션이다. UCP는 모든 Docker 애플리케이션을 같은 방식으로 한군데서 관리하는 방법을 제공한다. 리소스에 대한 역할 기반 접근 제어를 제공해 누가 무엇을 할 수 있는지 세밀한 제어를 설정할 수 있다.

Docker 엔터프라이즈는 쿠버네티스와 Docker 스웜을 실행한다. 쿠버네티스는 나중에 윈도우 노드를 지원할 것이므로 윈도우 컨테이너를 Docker 스웜이나 쿠버네티스를 단일 Docker 엔터프라이즈 클러스터로 배포할 수 있다. UCP에 Docker Compose 파일을 사용해 Docker 스웜이나 쿠버네티스를 대상으로 스택을 배포할 수 있고 UCP는 모든 리소스를 만들어줄 것이다.

UCP는 폭넓은 관리 기능을 제공한다. 서비스를 만들고 확장하고 제거하거나 서비스를 실행하는 작업을 검사, 연결하고 스웜 클러스터를 실행하는 노드를 관리할 수 있다. Docker 네트워크, 구성, 비밀 정보, 볼륨과 같이 필요한 모든 추가 리소스가 UCP에 표시돼 같은 방법으로 관리할 수 있다.

Docker 엔터프라이즈 클러스터를 리눅스와 윈도우 노드를 혼용해 만들 수 있고 리눅스 노드는 UCP와 DTR을 실행하는 데 사용한다. Docker의 구독 서비스로서 Docker 팀의 지원을 받아 클러스터 설정 및 모든 윈도우와 리눅스 노드를 다루는 모든 문제를 처리할 수 있다.

UCP UI 탐색하기

홈페이지에서 UCP로 로그인한다. 또는 Docker 엔터프라이즈에 들어 있는 인증을 사용하거나 UCP에서 사용자를 수동으로 관리하거나 임의의 LDAP 인증 저장소와 연결할 수 있다. 이렇게 하면 Docker 엔터프라이즈를 설치해 기존 조직의 액티브 디렉터리를 사용하고 사용자가 윈도우 계정을 사용해 로그인하게 만들 수 있다.

UCP 홈페이지는 클러스터의 핵심 성능 지표나 노드, 서비스 개수, 현 시점의 스웜과 쿠버네티스 서비스까지 클러스터의 전반적인 컴퓨팅 활용률을 보여주는 대시보드다.

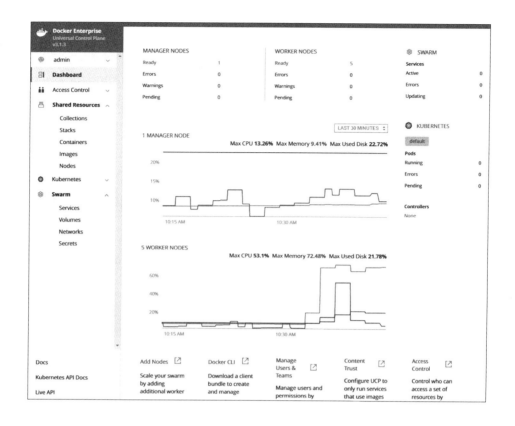

대시보드에서는 서비스, 컨테이너, 이미지, 노드, 네트워크, 볼륨, 시크릿 등 리소스 종류별로 묶어 항목을 탐색할 수 있다. 현재 만들어진 대부분의 리소스나 상세 정보를 보거나 삭제하거나 새로 만들 수 있다.

 UCP는 여러 가지 오케스트레이터 컨테이너 플랫폼이므로 일부 애플리케이션을 쿠버네티스에서 실행하고 다른 애플리케이션을 Docker 스웜의 같은 클러스터에서 실행할 수 있다. 내 비게이션의 공유되는 리소스 섹션에서는 오케스트레이터 사이에서 공유될 수 있는 이미지, 컨테이너, 스택과 같은 리소스를 볼 수 있다. 이 방법은 서로 다른 배포 방법을 테스트하거나 통제된 환경에서 서로 다른 오케스트레이터를 평가할 수 있는 방법이다.

UCP는 모든 리소스를 역할 기반 접근 제어^{RBAC} 방식으로 탐색할 수 있도록 기능을 제공한다. 모든 리소스에 권한 라벨을 적용하고 이 라벨을 기반으로 접근을 통제할 수 있다. 팀에는 레이블 권한을 지정해 권한을 모두 제거하는 것부터 모든 권한을 할당하는 것까지 설정할 수 있다. 팀 구성원도 라벨이 부여된 리소스도 같은 접근 제어 정책이 적용된다.

노드 관리하기

노드 뷰는 클러스터의 모든 노드 목록과 함께 운영 체제와 CPU 아키텍처, 노드 상태, 노드 매니저 상태를 보여준다.

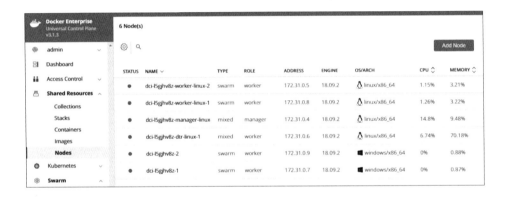

이 클러스터에는 6개의 노드가 있다.

- 혼합된 워크로드를 위한 2대의 리눅스 노드: 이 노드로 쿠버네티스나 Docker 스웜 서비스를 실행할 수 있다.
- Docker 스웜 서비스 전용으로 구성된 2대의 리눅스 노드
- Docker 스웜 전용으로 사용하는 2대의 윈도우 노드

위의 노드는 모두 UCP와 DTR 컨테이너를 실행한다. Docker 엔터프라이즈는 관리자 노드에 사용자 워크로드가 실행되지 않도록 구성할 수 있으며 DTR 실행을 위해 실행될 수 있다. 이 방법은 Docker 엔터프라이즈 서비스를 보호해 관리 구성 요소의 리소스가 애플

리케이션 사용자 워크로드에 영향을 미치지 않도록 막는 좋은 방법이다.

노드를 관리할 때는 접근할 수 있는 클러스터 서버를 시각적인 방법으로 상태를 보고 관리할 수 있다. 특정 노드를 배수 모드로 변경해 윈도우 업데이트를 실행하거나 노드의 Docker 버전을 업그레이드할 수 있다. 워커를 관리자로 승격하거나 관리자를 워커로 강등하거나 새 노드를 Docker 스웜에 가입할 때 필요한 토큰을 볼 수 있다.

각 노드의 상세 정보를 보면 서버의 총 CPU, 메모리 및 디스크 사용량을 보여주는 그래프와 함께 최근 30분부터 24시간까지 상태를 집계할 수 있다.

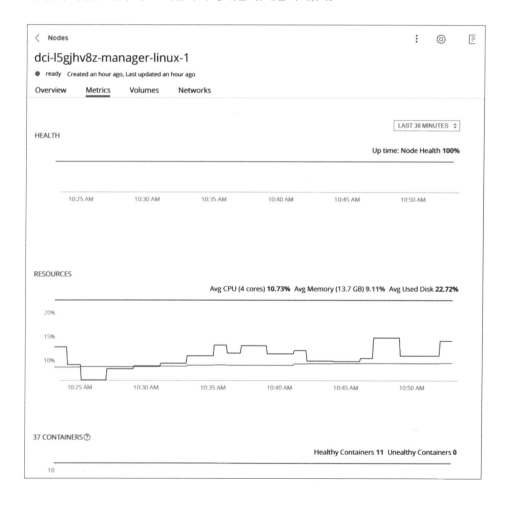

메트릭 탭에서는 노드에서 실행 중인 모든 컨테이너 목록이 나타나며 컨테이너 상태와 함께 어떠한 이미지를 사용해 컨테이너가 실행됐는지를 보여준다. 컨테이너 목록에서는 뒤에서 간단하게 알아볼 컨테이너 상세 보기로 이동할 수 있다.

볼륨

볼륨은 스웜 수준이 아닌 노드 수준에서 사용하지만 UCP에서 모든 스웜 노드의 볼륨을 관리할 수 있다. 사용하는 볼륨의 종류에 따라 스웜 안의 볼륨을 어떻게 관리할지 결정한다. 로컬 볼륨은 글로벌 서비스처럼 로그와 메트릭 정보를 디스크에 기록하고 중앙으로 전송하는 패턴에 적합하다.

클러스터 서비스로 실행되는 영속 저장소도 로컬 저장소를 사용할 수 있다. 각 노드마다 로컬 볼륨을 만들 수 있지만 고용량 RAID를 사용하는 서버에 라벨을 추가할 수 있다. 데이터 서비스를 만들 때는 RAID 노드만 사용하도록 제약 조건을 걸어 다른 노드가 작업을 예약하지 않도록 해 RAID의 볼륨에 데이터를 기록하게 할 수 있다.

온프레미스 데이터센터와 클라우드 환경에서는 볼륨 플러그인과 함께 공유 저장소를 사용할 수 있다. 공유 저장소에서 서비스는 컨테이너가 다른 스웜 노드로 옮겨지더라도 계속 데이터에 접근할 수 있다. 서비스 작업은 데이터를 볼륨에 읽고 쓰면서 공유 저장소 장치에 영속성을 유지한다. Docker 스토어에는 여러 가지 종류의 볼륨 플러그인이 있으며 그중에는 AWS, 애저 같은 클라우드 서비스는 물론 HPE, 님블 같은 물리적 인프라, vSphere 같은 가상화 플랫폼까지 다양하다.

 Docker Enterprise는 Cloudstor 플러그인을 사용해 클러스터 전체 스토리지를 지원하며 Docker 인증 인프라와 함께 배치하는 경우 Cloudstor 플러그인에 맞게 구성된다. 이 책을 집필하는 현 시점에서 플러그인은 리눅스 노드 전용으로만 제공돼 윈도우 노드는 로컬 볼륨 실행만 가능하다. 이 외에도 Docker 스웜에서 로컬 볼륨으로 잘 작동하는 상태 기반 애플리케이션 아키텍처가 있지만 구성할 때 주의해야 한다.

저장소는 컨테이너 생태계 안에서 많은 사람이 관심을 보이는 영역이다. 특정 인프라가 없더라도 클러스터 수준의 스토리지 옵션을 만드는 기술이 꾸준하게 개발된다. 기술이 성숙해지면서 클러스터의 디스크를 연결하기만 하면 항상 사용 가능한 상태를 유지하고 쉽게 확장할 수 있는 상태 기반 서비스를 실행할 수 있다.

볼륨은 사용할 수 있는 기능이 제한된다. 그러므로 볼륨을 만들 때는 어떠한 드라이버를 사용하고 드라이버 옵션을 어떻게 정할지를 고려해야 한다.

 리소스가 속할 컬렉션을 지정하는 방법으로 다른 리소스처럼 볼륨에도 권한을 지정할 수 있다. 컬렉션은 UCP가 역할 기반의 접근 제어로 접근을 통제하는 방법이다.

로컬 볼륨은 각 노드에 만들어지므로 컨테이너는 볼륨 이름을 알고 있으면 어느 노드에서 실행되든 항상 볼륨을 찾아 사용할 수 있다. UCP가 만드는 하이브리드 스웜에서는 로컬 볼륨이 각 노드에 만들어지며 마운트된 볼륨 데이터가 서버의 어느 경로에 실제로 저장되는지를 보여준다.

UCP는 실행 중인 컨테이너가 실행 중인 각 노드의 볼륨과 이미지를 포함해 클러스터 안의 모든 리소스를 한 번에 볼 수 있게 해준다.

이미지

UCP는 이미지 레지스트리가 아니다. DTR은 Docker 엔터프라이즈에 포함된 엔터프라이즈용 사설 레지스트리이지만 UCP를 사용해 각 노드의 Docker 캐시 안에 저장된 이미지를 관리할 수 있다. 이미지 보기에서 UCP는 클러스터의 각 노드가 어떠한 이미지를 가져왔는지 보여주고 이미지를 풀할 수 있게 해 각 노드에 다운로드되도록 할 수 있다.

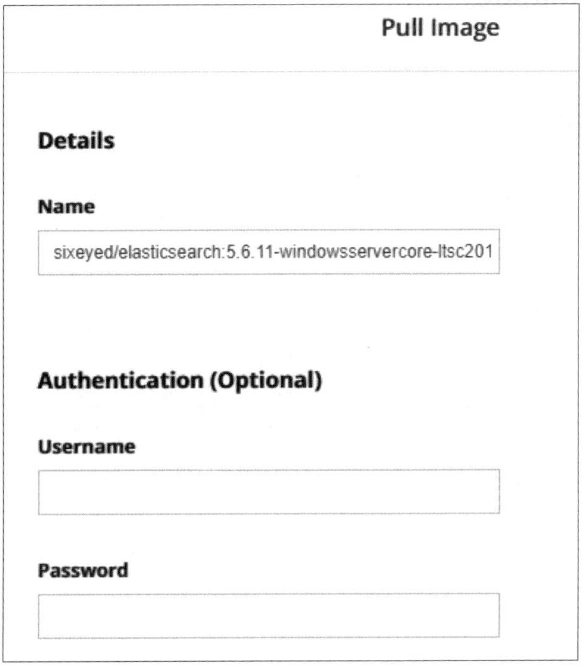

Pull Image

Details

Name

sixeyed/elasticsearch:5.6.11-windowsservercore-ltsc201

Authentication (Optional)

Username

Password

컨테이너 이미지는 배포를 위해 압축되며 Docker 엔진은 이미지를 풀할 때 각 레이어를 압축 해제한다. 이미지 풀이 끝나는 대로 OS에 맞게 컨테이너를 시작하기 위해 필요한 최적화 과정을 진행한다. 그래서 윈도우 이미지를 리눅스 호스트에서 풀하거나 그 반대로 풀할 수 없는 것이다. UCP는 모든 호스트에 이미지를 풀하는 것을 시도하지만 실패한다면 운영 체제가 일치하지 않기 때문일 수 있으며 이때 남은 노드에서만 작업을 계속 진행한다. 이러한 불일치가 있으면 오류가 표시될 것이다.

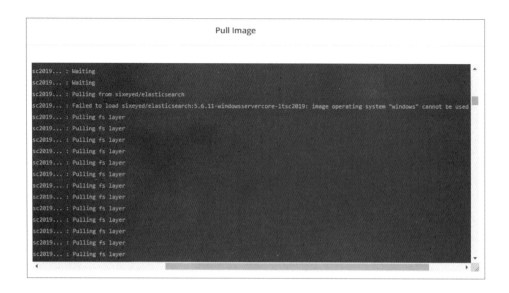

이미지 뷰에서 레이어의 이력, 상태 검사, 모든 환경 변수와 공개한 포트를 포함해 각 이미지의 상세 정보를 볼 수 있다. 기본적인 상세 정보에서는 이미지가 대상으로 하는 운영체제 플랫폼 정보와 가상 크기, 만들어진 날짜가 표시된다.

```
<  Images

dockeronwindows/ch07-nerd-dinner-api:2e
Vulnerabilities:   No scanning data

Overview      View Layers


Id                                          Size
sha256:59a4583831ef2933cd...  📋          429.36 MB

Author                                      Comment
Unknown                                     None

Docker Version                              Platform
18.09.2                                     windows amd64

User
ContainerAdministrator




Health Check
N/A




Working Directory
C:\dinner-api




Command
N/A




Entrypoint
dotnetNerdDinner.DinnerApi.dll
```

UCP에서 클러스터로부터 이미지를 제거할 수 있다. 클러스터가 롤백할 수 있도록 현재 버전과 이전 이미지 버전만 보관하도록 유지 정책을 만들 수 있다. 다른 이미지, 모든 이 전 버전 이미지는 DTR에만 남겨두고 Docker 엔터프라이즈 노드에서 안전하게 제거해 필요할 때 다시 풀할 수 있다.

네트워크

UCP는 다른 리소스 종류와 같은 인터페이스와 마찬가지로 네트워크 관리 기능을 직관적으로 제공한다. 네트워크 목록은 클러스터 안의 네트워크를 보여주고 RBAC이 적용될 대상과 함께 컬렉션에 추가할 수 있으므로 볼 권한이 있는 네트워크만 볼 수 있다.

네트워크에는 설정 가능한 몇 가지 방법이 있다. IPv6를 지정하거나 별도 MTU 패킷 크기 지정 같은 방법을 사용할 수 있다. 스웜 모드는 노드 사이의 통신에 영향을 미치지 않는 암호화된 네트워크를 지원하며 UCP로 활성화할 수 있다. Docker 엔터프라이즈 클러스터에서는 오버레이 드라이버를 사용해 서비스가 클러스터 노드 사이의 가상 네트워크 안에서 통신할 수 있도록 사용할 것이다.

Docker는 인그레스 네트워크라는 특별한 형태의 스웜 네트워크를 지원한다. 인그레스 네트워크는 외부 요청에 대한 로드 밸런싱과 서비스 디스커버리를 제공한다. 이 기능으로 포트를 유연하게 게시할 수 있다. 10개의 노드 클러스터에서 80번 포트를 3개의 레플리카로 게시할 수 있다. 어떠한 노드가 80번 포트로 들어오는 요청을 받았지만 이 요청을 처리하는 서비스 작업을 실행하는 노드가 아니라면 Docker는 지능적으로 해당 작업을 실행하는 다른 노드로 요청을 보낸다.

 인그레스 네트워크는 Docker 스웜 클러스터 안의 리눅스와 윈도우 노드 모두에서 동일하게 제공되는 강력한 기능이다. 이 기능의 더 자세한 내용은 7장, Docker 스웜을 사용한 분산 솔루션 오케스트레이션에서 다룬다.

네트워크도 UCP로 삭제할 수 있지만 이때 네트워크에 컨테이너가 하나도 연결되지 않아야 한다. 네트워크를 사용하는 서비스를 정의한 것이 있다면 삭제하기 전에 경고 메시지가 뜰 것이다.

스택 배포하기

UCP를 사용해 애플리케이션을 배포하는 방법은 2가지다. docker service create 명령문을 사용해 개별 서비스를 배포하는 것과 docker stack deploy 명령문을 사용해 전체 Compose 파일을 배포하는 방법과 비슷하다. 스택은 여러 가지 배포 방법 중 가장 손쉬우며 예비 프로덕션 환경에서 검증된 Compose 파일을 배포할 수 있다.

8장의 소스 코드에서 ch08-docker-stack 폴더 안에는 NerdDinner를 Docker 엔터프라이즈에서 스웜 모드로 실행하기 위한 배포 매니페스트가 들어 있다. 핵심 docker-compose.yml 파일은 7장, Docker 스웜을 사용한 분산 솔루션 오케스트레이션에서 언급한 것과 같은 파일이지만 프로덕션 클러스터로 배포하는 데 필요한 재정의 파일을 약간 변경했다. 하이브리드 클러스터의 이점을 얻기 위해 Docker 엔터프라이즈 클러스터를 이용하며 모든 오픈 소스 인프라 구성 요소에 리눅스 컨테이너를 사용한다.

윈도우 대신 리눅스 컨테이너로 서비스를 실행하려면 이미지 이름과 배포 제약 조건만 변경하면 된다. 배포 제약 조건을 변경해 분명하게 리눅스 노드에서 컨테이너가 실행되도록 예약할 수 있다. 다음은 dockercompose.hybrid-swarm.yml 파일 안에 든 NATS 메시지 큐의 재정의 내용이다.

```
message-queue:
  image: nats:1.4.1-linux
  deploy:
    placement:
      constraints:
        - node.platform.os == linux
```

7장, Docker 스웜을 사용한 분산 솔루션 오케스트레이션에서 봤던 방법으로 docker-compose config 명령문을 사용해 재정의 파일을 모두 합쳐 docker-swarm.yml 파일로 내보냈다. Docker CLI를 클러스터에 연결하고 애플리케이션을 docker stack deploy 명령문으로 배포하거나 UCP의 사용자 인터페이스로 배포할 수 있을 것이다. Stacks 뷰의 Shared Resources 항목에 있는 Create Stack을 클릭하고 오케스트레이터의 종류와 함께 Compose YML 파일을 업로드한다.

UCP는 내용을 검증하고 문제가 있으면 강조해 보여준다. 유효한 Compose 파일은 스택으로서 배포돼 네트워크, 볼륨, 서비스 등 모든 리소스가 UCP에 나타날 것이다. 몇 분 후면 애플리케이션의 모든 이미지가 클러스터의 각 노드에 풀되고 UCP는 각 서비스에 대한 레플리카 실행을 예약할 것이다. 서비스 목록에서는 모든 구성 요소가 필요한 확장 수준에 맞춰 실행 중이라는 것이 나타난다.

 업그레이드한 NerdDinner 애플리케이션은 이제 15개의 컨테이너가 6대의 노드로 이뤄진 Docker 엔터프라이즈 스웜 클러스터 안에서 실행된다. 기술 지원이 보장되는 프로덕션 환경에서 항상 사용 가능한 상태를 유지하고 쉽게 확장할 수 있으며 직접 만든 이미지 대신 Docker의 공식 이미지로 4개의 오픈 소스 구성 요소를 기존 애플리케이션 이미지를 변경하지 않고 바꿀 수 있었다.

이미 알고 있는 Compose 파일 형식을 계속 사용하고 모든 리소스를 자동화할 수 있으므로 스택을 기본 배포 모델로 사용한다. 하지만 모든 상황에서 스택을 사용할 수 없다. 특히 레거시 애플리케이션을 컨테이너로 옮길 때는 사용하기 힘들다. 스택 배포 환경에서는 서비스가 어떠한 순서로 만들어질지 정할 방법이 없으며 Docker Compose가 제공하던 depends_on 속성은 이 환경에서는 쓸 수 없다. 이러한 특징은 서비스가 탄력적으로 설계돼야 한다는 전제에서 출발한 의도적인 설계이지만 모든 서비스가 해당하는 것은 아니다.

현대적인 애플리케이션이라면 실패에 대응하게 설계해야 한다. 웹 구성 요소가 데이터베이스에 연결할 수 없다면 단순하게 실패하고 끝나는 것이 아니라 반드시 정책 기반의 재시도 메커니즘을 사용해 반복적으로 연결을 다시 시도해야 한다. 전통적인 애플리케이션은 의존하는 구성 요소가 모두 사용 가능할 것이라는 전제를 갖고 있으며 유연하게 재시도하는 동작을 갖고 있지 않다. NerdDinner도 그렇기 때문에 스택을 Compose 파일로 배포하려고 하면 웹 애플리케이션에 데이터베이스보다 먼저 시작돼 실패할 것이다.

이때 컨테이너는 실행을 종료할 것이고 Docker는 애플리케이션이 실행 중인 상태가 아니라는 것을 파악한다. 그 다음에는 새로운 컨테이너를 실행할 것이며 이번에는 의존성에 해당하는 구성 요소가 사용 가능한 상태가 될 것이다. 그럼에도 사용할 수 없다면 새 컨테이너는 종료되고 Docker는 또 다시 새로운 컨테이너를 띄워 대체하며 애플리케이션이 정상적으로 작동할 때까지 이 작업을 반복할 것이다. 의존성 검사를 하지 않는 레거시 애플리케이션이라면 시작할 때 검사와 상태 검사 기능을 Dockerfile에 추가해 컨테이너 이미지에 포함시켜 이미지를 빌드할 수 있다.

이러한 방법을 사용할 수 없거나 새로운 컨테이너를 반복적으로 실행하는 방식이 기존 애플리케이션에 문제를 일으킬 수도 있다. 이때 스택으로 배포하지 않고 수동으로 서비스를 만들게 할 수 있다. UCP도 작업 흐름을 지원하며 이 기능으로 각 서비스가 동작하는데 필요한 구성 요소를 서비스가 실행하기 전에 모두 사용 가능한 상태로 만들 수 있다.

 이 방법은 명령적인 애플리케이션 관리 방법으로 가능하면 피해야 할 방식이다. 소스 제어에서 관리할 수 있는 간단한 Docker Compose 파일 세트로 애플리케이션 매니페스트를 캡슐화하는 것이 훨씬 좋지만 일부 레거시 애플리케이션에서는 이를 실행하기 어려울 수 있다.

서비스 만들기

docker service create 명령문에 지정할 수 있는 옵션은 매우 다양하다. UCP의 서비스 뷰에서 Create a Service를 통하면 이 모든 기능을 친절한 사용자 인터페이스로 이용할 수 있다. 우선 기본적인 내용을 지정한다. 서비스에서 사용할 이미지 이름, 다른 서비스가 이 서비스를 찾을 수 있도록 지정할 서비스 이름, 기타 이미지의 기본 시작 설정을 재정의하길 원할 때 사용할 수 있는 명령문에 사용할 전달 인자를 지정한다.

Create Service

	Service Details
Details	
Collection	**Name**
Scheduling	
Network	
Environment	**Task Template**
Resources	
Logging	**Image***

☐ Requires Registry Authentication

Command

Args

Working Directory

User

Stop Grace Period (Ms)

어차피 docker service create 명령문의 옵션과 대응되는 내용이므로 모두 다루진 않을 것이다. 하지만 Scheduling 탭 내용은 알아두면 좋다. 이곳에서 서비스 모드를 복제 모드 또는 글로벌 모드로 지정하거나 레플리카의 원하는 숫자를 지정하거나 순차 업데이트를 위한 세부 사항을 지정할 수 있다.

재시작 정책은 Always가 기본 값이다. 이 부분은 레플리카 숫자와 함께 작동한다. 작업이 실패하거나 멈추면 서비스를 안정적으로 사용할 수 있게 다시 시작한다. 업데이트 설정을 자동화된 롤 아웃을 위해 구성하고 스케줄링 제약 조건을 추가할 수 있다. 제약 조건은 노드 라벨과 함께 사용해 서비스 작업을 실행할 수 있는 노드를 선택할 때 사용할 수 있다. 이 기능을 사용해 항상 사용 가능한 상태를 유지해야 하는 노드에서만 작업을 실행할 수 있게 제한하거나 엄격한 접근 제어 정책을 따르는 노드에서만 작업을 실행할 수 있게 만들 수 있다.

다른 섹션에서는 서비스가 네트워크, 볼륨, 구성, 시크릿과 같은 클러스터 안의 다른 리소스와 어떻게 연동할 것인지를 구성할 수 있으며 컴퓨팅 자원을 예약하거나 사용 한계치를 지정할 수 있다. 이로써 서비스를 제한된 양의 CPU 및 메모리로 제한할 수 있으며 각 컨테이너에 필요한 CPU 및 메모리의 최소 사용량을 지정할 수 있다.

서비스를 배포할 때 UCP는 이미지를 필요한 모든 노드로 가져와 필요한 수의 컨테이너를 시작한다. 글로벌 서비스를 운영하기 위해 노드당 하나의 컨테이너를 띄울 수 있고 복제 서비스를 운영하기 위해 지정된 수량만큼의 태스크를 실행할 수 있을 것이다.

서비스 모니터링하기

UCP는 스택 Compose 파일이나 직접 서비스를 만들어 배포할 때와 같은 방법으로 모든 종류의 애플리케이션을 배포할 수 있게 해준다. 애플리케이션에서는 수많은 서비스를 자유롭게 조합해 사용할 수 있다. 새로운 NerdDinner 스택의 일부는 혼합 클러스터상에서 리눅스로 실행하듯이 활용할 수 있다. 자바, Go, Node.js 같은 구성 요소를 리눅스 컨테이너로 배포하고 .NET Framework와 .NET Core 구성 요소는 윈도우 컨테이너로 모두 같은 클러스터에서 실행되도록 배포했다.

서로 다른 기술 플랫폼을 사용하는 이러한 구성 요소는 모두 UCP를 사용해 같은 방법으로 관리돼 애플리케이션 의존도가 높은 회사가 매우 유용하게 사용한다. 서비스 뷰에서는 전체적인 상태, 작업 숫자, 마지막으로 오류가 발생한 시간 같은 기본적인 정보와 함께 모든 서비스가 표시된다. 자세한 정보를 보고 싶은 서비스가 있다면 해당 서비스를 드릴 다운하면 된다.

다음은 핵심 NerdDinner ASP.NET 웹 애플리케이션에 대한 Overview 탭 화면이다.

nerd-dinner_nerd-dinner-web

● 2 / 2 Last Updated 26 minutes ago / Last Error: 29 minutes ago: task: non-zero exit (1)

Overview   Metrics

SECRETS

nerd-dinner-secrets   ↗

Mode	UID
444	**0**

GID
0

ENVIRONMENT

Nothing has been defined for this resource. You can configure this resource by editing it or its parent.

LABELS

com.docker.stack.image:**dockeronwindows/ch07-nerd-dinner-web:2e**   com.docker.stack.namespace:**nerd-dinner**

com.docker.ucp.access.label:**/**   com.docker.ucp.collection:**swarm**   com.docker.ucp.collection.root:**true**

com.docker.ucp.collection.swarm:**true**   traefik.backend.loadbalancer.stickiness:**true**   traefik.frontend.priority:**1**

traefik.frontend.rule:**Host:nerddinner.sixeyed.com;PathPrefix:/**   traefik.port:**80**

CONSTRAINTS

node.platform.os : **windows**   node.labels.com.docker.ucp.collection.swarm:**true**

이 화면을 스크롤하면 서비스가 접근할 수 있는 시크릿과 함께 환경 변수(여기서는 해당 부분이 없다), 이 서비스가 윈도우 노드에서 실행되게 하는 Traefik 라우팅을 위한 설정과 제약 조건을 포함한 라벨을 볼 수 있다. 메트릭 뷰는 CPU와 메모리 사용량 그래프, 실행 중인 컨테이너 목록을 보여준다.

서비스 뷰를 사용해 전체적인 서비스 상태와 함께 환경 변수를 추가하거나 네트워크나 볼륨을 변경하거나 스케줄링 제약 조건을 변경하는 등의 변경 사항을 가할 수 있다. 변경하는 모든 내용은 서비스를 다시 시작하면 반영되므로 애플리케이션에 미칠 영향을 잘 이해하는 것이 좋다. 상태 독립적인 애플리케이션과 일시적인 실패를 유연하게 처리하지 못하는 애플리케이션이라면 이러한 변경 사항은 즉시 반영할 수 있지만 솔루션의 아키텍처에 따라 애플리케이션에 다운 타임이 발생할 수 있다.

기존 작업을 다시 시작하지 않고도 서비스 규모를 조정할 수 있다. Scheduling 탭에서 새로운 수준을 지정하면 UCP는 컨테이너를 만들거나 제거해 서비스 수준을 맞출 것이다.

규모를 늘리면 기존 컨테이너는 유지되고 새로운 컨테이너가 추가돼 애플리케이션이 중단되는 일은 없을 것이다(다만 개별 컨테이너가 애플리케이션 상태를 지킨다는 가정하에 그렇다).

서비스 뷰 또는 컨테이너 목록의 Shared Resources 아래에서 컨테이너 뷰로 드릴 다운할 작업을 선택할 수 있다. 이러한 방식으로 똑같은 관리 방식을 제공해 컨테이너로 만든 애플리케이션을 매우 간단하게 관리할 수 있다. 실행 중인 컨테이너 내부의 프로세스 목록이나 구성과 같은 세세한 정보가 모두 표현된다. 다음은 Traefik 프록시를 위한 컨테이너의 세부 정보로 실행 중인 traefik 프로세스의 내용이 표시된다.

컨테이너의 표준 출력 스트림에서 나오는 모든 출력이 표시되는 컨테이너 로그를 읽을 수 있다. 다음 로그는 자바 애플리케이션인 엘라스틱 서치의 로그이며 log4j 형식으로 표현된다.

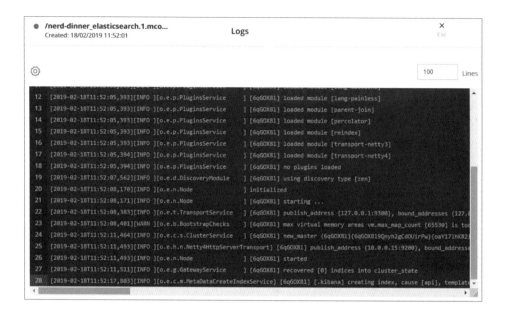

 TIP 클러스터 안에 있는 모든 컨테이너의 로그를 항상 같은 방법으로 볼 수 있다. 리눅스 컨테이너로 만들어진 경량화된 Go 애플리케이션의 컨테이너나 레거시 ASP.NET 애플리케이션을 실행하는 윈도우 컨테이너도 그렇다. 모든 애플리케이션의 로그 항목을 콘솔로 출력하도록 컨테이너 이미지를 만들어야 이러한 기능을 사용할 수 있다.

심지어 컨테이너의 셸로 접속해 문제 해결을 시도할 수도 있다. Docker CLI에서 docker container exec -it powershell 명령문을 사용하는 것과 동일하지만 UCP 인터페이스를 사용하므로 클러스터의 특정 노드에 직접 접속할 필요가 없다. 컨테이너 이미지에 들어 있는 셸이라면 뭐든지 실행할 수 있으므로 키바나 리눅스 이미지에서는 bash를 사용할 수 있다.

UCP는 실행 중인 모든 서비스의 상태 확인 기능으로 클러스터의 전체 상태에서 특정 노드에서 실행되는 개별 컨테이너로 드릴 다운할 수 있는 인터페이스를 제공한다. 애플리케이션 상태를 쉽게 모니터링할 수 있고 애플리케이션의 로그를 보거나 디버깅을 위해 컨테이너에 연결하는 등 모든 작업을 같은 관리 사용자 인터페이스에서 진행할 수 있다. 또한 원격 Docker CLI 클라이언트로 안전하게 클러스터를 관리할 수 있도록 스크립트와 인증서를 포함한 클라이언트 번들을 다운로드할 수 있다.

클라이언트 번들 스크립트를 실행하면 Docker CLI가 클러스터 매니저 노드의 Docker API를 가리키도록 변경하고 안전한 통신을 위해 클라이언트 인증서를 설치한다. 인증서는 UCP의 특정 사용자를 확인하도록 설계했으며 사용자는 UCP에서 직접 만들었거나 외부 LDAP 사용자일 수 있다. 따라서 사용자는 UCP UI에 로그인하거나 Docker 명령문을 실행해 리소스를 관리할 수 있고 UCP RBAC 정책에 정의된 대로 접근 권한을 획득한다.

RBAC

UCP의 권한 부여 기능으로 Docker의 모든 리소스에 대한 권한을 세밀하게 제어할 수 있다. UCP의 RBAC은 특정 주체가 어떠한 리소스 집합에 접근할 수 있는지에 대한 위임을 만드는 것으로 정의된다. 권한 위임의 주체는 개별 사용자, 사용자의 소속 팀, 여러 팀의 소속 조직이 될 수 있다. 리소스 집합은 Docker 스웜 서비스 같은 개별 리소스나 클러스터의 노드 집합 같은 여러 리소스의 집합이 될 수 있다. 위임은 접근 수준을 정의하며 접근 차단부터 완전한 권한 위임까지 지정할 수 있다.

이 방식은 회사에 적합한 수준에서 보안 규칙을 시행할 수 있으므로 보안에 대한 매우 유연한 접근 방식이다. NerdDinner 애플리케이션을 나타내는 nerd-dinner라는 리소스 집합이 있는 애플리케이션 우선 접근 방식을 사용할 수 있으며 이 집합은 배포 환경(프로덕션, UAT, 시스템 테스트 등)을 나타내는 다른 집합의 부모 집합이다. 컬렉션 계층은 이 다이어그램의 오른쪽에 있다.

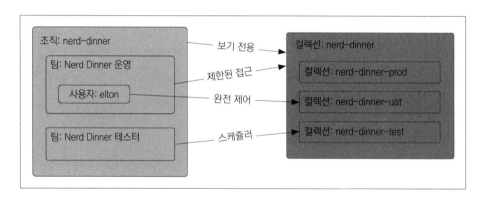

컬렉션은 리소스의 그룹이므로 각 환경을 관련 컬렉션에 속하는 리소스와 함께 스택으로 배포한다. 조직은 궁극적으로 사용자 그룹이고 왼쪽에 보이는 것은 nerd-dinner라는 조직이며 NerdDinner 애플리케이션을 갖고 일하는 모든 사람을 그룹으로 묶은 것이다. 이 조직에는 2개 팀이 있다. 애플리케이션 관리자가 속한 Nerd Dinner Ops 팀과 애플리케이션을 테스트하는 Nerd Dinner Testers 팀으로 나뉜다. 다이어그램상에는 elton이라는 사용자만 표시되며 이 사용자는 Nerd Dinner Ops 팀에 속해 있다.

이 구조로 다양한 수준의 다양한 리소스에 접근할 수 있게 권한을 위임하도록 만들 수 있다.

- nerd-dinner 조직은 nerd-dinner 컬렉션을 보기만 하도록 권한을 설정해 이 조직 안의 팀 소속 사용자는 기본적으로 모든 환경의 리소스 목록과 상세 정보를 볼 수 있도록 한다.
- Nerd Dinner Ops 팀은 nerd-dinner 컬렉션에 대한 한정된 제어 권한을 갖고 있어 모든 환경 안의 리소스를 관리하거나 새로 실행할 수 있다.
- Nerd Dinner Ops 팀의 사용자 elton은 nerddinner-uat 컬렉션에 대한 모든 권한을 갖고 있어 UAT 환경 안의 모든 리소스에 대한 완전한 관리 권한을 갖고 있다.
- Nerd Dinner Testers 팀은 nerd-dinner-test 컬렉션의 스케줄링 접근 권한을 갖고 있어 이 팀에 소속된 사용자는 테스트 환경의 노드를 관리할 수 있다.

> Docker 스웜 컬렉션에 들어 있는 기본 역할은 View Only, Restricted Control, Full Control, Scheduler로 나뉜다. 필요에 따라 역할을 직접 정의할 수 있으며 리소스 종류에 따라 구체적인 권한을 지정할 수 있다.

UCP에서 권한을 위임해 접근 주체를 리소스 세트에 연결해 알려진 권한을 부여하는 역할을 만든다. 구축한 Docker 엔터프라이즈 클러스터에 보안 접근 다이어그램을 배포했고 기본 시스템 역할 위임과 함께 직접 설정한 권한 위임을 볼 수 있다.

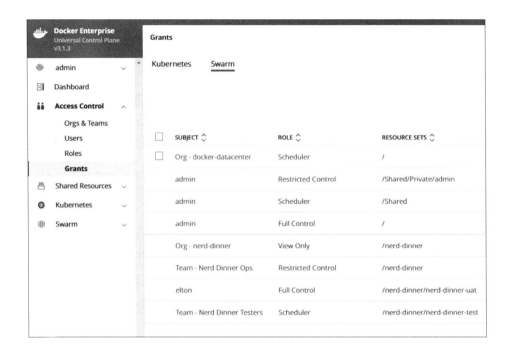

보호하려는 리소스와 독립적으로 권한 위임과 컬렉션을 만든다. 그런 다음 `com.docker.ucp.access.label` 키와 컬렉션 이름을 사용해 레이블을 추가해 자원을 만들 때 컬렉션을 선택한다. 이 작업을 Docker의 **create** 명령문을 사용해 직접 실행할 수 있고 Docker Compose 파일에서 선언적으로 할 수 있으며 양쪽 모두 UCP 사용자 인터페이스에서 진행할 수 있다. 여기서는 역방향 프록시 서비스가 `nerd-dinner-prod` 컬렉션에 속한다고 지정했다.

UCP에 Nerd Dinner Testers 팀 멤버로 로그인하면 서비스는 하나만 보일 것이다. 테스트 사용자는 기본 컬렉션에서 서비스를 볼 권한이 없으며 `nerd-dinner-prod` 컬렉션에서 프록시 서비스만 볼 수 있도록 권한을 설정했기 때문이다.

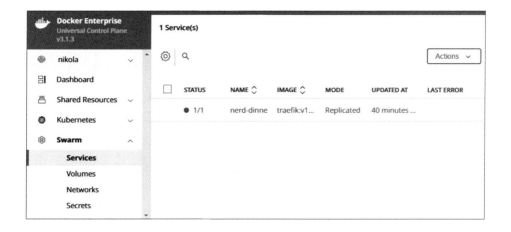

이 사용자는 보기 권한만 갖고 있으므로 서비스를 다시 시작하는 등의 변경을 시도하면 오류 메시지가 뜬다.

팀은 여러 리소스 집합에 걸쳐 여러 가지 권한을 가질 수 있고 사용자는 여러 팀에 소속될수 있으므로 UCP의 권한 부여 시스템은 여러 가지 보안 모델을 수용할 수 있을 만큼 충분하게 유연하다. 데브옵스 관점을 적용할 수 있고 특정 프로젝트를 위한 컬렉션을 만들어모든 팀 멤버가 프로젝트 리소스의 필요한 권한을 얻거나 특정 관리자 팀이 모든 것을 제어하도록 할 수 있다. 또는 작업하는 애플리케이션에 대한 제한된 제어 권한을 설정한 개별 개발자 팀이 있을 수도 있다.

RBAC은 UCP의 주요 기능으로 Docker의 광범위한 보안 요구 사항을 보완한다. 자세한내용은 9장, Docker의 보안 위험 및 이점 이해하기에서 설명한다.

▌ 요약

8장에서는 Docker 기반 솔루션 운영의 내용을 알아봤다. 기존 윈도우 관리 도구를 컨테이너에 사용하는 방법을 알아보면서 이 도구로 문제를 조사하고 디버깅할 때 유용하게 사용할 수 있다는 것을 알아봤다. 그리고 8장의 주요 초점으로 애플리케이션을 관리하고 모니터링하는 새로운 방법으로 Docker 엔터프라이즈의 UCP를 사용해 모든 종류의 리소스와 작업 부하를 같은 방식으로 관리하는 내용을 알아봤다.

IIS 관리자나 서버 관리자 같은 기존 윈도우 관리 도구를 사용해 컨테이너를 관리하는 방법과 이 방법의 한계를 배웠다. Docker를 처음 배우면서 기존에 사용하던 도구를 이용하는 것이 나쁘진 않지만 컨테이너를 위한 전용 관리 도구를 사용하는 것이 낫다는 것을 알게 됐다.

컨테이너를 관리하는 2가지 오픈 소스 기반 전략을 알아봤다. 그리고 간단한 시각화 도구와 더 많은 기능을 제공하는 포테이너를 알아봤다. 양쪽 모두 컨테이너로 실행돼 Docker API에 연결하고 리눅스와 윈도우 컨테이너 이미지로 만든 크로스 플랫폼 애플리케이션이다.

마지막으로 Docker 엔터프라이즈의 주요 기능을 둘러보면서 프로덕션 환경의 부하를 어떻게 관리하는지 알아봤다. UCP를 중앙관제실처럼 사용하는 방법을 시연하면서 같은 클러스터 안의 리눅스와 윈도우 컨테이너에서 실행되는 다양한 기술 스택을 사용하는 광범위한 다양성을 갖는 컨테이너 애플리케이션을 관리하는 방법을 알아봤다. 그리고 RBAC을 사용해 Docker 리소스 접근을 보호하는 방법도 알아봤다.

9장은 전적으로 보안에 초점을 맞춘다. 컨테이너에서 실행되는 애플리케이션은 새로운 차원의 취약점을 수반할 수 있다. 이러한 위험성을 인지해야 하는 한편 Docker 플랫폼에서 보안은 항상 최우선적으로 고려되는 부분이다. Docker를 사용하면 실행 시점에 플랫폼에서 정책을 시행하는 종단 간 보안 요구 사항을 쉽게 구성할 수 있으며 이러한 유연함은 Docker 없이는 달성하기 매우 어렵다.

09

Docker의 보안 위험 및 이점 이해하기

Docker는 새로운 종류의 애플리케이션 플랫폼이며 더 강력한 보안에 초점을 맞춰 개발돼 왔다. 기존 애플리케이션을 컨테이너 이미지로 만들고 컨테이너로 실행하며 코드 변경 없이도 분명한 보안을 강화할 수 있다.

윈도우 서버 2003에서 실행되는 .NET Framework 2.0 웹 폼 애플리케이션은 윈도우 서버 코어 2019에서 .NET 4.7 기반으로 코드 변경 없이도 잘 작동할 수 있다. 무려 16년 동안 누적된 보안 패치를 단 한 번에 적용하는 것이다! 지원 기간이 만료된 윈도우 서버 2003 위에서 아직도 실행 중이거나 지원이 곧 종료될 윈도우 서버 2008 위에서 실행되는 애플리케이션이 매우 많다.[1] Docker로 이러한 애플리케이션의 기술 스택을 현대화할 수 있다.

---

1 윈도우 서버 2008은 2020년 기준 지원 종료됐다. - 옮긴이

Docker 보안은 광범위한 주제를 둘러싼 것으로 9장에서 주로 다룰 내용이다. 보안 관점 상 컨테이너와 이미지를 설명하고 확장된 신뢰할 수 있는 Docker 레지스트리^{DTR}를 말하고 Docker의 스웜 모드의 보안 구성도 말할 것이다.

9장에서는 Docker의 내부 구조를 알아보면서 보안을 어떻게 구현했는지 말하려고 한다. 9장에서는 다음 내용을 다룬다.

- 컨테이너 보안 이해하기
- 컨테이너 이미지를 보호해 애플리케이션 보호하기
- DTR로 소프트웨어 공급망 보호하기
- 스웜 모드의 보안 이해하기

▎ 컨테이너 보안 이해하기

윈도우 서버 컨테이너에서 실행되는 애플리케이션 프로세스는 실제로 호스트 위에서 실행된다. 여러 개의 ASP.NET 애플리케이션을 실행하는 컨테이너가 있다면 호스트 컴퓨터 작업 목록에서 여러 개의 w3wp.exe 프로세스를 확인할 수 있다. 운영 체제 커널을 컨테이너 간에 공유하기 때문에 컨테이너가 효율적으로 동작하고 컨테이너는 자체적으로 커널을 불러오지 않으므로 시작과 종료 시간이 매우 빠르고 런타임 리소스에 대한 오버헤드가 작다.

컨테이너 안에서 실행되는 소프트웨어는 보안 취약점이 있을 수 있으며 보안 분야 관계자가 Docker에 대해 가장 궁금해하는 부분은 바로 컨테이너 사이의 격리가 얼마나 안전했는가다. 컨테이너 안의 애플리케이션이 침해 공격을 받았다면 호스트 프로세스도 공격받은 것이다. 그렇다면 공격자가 이렇게 획득한 프로세스로 다른 프로세스를 공격하고 호스트 컴퓨터나 호스트의 다른 컨테이너까지 가로채는 것이 가능할까?

컨테이너를 탈출해 다른 컨테이너와 호스트에 영향을 미치는 것은 공격자가 노릴 수 있는 운영 체제 커널의 취약점이 있을 때만 가능할 것이다. Docker 플랫폼은 심층적인 보안 원칙에 따라 만들어졌으므로 이러한 상황이 오더라도 플랫폼은 다양한 방법으로 문제를 최소화할 수 있다.

 Docker 플랫폼은 리눅스와 윈도우에서 거의 대등한 기능을 제공하지만 윈도우 측에서 부족한 몇 가지 기능은 개발이 활발하게 진행 중이다. 하지만 Docker는 리눅스에서 훨씬 더 오랫동안 프로덕션으로 배포돼 왔고 다양한 가이드와 Docker 벤치 같은 도구가 있고 CIS Docker 벤치마크는 리눅스를 기준으로 한다. 리눅스에서 사용할 수 있는 내용을 알아두는 것은 유용하지만 대부분의 실용적인 내용은 윈도우 컨테이너에 적용되지 않는다.

컨테이너 프로세스

모든 윈도우 프로세스는 사용자 계정이 프로세스를 시작하고 소유한다. 사용자 계정 권한에 따라 프로세스가 접근할 수 있는 파일이나 리소스가 정해지며 이러한 내용을 편집할 수 없도록 조정할 수 있다. 윈도우 서버 코어 Docker 베이스 이미지에서는 컨테이너 관리자라는 기본 사용자 계정이 있다. 이 이미지로 만드는 컨테이너에서 시작하는 모든 프로세스는 이 사용자 계정을 사용할 것이며 whoami 도구를 실행해 현재의 사용자 이름을 표시하는 기능을 이용할 수 있다.

```
> docker container run mcr.microsoft.com/windows/servercore:ltsc2019 whoami
user manager\containeradministrator
```

파워셸을 사용해 대화형 컨테이너를 시작하고 컨테이너 관리자 계정의 사용자 ID(SID)를 찾을 수 있다.

```
> docker container run -it --rm mcr.microsoft.com/windows/servercore:ltsc2019
powershell
```

```
> $user = New-Object System.Security.Principal.NTAccount("containeradministrat
or"); `
  $sid = $user.Translate([System.Security.Principal.SecurityIdentifier]); `
  $sid.Value
S-1-5-93-2-1
```

여기서 컨테이너 사용자는 항상 같은 SID인 S-1-5-93-2-1을 사용하며 이 계정은 윈도우
이미지의 일부라는 것을 알 수 있다. 그래서 모든 컨테이너는 같은 속성을 갖는다. 컨테이
너 프로세스는 호스트에서 실행되는 것이 맞지만 호스트에 컨테이너 관리자 계정은 없다.
사실 컨테이너 프로세스를 호스트에서 알아보면 사용자 이름이 비어 있는 것을 확인할 수
있다. 백그라운드 컨테이너에서 오랫동안 실행되는 ping 프로세스를 띄운 채 컨테이너의
프로세스 ID[PID]를 컨테이너 안에서 확인해보겠다.

```
> docker container run -d --name pinger mcr.microsoft.com/windows/
servercore:ltsc2019 ping -t localhost
f8060e0f95ba0f56224f1777973e9a66fc2ccb1b1ba5073ba1918b854491ee5b

> docker container exec pinger powershell Get-Process ping -IncludeUserName
Handles     WS(K)    CPU(s)     Id UserName               ProcessName
---------   ------   -------    -- ------------           ------------
     86      3632      0.02   7704 User Manager\Contai...  PING
```

현재의 환경은 윈도우 서버 2019의 Docker 안의 컨테이너에서 실행되는 윈도우 서버 컨
테이너이므로 ping 프로세스는 호스트에서 직접 실행되고 있으며 컨테이너 안의 PID는
호스트의 PID와 일치한다. 서버에서는 프로세스를 확인해보면 7704라는 같은 PID를 사
용하는 것을 알 수 있다.

```
> Get-Process -Id 7704 -IncludeUserName
Handles     WS(K)    CPU(s)     Id UserName               ProcessName
---------   ------   -------    -- ------------           ------------
     86      3624      0.03   7704                         PING
```

컨테이너 사용자가 호스트의 어느 사용자와도 일치하지 않으므로 사용자 이름은 표시되지 않는다. 호스트 프로세스는 익명 사용자 계정으로 실행되며 이때 호스트에는 아무 권한이 없고 컨테이너 내부의 보호된 환경에 대한 권한만 구성했을 뿐이다. 윈도우 서버의 보안 취약점으로 공격자가 컨테이너를 탈출할 수 있는 취약점이 발견된다면 호스트 리소스 권한은 얻지 못한 채 호스트 프로세스를 실행할 것이다.

호스트의 익명 사용자 계정에 더 많은 권한을 부여하도록 만든다면 훨씬 더 심각한 취약점이 될 수 있겠지만 달리 말해 핵심 윈도우 권한 체계에 큰 보안 취약점이 발생한 것이므로 마이크로소프트로부터 빠르게 대응책이 발표될 것이다. 익명의 호스트 사용자는 모든 종류의 취약점 때문에 발생할 수 있는 사고 여파를 최소화할 수 있는 문제 해결에 도움이 되는 정책이다.

컨테이너 사용자 계정과 접근 제어 목록

윈도우 서버 코어 컨테이너에서 기본 사용자 계정은 컨테이너 관리자 계정이다. 이 계정은 컨테이너의 관리자 그룹에 속하므로 컨테이너 안의 모든 파일 시스템과 리소스 접근이 허용된다. Dockerfile의 CMD나 ENTRYPOINT 지시어에 기재된 프로세스는 모두 컨테이너 관리자 계정의 명의로 실행될 것이다.

이러한 환경은 애플리케이션에 취약점이 있으면 문제가 될 수 있다. 애플리케이션은 취약점으로 공격당할 수 있으며 공격자 입장에서 컨테이너 밖으로 탈출할 기회는 적지만 애플리케이션 컨테이너 안에서 여전하게 입힐 수 있는 피해는 매우 크다. 관리자 권한 부여로 공격자는 인터넷에서 유해한 소프트웨어를 다운로드하고 컨테이너 안에서 다른 명령문을 실행하도록 허용하거나 컨테이너 정보를 다른 데로 빼돌릴 위험성이 있다.

이러한 문제를 최소화하기 위해 컨테이너 프로세스를 좀 더 적은 권한을 할당한 일반 사용자 계정으로 실행하는 방법이 있다. 나노 서버 이미지는 이 방법을 사용해 컨테이너를 설정할 때는 컨테이너 관리자 계정을 사용하지만 컨테이너 프로세스를 위한 기본 사용자 계정은 관리 권한이 없는 사용자를 사용했다. 나노 서버 컨테이너에서 사용자 이름을 출력해보면 확인할 수 있다.

```
> docker container run mcr.microsoft.com/windows/nanoserver:1809 cmd /C echo
%USERDOMAIN%\%USERNAME%
User Manager\ContainerUser
```

 나노 서버 이미지는 whoami 명령문을 제공하지 않으며 파워셸도 제공되지 않는다. 새로운 애플리케이션을 실행할 때 필요한 최소 요건만 갖추고 있다. 이 방식도 컨테이너의 보안을 강화하는 또 다른 요소다. whoami 명령문 자체에 보안 취약점이 있다면 컨테이너 안의 애플리케이션도 공격당할 수 있으므로 마이크로소프트는 이러한 명령문을 처음부터 포함하지 않을 것이다. 프로덕션 환경에서는 이러한 명령문을 사용하지 않을 것이므로 합리적인 선택이다. 윈도우 서버 코어에서는 반대로 하위 호환성을 유지하기 위해 이러한 명령문이 제공된다.

ContainerUser 계정은 컨테이너 내부에서 관리 권한이 없다. 애플리케이션을 설치하기 위해 관리자 권한이 필요하다면 Dockerfile 안에서 USER ContainerAdministrator 지시어를 사용해 관리자 계정으로 잠시 전환할 수 있다. 하지만 애플리케이션이 관리자 권한이 필요하지 않다면 Dockerfile에서 USER ContainerUser 지시어를 사용해 권한이 적게 부여된 사용자 계정으로 시작 명령문을 실행할 수 있게 만들어야 한다.

마이크로소프트가 제공하는 인터넷 정보 서비스[IIS]와 ASP.NET 이미지는 적은 권한이 있는 사용자 계정을 활용하는 또 다른 좋은 예제다. IIS 서비스는 외부에 드러나는 프로세스로 IIS_IUSRS 그룹 안의 로컬 사용자 계정 명의로 실행된다. 이 그룹은 IIS 루트 경로인 C:\inetpub\wwwroot를 읽을 수만 있고 쓸 수 있는 권한은 없다. 공격자는 웹 애플리케이션을 공격할 수 있지만 파일을 기록할 권한은 없으므로 유해 소프트웨어를 주입할 기회가 사라진다.

웹 애플리케이션이 상태를 저장하기 위해 파일을 쓰는 권한이 필요할 때도 있지만 Dockerfile에서는 이 부분을 세밀하게 조정할 수 있다. 예를 들어 오픈 소스 콘텐츠 관리 시스템^{CMS}인 Umbraco는 컨테이너 이미지로 만들 수 있지만 IIS 사용자 그룹은 콘텐츠 폴더에 대한 쓰기 권한이 필요하다. Dockerfile을 사용해 서비스가 관리자 계정을 사용하도록 변경하지 않고 RUN 지시어를 사용해 접근 제어 목록의 권한을 조정할 수 있다.

```
RUN $acl = Get-Acl $env:UMBRACO_ROOT; `
    $newOwner = [System.Security.Principal.NTAccount]('BUILTIN\IIS_IUSRS'); `

$acl.SetOwner($newOwner); `
    Set-Acl -Path $env:UMBRACO_ROOT -AclObject $acl; `
    Get-ChildItem -Path $env:UMBRACO_ROOT -Recurse | Set-Acl -AclObject $acl
```

여기서 Umbraco의 자세한 내용은 다루지 않겠지만 컨테이너에서 매우 잘 작동한다. Umbraco의 Dockerfile 샘플과 다른 오픈 소스 소프트웨어의 예제는 나의 GitHub 리포지터리(https://github.com/sixeyed/dockerfiles-windows)에서 찾아볼 수 있다.

적은 권한이 있는 사용자 계정으로 프로세스를 실행하고 접근 제어 목록 범위를 최소한으로 설정해야 한다. 이러한 제약 사항은 공격자가 컨테이너 안의 프로세스 권한을 적게 획득하도록 제한하지만 그럼에도 여전하게 컨테이너 외부에서 공격당할 부분이 있으므로 주의 깊이 고려해야 한다.

리소스 제한 설정과 함께 컨테이너 실행하기

컨테이너를 아무 제약 사항 없이 실행할 수 있고 컨테이너 프로세스는 호스트의 리소스를 필요한 만큼 자유롭게 이용할 수 있다. 이 특징은 기본적인 것이지만 동시에 공격당하기 쉬운 취약점이다. 악의적인 사용자가 컨테이너 안의 애플리케이션을 대상으로 엄청난 부하를 일으켜 CPU와 메모리 자원을 모두 소진하게 만들어 호스트의 다른 컨테이너에도 영향을 미칠 수 있다. 이 상황은 하나의 호스트에서 여러 개의 애플리케이션을 호스팅하는 상황에서는 다른 애플리케이션 자원까지 소모하므로 좋지 않다.

Docker는 개별 컨테이너가 너무 많은 리소스를 점유하지 않도록 제한하는 메커니즘을 갖고 있다. 컨테이너를 시작할 때 사용할 수 있는 리소스 양을 제한하는 제약 조건을 걸어 하나의 컨테이너가 호스트의 컴퓨팅 리소스 대부분을 차지하는 것을 방지할 수 있다. 컨테이너가 지정된 수만큼 CPU 코어와 메모리 양을 사용할 수 있도록 제한할 수 있다.

ch09-resource-check 폴더 안에 간단한 .NET 콘솔 애플리케이션과 Dockerfile을 담고 있다. 이 애플리케이션은 컴퓨팅 자원을 소모하도록 만들어져 있고 컨테이너 안에서 이 프로그램을 실행해 Docker가 문제가 있는 애플리케이션의 악영향을 어떻게 통제하는지를 보여줄 것이다. 다음과 같이 애플리케이션에 사용할 메모리 600MiB를 할당했다.

```
> docker container run dockeronwindows/ch09-resource-check:2e /r Memory /p 600
I allocated 600MB of memory, and now I'm done.
```

이 콘솔 애플리케이션은 컨테이너 안에서 600MiB의 메모리를 할당했다. 실제로는 윈도우 서버 컨테이너 안에서 서버로부터 600MiB의 메모리를 할당받은 것이다. 컨테이너에 아무 제약 조건을 걸지 않고 실행했으므로 애플리케이션은 서버가 갖는 만큼 많은 메모리를 사용할 수 있다. 컨테이너의 메모리를 --memory 옵션을 사용해 500MiB로 제한하도록 docker container run 명령문을 실행했다면 애플리케이션은 600MiB 크기의 메모리를 할당받지 못하고 다음과 같은 오류 메시지가 뜬다.

```
> docker container run --memory 500M dockeronwindows/ch09-resource-check:2e /r
Memory /p 600
Unhandled Exception: OutOfMemoryException.
```

이 예제 애플리케이션은 CPU 자원도 소모한다. 이 애플리케이션은 원주율 값을 지정된 자릿수까지 계산한다. 이러한 동작은 연산을 많이 필요로 한다. 리소스 사용 가능 범위를 제약한 컨테이너가 아니라면 원주율 자릿수를 20,000자리까지 계산하도록 실행하면 4개 코어를 장착한 개발용 랩톱 컴퓨터에서는 1초 만에 실행이 완료될 것이다.

```
> docker container run dockeronwindows/ch09-resource-check:2e /r Cpu /p 20000
I calculated Pi to 20000 decimal places in 924ms. The last digit is 8.
```

run 명령문에서 사용 가능한 CPU 리소스를 한정하기 위해 --cpu 옵션을 지정해 실행하면 Docker는 이 컨테이너에 사용 가능한 CPU를 제한해 다른 작업을 실행할 수 있게 한다. 같은 컴퓨팅 작업이 전보다 2배 이상 시간이 걸리는 것을 볼 수 있다.

```
> docker container run --cpus 1 dockeronwindows/ch09-resource-check:2e /r Cpu /p
20000
I calculated Pi to 20000 decimal places in 2208ms. The last digit is 8.
```

메모리와 CPU 제약 조건은 프로덕션 환경의 Docker 스웜 배포에서 배포 섹션의 리소스 제약 조건을 사용해 동일하게 적용할 수 있다. 다음 예제에서는 새로운 NerdDinner REST API가 최대 25%의 CPU와 250MiB의 메모리만 사용하도록 제약해 배포하는 방법을 보여준다.

```
nerd-dinner-api:
  image: dockeronwindows/ch07-nerd-dinner-api:2e
  deploy:
    resources:
      limits:
        cpus: '0.25'
        memory: 250M
...
```

적절한 리소스 제약 조건을 찾아 설정하는 것은 쉽지 않다. 내부의 윈도우 API는 OS 커널을 사용해 CPU 코어의 개수와 사용 가능한 메모리 용량을 조사하고 컨테이너 안에서는 호스트 커널을 사용할 것이다. 커널은 전체 하드웨어 사양을 기준으로 결과를 표시할 것이므로 컨테이너 안에서 정확한 정보를 알 수 없지만 컨테이너 제약 조건은 분명하게 적용된다. WMI를 사용해 제약 조건을 확인할 수 있지만 결과는 예상과 다르게 출력될 것이다.

```
> docker container run --cpus 1 --memory 1G mcr.microsoft.com/windows/
servercore:ltsc2019 powershell `
 "Get-WmiObject Win32_ComputerSystem | select NumberOfLogicalProcessors,
TotalPhysicalMemory"

NumberOfLogicalProcessors TotalPhysicalMemory
------------------------- -------------------
                        4         17101447168
```

컨테이너에서는 4개의 CPU와 16GiB의 RAM을 사용할 수 있다고 보고하지만 컨테이너는 1개의 CPU와 1GuB의 RAM을 사용할 수 있도록 제약된 상태다. 제약 조건은 제대로 작동하지만 이 제약 조건은 WMI 수준의 호출보다 높은 수준의 제약 조건이다. 컨테이너 안에서 1GiB 이상의 RAM 사용을 시도하는 프로세스를 실행하면 동작이 실패할 것이다.

 컨테이너 프로세스가 실제로 호스트에서 실행되는 윈도우 서버 컨테이너만 호스트의 컴퓨팅 자원 전체를 쓸 수 있다는 것을 유념하자. Hyper-V 컨테이너마다 경량화된 가상 컴퓨터를 사용하며 이 안에서 프로세스가 실행돼 각 가상 컴퓨터마다 고유한 메모리 사용량과 CPU 할당량이 정해져 있다. 컨테이너 제약 조건을 설정하기 위해 Docker 명령문을 동일하게 사용할 수 있으며 명령문으로 전달된 설정은 컨테이너의 가상 컴퓨터에 그대로 적용된다.

제한된 용량으로 컨테이너 실행하기

Docker 플랫폼이 제공하는 2가지 유용한 기능을 사용해 컨테이너에서 실행되는 애플리케이션이 할 수 있는 것을 제약할 수 있다. 현재 이러한 기능은 리눅스 컨테이너에서만 지원되지만 혼합된 환경에서 여러 종류의 컨테이너를 사용하거나 윈도우용으로 나중에 추가될 수 있는 이러한 기능을 지원하기 위해 미리 알아두면 유익하다.

리눅스 컨테이너는 읽기 전용 옵션을 사용해 컨테이너가 읽기 전용 파일 시스템과 함께 실행하도록 만들 수 있다. 이러한 옵션은 모든 이미지에 사용할 수 있고 이러한 옵션을 사용해 컨테이너를 시작해도 평소와 같은 프로세스 시작 절차를 거친다. 다만 컨테이너가 파일 시스템 계층에 대한 쓰기 기능을 갖고 있지 않아 파일을 변경하거나 추가할 수 없으며 컨테이너는 이미지 내용을 수정할 수 없다는 것이 차이점이다.

이러한 기능은 유용한 보안 기능이다. 취약점이 있는 웹 애플리케이션은 공격자가 서버에서 업로드한 코드를 실행할 수 있게 만들 수 있지만 읽기 전용 컨테이너는 공격자가 할 수 있는 일의 범위를 줄인다. 애플리케이션 구성 파일을 변경하거나 접근 권한을 변경하거나 새로운 유해 소프트웨어를 다운로드하거나 기존 애플리케이션 바이너리를 바꾸는 등의 일을 막을 수 있다.

읽기 전용 컨테이너는 볼륨과 함께 사용할 수 있으므로 애플리케이션은 로그 기록이나 캐시 데이터 저장을 위해 미리 약속된 위치에만 데이터를 쓰도록 기능을 제한할 수 있다. 파일 시스템에 파일을 기록하는 애플리케이션이 있다면 이미 기능을 변경하지 않고도 읽기 전용 컨테이너에서 실행 가능한 애플리케이션으로 만든 것이다. 로그를 볼륨과 같은 파일 시스템에 기록하도록 만들었다면 공격자가 파일 시스템에 대한 권한을 탈취해 로그의 모든 내용을 볼 수 있다는 사실을 알아야 한다. 그리고 이러한 상황을 막으려면 표준 출력 기능으로 로그를 내보내 Docker 플랫폼이 로그를 직접 읽을 수 있게 해야 한다.

리눅스 컨테이너를 사용할 때 쓸 수 있는 또 다른 기능은 컨테이너를 실행 중일 때 사용할 수 있는 시스템 기능을 명시적으로 추가하거나 제거하는 것이다. 예를 들어 chown 기능을 쓸 수 없도록 컨테이너를 시작해 컨테이너 안의 프로세스 스스로 파일의 접근 권한을 변경할 수 없도록 막을 수 있다. 비슷한 예로 커널 로그에 대한 쓰기를 막거나 네트워크 포트로 바인딩하는 것을 제한할 수 있다.

read-only, cap-add, cap-drop 옵션은 윈도우 컨테이너에서는 작동하지 않지만 나중에 윈도우용 Docker에 추가될 수 있을 것이다.

Docker의 한 가지 정말 좋은 점은 오픈 소스 구성 요소로 개발되고 이를 토대로 Docker 엔터프라이즈 버전이 만들어진다는 것이다. GitHub의 moby/moby 리포지터리에서 Docker 커뮤니티 에디션에 새로운 기능을 요청하거나 버그를 추적할 수 있다. Docker 커뮤니티 에디션(CE)에서 기능이 구현되면 머지 않은 시일 내에 Docker 엔터프라이즈 릴리스에서도 해당 기능이 추가된다.

윈도우 컨테이너와 액티브 디렉터리

규모가 큰 조직에서는 액티브 디렉터리를 사용해 윈도우 네트워크에 연결되는 모든 사용자, 그룹, 컴퓨터를 관리한다. 애플리케이션 서버는 도메인에 참가할 수 있으며 액티브 디렉터리에 접근할 권한을 부여해 인증과 권한 할당을 처리할 수 있다. 이러한 방법으로 .NET으로 만들어진 내부용 웹 애플리케이션이 배포된다. 애플리케이션은 윈도우 인증을 사용해 사용자가 싱글 사인 온을 이용할 수 있게 하고 IIS 애플리케이션 풀은 서비스 계정으로 실행해 SQL 서버 접근 권한을 획득할 수 있다.

Docker를 실행하는 서버도 도메인에 참가할 수 있지만 컴퓨터상에서 실행되는 컨테이너는 참가할 수 없다. 레거시 ASP.NET 애플리케이션을 컨테이너 안에서 실행할 수 있지만 기본 배포 방식으로는 윈도우 인증 방식으로 사용자를 인증할 수 없고 애플리케이션 자체도 데이터베이스와 연결할 수 없다는 문제가 있다.

이러한 배포 문제를 해결하기 위해 윈도우 컨테이너가 액티브 디렉터리에 그룹으로 관리되는 사용자 계정gMSA을 사용해 접근할 수 있도록 설정할 수 있다. gMSA는 액티브 디렉터리 계정의 일종으로 비밀번호 없이 사용할 수 있다. 액티브 디렉터리는 다루기에 매우 방대하고 어려운 주제이므로 여기서는 컨테이너 안에서 액티브 디렉터리 서비스를 사용하기 위해 알아야 할 내용을 간단하게 둘러보기만 할 것이다.

- 도메인 관리자는 액티브 디렉터리에서 gMSA를 만들 수 있다. 이러한 기능을 사용하려면 윈도우 서버 2012 또는 그 이상을 실행하는 도메인 컨트롤러 1개가 필

요하다.

- Docker 서버에 gMSA 접근 권한을 부여한다.

- CredentialSpec 파워셸 모듈을 사용해 gMSA를 위한 JSON 형식의 접속 정보 스펙을 만든다.

- security-opt 옵션에 JSON 접속 정보 스펙 경로를 지정해 컨테이너를 실행한다.

- 컨테이너 안의 애플리케이션은 이때부터 도메인에 참가한 상태가 돼 gMSA에 부여된 권한에 따라 액티브 디렉터리를 이용할 수 있다.

컨테이너 안에서 액티브 디렉터리 서비스에 접근하는 것은 윈도우 서버 2019에서 훨씬 쉬워졌다. 이전에는 gMSA에서 사용할 수 있는 이름에 제약이 있어 Docker 스웜에서 실행하면 접속 정보 스펙을 적용하는 데 어려움이 있었다. 지금부터는 gMSA에 이름을 자유롭게 지정할 수 있으며 하나의 gMSA를 여러 컨테이너에 사용할 수 있다. Docker 스웜은 접속 정보 스펙을 Compose 파일에서 사용할 수 있도록 credential_spec 값을 사용해 지원한다.

 gMSA와 접속 정보 스펙을 만들어 사용하는 모든 과정을 마이크로소프트의 GitHub 리포지터리 안의 문서에 자세하게 기재했다(https://github.com/MicrosoftDocs/ Virtualization-Documentation/tree/live/windows-server-container-tools/ ServiceAccounts).

Hyper-V 컨테이너 격리하기

윈도우용 Docker는 리눅스용 Docker에는 들어 있지 않은 Hyper-V 컨테이너를 통한 강력한 격리 기능으로 강력한 보안을 지원한다. 윈도우 서버 2019에서 실행되는 컨테이너는 호스트의 운영 체제 시스템 커널을 사용한다. 컨테이너를 실행한 후 호스트의 작업 관리자에서 컨테이너 내부의 프로세스가 나타나는 것으로 알 수 있다.

윈도우 10에서는 기본 동작이 약간 다르다. 윈도우 1809 업데이트부터는 윈도우 서버 컨테이너를 윈도우 10에서도 프로세스 격리 방식으로 실행할 수 있다. --isolation=process 옵션을 지정해 docker container run 명령문을 실행하면 이용할 수 있다. 필요하면 Docker 구성 파일에서 기본 격리 방식을 지정할 수 있다. 윈도우 10은 기본적으로 hyperv 격리 방식을 사용한다.

컨테이너 안의 자체 커널을 사용하는 방식을 Hyper-V 컨테이너라고 한다. 서버 커널을 제공하기 위해 경량화된 가상 컴퓨터로 기능을 구현하지만 전체 가상 컴퓨터의 기능을 제공하는 것이 아니어서 보통 가상 컴퓨터를 사용할 때 발생하는 오버헤드는 발생하지 않는다. Hyper-V 컨테이너는 기존과 같은 컨테이너 이미지와 Docker 엔진을 사용해 다른 컨테이너와 동일하게 사용할 수 있다. 그리고 완전한 가상 컴퓨터가 아니므로 Hyper-V 관리 도구에도 컨테이너는 표시되지 않는다.

Hyper-V 컨테이너는 윈도우 서버에서도 격리 방식 지정 옵션을 사용해 실행할 수 있다. 다음 명령문은 IIS 이미지를 Hyper-V 컨테이너로 실행해 80번 포트를 호스트의 임의의 포트 번호로 게시하도록 실행한다.

```
docker container run -d -p 80 --isolation=hyperv `
  mcr.microsoft.com/windows/servercore/iis:windowsservercore-ltsc2019
```

컨테이너는 기존과 동일하게 동작한다. 외부 사용자는 호스트의 80번 포트로 브라우저를 열어 웹사이트를 탐색할 수 있고 트래픽은 컨테이너가 처리한다. 호스트에서는 docker container inspect 명령문을 사용해 IP 주소를 확인하고 컨테이너와 직접 통신할 수 있다. Docker 네트워킹, 볼륨, 스웜 모드와 같은 기능은 Hyper-V 컨테이너에서도 그대로 작동한다.

Hyper-V 컨테이너의 강화된 격리 기능을 사용하면 보안을 강화할 수 있다. 커널을 공유하지 않으므로 컨테이너 애플리케이션이 호스트로 접근할 수 있는 커널의 취약점이 있더라도 호스트는 자체 커널을 사용해 실행하는 가벼운 가상 컴퓨터 계층일 뿐이다. 커널에는 다른 프로세스나 컨테이너도 실행되지 않으므로 다른 컨테이너나 시스템으로 공격자가 침범할 방법이 없다.

Hyper-V 컨테이너는 커널을 분리하므로 추가적인 오버헤드가 따른다. 보통 시작 속도가 더 느린 편이며 메모리와 CPU 제약 조건을 처음부터 갖고 있어 커널 수준의 리소스 제약 조건을 컨테이너가 넘어설 수 없다. 일부 상황에서는 이러한 단점을 감수하더라도 분명한 가치가 있다. 여러 테넌트를 운영하는 환경에서 실행되는 작업 사이를 완전하게 분리하는 제로 트러스트를 지향한다면 격리된 이러한 환경은 위험 요소를 방어할 때 매우 유용한 기능이다.

 Hyper-V 컨테이너의 라이선스 취득은 윈도우 서버 라이선스 취득과 다르다. 보통 윈도우 서버 컨테이너는 호스트 수준에서 라이선스가 체결돼 각 서버마다 컨테이너를 실행할 수 있는 라이선스가 있고 필요한 만큼 자유롭게 컨테이너를 실행할 수 있다. Hyper-V 컨테이너는 자체 커널을 갖고 있고 라이선스 취득 수준에 따라 각 호스트에서 실행할 수 있는 컨테이너 개수에 제한이 있다.

▌ 안전한 컨테이너 이미지로 애플리케이션 보안 강화하기

컨테이너 보안을 런타임 시점에서 강화하기 위한 여러 특징을 알아봤지만 Docker 플랫폼은 컨테이너가 실행되기 전부터 더 심층적인 보안 강화 기능을 제공한다. 애플리케이션을 포함한 이미지를 보호해 애플리케이션 보안을 강화할 수 있다.

최소한의 이미지 만들기

공격자가 애플리케이션을 침범하고 컨테이너 권한을 획득하는 일은 거의 일어나지 않지만 이미지를 만들 때부터 이러한 일이 일어날 것을 고려해 영향도를 최소화하도록 만드는 것이 좋다. 최소한의 이미지를 만드는 것이 중요하다. 이상적인 컨테이너 이미지에는 애플리케이션과 실행에 필요한 것 외에는 아무 것도 들어 있지 않아야 한다.

리눅스 애플리케이션과 달리 윈도우 애플리케이션에서 이 목표는 달성하기 어렵다. 리눅스 애플리케이션을 위한 컨테이너 이미지는 최소한의 기능만 담은 이미지를 항상 기본으로 사용하고 이 위에 애플리케이션을 이미지로 만드는 것이 전부이기 때문이다. 이미지에서 공격자가 사용할 수 있는 부분은 매우 적다. 컨테이너 권한을 공격자가 얻더라도 운영 체제에서 매우 적은 기능만 사용할 수 있는 상태다.

반면 윈도우 서버 코어의 컨테이너 이미지는 처음부터 완전한 기능을 제공하는 운영 체제 이미지를 기본으로 사용한다. 최소한의 이미지를 만들기 위해 나노 서버 이미지를 대안으로 사용할 수 있고 이로써 사용해야 할 API 수를 크게 줄이고 파워셸도 제거해 취약하거나 악용 가능한 위험 부분을 제거한 상태로 사용할 수 있다. 이론상 서비스를 비활성화하거나 Dockerfile에서 윈도우 관련 실행 파일을 직접 삭제해 Dockerfile에서 최종 이미지의 기능을 최대한 제약할 수 있다. 하지만 애플리케이션이 임의로 변경한 윈도우 환경에서도 잘 작동하는지 여부는 꼼꼼하게 더 많이 테스트하고 확인해야 할 것이다.

 Docker는 전문가와 커뮤니티 리더에 대한 감사의 표시로 캡틴 프로그램을 운영한다. Docker 캡틴은 마이크로소프트 MVP와 같은 프로그램으로 스테판 쉐어러는 Docker Captain과 MVP 프로그램에서 동시에 활동한다. 스테판은 윈도우 이미지의 크기를 빈 파일 시스템에 최소한의 윈도우 바이너리 파일을 추가하는 방식으로 줄이는 데 큰 기여를 했다.

윈도우 이미지의 기능을 제약하는 것은 쉽게 할 수 없지만 그 위에 올라가는 것을 제한하는 것은 쉽게 할 수 있다. 가능하면 애플리케이션 콘텐츠와 애플리케이션 실행에 필요한 최소한의 런타임만 추가해 공격자가 애플리케이션을 수정할 수 없게 만들어야 한다. 일부 프로그래밍 언어는 이러한 기능을 더 잘 지원한다. 예를 들면 다음과 같다.

- Go 애플리케이션은 네이티브 바이너리로 컴파일되므로 전체 Go 런타임이 아닌

컨테이너 이미지에 애플리케이션 실행에 필요한 런타임 파일만 복사할 수 있다.

- .NET Core 애플리케이션은 어셈블리로 게시되므로 완전한 .NET Core SDK가 아닌 프로그램 실행에 필요한 .NET Core 런타임과 실행 파일만 포함해 패키지로 만들 수 있다.

- .NET Framework 애플리케이션은 일치하는 .NET Framework 이미지를 갖는 컨테이너 이미지가 필요하지만 이미지로 만들려는 애플리케이션 콘텐츠를 최소화할 수 있다. 애플리케이션을 컴파일할 때는 릴리스 모드로 컴파일하고 디버그 파일을 포함하지 않아야 한다.

- Node.js는 V8을 인터프리터 겸 컴파일러로 사용하므로 Docker에서 애플리케이션을 실행하려면 전체 Node.js 런타임이 설치된 이미지를 사용하고 전체 소스 코드가 애플리케이션 실행을 위해 반드시 포함돼야 한다.

애플리케이션 스택이 무엇을 지원하는가에 따라 사용할 수 있는 기능에 제약이 따르지만 최소한의 이미지를 만드는 것이 목표다. 나노 서버에서 애플리케이션을 실행할 수 있다면 윈도우 서버 코어보다 이 환경을 선호할 것이다. 완전한 .NET 애플리케이션은 나노 서버에서는 실행되지 않지만 .NET Standard는 빠르게 수요가 증가하므로 기존 애플리케이션을 .NET Core로 옮기는 것은 적절한 선택이 될 수 있으며 이렇게 하면 나노 서버에서도 애플리케이션을 실행할 수 있다.

애플리케이션을 Docker에서 실행할 때 기본 작업 단위는 컨테이너이며 Docker를 사용해 컨테이너를 모니터링하고 관리한다. 하부 운영 체제는 컨테이너와 상호작용하는 방법에 영향을 미치지 않으므로 최소한의 OS를 만드는 것은 애플리케이션이 할 수 있는 일을 제약하지 않는다.

컨테이너 이미지 취약점 검사하기

최소한의 컨테이너 이미지에도 알려진 취약점을 갖는 소프트웨어가 여전하게 들어 있다. 컨테이너 이미지는 표준화되고 개방된 기술을 사용하므로 이미지 레이어를 탐색하고 검사하기 위해 도구를 안정적으로 구축할 수 있다. 그 도구 중 하나로 컨테이너 이미지 취약점 검사 도구가 있으며 이 도구를 사용해 컨테이너 이미지 안에 든 취약점을 점검할 수 있다.

컨테이너 이미지 취약점 검사 도구는 이미지 안의 애플리케이션 의존성이나 애플리케이션 프레임워크뿐만 아니라 운영 체제의 바이너리 파일까지 검사한다. 모든 바이너리 파일은 CVE^Common Vulnerability and Exploit 데이터베이스의 내용을 토대로 알려진 취약점은 없는지 검사한다. 문제가 있다면 Docker는 상세한 정보를 보고서로 남긴다.

컨테이너 이미지 취약점 검사 도구는 Docker 허브 공식 리포지터리에서 사용할 수 있으며 신뢰할 수 있는 Docker 레지스트리^DTR 내부의 사설 레지스트리에서도 사용할 수 있다. 이 시스템의 웹 인터페이스로 검사 결과를 확인할 수 있다. 알파인 리눅스 같이 최소한의 이미지로 만들면 이러한 취약점에서 완전하게 자유로워진다.

공식 NATS 이미지는 나노 서버 2016을 기반으로 만들어져 있으며 이미지에 취약하다는 것을 알 수 있다.

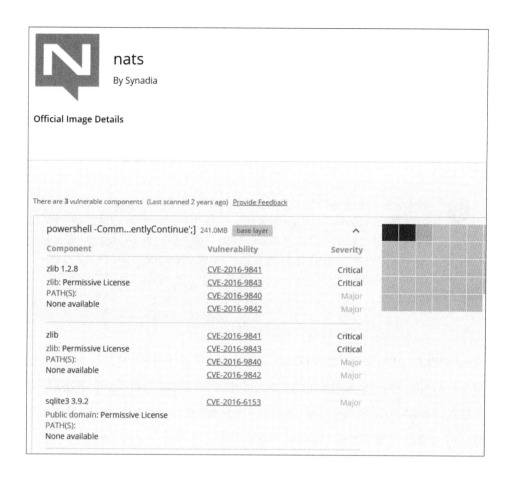

발견된 취약점을 자세하게 알아보기 위해 내용을 열어보면 어떠한 바이너리에 문제가 있는지 알 수 있고 CVE 데이터베이스에 대한 링크가 제공돼 취약점의 상세한 정보를 확인할 수 있다. `nats:nanoserver` 이미지는 나노 서버 베이스 이미지에 포함된 zlib과 SQLite 해당 버전에 취약점이 보고된 사례다.

이 검색 결과는 Docker 허브의 공식 이미지에서 발견된 것이다. Docker 엔터프라이즈는 DTR도 취약점을 검사하고 필요할 때 검사를 직접 진행하거나 리포지터리로 들어오는 이미지를 자동으로 검사하도록 예약할 수 있다. NerdDinner 웹 애플리케이션을 저장하는 리포지터리에 새 이미지가 푸시될 때마다 검사하도록 다음과 같이 구성했다.

 8장, Docker 기반의 솔루션과 DTR의 관리 및 모니터링하기의 보안 설정을 토대로 nerd-dinner 조직과 Nerd Dinner Ops 팀에 대한 접근을 설정했다. DTP는 UCP와 같은 권한을 사용하므로 Docker 엔터프라이즈에서 조직과 팀을 만들었으면 이미지와 런타임 리소스를 보호하기 위해 이를 사용할 수 있다. Nerd Dinner Ops 팀의 사용자 elton은 nerd-dinner-web 리포지터리에 read-write 권한을 갖고 있어 이미지를 푸시하거나 풀할 수 있다.

리포지터리로 이미지를 푸시할 때 DTR은 이미지 취약점 검사 과정에서 모든 레이어에 들어 있는 바이너리 파일을 확인하고 CVE 데이터베이스에 등재된 알려진 보안 취약점을 검사한다. NerdDinner 웹 애플리케이션은 마이크로소프트의 ASP.NET 이미지를 기반으로 하며 이 책을 집필하는 현 시점에서 이미지 안에 들어 있는 구성 요소의 알려진 몇 가지 취약점은 다음과 같다.

System.Net.Http의 문제점은 ASP.NET Core 애플리케이션에만 해당하는데 이 .NET Framework 애플리케이션에는 해당하는 사항이 아니라는 것을 확신할 수 있다. Microsoft.

AspNet.Mvc 교차 사이트 스크립트[XSS]의 문제점은 확실하게 영향을 미칠 수 있다. 해당 취약점을 더 자세하게 읽어보고 CI 프로세스에서 공격자가 이 애플리케이션을 공격할 수 없다는 것을 확인하는 테스트를 추가할 수 있을 것이다.

이러한 취약점은 Dockerfile에 추가한 라이브러리에 들어 있던 것은 아니고 베이스 이미지에 내재돼 있으며 ASP.NET과 ASP.NET Core의 일부다. 이 취약점은 컨테이너에서 실행되는 애플리케이션과 무관하다. 윈도우의 ASP.NET MVC 2.0부터 5.1 버전까지 해당하는 버전을 실행한다면 프로덕션 환경에서 이러한 XSS 취약점의 위협을 받지만 잘 몰랐을 것이다.

이미지에서 취약점을 찾으면 취약점이 정확하게 어디에 있고 문제를 어떻게 최소화할지 결정할 수 있다. 자동화된 테스트 스위트로 취약점과 관련 있는 구성 요소가 없어도 애플리케이션 실행에 지장이 없다는 것을 분명하게 확인할 수 있다면 바이너리를 통째로 제거할 수 있다. 또는 애플리케이션이 취약점을 드러내는 코드로 통하는 경로가 없다고 생각한다면 관련 테스트를 추가해 외부에서 취약점을 공략할 방법이 없다는 것을 확인한 후 이미지에 그대로 남겨두는 방법도 있다.

어떠한 방법으로 대응하든 애플리케이션 스택에 취약점이 있다는 사실을 아는 것은 매우 유용하다. Docker의 이미지 취약점 검사는 푸시할 때마다 매번 작동하므로 새 버전에 보안 취약점이 있는 즉시 알 수 있다. 또한 이 기능은 UCP에도 연결되므로 관리 인터페이스상에서 컨테이너를 실행하는 이미지에 취약점이 있으면 바로 확인할 수 있다.

윈도우 업데이트 관리하기

컨테이너 이미지의 애플리케이션 스택에 대한 업데이트 관리 프로세스는 윈도우 업데이트에도 적용된다. 실행 중인 컨테이너에서 사용하는 Node.js를 업데이트하거나 윈도우 업데이트를 실행하기 위해 직접 연결할 필요가 없다.

마이크로소프트는 보통 윈도우 업데이트로 매달 보안 패치와 핫픽스를 누적 배포한다. 동시에 새 버전의 윈도우 서버 코어와 나노 서버 베이스 이미지, Docker 허브와 마이크로소프트 컨테이너 레지스트리의 여러 관련 이미지도 새로 게시한다. 이미지 태그 안의 버전 번호는 윈도우 핫픽스 번호와 동일하게 지정된다.

명시적으로 Dockerfile에서 **FROM** 지시어에 윈도우 버전을 지정하고 필요한 모든 구성 요소를 설치하는 방식을 사용하는 것이 좋다. 이렇게 하면 Dockerfile을 결정적으로 만들어줘 이미지를 나중에 아무 때나 빌드하더라도 항상 같은 바이너리를 사용해 이미지를 만들 수 있다.

윈도우 버전을 지정하는 방법을 사용하면 컨테이너로 만든 애플리케이션에서도 윈도우 업데이트를 관리할 수 있다. .NET Framework 애플리케이션을 위한 Dockerfile은 다음과 같은 내용으로 시작할 수 있다.

```
FROM mcr.microsoft.com/windows/servercore:1809_KB4471332
```

이렇게 지정하면 윈도우 서버 2019 버전 중 **KB4471332** 업데이트를 사용하는 버전으로 고정해 사용하는 것이다. 이 ID는 Knowledge Base ID로 2018년 12월 버전의 윈도우 업데이트라는 것을 검색해 확인할 수 있다. 새로운 윈도우 베이스 이미지가 출시되면 **FROM** 지시어의 내용을 바꿔 애플리케이션을 업데이트할 수 있다. 예를 들어 2019년 1월 출시된 **KB4480116** 릴리스를 사용하도록 다음과 같이 고칠 수 있다.

```
FROM mcr.microsoft.com/windows/servercore:1809_KB4480116
```

10장, Docker를 사용해 지속적 배포 파이프라인 구축하기에서 자동화된 빌드와 배포 방법을 자세하게 알아본다. 잘 만들어진 CI/CD 파이프라인으로 새로운 윈도우 버전을 사용하는 이미지를 다시 쉽게 만들고 모든 테스트를 거쳐 새로운 업데이트가 기존 애플리케이션 기능에 영향을 미치지 않는다는 것을 확인할 수 있다. 그 다음에는 docker stack deploy나 docker service update에 새 버전의 애플리케이션 이미지를 지정해 명령문을 실행해 실행 중인 애플리케이션을 중단 없이 업데이트하기 위해 롤 아웃할 수 있다. 모든 과정은 자동화가 가능하므로 Docker와 함께 IT 관리자의 고된 업무인 화요일 패치 작업은 잊어도 된다.

DTR로 소프트웨어 공급망 보호하기

DTR은 엔터프라이즈용 Docker의 확장 기능 중 두 번째 기능이다(8장, Docker 기반의 솔루션과 DTR의 관리 및 모니터링하기에서 유니버설 제어 플레인UCP을 다뤘다). DTR은 사설 Docker 레지스트리로 Docker 플랫폼의 전반적인 보안 관련 요구 사항에서 매우 중요한 부분인 소프트웨어 공급망 보호에 관여한다.

DTR을 이용해 컨테이너 이미지를 서명할 수 있으며 DTR은 누가 이미지를 푸시하고 풀할 수 있는지 구성할 수 있고 사용하는 사용자가 이미지에 적용했던 모든 디지털 서명을 안전하게 보관할 수 있다. 또한 UCP와 결합해 콘텐츠 트러스트 설정을 강제할 수도 있다. Docker 콘텐츠 트러스트 설정을 사용해 클러스터가 특정 사용자나 팀에서 서명한 이미지만 실행하도록 제한할 수 있다.

Docker 콘텐츠 트러스트 기능은 수많은 산업 규제가 요구하는 사항을 만족시킬 수 있는 강력한 기능이다. 기업이 프로덕션 환경에서 실행되는 소프트웨어가 실제로 SCM 안의 코드에서 만들어졌다는 것을 증명하기 위한 요구 사항이 있을 수 있다. 소프트웨어 공급망 없이 문서와 수동적인 절차만으로 이러한 요구 사항을 달성하기는 매우 어렵다. Docker를 사용해 플랫폼이 규칙을 따르도록 강제하고 감사 요구 사항과 자동화 프로세스를 달성하게 만들 수 있다.

리포지터리와 사용자

DTR은 UCP와 같은 권한 부여 모델을 사용하므로 액티브 디렉터리 계정이나 UCP가 만든 사용자 계정으로 로그인할 수 있다. DTR은 UCP의 조직, 팀, 사용자와 같은 인증 모델을 사용하지만 권한은 서로 다르게 지정할 수 있다. 사용자는 DTR 안의 이미지 리포지터리와 UCP 안의 이미지로부터 실행된 서비스는 완전하게 다른 접근 권한이 있다.

일부 DTR 권한 부여 모델은 Docker 허브와 유사하다. 사용자는 공개 또는 사설 리포지터리를 갖고 있을 수 있으며 사용자의 이름을 접두어로 사용한다. 관리자는 조직을 만들고 조직 리포지터리는 사용자와 팀의 접근 권한을 세밀하게 조절할 수 있다.

4장, Docker 레지스트리와 이미지 공유하기에서 이미지 레지스트리와 리포지터리 이야기를 했다. 리포지터리의 전체 이름에는 레지스트리 호스트, 소유자, 리포지터리 이름이 들어 있다. Docker Certified Infrastructure를 사용하는 애저 안의 Docker 엔터프라이즈 클러스터를 구축했다. 그리고 사설 리포지터리 하나를 갖는 elton이라는 사용자를 만들었다.

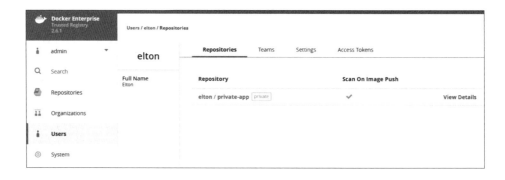

elton 사용자를 위해 private-app이라는 사설 리포지터리에 이미지를 푸시하기 위해서는 전체 DTR 도메인 이름과 함께 리포지터리 이름을 이미지에 태깅해야 한다. DTR 인스턴스는 dtrapp-dow2e-hvfz.centralus.cloudapp.azure.com에서 실행 중이므로 사용해야 할 전체 이미지 이름은 dtrapp-dow2e-hvfz.centralus.cloudapp.azure.com/elton/private-app이 된다.

```
docker image tag sixeyed/file-echo:nanoserver-1809 `
```

dtrapp-dow2e-hvfz.centralus.cloudapp.azure.com/elton/private-app

지금 사용하는 리포지터리는 사설 리포지터리이므로 elton 사용자만 접근할 수 있다. DTR은 다른 Docker 레지스트리와 같은 API를 제공하므로 docker login 명령문으로 로그인하고 DTR 도메인을 레지스트리 주소로 지정할 수 있다.

```
> docker login dtrapp-dow2e-hvfz.centralus.cloudapp.azure.com
Username: elton
Password:
Login Succeeded

> docker image push dtrapp-dow2e-hvfz.centralus.cloudapp.azure.com/elton/private-
app
The push refers to repository [dtrapp-dow2e-hvfz.centralus.cloudapp.azure.com/
elton/private-app]
2f2b0ced10a1: Pushed
d3b13b9870f8: Pushed
81ab83c18cd9: Pushed
cc38bf58dad3: Pushed
af34821b76eb: Pushed
16575d9447bd: Pushing [========================================>] 52.74kB
0e5e668fa837: Pushing [=======================================>]52.74kB
3ec5dbbe3201: Pushing [======================================>] 1.191MB
1e88b250839e: Pushing [=======================================>] 52.74kB
64cb5a75a70c: Pushing [>                                      ] 2.703MB/143MB
eec13ab694a4: Waiting
37c182b75172: Waiting
...
...
```

이 리포지터리를 공개로 전환하면 누구나 DTR에 접근해 이미지를 풀할 수 있지만 특정 사용자가 소유하는 리포지터리이므로 elton 계정에서만 이미지를 새로 푸시할 수 있다.

이 방식은 Docker 허브와 같은 방식으로 누구나 sixeyed 사용자 리포지터리로부터 이미지를 풀할 수 있지만 사용자 자신만 이미지를 리포지터리로 푸시할 수 있다. 여러 사용자

가 공유하는 프로젝트에서는 이미지를 푸시할 권한을 부여해야 한다. 이때 조직 개념을
사용할 수 있다.

조직과 팀

조직은 리포지터리 소유권을 공유하기 위한 개념이다. 조직과 리포지터리는 리포지터리
에 대한 권한이 있는 사용자와 별개로 독립적인 권한을 가질 수 있다. 어떠한 사람은 관리
자 권한, 또 어떠한 사람은 읽기 전용 권한, 또 다른 팀은 읽기/쓰기 권한을 가질 수 있다.

DTR의 사용자와 조직 모델은 Docker 허브의 유료 구독 모델에서 제공되는 것과 같은 개념
이다. Docker 엔터프라이즈의 전체 기능이 필요하진 않지만 특정 사용자와 사설 리포지터리
를 공유하고 싶다면 Docker 허브를 대신 사용할 수 있다.

nerd-dinner 조직 아래의 NerdDinner 스택의 구성 요소를 위해 더 많은 리포지터리를
만들었다.

리포지터리에 대한 접근 권한을 개별 사용자나 팀에 할당할 수 있다. Nerd Dinner Ops

팀은 UCP상에서 만든 관리 사용자를 위한 그룹이다. 이 사용자는 이미지를 직접 푸시할 수 있으므로 리포지터리에 대한 읽기/쓰기 권한을 가져야 한다.

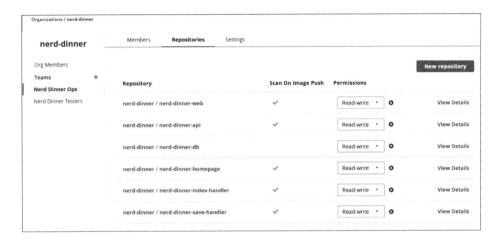

Nerd Dinner Testers 팀은 리포지터리에서 읽기 기능만 필요할 것이므로 테스트를 위해 이미지를 로컬로 풀할 수 있지만 레지스트리로 이미지를 푸시할 수 없게 만들 것이다.

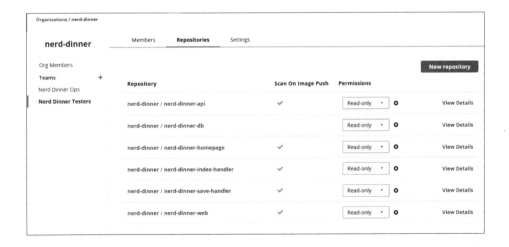

DTR 안의 리포지터리를 관리하는 방법은 정하기 나름이다. 모든 애플리케이션 리포지터리를 하나의 조직에 배치하고 NATS 및 엘라스틱 서치와 같은 많은 프로젝트에서 사용될

수 있는 공유 구성 요소를 위한 별도 조직을 만들 수 있을 것이다. 즉 공유 구성 요소는 전담 팀이 관리하며 업데이트를 승인하고 모든 프로젝트에서 같은 버전을 사용하는지 확인할 수 있다. 프로젝트 팀 멤버는 읽기 전용 권한을 갖고 있으므로 최신 공유 이미지를 항상 풀할 수 있고 전체 애플리케이션 스택을 실행할 수 있지만 권한이 있는 프로젝트 리포지터리에만 업데이트를 푸시할 수 있다.

DTR은 none, read, read-write, admin 권한 등급을 갖고 있다. 권한 수준은 리포지터리 수준부터 팀이나 개발 사용자까지 적용할 수 있다. DTR과 UCP의 똑같은 인증 모델과 분리된 별도 권한 부여 모델은 개발자가 DTR에서 이미지를 풀하기 위해 접근할 수 있지만 UCP에서는 실행 중인 컨테이너를 볼 수 있는 읽기 권한만 가질 수 있다는 것을 나타낸다.

더 고도화된 작업 흐름을 만든다면 개별 사용자가 이미지를 직접 푸시하게 만들지 않고 자동화할 수 있을 것이다. 초기 푸시는 이미지를 빌드한 CI 시스템에서 시작한 후 프로모션 정책으로 시작해 이미지에 레이어를 추가할 것이다.

DTR의 이미지 프로모션 정책

많은 회사는 자체 레지스트리에서 여러 리포지터리를 사용해 애플리케이션 수명 주기의 여러 단계에서 이미지를 저장한다. 가장 간단한 예는 다양한 테스트 단계를 거치는 이미지의 nerd-dinner-test/web 리포지터리 및 프로덕션용으로 승인된 이미지의 nerd-dinner-prod/web 리포지터리다.

DTR은 이미지 프로모션 정책을 지정한 조건을 충족하면 하나의 리포지터리에서 다른 리포지터리로 자동으로 복사되는 이미지를 제공한다. 이로써 안전한 소프트웨어 공급망과 중요한 연결점을 추가한다. CI 프로세스는 이미지를 매번 빌드할 때마다 이미지를 테스트 리포지터리로 푸시하고 DTR은 이미지를 검사하고 프로덕션 리포지터리로 이미지를 프로모션할 것이다.

프로모션 규칙을 검사 과정에서 발견된 취약점 개수, 이미지 태그의 내용이나 이미지 안에 사용한 오픈 소스 구성 요소의 라이선스를 기준으로 구성할 수 있다. nerd-dinner-test/ web 리포지터리에서 nerd-dinner-prod/web 리포지터리로 이미지를 프로모션하는 정책을 구성했다.

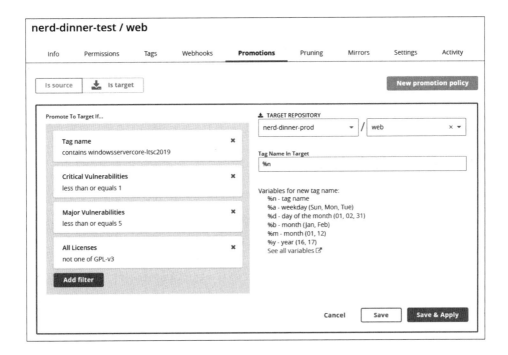

모든 조건을 만족하는 이미지를 테스트 리포지터리로 푸시하면 DTR이 프로덕션 리포지터리로 자동으로 프로모션할 것이다.

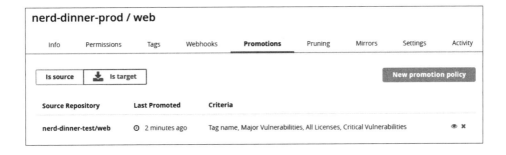

프로덕션 리포지터리에는 사용자가 이미지를 직접 푸시하지 못하도록 구성해 DTR이 프로모션된 자동화된 프로세스를 거친 이미지만 제공하도록 제한할 수 있다.

신뢰할 수 있는 Docker 레지스트리는 안전한 배포 파이프라인을 만들기 위한 모든 요소를 제공하지만 특정 프로세스나 기술의 사용을 강제하는 것은 아니다. DTR의 이벤트는 웹 훅으로 일으킬 수 있으므로 기존 방식의 어떠한 CI 시스템을 사용하든 레지스트리와 잘 연동할 수 있다. 웹 훅을 실행시킬 수 있는 이벤트는 이미지 프로모션으로 새 이미지를 자동으로 서명할 때 이러한 기능을 사용할 수 있다.

이미지 서명과 콘텐츠 트러스트

DTR은 UCP가 관리하는 클라이언트 인증서를 사용해 알려진 사용자 계정으로 추적할 수 있는 디지털 서명으로 이미지에 서명한다. 사용자는 Docker CLI에서 사용하는 클라이언트 인증서의 공개 및 개인 키가 포함된 UCP에서 클라이언트 번들을 다운로드한다.

다른 시스템에서도 사용자 계정을 사용해 같은 방식으로 사용할 수 있다. 즉 CI 서비스를 위해 사용자 계정을 만들고 리포지터리를 만들어 CI 계정만 푸시할 권한을 부여할 수 있다. 이렇게 하면 이미지 서명 과정을 안전한 배포 파이프라인 안에 통합하고 CI 프로세스부터 서명을 적용해 콘텐츠 트러스트를 강제할 수 있다.

환경 변수를 사용해 Docker 콘텐츠 트러스트를 켜거나 끌 수 있고 레지스트리로 이미지를 푸시할 때 Docker가 앞에서 받아온 클라이언트 번들 안의 키를 사용해 서명할 수 있다. 콘텐츠 트러스트는 특정 이미지 태그에만 적용할 수 있고 특정 태그에만 서명이 저장되므로 기본 latest 태그에는 적용할 수 없다.

v2 태그를 사설 이미지에 추가할 수 있고 콘텐츠 트러스트 설정을 파워셸 세션 안에서 사용하도록 한 후 DTR로 태깅된 이미지를 푸시할 수 있다.

```
> docker image tag `
    dtrapp-dow2e-hvfz.centralus.cloudapp.azure.com/elton/private-app `
```

```
dtrapp-dow2e-hvfz.centralus.cloudapp.azure.com/elton/private-app:v2

> $env:DOCKER_CONTENT_TRUST=1

> > docker image push dtrapp-dow2e-
hvfz.centralus.cloudapp.azure.com/elton/private-app:v2The push refers to
repository [dtrapp-dow2e-hvfz.centralus.cloudapp.azure.com/elton/private-
app]
2f2b0ced10a1: Layer already exists
...
v2: digest:
sha256:4c830828723a89e7df25a1f6b66077c1ed09e5f99c992b5b5fbe5d3f1c6445f2
size: 3023
Signing and pushing trust metadata
Enter passphrase for root key with ID aa2544a:
Enter passphrase for new repository key with ID 2ef6158:
Repeat passphrase for new repository key with ID 2ef6158:
Finished initializing "dtrapp-dow2e-
hvfz.centralus.cloudapp.azure.com/elton/private-app"
Successfully signed dtrapp-dow2e-
hvfz.centralus.cloudapp.azure.com/elton/private-app:v2
```

이미지를 푸시하면 디지털 서명이 추가된다. 이때 elton 사용자 계정을 위한 인증서를 사용하고 리포지터리를 위한 새로운 키 쌍을 만들 것이다. DTR은 각 이미지 태그에 대한 서명을 기록하고 UI에서는 v2 이미지 태그가 서명된 것을 볼 수 있다.

		Image	Os/Arch	Image ID	Size (Compressed)	Signed	Last Pushed
	☐	v2	windows / amd64	15bfedf6cb41	184.03 MB	Signed	2 minutes ago by elton
	☐	latest	windows / amd64	15bfedf6cb41	184.03 MB		22 minutes ago by elton

elton / private-app
Private

Info　**Tags**　Webhooks　Promotions　Pruning　Mirrors　Settings　Activity

< >

사용자는 고유한 서명을 추가해 이미지를 푸시할 수 있다. 이렇게 하면 승인 파이프라인을 사용할 수 있다. 인가된 사용자가 이미지를 풀하고 필요한 모든 테스트를 거친 후 이미지 사용을 인가하기 위해 이미지를 다시 푸시할 수 있다.

 TIP DTR은 Notary를 사용해 액세스 키와 서명을 관리한다. SwarmKit 및 LinuxKit와 같이 Notary는 Docker가 상용 제품에 통합해 기능을 추가하고 지원을 제공하는 오픈 소스 프로젝트다. 이미지 서명과 콘텐츠 트러스트가 어떻게 작동하는지 알고 싶다면 내 Pluralsight 코스 'Getting Started with Docker Datacenter'를 참조하길 바란다.

UCP는 DTR과 연동해 이미지 서명을 검증한다. 관리자 설정에서 UCP로 조직 내의 특정 팀이 서명한 이미지로 컨테이너를 실행할 수 있도록 구성할 수 있다.

Docker 콘텐츠 트러스트를 구성해 UCP가 Nerd Dinners Ops 팀의 멤버가 서명한 이미지만 컨테이너로 실행하도록 만들었다. 이렇게 구성해 출시 승인 절차를 확인하고 플랫폼이 이를 준수하도록 강제할 수 있다. 관리자가 아닌 사람이 인가되지 않은 사용자가 서명한 이미지로 컨테이너를 실행하려고 하면 UCP는 서명 정책을 준수하지 않는 이미지를 사용할 수 없다는 예외를 발생시킬 것이다.

안전한 소프트웨어 공급망 구축은 알려진 사용자 계정으로 이미지를 푸시하고 특정 품질 기준을 충족하며 알려진 사용자 계정으로 서명한 것을 보장할 수 있는 자동화된 파이프라인을 만드는 것이다. DTR은 젠킨스나 애저 데브옵스 등을 사용하는 CI 파이프라인에 통합할 수 있는 모든 기능을 제공한다. 셸 명령문을 실행하고 웹 훅에 응답할 수 있다면 원하는 자동화 서버나 서비스는 무엇이든 사용할 수 있다. 거의 모든 시스템이 이러한 기능을 지원할 것이다.

안전한 공급망에 대한 더 자세한 내용은 GitLab을 예제 CI 서버로 사용하는 Docker 레퍼런스 아키텍처에 들어 있다. Docker 허브나 DTR을 사용해 안전한 공급 파이프라인을 어떻게 연동하는지 여기서 보여준다. https://success.docker.com/article/secure-supply-chain에서 자세하게 볼 수 있다.

골든 이미지

마지막으로 이미지와 레지스트리를 사용하면서 고려할 사항은 애플리케이션 이미지에 사용하는 베이스 이미지의 출처다. Docker를 프로덕션에서 실행하는 회사는 보통 개발자가 사용할 수 있는 베이스 이미지를 인프라 또는 보안 관계자가 승인한 몇 가지 종류 이내로 제한한다. 사용할 수 있는 골든 이미지를 문서에 기재할 수 있지만 사설 레지스트리 안에 있는 것을 사용하도록 강제하는 것이 더 쉽다.

윈도우 환경에서 사용할 수 있는 골든 이미지는 2가지 옵션으로 제한된다. 윈도우 서버 코어와 나노 서버 2가지 버전 중 하나를 선택하는 것이다. 마이크로소프트의 공개 이미지를 사용하는 대신 운영팀이 마이크로소프트의 베이스 이미지로부터 커스텀 이미지를 만들 수 있을 것이다. 커스텀 이미지에는 보안 또는 성능을 위한 조정 사항이나 모든 애플리케이션에 적용할 기본 설정을 추가할 수 있다. 예를 들어 회사의 인증 주체 인증서 같은 것을 포함할 수 있다.

DTR을 사용해 모든 베이스 이미지를 위한 조직을 만들어 Ops 팀이 리포지터리에 대한 읽기/쓰기 권한을 부여하고 다른 모든 사용자에게는 읽기 권한을 부여할 수 있다. 이미지가 유효한 베이스 이미지를 사용하는지 확인하는 것은 Dockerfile이 기본 이미지 조직의 이미지를 사용하는지 확인하는 것이다. 이 방법으로 CI/CD 프로세스에서 테스트를 자동화하기 편리하다.

골든 이미지는 조직 차원에서 잘 관리해야 하지만 Docker에서 실행하는 애플리케이션이 점점 늘어날수록 유용해질 것이다. 회사의 기본 값으로 배포, 구성된 ASP.NET을 포함한 이미지를 직접 만들어 관리하면 보안팀이 해당 기본 이미지 감사를 쉽게 실행할 수 있다. 또한 릴리스 방침과 주기를 직접 결정할 수 있고 레지스트리의 도메인을 소유하므로 Dockerfile에서 복잡한 이미지 이름을 사용할 필요가 없다.

▌ 스웜 모드의 보안 이해하기

Docker의 심층 보안 접근 방식은 빌드할 때의 이미지 서명 및 스캔에서 실행할 때의 컨테이너 격리 및 관리에 이르는 전체적인 소프트웨어 수명 주기를 포괄한다. 9장을 마무리하면서 스웜 모드에 구현된 보안 기능을 둘러본다.

분산된 소프트웨어 환경은 치명적인 공격 요인을 매우 많이 내포한다. 구성 요소 사이의 통신 과정은 중간에 가로채 변조될 수 있다. 유해한 에이전트가 네트워크에 침입해 데이터를 가져가거나 부하를 일으킬 수 있다. 분산된 데이터 저장소는 위험에 빠질 수 있다. SwarmKit 오픈 소스 프로젝트를 기반으로 만들어진 Docker 스웜 모드에서는 이러한 보안 위험 요소를 플랫폼 수준에서 보호해 애플리케이션이 안전한 기반 환경 위에서 실행될 수 있게 해준다.

노드와 참가 토큰

docker swarm init 명령문으로 스웜 모드로 전환할 수 있다. 이 명령문을 실행한 후 나오는 출력에서 토큰 값을 사용해 스웜에 다른 노드가 참가할 수 있다. 워커 노드와 매니저 노드를 위한 토큰은 각각 따로 만든다. 토큰 없이는 노드가 스웜에 참가할 수 없으므로 다른 모든 시크릿과 마찬가지로 토큰도 안전하게 보호해야 한다.

 참가 토큰은 접두사, 형식 버전, 루트 키 해시 값, 암호학적으로 강력한 난수 문자열로 구성된다.

Docker는 SWMTKN 접두사를 토큰에 사용하므로 토큰이 소스 코드나 다른 곳에서 사용하지 않았는지 자동으로 검사할 수 있다. 토큰이 유출됐다면 신뢰할 수 없는 노드가 네트워크에 접근할 수 있으면 스웜 클러스터에 참가할 수 있다. 스웜 모드는 노드 간 통신을 위해 지정된 네트워크를 사용할 수 있으므로 외부에서 접근할 수 없는 네트워크를 사용하는 것이 좋다.

참가 토큰은 워커 노드와 매니저 토큰 모두 join-token rotate 명령문을 사용해 교체할 수 있다.

```
> docker swarm join-token --rotate worker
Successfully rotated worker join token.

To add a worker to this swarm, run the following command:

docker swarm join --token SWMTKN-1-0ngmvmnpz0twctlya5ifu3ajy3pv8420st...
10.211.55.7:2377
```

토큰 교체는 스웜이 직접 관리한다. 기존 노드는 모두 업데이트되며 노드가 오프라인 상태이거나 교체 도중 참가한 노드가 있으면 모두 적절하게 처리된다.

암호화와 시크릿

스웜 노드 사이의 통신은 전송 계층 보안TLS을 사용해 암호화된다. 스웜 매니저는 스웜 클러스터를 만들 때 인증 주체로 구성하며 매니저는 각 노드가 클러스터에 가입할 때마다 인증서를 만든다. 스웜 안에서 노드 사이의 통신은 상호 TLS를 사용해 암호화된다.

상호 TLS는 각 노드가 자신을 증명할 수 있는 신뢰할 만한 인증서를 갖고 있으면 노드가 서로 안전하게 통신하고 신뢰할 수 있다. 노드마다 고유한 난수 ID가 부여돼 인증서에서 이 값을 사용하므로 스웜은 잠재적으로 위조 및 변조할 수 있는 호스트 이름 같은 속성에 의존하지 않는다.

노드 사이의 안전한 통신은 스웜 모드 안의 Docker 시크릿 기능의 기본 토대가 된다. 시크릿은 매니저 노드의 Raft 로그에 저장, 암호화되며 해당 워커 노드가 시크릿을 사용하는 컨테이너를 실행할 때만 시크릿이 워커 노드에 전송된다. 시크릿은 상호 TLS를 사용해 전송 중에 항상 암호화된다. 워커 노드에서 시크릿은 임시 RAM 드라이브상에 암호화되지 않은 텍스트 파일로 저장돼 컨테이너에서는 볼륨 마운트 형태로 나타난다. 데이터는 절대로 암호화되지 않은 텍스트로 남지 않는다.

 윈도우는 네이티브 RAM 드라이브를 갖고 있지 않으므로 시크릿은 워커 노드의 디스크상에 기록되도록 구현한다. 그래서 시스템 드라이브에서 BitLocker를 사용하는 것이 필요하다. 시크릿 파일은 호스트의 접근 제어 목록을 사용해 보호된다.

컨테이너 내부에서는 시크릿에 접근할 수 있는 컨테이너 사용자 계정이 제한된다. 리눅스에서는 어떠한 계정이 접근할 수 있는지 지정할 수 있지만 윈도우에서는 정해진 계정만 해당한다. 7장, Docker 스웜을 사용한 분산 솔루션 오케스트레이션의 ASP.NET 웹 애플리케이션에서 시크릿을 사용했고 여기서 IIS 애플리케이션 풀이 접근 권한이 있는 특정 계정을 사용하도록 설정하는 방법을 알아봤다.

컨테이너가 중지되거나 일시 정지되거나 제거되면 컨테이너에서 사용하던 시크릿도 호스트에서 제거된다. 윈도우에서는 현재 디스크에 시크릿이 저장된다. 호스트가 강제 종료되면 시크릿은 다음에 호스트를 시작할 때 제거된다.

노드 라벨과 외부 접근

스웜에 노드가 추가되면 컨테이너 워크로드를 예약할 수 있다. 많은 프로덕션 배포가 올바른 노드 위에서 애플리케이션이 실행될 수 있도록 제약 조건을 사용하며 Docker는 요청받은 제약 조건이 노드의 라벨과 일치시켜 배포할 것이다.

규제된 환경에서는 신용카드 처리를 위한 PCI 준수와 같이 필요한 감사 수준을 충족하는 서버에서만 애플리케이션을 실행해야 할 요구 사항이 있을 수 있다. 레이블이 있는 호환되는 노드를 확인하고 제한 조건을 사용해 애플리케이션이 해당 노드에서만 실행되도록 제한할 수 있다. 스웜 모드는 이러한 제약 조건이 올바로 적용되도록 만든다.

스웜 모드에는 엔진 레이블과 노드 레이블 2가지 레이블이 있다. Docker 서비스 구성에서 시스템이 엔진 레이블을 설정하므로 워커 노드가 탈취당해 공격자가 레이블을 추가하고 자신이 소유한 시스템이 호환되는 것처럼 보이게 만들 수 있다. 노드 레이블은 스웜이 설정하므로 스웜 매니저 노드에 대한 접근 권한이 있는 사용자만 레이블을 만들 수 있다. 노드 레이블은 개별 노드의 클레임에 의존할 필요가 없어 노드가 탈취당하더라도 미칠 영향을 최소화할 수 있다.

노드 레이블은 애플리케이션에 대한 접근을 분리할 때도 유용하다. 내부 네트워크에서만 접근할 수 있는 Docker 호스트와 인터넷에 접근할 수 있는 다른 호스트가 있다고 가정해 보자. 레이블을 사용하면 이를 레이블로 명시적으로 기록하고 레이블을 기반으로 제한 조건으로 컨테이너를 실행할 수 있다. 내부적으로만 사용 가능한 콘텐츠 관리 시스템을 컨테이너 안에서 실행하게 할 수 있지만 웹 프록시는 외부로 드러낼 수 있다.

컨테이너 보안 기술과 연동하기

Docker 스웜은 안전한 컨테이너 플랫폼이며 오픈 소스 구성 요소와 개방형 표준을 사용하므로 다른 도구와도 잘 연동된다. 컨테이너에서 실행될 때 애플리케이션은 모두 같은 API를 공개한다. Docker를 사용해 컨테이너에서 실행 중인 프로세스를 확인하고 로그 항목을 보고 파일 시스템을 탐색하며 명령문을 실행할 수 있다. 컨테이너 보안 에코 시스템은 이를 활용해 실행 도중 보안을 더 강화할 수 있는 강력한 도구로 진화한다.

윈도우 컨테이너에 대한 강력한 보안 기능을 제공하는 솔루션을 만드는 주요 회사로는 트위스트락과 아쿠아 시큐리티 두 곳이 있다. 두 업체 모두 이미지 검사, 시크릿 관리 및 애플리케이션에 보안을 강화하는 가장 혁신적인 방법인 런타임 보호를 포함한 포괄적인 제품군을 갖추고 있다.

런타임 보안 제품을 클러스터에 배치하면 컨테이너를 모니터링하고 CPU 및 메모리 사용량, 네트워크 트래픽 입·출력을 포함해 해당 애플리케이션의 일반적인 동작에 대한 프로

파일을 만든다. 그런 다음 컨테이너가 예측한 모델과 다르게 동작하기 시작하는 해당 애플리케이션의 인스턴스에서 이상을 찾는다. 흔히 공격자는 새로운 프로세스를 실행하거나 비정상적인 양의 데이터를 이동하는 등의 행위를 하므로 이로써 애플리케이션이 손상된 사실을 효과적으로 탐지할 수 있다.

아쿠아 시큐리티를 예로 들어 윈도우의 Docker를 완벽하게 보호하고 이미지를 스캔하며 컨테이너에 대한 런타임 보안 제어 기능을 제공한다. 이 기능에는 보안 기준을 충족하지 않는 이미지(CVE 심각도 또는 평균 점수로 표시, 블랙리스트 및 화이트리스트 패키지, 맬웨어, 민감한 데이터 및 사용자 지정 준수 검사로 표시)에서 컨테이너가 실행되지 않도록 하는 것이 포함된다.

Aqua는 또한 컨테이너 불변성을 강제해 실행 중인 컨테이너를 원래 이미지와 비교하고 새로운 실행 파일 설치와 같은 변경 사항을 막는다. 유해한 코드의 삽입을 방지하고 이미지 파이프라인 동작을 우회하려는 시도를 막을 강력한 방법이다. 불필요한 구성 요소가 많은 대형 기본 이미지로 이미지를 구축하면 Aqua는 공격 영역을 프로파일링하고 실제로 필요한 기능을 화이트리스트에 추가할 수 있다.

이러한 기능은 새로운 클라우드 네이티브 애플리케이션뿐만 아니라 레거시 애플리케이션을 컨테이너화할 때도 적용된다. 애플리케이션 배포의 모든 계층에 심층적인 보안 기능을 추가하고 의심되는 손상을 자동으로 실시간으로 모니터링할 수 있으므로 컨테이너 환경으로 옮긴다면 보안을 더 강화할 수 있을 것이다.

▌ 요약

9장에서는 Docker 및 윈도우 컨테이너의 보안 고려 사항을 알아봤다. Docker 플랫폼은 심층적인 보안을 위해 설계됐으며 컨테이너의 런타임 보안은 전체 보안 관련 이야기의 일부라는 것을 배웠다. 이미지 취약점 검사와 서명, 콘텐츠 트러스트 및 안전한 분산 통신을 결합해 안전한 소프트웨어 공급망을 구현할 수 있다.

Docker에서 애플리케이션을 실행하는 동안 적용되는 실질적인 보안 기능을 알아보고 공격자가 컨테이너를 벗어나 다른 프로세스에 침입하기 어렵도록 윈도우 컨테이너의 프로세스가 실행되는 방식을 배웠다. 컨테이너 프로세스는 필요한 모든 컴퓨팅 리소스를 사용하지만 CPU 및 메모리 사용을 제한해 불순한 애플리케이션이 호스트의 컴퓨팅 리소스를 소모하지 못하도록 하는 방법도 설명했다.

컨테이너로 만든 애플리케이션에서는 보안을 더 강력하게 적용할 수 있는 범위가 훨씬 넓다. 최소한의 이미지가 애플리케이션을 안전하게 유지할 때 도움이 되는 이유와 애플리케이션이 사용하는 종속성에 취약점이 있으면 Docker Security Scanning을 사용해 알림을 받는 방법을 설명했다. 승인된 사용자가 서명한 이미지만 컨테이너로 실행할 수 있도록 이미지에 디지털 서명을 추가해 모범 사례를 적용하도록 Docker를 구성할 수 있다.

마지막으로 Docker 스웜의 보안 구현을 알아봤다. 스웜 모드는 모든 오케스트레이션 계층에서 가장 강력한 보안을 제공하며 애플리케이션을 안전하게 실행할 수 있는 견고한 토대를 제공한다. 시크릿을 사용해 민감한 애플리케이션 데이터 및 노드 레이블을 저장해 호스트가 보안 규정을 준수하는지 여부를 확인하면 보안 솔루션을 매우 쉽게 실행할 수 있으며 개방형 API로 Aqua 등의 회사에서 만드는 다양한 보안 솔루션과 쉽게 연동할 수 있다.

10장에서는 분산 애플리케이션을 다루고 CI/CD를 위한 파이프라인 구축을 알아본다. Docker 엔진은 API에 대한 원격 접근을 제공하도록 구성할 수 있으므로 모든 빌드 시스템과 Docker 배치를 쉽게 통합할 수 있다. CI 서버는 컨테이너 안에서 실행될 수 있으며 빌드 에이전트에 Docker를 사용할 수 있으므로 CI/CD에 대한 복잡한 구성이 필요 없다.

10

Docker로 지속적 배포 파이프라인 구축하기

Docker는 쉽게 배포하고 관리할 수 있는 구성 요소로 소프트웨어를 빌드하고 실행할 수 있도록 지원한다. 또한 개발 환경 지원도 포함돼 소스 제어, 빌드 서버, 빌드 에이전트, 테스트 에이전트까지 모든 것을 컨테이너로 표준 이미지로부터 실행할 수 있다.

Docker를 개발 환경에서 사용하면 여러 프로젝트를 하나의 하드웨어 안으로 통합하면서도 격리 상태를 유지할 수 있다. Git 서버와 이미지 레지스트리를 항상 사용 가능한 상태로 유지할 수 있는 Docker 스웜 위에서 실행하면서 여러 프로젝트에서 공유할 수 있다. 각 프로젝트는 저마다 필요한 파이프라인과 빌드 설정을 포함해 구성된 빌드 서버를 가질 수 있으며 모두 가벼운 컨테이너 안에서 실행된다.

이러한 환경에서 새로운 프로젝트를 설정하는 것은 소스 제어 리포지터리 안에서 새로운 리포지터리를 만들고 레지스트리에 새로운 네임스페이스를 만들고 빌드 프로세스를 위해 새로운 컨테이너를 실행하는 것을 말한다. 이러한 모든 과정은 자동화될 수 있으므로 기존 하드웨어로 프로젝트에 몇 분 안에 간단한 과정을 거쳐 바로 참여할 수 있다.

10장에서는 지속적 통합과 지속적 배포^{CI/CD} 파이프라인을 Docker를 사용해 구축하는 방법을 알아본다. 다음 내용을 다룬다.

- Docker로 CI/CD 설계하기
- Docker에서 공유되는 개발 서비스 실행하기
- Docker에서 젠킨스로 CI/CD 구성하기
- 젠킨스를 사용해 원격으로 Docker 스웜에 배포하기

▌ 실습에 필요한 준비

10장의 예제를 따라하기 위해서는 윈도우 10 2018년 10월 업데이트 (1809) 또는 그 이후 버전에서 윈도우용 Docker 데스크톱을 사용하거나 윈도우 서버 2019에서 Docker 엔터 프라이즈를 사용해야 한다. 10장의 코드는 https://github.com/sixeyed/docker-on-windows/tree/second-edition/ch10에서 확인할 수 있다.

▌ Docker로 CI/CD 설계하기

파이프라인은 완전한 지속적 통합을 지원한다. 개발자가 공유 소스 리포지터리에 코드를 푸시하면 릴리스 후보를 만드는 빌드가 트리거된다. 릴리스 후보는 로컬 레지스트리에 저장된 컨테이너 이미지로 태그된다. CI 작업 흐름은 빌드된 이미지의 솔루션을 컨테이너로 배포하고 엔드 투 엔드 테스트 팩을 실행한다.

샘플 파이프라인에는 수동 품질 게이트가 있다. 테스트를 통과하면 이미지 버전을 Docker 허브에서 공개적으로 사용할 수 있으며 파이프라인은 원격 Docker 스웜에서 실행되는 공

용 환경에서 순차 업데이트를 시작할 수 있다. 전체 CI/CD 환경에서 파이프라인의 프로덕션 환경으로 배포를 자동화할 수 있다.

파이프라인 단계는 모두 컨테이너에서 실행되는 소프트웨어로 구동된다.

- **소스 제어**: Gogs, Go로 만든 간단한 오픈 소스 Git 서버
- **빌드 서버**: 플러그인을 사용해 다양한 작업 흐름을 지원하는 자바 기반 자동화 도구인 젠킨스
- **빌드 에이전트**: 컨테이너에서 코드를 컴파일하기 위해 컨테이너 이미지로 패키지된 .NET SDK
- **테스트 에이전트**: NUnit이 컨테이너 이미지로 만들어져 배포된 코드에 대한 엔드 투 엔드 테스트를 실행한다.

Gogs와 젠킨스는 Docker 스웜 또는 개별 Docker 엔진에서 장기 실행 컨테이너에서 실행할 수 있다. 빌드 및 테스트 에이전트는 젠킨스가 파이프라인 단계를 실행하기 위해 실행할 태스크 컨테이너이며 실행 후 종료된다. 릴리스 후보는 테스트가 완료되면 제거되는 컨테이너 세트로 배포된다.

이를 설정하려면 로컬 및 원격 환경 모두에서 컨테이너에 Docker API 접근 권한을 부여해야 한다. 로컬 서버에서는 윈도우의 명명된 파이프를 사용한다. 원격 Docker 스웜에서는 보안 TCP 연결을 사용한다. dockeronwindows/ch01-dockertls 이미지를 사용해 TLS 인증서를 만드는 보안 개념을 1장, 윈도우에서 Docker 시작하기에서 설명했다. 젠킨스 컨테이너가 개발 중인 컨테이너를 만들 수 있도록 로컬 접근이 가능하도록 구성했고 젠킨스가 공개된 환경에서 순차 업데이트를 시작할 수 있도록 원격 접근이 필요하다.

이 파이프라인의 작업 흐름은 개발자가 컨테이너에서 Gogs를 실행하는 Git 서버에 코드를 푸시할 때 시작된다. 젠킨스는 Gogs 리포지터리를 폴링하도록 구성됐으며 변경 사항이 있으면 빌드를 시작한다. 솔루션의 모든 커스텀 구성 요소는 프로젝트의 Git 리포지터리에 저장된 다단계 Dockerfile을 사용한다. 젠킨스는 각 Dockerfile마다 `docker image` build 명령문을 실행해 젠킨스 자체가 컨테이너에서 실행되는 같은 Docker 호스트에 이미지를 빌드한다.

빌드가 완료되면 젠킨스는 솔루션을 같은 Docker 호스트에 컨테이너로 로컬로 배포한다. 그런 다음 엔드 투 엔드 테스트를 실행한다. 이 테스트는 컨테이너 이미지로 만들어져 테스트 중인 애플리케이션과 같은 Docker 네트워크에서 컨테이너로 실행된다. 모든 테스트가 통과되면 최종 파이프라인 단계에서 이러한 이미지를 릴리스 후보로 로컬 레지스트리에 푸시하고 레지스트리도 컨테이너에서 실행된다.

Docker에서 개발 도구를 실행하면 Docker에서 프로덕션 워크로드를 실행할 때와 같은 이점이 있다. 전체 툴체인은 이식성이 있으며 최소한의 컴퓨팅 요구 사항으로 원하는 곳 어디서나 실행할 수 있다.

▌ Docker에서 공유 개발 서비스 실행하기

소스 제어 및 이미지 레지스트리 같은 서비스는 많은 프로젝트 간에 공유될 수 있는 좋은 후보다. 항상 사용 가능하고 안정적으로 동작하는 스토리지에 대한 요구 사항이 비슷하므로 많은 프로젝트에 충분한 용량이 있는 클러스터에 배포할 수 있다. CI 서버는 공유 서비스, 각 팀이나 프로젝트에 대한 별도 인스턴스로 실행될 수 있다.

4장, Docker 레지스트리와 이미지 공유하기에서 개인 레지스트리를 실행하는 방법을 설명했다. 여기서는 Docker에서 Git 서버와 CI 서버를 실행하는 방법을 알아본다.

Git 서버를 윈도우 컨테이너 이미지로 만들기

Gogs는 널리 쓰이는 오픈 소스 Git 서버다. 크로스 플랫폼을 지원하는 Go 언어로 만들었으며 최소한의 구성 요소를 제공하는 나노 서버에 설치하거나 윈도우 서버 코어를 기반으로 컨테이너 이미지로 만들 수 있다. Gogs는 간단한 Git 서버다. HTTP 및 HTTPS

를 통한 원격 리포지터리 접근을 제공하며 웹 UI가 제공된다. Gogs 팀은 공식적으로 리눅스용 Docker 허브에서만 이미지를 제공하므로 윈도우 컨테이너에서 실행하려면 직접 빌드해야 한다.

컨테이너 이미지에서 Gogs를 이미지로 만드는 것은 간단하다. dockeronwindows/ch10-gogs:2e 이미지의 Dockerfile을 만들 때처럼 설치 과정을 스크립트화한 것과 동일하다. 이 이미지는 윈도우 서버 코어부터 다단계 빌드를 사용해 Gogs 릴리스를 다운로드하고 ZIP 파일의 압축을 푼다.

```
#escape=`
FROM mcr.microsoft.com/windows/servercore:ltsc2019 as installer
SHELL ["powershell", "-Command", "$ErrorActionPreference = 'Stop';"]

ARG GOGS_VERSION="0.11.86"

RUN Write-Host "Downloading: $($env:GOGS_VERSION)"; `
    Invoke-WebRequest -Uri "https://cdn.gogs.io/$($env:GOGS_VERSION)...zip" -OutFile 'gogs.zip';

RUN Expand-Archive gogs.zip -DestinationPath C:\;
```

앞에서 본 내용과 비교해 새로운 내용은 없지만 몇 가지 볼 만한 내용이 있다. Gogs 팀은 CDN에 릴리스를 제공하고 URL은 같은 형식을 사용하므로 다운로드할 버전 번호를 매개변수로 받을 수 있었다. ARG 지시어는 기본 Gogs 버전 0.11.86을 사용하지만 빌드 전달 인자를 지정해 Dockerfile을 변경하지 않고 다른 버전을 설치할 수 있다.

어떠한 버전이 설치되고 있는지 명확하게 하기 위해 ZIP 파일을 다운로드하기 전에 해당 버전을 만든다. 다운로드는 별도 RUN 지시어에 있으므로 다운로드한 파일은 Docker 캐시의 자체 레이어에 저장된다. Dockerfile에서 이후 단계를 편집해야 한다면 이미지를 다시 빌드하고 캐시에서 다운로드한 파일을 가져올 수 있으므로 다운로드를 반복할 필요가 없다.

Gogs는 크로스 플랫폼 소프트웨어이지만 나노 서버에서 설정하기 어려운 Git 툴링에 의존하기 때문에 중간 이미지 대신 최종 이미지를 나노 서버 기반으로 할 수 있다. Chocolatey를 사용해 종속성을 설치하는 것은 간단하지만 아쉽게도 나노 서버에서는 작동하지 않는다. 윈도우 서버 코어 위에 Chocolatey가 설치된 Docker 허브의 공개 이미지인 기본 애플리케이션 이미지에 sixeyed/chocolatey를 사용하고 Gogs 환경을 설정했다.

```
FROM sixeyed/chocolatey:windowsservercore-ltsc2019

ARG GOGS_VERSION="0.11.86"
ARG GOGS_PATH="C:\gogs"

ENV GOGS_VERSION=${GOGS_VERSION} `
    GOGS_PATH=${GOGS_PATH}

EXPOSE 3000
VOLUME C:\data C:\logs C:\repositories
CMD ["gogs", "web"]
```

빌드할 때 지정할 수 있도록 Gogs 버전과 설치 경로를 ARG 지시어로 캡처한다. 빌드 매개변수는 최종 이미지에 저장되지 않으므로 ENV 지시어의 환경 변수에 복사한다. Gogs는 기본적으로 3000번 포트를 사용하며 모든 데이터, 로그 및 리포지터리 디렉터리에 대한 볼륨을 만든다.

Gogs는 Git 서버이지만 릴리스에 Git이 들어 있지 않아 Chocolatey가 설치된 이미지를 사용한다. choco CLI를 사용해 git을 설치한다.

```
RUN choco install -y git
```

마지막으로 설치 프로그램 단계에서 압축을 푼 Gogs 디렉터리에 복사하고 로컬 app.ini 파일에서 기본 구성 세트를 번들로 묶는다.

```
WORKDIR ${GOGS_PATH}
COPY app.ini ./custom/conf/app.ini
COPY --from=installer ${GOGS_PATH} .
```

이 이미지를 빌드하면 윈도우 컨테이너에서 실행할 수 있는 Git 서버가 제공된다.

 필요한 것보다 더 큰 기본 이미지를 사용하고 Chocolatey와 같은 설치 도구를 포함한 애플리케이션 이미지를 갖는 것은 권장되지 않는다. 만들어둔 Gogs 컨테이너가 손상되면 공격자는 choco 명령문과 파워셸의 모든 기능에 접근할 수 있다. 이때 컨테이너는 인터넷에 연결되지 않으므로 위험이 최소화된다.

Docker에서 Gogs Git 서버 실행하기

다른 컨테이너와 마찬가지로 Gogs를 실행할 수 있다. 백그라운드에서 실행하고 HTTP 포트를 게시하고 호스트 마운트를 사용해 컨테이너 외부의 알려진 위치에 볼륨을 저장한다.

```
> mkdir C:\gogs\data; mkdir C:\gogs\repos

> docker container run -d -p 3000:3000 `
    --name gogs `
    -v C:\gogs\data:C:\data `
    -v C:\gogs\repos:C:\gogs\repositories `
    dockeronwindows/ch10-gogs:2e
```

Gogs 이미지에는 기본 구성 설정이 번들로 들어 있지만 애플리케이션을 처음 실행할 때 설치 마법사를 완료해야 한다. 브라우저로 http://localhost:3000에 접속해 기본 값을 그대로 두고 Install Gogs 버튼을 클릭한다.

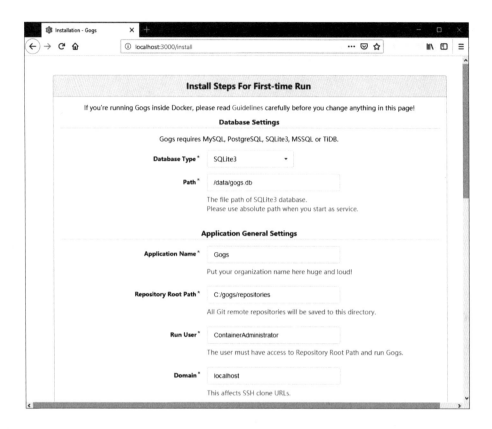

이제 사용자를 등록하고 로그인하면 Gogs 대시보드로 이동한다.

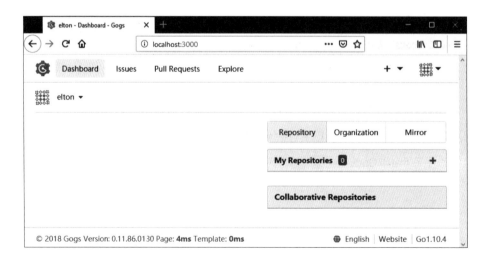

Gogs는 일반적인 Git 기능 외에도 문제 추적 및 풀 요청을 지원하므로 GitHub의 축소된 로컬 버전과 매우 유사하다. 이 책의 소스 코드를 저장하기 위해 docker-on-windows라는 리포지터리를 만들었다. 사용하려면 로컬 Git 리포지터리에서 Gogs 서버를 원격으로 추가해야 한다.

컨테이너 이름으로 gogs를 사용했으므로 다른 컨테이너는 해당 이름으로 Git 서버에 연결할 수 있다. 또한 로컬 컴퓨터를 가리키는 같은 이름으로 호스트 파일에 항목을 추가해 데스크톱에서도 컨테이너 내부에서 사용하는 것과 동일하게 gogs라는 이름을 사용할 수 있다(C:\Windows\System32\drviers\etc\hosts 파일 안에 추가한다).

```
#ch10
127.0.0.1 gogs
```

로컬 컴퓨터 또는 컨테이너 IP 주소를 호스트 파일에 추가해 이 작업을 많이 실행하는 경향이 있다. 컨테이너 IP 주소를 가져와 호스트 파일에 줄을 추가하는 파워셀 상의 별칭으로 만들어 사용하면 이러한 작업을 더 단순하게 할 수 있다. https://blog.sixeyed.com/your-must-have-powershell-aliases-for-docker에서 이 앨리어스를 포함해 유용한 몇 가지 별칭을 더 볼 수 있다.

이제 GitHub 또는 GitLab과 같은 다른 원격 Git 서버와 마찬가지로 로컬 컴퓨터에서 Gogs로 소스 코드를 푸시할 수 있다. 로컬 컨테이너에서 실행 중이지만 개발용 랩톱의 Git 클라이언트는 아무 문제 없이 그대로 실행된다.

```
> git remote add gogs http://gogs:3000/docker-on-windows.git

> git push gogs second-edition
Enumerating objects: 2736, done.
Counting objects: 100% (2736/2736), done.
Delta compression using up to 2 threads
```

```
Compressing objects: 100% (2058/2058), done.
Writing objects: 100% (2736/2736), 5.22 MiB | 5.42 MiB/s, done.
Total 2736 (delta 808), reused 2089 (delta 487)
remote: Resolving deltas: 100% (808/808), done.
To http://gogs:3000/elton/docker-on-windows.git
 * [new branch]      second-edition -> second-edition
```

Gogs는 컨테이너에서 안정적으로 실행되고 매우 가볍다. 이 인스턴스는 일반적으로 유휴 상태일 때 50MiB의 메모리와 1% 미만의 CPU를 사용한다.

 GitHub 또는 GitLab과 같은 호스팅 서비스를 사용하더라도 로컬 Git 서버를 실행하는 것이 좋다. 호스팅 서비스는 가동 중단은 드물지만 가끔 발생해 생산성에 큰 영향을 미칠 수 있다. 적은 비용으로 로컬에서 실행되는 보조 리포지터리를 실행하면 호스팅 서비스 중단의 영향을 받지 않도록 보호할 수 있다.

다음 단계는 Docker에서 CI 서버를 실행해 Gogs에서 코드를 가져와 애플리케이션을 빌드하는 것이다.

CI 서버를 윈도우 컨테이너 이미지로 만들기

젠킨스는 CI/CD에 흔하게 쓰이는 유명한 자동화 서버다. 스케줄, SCM 폴링, 수동 시작을 포함한 여러 트리거 유형의 커스텀 작업 흐름을 지원한다. 젠킨스 설정을 완전하게 자동화하는 것은 생각보다 간단하지 않지만 Docker에서 이미지로 만들 수 있는 쉬운 자바 애플리케이션이다.

10장의 소스 코드에는 `dockersamples/ch10-jenkins-base:2e` 이미지용 Dockerfile이 있다. 이 Dockerfile은 설치 단계에서 윈도우 서버 코어를 사용해 젠킨스 웹 아카이브를 다운로드해 젠킨스를 새로 설치한다. 젠킨스 버전을 캡처하기 위해 전달 인자를 사용하고 설치 프로그램은 다운로드를 위해 SHA256 해시를 가져와 파일 손상 여부를 확인한다.

```
WORKDIR C:\jenkins

RUN Write-Host "Downloading Jenkins version: $env:JENKINS_VERSION"; `
    Invoke-WebRequest "http://.../jenkins.war.sha256" -OutFile 'jenkins.war.
sha256'; `
    Invoke-WebRequest "http://../jenkins.war" -OutFile 'jenkins.war'

RUN $env:JENKINS_SHA256=$(Get-Content -Raw jenkins.war.sha256).Split(' ')[0]; `
    if ((Get-FileHash jenkins.war -Algorithm sha256).Hash.ToLower() -ne
$env:JENKINS_SHA256) {exit 1}
```

 다운로드 파일 해시 확인은 다운로드한 파일이 게시자가 제공한 파일과 같은지 확인하는 중
요한 보안 작업이다. 소프트웨어를 수동으로 설치할 때 일반적으로 생략하는 단계지만 이 작
업은 Dockerfile에서 자동화하기 쉽고 설정해두면 더 안전한 배포를 구현할 수 있다.

Dockerfile의 마지막 단계에서 공식 OpenJDK 이미지를 기본으로 사용하고 환경을 설정
하며 설치 프로그램 단계에서 다운로드할 때 복사한다.

```
FROM openjdk:8-windowsservercore-1809

ARG JENKINS_VERSION="2.150.3"
ENV JENKINS_VERSION=${JENKINS_VERSION} `
    JENKINS_HOME="C:\data"

VOLUME ${JENKINS_HOME}
EXPOSE 8080 50000
WORKDIR C:\jenkins

ENTRYPOINT java -jar C:\jenkins\jenkins.war
COPY --from=installer C:\jenkins .
```

처음에 젠킨스를 설치한 후에는 유용한 기능이 별로 들어 있지 않다. 대부분의 기능은 젠

킨스가 설정된 후에 설치한 플러그인에서 제공된다. 이러한 플러그인 중 일부는 필요한 종속성을 설치하지만 다른 플러그인은 그렇지 않다. CI/CD 파이프라인에서는 Docker에서 실행되는 Git 서버에 연결할 수 있도록 젠킨스에 Git 클라이언트가 필요하며 빌드에서 Docker 명령문을 실행할 수 있도록 Docker CLI도 필요하다.

젠킨스 Dockerfile에서 이러한 종속성을 설치하도록 만들 수 있지만 관리가 어려워진다. 그 대신 다른 컨테이너 이미지에서 이러한 도구를 가져올 것이다. Docker 허브에 공개한 이미지 sixeyed/git 및 sixeyed/docker-cli를 사용한다. 젠킨스 기본 이미지와 함께 이 것을 사용해 최종 젠킨스 이미지를 만든다.

dockeronwindows/ch10-jenkins:2e용 Dockerfile은 기본 이미지에서 시작해 Git 및 Docker CLI 이미지의 바이너리에 복사한다.

```
# escape=`
FROM dockeronwindows/ch10-jenkins-base:2e

WORKDIR C:\git
COPY --from=sixeyed/git:2.17.1-windowsservercore-ltsc2019 C:\git .

WORKDIR C:\docker
COPY --from=sixeyed/docker-cli:18.09.0-windowsservercore-ltsc2019
["C:\\Program Files\\Docker", "."]
```

마지막 줄에서는 젠킨스가 실행할 때 새로운 도구를 찾을 수 있도록 도구의 위치를 시스템 경로에 추가하는 일을 한다.

```
RUN $env:PATH = 'C:\docker;' +
'C:\git\cmd;C:\git\mingw64\bin;C:\git\usr\bin;' + $env:PATH; `
    [Environment]::SetEnvironmentVariable('PATH', $env:PATH,
[EnvironmentVariableTarget]::Machine)
```

공개된 컨테이너 이미지를 사용해 최종 젠킨스 이미지에서 필요한 모든 구성 요소를 쉽게 가져올 수 있으면서도 재사용 가능한 소스 이미지를 사용해 관리 가능한 Dockerfile 을 만들 수 있었다. 이제 컨테이너에서 젠킨스를 실행하고 플러그인을 설치해 설정을 완료할 수 있다.

Docker에서 젠킨스 자동화 서버 실행하기

젠킨스는 웹 UI에 포트 8080을 사용하므로 다음과 같은 명령문을 사용해 10장의 이미지에서 포트를 연결하고 젠킨스 루트 디렉터리의 로컬 폴더를 마운트할 수 있다.

```
mkdir C:\jenkins

docker run -d -p 8080:8080 `
 -v C:\jenkins:C:\data `
 --name jenkins `
 dockeronwindows/ch10-jenkins:2e
```

젠킨스는 새로 배포할 때마다 임의의 관리자 암호를 만든다. 사이트를 탐색하기 전에 컨테이너 로그에서 해당 비밀번호를 가져올 수 있다.

```
> docker container logs jenkins
...
*****************************************************************
Jenkins initial setup is required. An admin user has been created and a password
generated.
Please use the following password to proceed to installation:

6467e40d9c9b4d21916c9bdb2b05bba3

This may also be found at: C:\data\secrets\initialAdminPassword
*****************************************************************
```

이제 localhost에서 포트 8080을 찾아 만들어진 비밀번호를 입력하고 필요한 젠킨스 플러그인을 추가하겠다. 최소한의 예로 플러그인 설치를 조작하고 폴더, 자격 증명 바인딩 및 Git 플러그인을 선택해 필요한 기능을 대부분 제공한다.

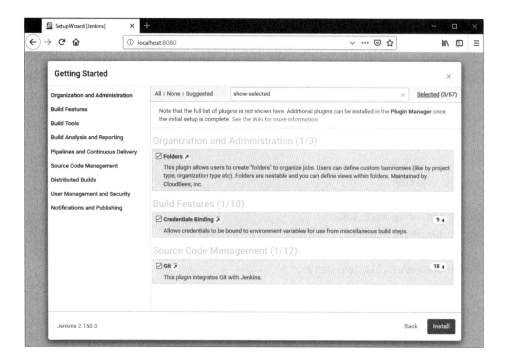

빌드 작업에서 파워셸 스크립트를 실행하려면 플러그인이 필요하다. 권장 플러그인이 아니므로 초기 설정 목록에 표시되지 않는다. 젠킨스가 시작되면 Manage Jenkins > Plugin Manager를 선택하고 사용 가능한 목록에서 PowerShell을 선택하고 Install without restart를 클릭한다.

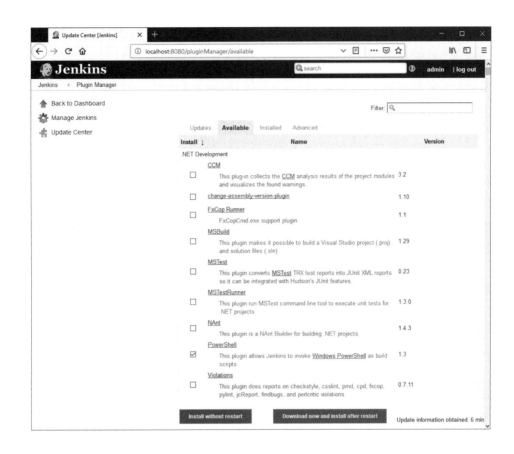

여기까지 완료하면 CI/CD 파이프라인을 실행할 때 필요한 모든 인프라 서비스가 준비된다. 하지만 지금은 별도로 조작한 컨테이너에서 실행한다. Gogs 및 젠킨스 컨테이너의 애플리케이션은 설정을 수동으로 진행해 원래 이미지와 같은 상태가 아니다. 컨테이너를 교체하면 지금까지 만든 추가 설정이 손실된다. 지금까지 컨테이너에 적용한 설정을 이미지로 만들어 해결할 수 있다.

만들어진 컨테이너에서 이미지에 반영할 변경 사항 추출하기

이미지를 빌드할 때는 반드시 Dockerfile에서 이미지를 빌드해야 한다. 이렇게 하는 이유는 버전 관리, 비교 및 권한 부여를 위해 소스 제어에 저장할 수 있는 스크립트의 반복 가능한 프로세스이기 때문이다. 하지만 애플리케이션을 배포한 후 추가 설정 단계가 필요한 일부 애플리케이션이 있으며 이때 해당 단계를 수동으로 실행해야 한다.

젠킨스가 좋은 예다. 젠킨스를 사용해 플러그인 설치를 자동화할 수 있지만 젠킨스 API를 추가로 다운로드하고 스크립팅해야 한다. 이러한 방식으로 설치할 때 플러그인 종속성이 항상 해결되는 것은 아니므로 플러그인을 수동으로 설정하고 배포를 확인하는 것이 더 안전할 수 있다. 일단 완료하면 컨테이너를 커밋해 최종 설정을 유지할 수 있다. 이 컨테이너는 컨테이너의 현재 상태에서 새로운 컨테이너 이미지를 만든다.

윈도우에서는 컨테이너를 커밋하기 위해 컨테이너를 중지한 후 docker container commit 을 실행해 컨테이너 이름과 만들 새 이미지 태그를 지정해야 한다.

```
> docker container stop jenkins
jenkins

> docker container commit jenkins dockeronwindows/ch10-jenkins:2e-final
sha256:96dd3caa601c3040927459bd56b46f8811f7c68e5830a1d76c28660fa726960d
```

원하는 이미지를 만들기 위해 젠킨스와 Gogs를 커밋했으며 레지스트리 컨테이너와 함께 Docker Compose 파일을 구성할 수 있다. 이들은 인프라 구성 요소이지만 여전하게 분산 솔루션이다. 젠킨스 컨테이너는 Gogs 및 레지스트리 컨테이너에 접근한다. 서비스는 모두 같은 SLA를 가지므로 Compose 파일에서 정의하면 이를 캡처하고 모든 서비스를 함께 시작할 수 있다.

▌ Docker에서 젠킨스를 사용해 CI/CD 구성하기

젠킨스 빌드 작업을 구성해 Git 리포지터리를 폴링하고 Git 푸시를 새 빌드의 트리거로 사용할 것이다.

젠킨스 자격 증명 설정하기

Gogs는 외부 자격 증명 공급자와 통합되며 설정에서 사용하는 자체 기본 사용자 이름 및 암호 인증 기능도 제공한다. 이 방식은 암호화 없이 HTTP를 통해 안전하지 않으므로 실제 환경에서는 이미지에 SSL^{Secure Sockets Layer} 인증서를 포함해 이미지를 만들거나 Gogs 앞의 프록시 서버를 사용해 Git에 SSH 또는 HTTPS를 사용한다.

Gogs 관리 인터페이스의 사용자 섹션에서 jenkins 사용자를 만들고 샘플 CI/CD 작업에 사용할 docker-on-windows Git 리포지터리에 대한 읽기 권한을 부여했다.

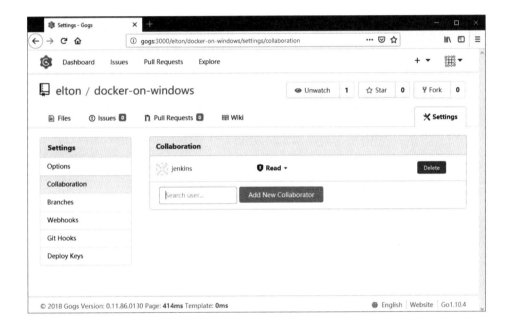

젠킨스는 Gogs에서 소스 코드 리포지터리를 가져와 jenkins 사용자로 인증한다. 모든 작업에서 사용할 수 있도록 젠킨스에 사용자 이름과 비밀번호를 글로벌 자격 증명으로 추가했다.

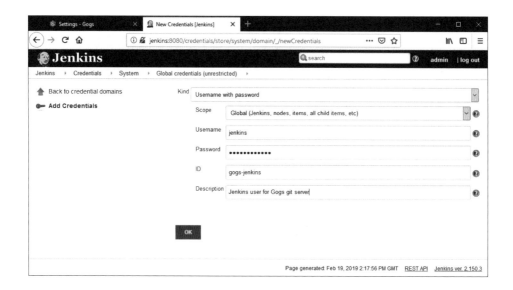

젠킨스는 한 번 입력한 비밀번호를 표시하지 않으며 신임 정보를 사용하는 모든 작업에 대한 감사 추적을 기록하므로 안전한 인증 방법이다. 이 젠킨스 컨테이너가 별도 인증 수단 없이 Docker 엔진과 함께 작동할 수 있도록 윈도우 호스트에서 Docker라는 파이프를 마운트하는 볼륨으로 실행한다.

 TIP 다른 방법으로 TCP로 원격 Docker API에 연결할 수 있다. Docker로 인증하려면 Docker 엔진을 보호할 때 만든 전송 계층 보안(TLS) 인증서를 사용한다. 인증 기관(CA), 클라이언트 인증서 및 클라이언트 키 3가지 인증서는 파일 경로로 Docker CLI에 전달돼야 하며 젠킨스는 비밀 파일로 저장할 수 있는 자격 증명으로 이것을 지원하므로 인증서 PEM 파일을 젠킨스에 저장한다.

젠킨스 CI 작업 구성하기

10장에서 샘플 솔루션은 `ch10-nerd-dinner` 폴더에 있다. 9장에서 발전한 최신 기술을 사용하는 NerdDinner 애플리케이션이다. 모든 구성 요소에 대한 Dockerfile이 있다. 이것은 다단계 빌드와 애플리케이션 빌드 및 실행을 위한 Docker Compose 파일 세트를 사용한다.

여기서 폴더 구조는 분산 애플리케이션이 일반적으로 배포되는 방식을 알아볼 가치가 있다. src 폴더에는 모든 애플리케이션 및 데이터베이스 소스 코드가 들어 있고 docker 폴더에는 모든 Dockerfile이 들어 있으며 compose 폴더에는 모든 Compose 파일이 들어 있다.

젠킨스에서 프리 스타일 작업을 만들어 빌드를 실행하고 소스 코드 관리를 위해 Git을 구성했다. Git을 구성하는 것은 간단하다. 랩톱의 Git 리포지터리에 사용하는 것과 같은 리포지터리 URL을 사용하며 젠킨스가 접근할 수 있도록 Gogs 자격 증명을 선택했다.

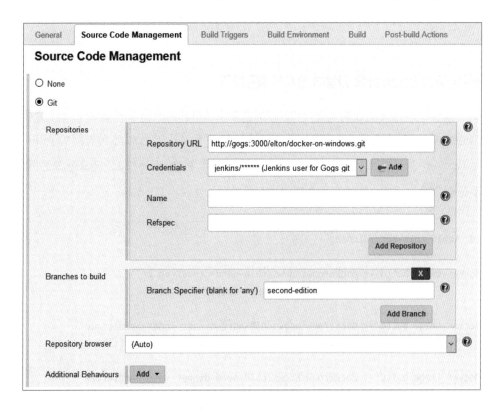

젠킨스는 컨테이너에서 실행되고 Gogs는 같은 Docker 네트워크의 컨테이너에서 실행된다. 젠킨스가 Git 서버에 연결할 수 있도록 컨테이너 이름인 호스트 이름 gogs를 사용한다. 랩톱에서 호스트 파일에 gogs를 항목으로 추가했으므로 개발 및 CI 서버에서 같은 리포지터리 URL을 사용할 수 있다.

젠킨스는 여러 종류의 빌드 트리거를 지원한다. 이때 정해진 일정에 따라 Git 서버를 계속 탐색한다. 여기서는 스케줄 빈도로 H/5 * * * *를 사용한다. 즉 젠킨스는 5분마다 리포지터리를 확인할 것이다. 마지막 빌드 이후 새로운 커밋이 있으면 젠킨스가 작업을 실행한다.

지금까지 필요한 모든 구성 사항을 알아봤으며 모든 빌드 단계는 이제 컨테이너를 사용해 실행된다.

젠킨스에서 Docker를 사용해 솔루션 빌드하기

빌드 단계는 파워셸을 사용해 간단한 스크립트를 실행하므로 관리가 복잡한 젠킨스 플러그인에 종속되지 않는다. 이미지 빌드 및 레지스트리 푸시와 같은 여러 작업을 마무리하는 Docker 전용 플러그인이 있지만 기본 파워셸 단계 및 Docker CLI로 필요한 모든 작업을 실행할 수 있다. 일단 모든 이미지를 빌드한다.

```
cd .\ch10\ch10-nerd-dinner

docker image build -t dockeronwindows/ch10-nerd-dinner-db:2e `
                -f .\docker\nerd-dinner-db\Dockerfile .

docker image build -t dockeronwindowsch10-nerd-dinner-index-handler:2e `
                -f .\docker\nerd-dinner-index-handler\Dockerfile .

docker image build -t dockeronwindows/ch10-nerd-dinner-save-handler:2e `
                -f .\docker\nerd-dinner-save-handler\Dockerfile .
...
```

재정의 파일과 함께 docker-compose 빌드를 사용하는 것이 훨씬 좋지만 Docker Compose CLI에는 한 가지 치명적인 문제가 있다. 컨테이너 안의 명명된 파이프가 올바로 작동하지 않는 것이다. 향후 Compose 릴리스에서 이 문제가 해결되면 빌드 단계가 지금보다 더 간단해진다.

 Docker Compose는 오픈 소스이므로 GitHub의 https://github.com/docker/compose/issues/5934에서 이 문제의 상태를 확인할 수 있다.

Docker는 다단계 Dockerfile을 사용해 이미지를 빌드하고 빌드의 각 단계는 임시 컨테이너에서 실행된다. 젠킨스 자체는 컨테이너에서 실행 중이며 이미지에서 Docker CLI를 사용할 수 있다. 빌드 서버에 Visual Studio를 설치하거나 .NET Framework 또는 .NET Core SDK를 설치할 필요가 없었다. 모든 전제 조건은 컨테이너 이미지에 있으므로 젠킨스 빌드에는 소스 코드와 Docker만 필요하다.

솔루션 실행 및 확인하기

젠킨스의 다음 빌드 단계는 컨테이너에서 실행되는 솔루션을 로컬로 배포해 빌드가 올바로 작동하는지 확인하는 것이다. 이 단계는 다른 파워셸 스크립트로 docker container run 명령문으로 애플리케이션을 배포해 시작한다.

```
docker container run -d `
 --label ci `
 --name nerd-dinner-db `
 dockeronwindows/ch10-nerd-dinner-db:2e;

docker container run -d `
 --label ci `
 -l "traefik.frontend.rule=Host:nerd-dinner-test;PathPrefix:/" `
 -l "traefik.frontend.priority=1" `
```

```
-e "HomePage:Enabled=false" `
-e "DinnerApi:Enabled=false" `
dockeronwindows/ch10-nerd-dinner-web:2e;
...
```

빌드에서 Compose에 비해 Docker CLI를 사용하는 한 가지 이점은 정해진 순서로 컨테이너를 만들 수 있다는 것이다. 이러한 테스트를 실행하기 전에 NerdDinner 웹사이트 같이 느리게 시작되는 애플리케이션을 준비할 때 더 많은 시간을 할애할 수 있다. 또한 모든 컨테이너에 레이블 CI를 추가한다. 레이블을 사용하면 나중에 다른 컨테이너를 제거하지 않고도 모든 테스트 컨테이너를 정리할 수 있다.

이 단계가 완료되면 모든 컨테이너가 실행 중인 상태가 돼야 한다. 긴 작업일 수 있는 엔드 투 엔드 테스트 스위트를 실행하기 전에 간단한 검증 테스트를 실행해 애플리케이션이 응답하는지 확인하는 또 다른 파워셸 단계가 빌드에 들어 있다.

```
Invoke-WebRequest -UseBasicParsing http://nerd-dinner-test
```

 이러한 명령문은 젠킨스 컨테이너 안에서 실행되므로 다른 컨테이너의 이름으로 접근할 수 있다. IP 주소를 얻기 위해 특정 포트를 게시하거나 컨테이너를 검사할 필요가 없다. 이 스크립트는 이름이 nerd-dinner-test인 Traefik 컨테이너를 시작하고 모든 프론트엔드 컨테이너는 Traefik 규칙에서 같은 호스트 이름을 사용한다. 젠킨스 작업은 해당 URL에 접근할 수 있으며 빌드가 완료되면 애플리케이션이 응답한다.

이 시점에서 애플리케이션은 최신 소스 코드로 빌드됐으며 컨테이너에서 모두 실행된다. 홈페이지에 접근할 수 있으며 사이트가 작동한다는 것을 증명했다. 빌드 단계는 모든 콘솔 명령문이므로 젠킨스의 작업 로그에 출력이 기록된다. 모든 빌드마다 다음을 포함한 모든 출력이 표시될 것이다.

- Docker가 Dockerfile의 명령문을 실행한 내역

- NuGet과 MSBuild에서 진행한 애플리케이션을 컴파일하는 단계

- Docker가 실행한 애플리케이션 컨테이너

- 파워셸이 만든 애플리케이션으로 보낸 웹 요청

Invoke-WebRequest 명령문은 간단한 빌드 확인 테스트를 위해 사용했다. 빌드나 배포에 실패하면 오류가 발생하지만 성공하더라도 애플리케이션이 반드시 올바로 작동하는 것은 아니다. 빌드에 대한 확신을 높이기 위해 다음 빌드 단계에서 엔드 투 엔드 통합 테스트를 실행할 것이다.

Docker에서 엔드 투 엔드 테스트 실행하기

10장의 NerdDinner 솔루션에 추가한 구성 요소가 하나 더 있다. 이 구성 요소는 시뮬레이션된 브라우저를 사용해 웹 애플리케이션과 상호작용하는 테스트 프로젝트다. 브라우저는 실제로 컨테이너가 될 엔드 포인트로 HTTP 요청을 보내고 올바른 콘텐츠가 응답에 들어 있는지 검사한다.

NerdDinner.EndToEndTests 프로젝트는 SpecFlow를 사용해 솔루션의 예상 동작을 나타내는 기능 테스트를 정의한다. SpecFlow 테스트는 브라우저 테스트를 자동화하는 Selenium과 헤드리스 브라우저를 제공하는 SimpleBrowser를 사용해 실행된다. 콘솔에서 실행할 수 있는 웹 테스트이므로 UI 구성 요소는 필요 없으며 컨테이너에서 테스트를 실행할 수 있다.

테스트 인프라에 추가할 기술이 많은 것 같지만 실제로는 인간 언어를 사용하는 간단한 시나리오에서 지정된 애플리케이션의 전체 통합 테스트를 실행하는 매우 깔끔한 방법이다.

```
Feature: Nerd Dinner Homepage
    As a Nerd Dinner user
    I want to see a modern responsive homepage
```

So that I'm encouraged to engage with the app

Scenario: Visit homepage
    Given I navigate to the app at "http://nerd-dinner-test"
    When I see the homepage
    Then the heading should contain "Nerd Dinner 2.0!"

테스트 프로젝트를 dockeronwindows/ch10-nerd-dinner-e2e-tests:2e 이미지로 빌드
하는 Dockerfile이 있다. 다단계 빌드를 사용해 테스트 프로젝트를 컴파일한 후 테스
트 어셈블리를 패키지한다. 빌드의 마지막 단계에서는 NUnit Console Runner가 설치
된 Docker 허브의 이미지를 사용하므로 콘솔로 엔드 투 엔드 테스트를 실행할 수 있다.
Dockerfile에는 컨테이너가 시작될 때 모든 테스트를 실행하도록 CMD 지시어를 사용한다.

```
FROM sixeyed/nunit:3.9.0-windowsservercore-ltsc2019

WORKDIR /e2e-tests
CMD nunit3-console NerdDinner.EndToEndTests.dll

COPY --from=builder C:\e2e-tests .
```

이 이미지로부터 컨테이너를 실행할 수 있으며 http://nerd-dinner-test에 브라우저로
접속해 테스트 스위트를 시작할 수 있다. 응답 내용에 예상되는 헤더 텍스트가 들어 있는
지 검사한다. 이 간단한 테스트는 실제로 새 홈페이지 컨테이너와 리버스 프록시 컨테이
너가 모두 실행 중인지, Docker 네트워크에서 서로 접근할 수 있는지, 프록시 규칙이 올
바로 설정됐는지 검증한다.

> 테스트에는 시나리오 하나만 있지만 전체 스택이 컨테이너에서 실행되므로 애플리케이션의 주요 기능을 실행하는 중요 테스트 모음을 만들기는 매우 쉽다. 알려진 테스트 데이터로 사용자 지정 데이터베이스 이미지를 만들고 간단한 시나리오를 구상해 사용자 로그인, 목록 저녁식사 및 저녁식사 만들기 작업 흐름을 확인할 수 있다. 테스트 검증 단계에서 SQL 서버 컨테이너를 쿼리해 새 데이터가 삽입됐는지 확인할 수 있다.

젠킨스에서 빌드 단계를 실행한 다음에는 이러한 엔드 투 엔드 테스트를 실행한다. 다시 말하지만 이 작업은 엔드 투 엔드 컨테이너 이미지를 구축한 후 컨테이너를 실행하는 간단한 파워셸 스크립트다. 테스트 컨테이너는 애플리케이션 같은 Docker 네트워크에서 실행되므로 헤드리스 브라우저는 URL의 컨테이너 이름을 사용해 웹 애플리케이션에 도달할 수 있다.

```
cd .\ch10\ch10-nerd-dinner

docker image build `
  -t dockeronwindows/ch10-nerd-dinner-e2e-tests:2e `
  -f .\docker\nerd-dinner-e2e-tests\Dockerfile .

$e2eId = docker container run -d dockeronwindows/ch10-nerd-dinner-e2e-tests:2e
```

NUnit은 테스트 결과가 포함된 XML 파일을 만들며 모든 컨테이너를 제거한 후 젠킨스 UI에서 볼 수 있도록 젠킨스 작업 공간에 파일을 추가하는 것은 유용하다. 파워셸 스크립트에서는 docker container cp 명령문을 사용해 run 명령에서 저장된 컨테이너 ID를 사용해 해당 파일을 컨테이너에서 젠킨스 작업 공간의 현재 디렉터리로 복사한다.

```
docker container cp "$($e2eId):C:\e2e-tests\TestResult.xml" .
```

이 단계에서는 해당 파일에서 XML을 읽고 테스트 통과 여부를 결정하기 위한 별도의 파워셸 스크립트를 실행한다(ci\04_test.ps1 파일의 10장의 소스 폴더에서 전체 스크립트를 찾을 수 있다). 완료되면 NUnit의 출력이 젠킨스 로그에 기록된다.

```
[ch10-nerd-dinner] $ powershell.exe ...
30bc931ca3941b3357e3b991ccbb4eaf71af03d6c83d95ca6ca06faeb8e46a33
*** E2E test results:
type            : Assembly
id              : 0-1002
name            : NerdDinner.EndToEndTests.dll
fullname        : NerdDinner.EndToEndTests.dll
runstate        : Runnable
testcasecount   : 1
result          : Passed
start-time      : 2019-02-19 20:48:09Z
end-time        : 2019-02-19 20:48:10Z
duration        : 1.305796
total           : 1
passed          : 1
failed          : 0
warnings        : 0
inconclusive    : 0
skipped         : 0
asserts         : 2

*** Overall: Passed
```

테스트가 완료되면 테스트 단계의 마지막 부분에서 데이터베이스 컨테이너와 다른 모든 애플리케이션 컨테이너가 제거된다. 이 단계에서 docker container ls 명령문을 사용해 작업 과정에 만들어진 컨테이너라는 것을 나타내는 CI 레이블이 있는 모든 컨테이너의 ID 를 나열한 후 강제로 제거한다.

```
docker rm -f $(docker container ls --filter "label=ci" -q)
```

이제 테스트를 거쳐 이상이 없다는 것을 확인한 애플리케이션 이미지를 만들었다. 이미지 는 빌드 서버에만 있으므로 다음 단계는 이미지를 로컬 레지스트리로 푸시하는 것이다.

젠킨스에서 컨테이너 이미지에 태그 지정하고 푸시하기

빌드 프로세스 도중 이미지를 레지스트리로 푸시하는 방법은 선택하기 나름이다. 빌드 번호로 모든 이미지에 태그를 지정하고 CI 빌드의 일부로 모든 이미지 버전을 레지스트리에 푸시해 시작할 수 있다. 효율적인 Dockerfile을 사용하는 프로젝트는 빌드 간 차이가 크지 않으므로 캐시된 레이어의 이점을 누릴 수 있으며 레지스트리에서 사용하는 스토리지 양이 너무 크면 안 된다.

개발 도중 처리해야 할 일이 많고 릴리스 케이던스가 짧은 대규모 프로젝트를 진행한다면 스토리지에 대한 요구 사항을 맞추기 어려울 수 있다. 이때 예약된 푸시를 사용하면 매일 이미지에 태그를 지정하고 최신 빌드를 레지스트리로 푸시할 수 있다. 또는 수동 품질 게이트가 구성된 파이프라인이 있으면 최종 릴리스 단계가 레지스트리로 푸시될 수 있으므로 이렇게 만들어진 이미지만 유효한 릴리스 후보로 보고 관리할 수 있다.

샘플 CI 작업에서는 테스트가 통과되면 젠킨스 빌드 번호를 이미지 태그로 사용해 빌드가 성공할 때마다 로컬 레지스트리로 푸시한다. 이미지에 태그를 지정하고 푸시하는 빌드 단계는 젠킨스의 `BUILD_TAG` 환경 변수를 사용해 태그를 지정하는 또 다른 파워셸 스크립트다.

```
$images = 'ch10-nerd-dinner-db:2e',
          'ch10-nerd-dinner-index-handler:2e',
          'ch10-nerd-dinner-save-handler:2e',
          ...
foreach ($image in $images) {
   $sourceTag = "dockeronwindows/$image"
   $targetTag = "registry:5000/dockeronwindows/$image-$($env:BUILD_TAG)"

docker image tag $sourceTag $targetTag
   docker image push $targetTag
}
```

이 스크립트는 간단한 루프를 사용해 빌드된 모든 이미지에 새 태그를 적용한다. 새로운 태그에는 로컬 레지스트리 도메인 registry:5000이 들어 있으며 젠킨스 빌드 태그를 접미사로 추가해 이미지의 빌드를 쉽게 확인할 수 있다. 그런 다음 모든 이미지를 로컬 레지스트리로 푸시한다. 젠킨스 컨테이너 같은 Docker 네트워크의 컨테이너에서 다시 실행되므로 컨테이너 이름 레지스트리로 접근할 수 있다.

 레지스트리는 HTTPS가 아닌 HTTP만 사용하도록 구성됐으므로 Docker 엔진 구성에서 안전하지 않은 레지스트리로 명시적으로 추가해야 한다. 4장, Docker 레지스트리와 이미지 공유에서 그 내용을 다뤘다. 젠킨스 컨테이너는 호스트에서 Docker 엔진을 사용하므로 같은 구성을 사용하고 다른 컨테이너에서 실행 중인 레지스트리로 푸시할 수 있다.

몇 가지 빌드가 완료된 후 개발 랩톱에서 레지스트리 API에 대한 REST 호출을 실행해 dockeronwindows/nerd-dinner-index-handler 저장소의 태그를 쿼리할 수 있다. API는 젠킨스가 올바른 태그로 푸시했는지 확인할 수 있도록 메시지 처리기 애플리케이션 이미지의 모든 태그 목록을 제공한다.

```
> Invoke-RestMethod
http://registry:5000/v2/dockeronwindows/ch10-nerd-dinner-index-handler/tags /list
|
>> Select tags

tags
----
{2e-jenkins-docker-on-windows-ch10-nerd-dinner-20,
 2e-jenkins-docker-on-windows-ch10-nerd-dinner-21,
 2e-jenkins-docker-on-windows-ch10-nerd-dinner-22}
```

젠킨스 빌드 태그는 이미지를 만든 작업의 완전한 경로를 제공한다. 젠킨스가 제공하는 GIT_COMMIT 환경 변수를 사용해 커밋 ID로 태그를 이미지에 지정할 수 있다. 태그가 훨씬 짧아지지만 젠킨스 빌드 태그에는 빌드 번호가 증가하므로 태그를 정렬해 항상 최신 버전을 찾을 수 있다. 젠킨스 웹 UI는 각 빌드에 대한 Git 커밋 ID를 표시하므로 작업 번호에서 정확한 소스 개정으로 쉽게 추적할 수 있다.

이제 빌드의 CI 부분을 마쳤다. 젠킨스는 Git 서버에 대한 모든 새로운 푸시가 있을 때마다 애플리케이션을 컴파일, 배포, 테스트한 후 검증된 이미지를 로컬 레지스트리에 푸시할 것이다. 다음 할 일은 솔루션을 공용 환경에 배포하는 것이다.

▌ 젠킨스를 사용해 원격 Docker 스웜에 배포하기

샘플 애플리케이션의 작업 흐름은 수동 품질 게이트를 사용하며 로컬 및 외부 아티팩트에 대한 관심사를 분리한다. 모든 소스 코드는 푸시될 때마다 솔루션이 로컬로 배포되고 테스트가 실행된다. 테스트가 통과하면 이미지가 로컬 레지스트리에 저장된다. 마지막 배포 단계는 이러한 이미지를 외부 레지스트리로 푸시하고 애플리케이션을 공용 환경에 배포하는 것이다. 빌드가 내부적으로 발생하고 승인된 릴리스가 외부로 푸시되는 프로젝트 접근 방식을 시뮬레이션한다.

이 예제에서는 Docker 허브 리포지터리의 이미지를 사용해 애저에서 실행되는 여러 노드로 구성된 Docker 엔터프라이즈 클러스터에 배포한다. 파워셀 스크립트를 계속 사용하면서 기본 docker 명령문을 실행한다. 기본적으로 DTR 같은 다른 레지스트리로 이미지를 푸시하고 온프레미스 Docker 스웜 클러스터에 배포하는 것과 다르지 않다.

배포 단계에서 새 젠킨스 작업을 만들었고 배포할 버전 번호를 사용하도록 전달 인자를 받고 있다. 버전 번호는 CI 빌드의 작업 번호이므로 알려진 버전을 언제든 배포할 수 있다. 새 직업에서는 몇 가지 추가 자격 증명이 필요하다. 애저에서 실행되는 Docker 스웜의 관리자 노드에 연결할 수 있도록 Docker 스웜 관리자의 TLS 인증서 관련 비밀 파일을 추가했다.

또한 릴리스 단계의 일부로 이미지를 Docker 허브에 푸시하려고 한다. 따라서 Docker 허브에 로그인할 때 사용할 수 있는 젠킨스에 사용자 이름 및 비밀번호 자격 증명을 추가했다. 작업 단계에서 인증하기 위해 배포 작업에서 자격 증명에 대한 바인딩을 추가했다. 그러면 사용자 이름과 비밀번호가 환경 변수로 저장될 것이다.

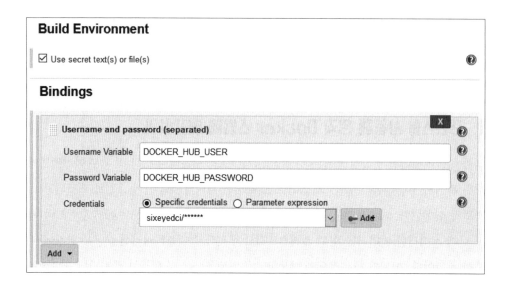

그런 다음 명령문 구성을 설정하고 환경 변수의 자격 증명을 지정해 파워셸 빌드 단계에서 docker login 명령문을 사용했다.

```
docker login --username $env:DOCKER_HUB_USER --password "$env:DOCKER_HUB_
PASSWORD"
```

 레지스트리 로그인은 Docker CLI를 사용해 실행되지만 로그인된 컨텍스트는 실제로는 Docker 엔진에 저장된다. 젠킨스 컨테이너에서 이 단계를 실행하면 해당 컨테이너가 실행 중인 호스트가 젠킨스 자격 증명을 사용해 Docker 허브에 로그인한다. 지금 말한 것과 비슷한 방법을 사용한다면 매번 실행이 끝난 후 작업 마지막 단계에서 Docker 허브로부터 로그아웃하거나 빌드 서버가 실행되는 엔진이 안전한지 확인하는 것이 좋다. 그렇지 않으면 사용자가 해당 시스템에 접근해 젠킨스 계정으로 이미지를 푸시할 수 있다.

이제 빌드된 각 이미지마다 로컬 레지스트리에서 이미지를 가져와 Docker 허브에 태그를 지정한 후 푸시한다. 이전 빌드를 배포할 때 처음에는 이미지를 풀할 수 있다. 빌드 이후 로컬 서버 캐시가 정리됐을 것이므로 로컬 레지스트리에서 올바른 이미지가 제공된다는 것을 분명하게 할 수 있다. Docker 허브에서는 버전 번호를 적용하는 간단한 태그 형식을 사용했다.

이 스크립트는 모든 이미지를 풀하기 위해 파워셸로 반복문을 만들어 사용한다.

```
$images = 'ch10-nerd-dinner-db:2e',
         'ch10-nerd-dinner-index-handler:2e',
         'ch10-nerd-dinner-save-handler:2e',
         ...

foreach ($image in $images) {
  $sourceTag = "registry:5000/dockeronwindows/$image...$($env:VERSION_NUMBER)"
  $targetTag = "dockeronwindows/$image-$($env:VERSION_NUMBER)"

docker image pull $sourceTag
  docker image tag $sourceTag $targetTag
  docker image push $targetTag
}
```

이 단계가 완료되면 이미지가 Docker 허브에서 공개적으로 사용 가능한 상태가 된다. 이제 배포 작업의 마지막 단계는 이러한 공용 이미지를 사용해 원격 Docker 스웜에서 최신 애플리케이션 버전을 실행하는 것이다. 이미지 태그에 최신 버전 번호가 포함된 Compose 파일을 만들어야 하며 이를 위해 재정의 파일과 함께 docker-compose 구성을 사용할 수 있다.

```
cd .\ch10\ch10-nerd-dinner\compose

docker-compose `
  -f .\docker-compose.yml `
```

```
-f .\docker-compose.hybrid-swarm.yml `
-f .\docker-compose.latest.yml `
config > docker-stack.yml
```

docker-compose.latest.yml 파일은 명령에 추가된 마지막 파일이며 젠킨스가 입력한
VERSION_NUMBER 환경 변수를 사용해 이미지 태그를 만든다.

```
services:
  nerd-dinner-db:
    image: dockeronwindows/ch10-nerd-dinner-db:2e-${VERSION_NUMBER}

nerd-dinner-save-handler:
    image: dockeronwindows/ch10-nerd-dinner-save-handler:2e-${VERSION_NUMBER}
  ...
```

 config 명령문은 명명된 파이프를 사용해 컨테이너 내부에서 실행될 때 Docker Compose
를 사용해 컨테이너를 배포하지 못하게 하는 문제의 영향을 받지 않는다. docker-
compose 구성은 파일을 결합하고 구문 분석하며 Docker 엔진과 통신하지 않는다.

이제 Docker 허브의 최신 버전 애플리케이션 이미지를 사용해 하이브리드 리눅스 및 윈
도우 Docker 스웜에 대한 모든 설정이 포함된 Docker Compose 파일을 만들었다. 마
지막 단계는 docker stack deploy 명령문을 사용해 실제로 원격 스웜에서 스택을 실행하
는 것이다.

```
$config = '--host', 'tcp://dow2e-swarm.westeurope.cloudapp.azure.com:2376',
'--tlsverify', `
  '--tlscacert', $env:DOCKER_CA,'--tlscert', $env:DOCKER_CERT, '--tlskey',
$env:DOCKER_KEY

& docker $config `
  stack deploy -c docker-stack.yml nerd-dinner
```

이 마지막 명령문은 원격 스웜 관리자의 Docker API에 대한 보안 TCP 연결을 사용한다. `$config` 객체는 Docker CLI가 연결하는 데 필요한 모든 전달 인자로 설정된다.

- `host` 옵션은 매니저 노드에 접근할 수 있는 외부로 공개된 정규 도메인 이름을 지정하는 옵션이다.
- `tlsverify` 옵션은 CLI가 클라이언트측 인증서를 사용해 보안 연결로 접속해야 한다는 것을 나타낸다.
- `tlscacert` 옵션은 스웜의 CA 인증서를 지정하는 옵션이다.
- `tlscert` 옵션은 사용자를 위한 클라이언트 인증서를 지정하는 옵션이다.
- `tlskey` 옵션은 사용자 클라이언트 인증서의 키를 지정하는 옵션이다.

모든 인증서는 작업이 실행될 때 젠킨스 비밀에서 가져온 파일로 표현된다. Docker CLI가 필요할 때마다 작업 공간에서 파일을 사용할 수 있다. 따라서 매우 자연스럽게 통합된 보안 연결 방식이라고 할 수 있다.

작업이 완료되면 업데이트된 서비스가 배포된다. Docker는 컨테이너를 Docker Compose와 같은 방식으로 스택 정의와 실행 중인 서비스를 비교하므로 정의가 변경됐을 때만 서비스가 업데이트된다. 배포 작업이 완료된 후 공용 DNS 항목(Docker 스웜 클러스터의 CNAME)을 찾아 변경된 애플리케이션을 확인할 수 있다.

이 작업 흐름은 2가지 작업을 사용하므로 QA 또는 프로덕션 환경으로 사용될 수 있는 원

격 환경에 대한 릴리스를 수동으로 제어할 수 있다. 젠킨스를 사용하면 테스트 출력 및 적용 범위를 표시하거나 작업을 재사용 가능한 부품으로 나눠 빌드 파이프라인에 결합하는 등의 기능을 추가해 전체 CD 설정을 쉽게 자동화할 수 있다.

▌ 요약

10장에서는 젠킨스에서 구성된 샘플 배포 작업 흐름으로 Docker의 CI/CD 기능을 설명했다. 10장에서 보여준 프로세스의 모든 부분 즉 Git 서버, 젠킨스, 빌드 에이전트, 테스트 에이전트, 로컬 레지스트리까지 컨테이너에서 실행됐다.

Docker를 사용해 자체 개발 인프라를 실행하는 것이 간단하다는 것을 알 수 있었다. 이렇게 구축한 인프라를 이용해 호스팅 서비스의 대안으로 사용할 수 있다. 전체 CI/CD나 게이트된 수동 단계가 있는 별도 작업 흐름이나 자체 배포 작업 흐름에 이러한 서비스를 사용하는 것도 간단하다.

Docker에서 Gogs Git 서버 및 젠킨스 자동화 서버를 구성하고 실행해 작업 흐름을 강화하는 방법을 알아봤다. 최신 NerdDinner 코드에서 모든 이미지에 다단계 빌드를 사용했으므로 툴체인이나 SDK를 배포할 필요 없이 간편하게 젠킨스 설정을 실행할 수 있다.

만든 CI 파이프라인은 개발자가 Git에 변경 사항을 커밋하면 자동으로 실행된다. 빌드 작업은 소스를 가져와 애플리케이션 구성 요소를 컴파일하고 컨테이너 이미지로 빌드한 후 Docker에서 애플리케이션의 로컬 배포를 실행했다. 그런 다음 다른 컨테이너에서 엔드 투 엔드 테스트를 실행했으며 테스트를 통과하면 모든 이미지에 태그를 지정하고 로컬 레지스트리에 푸시했다.

구축할 버전을 지정해 사용자가 시작한 작업으로 수동 배포 단계를 시연했다. 이 작업은 빌드된 이미지를 공개 Docker 허브로 푸시하고 애저에서 실행되는 Docker 스웜에 스택을 배포해 공개된 환경에 업데이트를 배포하는 작업이다.

10장에서 사용한 기술은 별도로 설치해야 할 복잡한 구성 요소가 없다. Gogs, 젠킨스 및 오픈 소스 레지스트리로 구현한 프로세스는 GitHub, AppVeyor, Docker 허브 같은 호스팅 서비스를 사용해 쉽게 구현할 수 있다. 이 프로세스의 모든 단계는 간단한 파워셸 스크립트를 사용하며 Docker를 지원하는 모든 스택에서 실행할 수 있다.

11장에서는 개발자 관점으로 돌아가 컨테이너에서 애플리케이션을 실행하고 디버깅과 문제를 해결하는 실용적인 방법을 알아본다.

컨테이너로 떠나는 여행

Docker를 시작하는 것은 쉽다. 4부가 끝날 무렵 여러분은 기존 애플리케이션을 Docker로 옮기는 방법, Visual Studio에서 작업을 시작하는 방법과 애플리케이션에 메트릭 정보를 추가해 프로덕션 준비를 하는 방법을 배운다.

4부에서는 다음 내용을 다룬다.

- **11장,** 애플리케이션 컨테이너 디버깅 및 메트릭 보기
- **12장,** 잘 아는 것을 컨테이너로 만들기 – Docker 구현을 위한 지침

11

애플리케이션 컨테이너 디버깅 및 메트릭 보기

Docker는 의존성 관리나 환경 구성 같은 보통 개발자의 작업 흐름에서 방해가 되는 수많은 요소를 제거하고 불필요한 작업에 드는 시간을 획기적으로 줄인다. 개발자가 최종 제품이 실행되는 것과 같은 애플리케이션 플랫폼을 사용해 변경 작업을 실행하면 배포 실수가 훨씬 적고 업그레이드 경로는 간단해지고 이해하기 쉬워진다.

개발 도중 애플리케이션을 컨테이너 안에서 실행하는 것은 개발 환경에 또 다른 계층을 추가하는 것이다. 기존과 달리 Dockerfile이나 Docker Compose 파일 같은 새로운 내용을 다루게 될 것이며 사용하는 통합 개발 환경이 이러한 부분을 잘 지원한다면 효율적인 개발이 가능할 것이다. 또한 통합 개발 환경과 애플리케이션 사이에는 새로운 런타임이 있으므로 효율적으로 디버깅할 수 있을 것이다. 플랫폼의 이점을 최대화하기 위해 기존 작업 방식을 변경해야 할 수도 있다.

11장에서는 Docker를 이용한 개발 프로세스를 알아보고 통합 개발 환경 연동과 디버깅, 컨테이너로 만든 애플리케이션에 메트릭을 추가하는 방법을 알아본다. 11장에서는 다음 내용을 다룬다.

- Docker를 통합 개발 환경에서 함께 사용하는 방법
- 컨테이너로 만든 애플리케이션의 메트릭 보기
- Docker 안에서 애플리케이션 버그를 수정하는 과정

▌ 실습에 필요한 준비

11장의 예제를 따라하기 위해서는 윈도우 10 2018년 10월 업데이트 (1809) 또는 그 이후 버전에서 윈도우용 Docker 데스크톱을 사용하거나 윈도우 서버 2019에서 Docker 엔터 프라이즈를 사용해야 한다. 11장의 코드는 https://github.com/sixeyed/docker-on-windows/tree/second-edition/ch11에서 확인할 수 있다.

▌ Docker를 통합 개발 환경에서 함께 사용하는 방법

10장에서는 개발자가 변경 사항을 푸시할 때 중앙 소스 제어에서 트리거되는 컨테이너화된 외부 루프, 코드를 컴파일하고 이미지를 만드는 CI 프로세스를 시연했다. 통합 개발 환경IDE은 내부 루프에 대한 컨테이너화된 작업 방식을 지원하기 시작했다. 이 프로세스는 중앙 소스 제어로 변경 사항을 적용하기 전에 컨테이너에서 애플리케이션을 만들고 실행하고 디버깅하는 개발자 프로세스다.

Visual Studio 2017은 IntelliSense 및 Dockerfile의 자동 코드 완성을 포함해 Docker 아티팩트를 기본적으로 지원한다. 컨테이너에서 실행되는 ASP.NET 프로젝트(.NET Framework 및 .NET Core)에 대한 런타임 지원도 있다. Visual Studio 2017에서 F5 키를

누르면 윈도우용 Docker 데스크톱에서 실행되는 컨테이너 안에서 웹 애플리케이션이 시작된다. 애플리케이션은 다른 모든 환경에서 사용할 같은 기본 이미지 및 Docker 런타임을 사용한다.

Visual Studio 2015에는 Docker 아티팩트를 지원하는 플러그인이 있으며 Visual Studio Code에 편리하게 사용할 수 있는 Docker 확장 기능을 설치할 수 있다. Visual Studio 2015 및 Visual Studio Code는 윈도우 컨테이너에서 실행되는 .NET 애플리케이션에 대한 통합 F5 디버깅 환경을 제공하지 않지만 수동으로 구성할 수 있으며 11장에서 더 자세한 방법을 설명한다.

컨테이너 내부를 디버깅할 때 한 가지 문제가 있다. 내부 루프와 외부 루프 사이의 결합을 끊어야 한다. 개발 프로세스는 지속적 통합[CI] 프로세스와 다른 Docker 아티팩트 세트를 사용해 컨테이너에서 디버거를 사용 가능하게 구성하고 애플리케이션 어셈블리를 소스 코드에 연결한다. 이렇게 할 때의 이점은 익숙한 개발자 빌드 및 디버그 환경을 사용해 개발 중인 컨테이너에서 사용하던 프로그램을 실행할 수 있다는 것이다. 반면 단점은 개발 컨테이너 이미지가 테스트하도록 공개할 이미지와 정확하게 동일하지 않다는 것이다.

이 문제를 최소화할 좋은 방법은 기능 개발을 빠르게 진척할 수 있도록 로컬 Docker 아티팩트를 사용해 개발하는 것이다. 그런 다음 변경 사항을 적용하기 전에 최종 빌드 및 엔드 투 엔드 테스트를 위해 여전하게 로컬로 실행 중인 CI Docker 아티팩트를 사용한다.

Visual Studio 2017의 Docker 지원

Visual Studio 2017부터는 여러 .NET 통합 개발 환경 중에서 가장 완벽하게 Docker를 지원한다. Visual Studio 2017에서 ASP.NET Framework 웹 API 프로젝트를 열고 마우스 오른쪽을 클릭한 후 나타나는 메뉴에서 **추가 > 컨테이너 오케스트레이터 지원** 메뉴를 클릭한다.

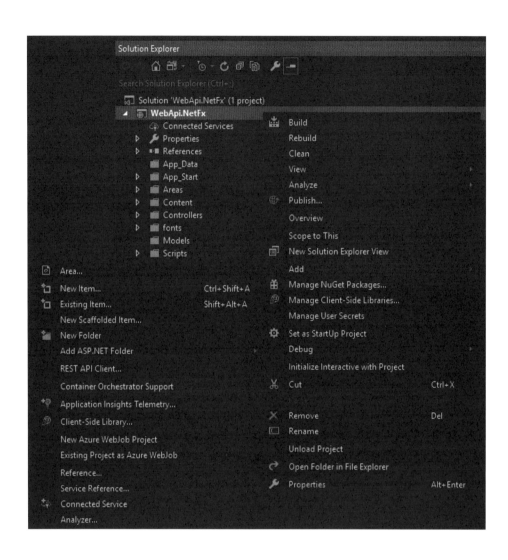

유일하게 사용 가능한 오케스트레이터 옵션은 Docker Compose뿐이다. Visual Studio
는 그 다음 몇 가지 Docker 아티팩트를 만든다. 웹 프로젝트에서는 다음과 같은 형태로
Dockerfile을 만든다.

```
FROM microsoft/aspnet:4.7.2-windowsservercore-1803
ARG source
```

```
WORKDIR /inetpub/wwwroot
COPY ${source:-obj/Docker/publish} .
```

Dockerfile 구문을 완전하게 이해하는 IntelliSense 기능을 사용할 수 있으므로 지시어 위에 마우스를 놓으면 지시어에 대한 자세한 설명을 볼 수 있고 **Ctrl + 스페이스 바** 키를 누르면 모든 Dockerfile 지시어에 대한 프롬프트를 열 수 있다.

만들어진 Dockerfile은 `microsoft/aspnet` 기본 이미지를 사용하며 이 이미지 안에는 ASP.NET 4.7.2의 모든 구성 요소를 포함하고 바로 사용할 수 있도록 미리 구성했다. 이 책을 집필하는 현 시점에 Dockerfile은 구 버전의 윈도우 기본 이미지를 사용하므로 최신 버전인 윈도우 서버 2019 기본 이미지를 기반으로 하는 `mcr.microsoft.com/dotnet/framework/aspnet:4.7.2-windowsservercore-ltsc2019`로 사용할 이미지를 수동으로 변경해줘야 한다.

Dockerfile은 빌드 전달 인자를 사용해 소스 폴더의 위치를 지정한 다음 해당 폴더의 내용을 웹 루트 디렉터리인 컨테이너 이미지 내부의 `C:\inetpub\wwwroot` 디렉터리에 파일을 복사하므로 이상해 보인다.

솔루션 루트에서 Visual Studio는 Docker Compose 파일 세트를 만든다. 이렇게 만든 여러 파일이 있으며 Visual Studio는 이 파일을 포함해 Docker Compose의 `build`, `up` 명령문으로 애플리케이션을 이미지로 만들고 실행한다. **F5** 키를 사용해 애플리케이션을 실행하면 백그라운드에서 작동하지만 Visual Studio에서 빌드 도구를 사용하는 방법을 알아볼 가치가 있다. 이 레벨의 지원을 다른 통합 개발 환경에 어떻게 추가할 수 있는지 자세한 방법을 보여주기 때문이다.

Docker Compose로 Visual Studio 2017에서 디버깅하기

만들어진 Docker Compose 파일은 솔루션 개체의 최상위 수준에 만들어진다.

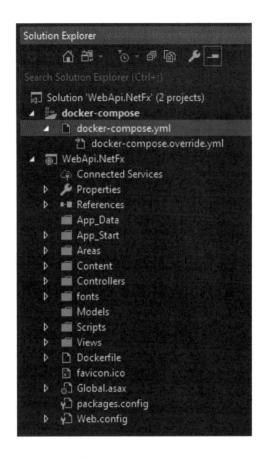

웹 애플리케이션이 서비스로 정의된 Dockerfile의 빌드 세부 사항이 포함된 기본 docker-compose.yml 파일이 있다.

```
version: '3.4'

services:
  webapi.netfx:
    image: ${DOCKER_REGISTRY-}webapinetfx
    build:
      context: .\WebApi.NetFx
      dockerfile: Dockerfile
```

docker-compose.override.yml 파일도 있다. 이 파일은 포트 및 네트워크 구성을 추가해 로컬로 실행할 수 있다.

```
version: '3.4'

services:
  webapi.netfx:
    ports:
      - "80"
networks:
  default:
    external:
      name: nat
```

컴파일은 Docker가 아닌 Visual Studio에서 실행되므로 애플리케이션 빌드 관련 내용은 없다. 빌드된 애플리케이션 바이너리는 개발자 컴퓨터에 있으며 컨테이너에 복사된다. F5를 누르면 컨테이너가 시작되고 Visual Studio는 컨테이너의 IP 주소에서 브라우저를 시작한다. Visual Studio에서 코드에 중단점을 추가할 수 있으며 브라우저에서 해당 코드로 이동하면 Visual Studio의 디버거로 이동한다.

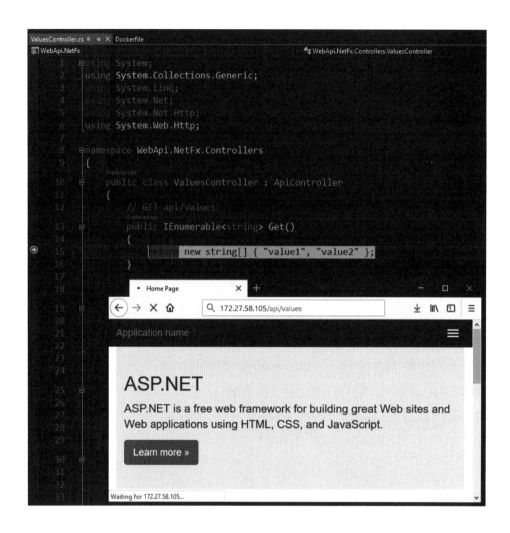

완벽하게 동작하지만 무슨 일이 일어나고 있는지 불확실하다. 컴퓨터의 Visual Studio 디버거는 컨테이너 내부의 바이너리에 어떻게 연결될까? 다행스럽게도 Visual Studio는 자신이 실행하는 모든 Docker 명령문을 출력 창에 기록하므로 작동 방식을 추적할 수 있다.

빌드 출력 창에 다음과 같은 내용이 표시된다.

```
1>------ Build started: Project: WebApi.NetFx, Configuration: Debug Any CPU ------
1>   WebApi.NetFx -> C:\Users\Administrator\source\repos\WebApi.NetFx\WebApi.
```

```
NetFx\bin\WebApi.NetFx.dll
2>------ Build started: Project: docker-compose, Configuration: Debug Any CPU ---
---
2>docker-compose   -f "C:\Users\Administrator\source\repos\WebApi.NetFx\docker-
compose.yml" -f "C:\Users\Administrator\source\repos\WebApi.NetFx\docker-compose.
override.yml" -f "C:\Users\Administrator\source\repos\WebApi.NetFx\obj\Docker\
docker-compose.vs.debug.g.yml" -p dockercompose1902887664513455984 --no-ansi up
-d
2>dockercompose1902887664513455984_webapi.netfx_1 is up-to-date
========== Build: 2 succeeded, 0 failed, 0 up-to-date, 0 skipped ==========
```

빌드가 먼저 발생하고 컨테이너가 docker-compose up 명령문으로 시작된다는 것을 알 수 있다. 이미 본 docker-compose.yml 및 docker-compose.override.yml 파일은 docker-compose.vs.debug.g.yml 파일과 함께 사용한다. Visual Studio는 프로젝트를 빌드할 때 해당 파일을 만드므로 내용을 확인하려면 솔루션에 있는 모든 파일을 표시해야 한다. 숨은 파일 중에 추가적인 Docker Compose 설정이 들어 있다.

```
services:
  webapi.netfx:
    image: webapinetfx:dev
    build:
      args:
        source: obj/Docker/empty/
    volumes: - C:\Users\Administrator\source\repos\WebApi.NetFx\WebApi.NetFx:C:\
inetpub\wwwroot
      - C:\Program Files (x86)\Microsoft Visual Studio\2017\Professional\Common7\
IDE\Remote Debugger:C:\remote_debugger:ro
    entrypoint: cmd /c "start /B C:\\ServiceMonitor.exe w3svc & C:\\remote_
debugger\\x64\\msvsmon.exe /noauth /anyuser /silent /nostatus /noclrwarn /
nosecuritywarn /nofirewallwarn /nowowwarn /timeout:2147483646"
```

무슨 일을 하는지 하나씩 알아보자.

- 컨테이너 이미지는 dev 태그를 사용해 릴리스 빌드와 구별한다.

- 소스 위치를 설정하는 빌드용 전달 인자로는 빈 디렉터리를 지정한다.

- 볼륨은 호스트의 프로젝트 폴더에서 컨테이너에 웹 루트를 마운트할 때 사용한다.

- 두 번째 볼륨은 호스트의 컨테이너에 Visual Studio 원격 디버거를 마운트할 때 사용한다.

- 진입점에서 IIS를 실행하기 위해 ServiceMonitor를 시작한 다음 원격 디버거인 msvsmon을 시작한다.

디버그 모드에서 소스 코드 환경 변수의 전달 인자는 빈 디렉터리다. Visual Studio는 빈 wwwroot 디렉터리로 컨테이너 이미지를 빌드한 다음 호스트의 소스 코드 폴더를 컨테이너의 웹 루트에 마운트해 실행할 때 해당 폴더를 채운다.

컨테이너가 실행될 때 Visual Studio는 컨테이너 안에서 일부 명령문을 실행해 권한을 설정하므로 원격 디버거 도구가 작동할 수 있다. Docker의 출력 창에 다음과 같은 내용이 표시될 것이다.

```
========== Debugging ==========
docker ps --filter "status=running" --filter "name=dockercompo
se1902887664513455984_webapi.netfx_" --format {{.ID}} -n 1
3e2b6a7cb890
docker inspect --format="{{range .NetworkSettings.Networks}}{{.IPAddress}}
{{end}}" 3e2b6a7cb890
172.27.58.105
docker exec 3e2b6a7cb890 cmd /c "C:\Windows\System32\inetsrv\appcmd.exe set
config -section:system.applicationHost/applicationPools /[name='DefaultAppPool'].
processModel.identityType:LocalSystem /commit:apphost & C:\Windows\System32\
inetsrv\appcmd.exe set config -section:system.webServer/security/authentication/
anonymousAuthentication /userName: /commit:apphost"
Applied configuration changes to section "system.applicationHost/
applicationPools" for "MACHINE/WEBROOT/APPHOST" at configuration commit path
"MACHINE/WEBROOT/APPHOST"
Applied configuration changes to section "system.webServer/security/
authentication/anonymousAuthentication" for "MACHINE/WEBROOT/APPHOST" at
```

```
configuration commit path "MACHINE/WEBROOT/APPHOST"
Launching http://172.27.58.105/ ...
```

Visual Studio가 Docker Compose로 시작한 컨테이너의 ID를 가져온 다음 **appcmd**를 실행해 IIS 애플리케이션 풀이 관리 계정을 사용하도록 설정하고 웹 서버가 익명 인증을 허용하도록 설정한다.

Visual Studio 2017은 디버깅을 중지할 때 컨테이너가 백그라운드에서 계속 실행되도록 한다. 프로그램을 변경하고 다시 빌드하면 시작할 때 오래 걸리지 않도록 같은 컨테이너를 사용한다. 프로젝트 위치를 컨테이너에 마운트하면 콘텐츠나 바이너리의 변경 사항이 다시 빌드될 때 반영된다. 호스트에서 원격 디버거를 마운트하면 이미지에 개발 도구가 구워지지 않고 호스트에 남는다.

이 과정은 빠른 피드백을 받는 내부 루프 프로세스다. 애플리케이션을 변경하고 다시 빌드할 때마다 컨테이너에 이러한 변경 사항이 표시된다. 하지만 디버그 모드의 컨테이너 이미지는 외부 루프 CI 프로세스에 사용할 수 없다. 애플리케이션은 이미지에 복사되지 않는다. 이 방식은 로컬 소스의 애플리케이션을 컨테이너에 마운트할 때만 작동한다.

외부 루프를 지원하기 위해 숨은 두 번째 재정의 파일인 `docker-compose.vs.release.g.yml` 에 릴리스 모드용 Docker Compose 재정의 파일도 있다.

```
services:
  webapi.netfx:
    build:
      args:
        source: obj/Docker/publish/
    volumes:
      - C:\Program Files (x86)\Microsoft Visual Studio\2017\Professional\Common7\
IDE\Remote Debugger:C:\remote_debugger:ro
      entrypoint: cmd /c "start /B C:\\ServiceMonitor.exe w3svc & C:\\remote_
debugger\\x64\\msvsmon.exe /noauth /anyuser /silent /nostatus /noclrwarn /
nosecuritywarn /nofirewallwarn /nowowwarn /timeout:2147483646"
```

```
labels:
    com.microsoft.visualstudio.debuggee.program: "C:\\app\\WebApi.NetFx.dll"
    com.microsoft.visualstudio.debuggee.workingdirectory: "C:\\app"
```

여기서 차이점은 로컬 소스 위치를 컨테이너의 웹 루트에 맵핑하는 볼륨이 없다는 것이다. 릴리스 모드에서 컴파일할 때 소스 전달 인자 값은 웹 애플리케이션이 포함된 게시된 위치다. Visual Studio는 게시된 애플리케이션을 컨테이너 이미지로 만들어 릴리스 이미지를 빌드한다.

릴리스 모드에서는 여전하게 컨테이너에서 애플리케이션을 실행하고 애플리케이션을 디버깅할 수 있다. 하지만 애플리케이션을 변경하려면 Visual Studio에서 컨테이너 이미지를 다시 만들고 새 컨테이너를 시작해야 하므로 빠른 피드백 루프가 손실된다.

이것은 공정한 타협이며 Visual Studio 2017의 Docker 툴링은 CI 빌드의 기초와 함께 완벽한 개발 환경을 제공한다. Visual Studio 2017은 다단계 빌드를 사용하지 않으므로 프로젝트 컴파일은 컨테이너가 아닌 호스트에서 계속 이뤄진다. 이 때문에 만들어진 Docker 아티팩트의 이식성이 떨어질 수 있으므로 서버에서 이 애플리케이션을 빌드하려면 Docker 외에 추가적인 것이 필요하다.

Visual Studio 2015의 Docker 지원

Visual Studio 2015에서는 마켓플레이스에서 **Visual Studio Tools for Docker**라는 플러그인을 받을 수 있다. Dockerfile의 구문 강조 표시를 제공하지만 Visual Studio는 .NET Framework용 Docker 애플리케이션과 통합되지 않는다. Visual Studio 2015를 사용하면 Docker 지원을 .NET Core 프로젝트에 추가할 수 있지만 .NET Framework 애플리케이션용 고유한 Dockerfile 및 Docker Compose 파일은 수동으로 만들어야 한다.

또한 윈도우 컨테이너에서 실행되는 애플리케이션에 대한 통합 디버깅도 지원되지 않는다. 컨테이너에서 실행 중인 코드를 계속 디버깅할 수 있지만 설정을 수동으로 구성해야 한다. Visual Studio 2017과 같은 접근 방식과 절충안을 사용해 이 작업을 실행하는 방법을 알아보겠다.

Visual Studio 2017에서는 원격 디버거가 포함된 폴더를 호스트에서 컨테이너로 마운트할 수 있다. 프로젝트를 실행할 때 Visual Studio는 컨테이너를 시작하고 원격 디버거 에이전트인 호스트에서 `msvsmon.exe`를 실행한다. 디버깅 환경을 구축하기 위해 이미지에 아무 것도 설치할 필요가 없다.

Visual Studio 2015의 원격 디버거는 이식성이 떨어진다. 컨테이너의 호스트에서 디버거를 마운트할 수 있지만 에이전트를 시작하려고 하면 누락된 파일에 대한 오류가 표시된다. 이 방법 대신 이미지에 원격 디버거를 설치해야 한다.

`ch11-webapi-vs2015` 폴더 안에 모든 파일을 미리 구비해뒀다. 이 이미지의 Dockerfile에서 구성 값이 디버그로 설정되면 빌드 시점의 전달 인자를 사용해 디버거를 조건부로 설치한다. 즉 디버거가 설치된 상태에서 로컬로 빌드할 수 있지만 배포용으로 빌드할 때 이미지에서 디버거는 제외된다.

```
ARG configuration

RUN if ($env:configuration -eq 'debug') `
 { Invoke-WebRequest -OutFile c:\rtools_setup_x64.exe -UseBasicParsing
-Uri http://download.microsoft.com/download/1/2/2/1225c23d-3599-48c9-a314-
f7d631f43241/rtools_setup_x64.exe; `
 Start-Process c:\rtools_setup_x64.exe -ArgumentList '/install', '/quiet'
-NoNewWindow -Wait }
```

디버그 모드에서 실행할 때 Visual Studio 2017과 같은 접근 방식을 사용해 호스트의 소스 디렉터리를 컨테이너에 마운트하지만 기본 웹사이트를 사용하는 대신 커스텀 웹사이트를 만든다.

```
ARG source
```

```
WORKDIR C:\web-app
RUN Remove-Website -Name 'Default Web Site'; `
New-Website -Name 'web-app' -Port 80 -PhysicalPath 'C:\web-app'
COPY ${source:-.\Docker\publish} .
```

COPY 지시어의 :- 구문은 소스 전달 인자가 제공되지 않았을 때 기본 값을 지정한다. 빌
드 명령에 지정되지 않았을 때 게시된 웹 애플리케이션에서 복사하는 것이 기본이다. 기
본 서비스 정의가 있는 핵심 docker-compose.yml 파일과 호스트 소스 위치를 마운트하고
디버거 포트를 맵핑하고 구성 변수를 지정하는 docker-compose.debug.yml 파일이 있다.

```
services:
  ch11-webapi-vs2015:
    build:
      context: ..\
      dockerfile: .\Docker\Dockerfile
    args:
      - source=.\Docker\empty
      - configuration=debug
  ports:
    - "3702/udp"
    - "4020"
    - "4021"
  environment:
    - configuration=debug
  labels:
    - "com.microsoft.visualstudio.targetoperatingsystem=windows"
  volumes:
    - ..\WebApi.NetFx:C:\web-app
```

 Compose 파일에 지정된 레이블이 키 값 쌍을 컨테이너에 추가한다. 환경 변수와 달리 값
은 컨테이너 내부에 표시되지 않지만 호스트의 외부 프로세스에는 표시된다. 이때 Visual
Studio에서 컨테이너 운영 체제의 종류를 확인할 때 사용한다.

```
```

디버그 모드에서 애플리케이션을 시작하려면 2개의 Compose 파일을 사용해 애플리케이션을 시작한다.

```
docker-compose -f docker-compose.yml -f docker-compose.debug.yml up -d
```

이제 컨테이너는 컨테이너 내부에서 인터넷 정보 서비스[IIS]를 사용해 웹 애플리케이션을 실행하며 Visual Studio 원격 디버거 에이전트도 실행 중인 상태다. Visual Studio 2015 에서 원격 프로세스에 연결하고 컨테이너의 IP 주소를 사용할 수 있다.

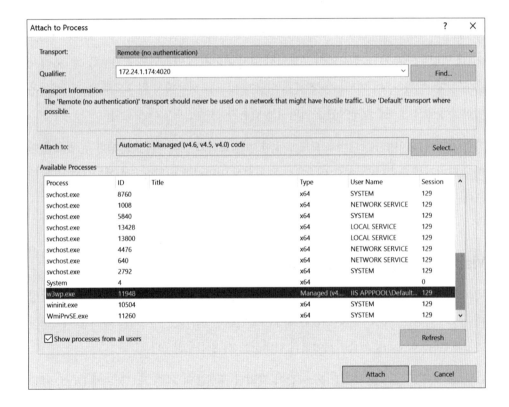

Visual Studio의 디버거는 컨테이너에서 실행되는 에이전트에 연결되며 로컬 프로세스의 디버깅과 마찬가지로 중단점을 추가하고 변수를 볼 수 있다. 이러한 방식에서 컨테이

너는 웹 애플리케이션의 콘텐츠에 호스트 마운트를 사용한다. 새 컨테이너를 시작하지 않고도 디버거를 중지하고 변경하고 애플리케이션을 다시 빌드하며 같은 컨테이너에서 변경 사항을 볼 수 있다.

이러한 방법은 Visual Studio 2017의 통합 Docker 지원과 같은 장·단점이 있다. 로컬 디버깅을 위해 컨테이너에서 이 애플리케이션을 실행하므로 Visual Studio 디버거의 모든 기능을 사용하며 다른 환경에서 사용할 같은 플랫폼에서 애플리케이션이 실행된다. 하지만 Dockerfile에는 조건부 분기가 있어 같은 이미지를 사용하지 않으므로 디버그 및 릴리스 모드에 따라 각각 다른 출력을 만든다.

Docker 아티팩트에서 디버거 지원을 수동으로 빌드하면 장점이 있다. 기본 `docker image build` 명령문이 추가 결과물 없이 프로덕션 준비 이미지를 만들도록 조건부로 Dockerfile을 구성할 수 있다. 이 예제는 여전하게 다단계 빌드를 사용하지 않으므로 Dockerfile은 이식성이 없으며 애플리케이션을 이미지로 만들기 전에 컴파일해야 한다.

개발 과정에서 이미지를 디버그 모드에서 한 번 빌드하고 컨테이너를 실행한 후 필요할 때마다 디버거를 연결한다. 통합 테스트는 프로덕션 이미지를 빌드하고 실행하므로 내부 루프에만 추가 디버거 구성 요소가 있다.

Visual Studio Code의 Docker 지원

Visual Studio Code는 크로스 플랫폼 개발을 위한 새로운 크로스 플랫폼 통합 개발 환경이다. C# 확장은 .NET Core 애플리케이션에 연결할 수 있는 디버거를 함께 설치해주지만 .NET Framework 애플리케이션의 디버깅은 지원하지 않는다.

Docker 확장은 Go 및 .NET Core 같이 알려진 플랫폼의 기존 프로젝트에 Dockerfile 및 Docker Compose 파일을 추가하는 기능을 포함해 매우 유용한 기능을 추가한다. Dockerfile을 .NET Core 프로젝트에 추가하고 윈도우 또는 리눅스 컨테이너를 기본으로 사용하도록 선택할 수 있다. F1 키를 누르고 docker를 입력한 후 **Docker 파일을 작업 영**

역에 **추가**를 선택한다.

.NET Core Web API 프로젝트를 위해 만들어진 Dockerfile은 다음과 같다.

```
FROM microsoft/dotnet:2.2-aspnetcore-runtime-nanoserver-1803 AS base
WORKDIR /app
EXPOSE 80

FROM microsoft/dotnet:2.2-sdk-nanoserver-1803 AS build
WORKDIR /src
COPY ["WebApi.NetCore.csproj", "./"]
RUN dotnet restore "./WebApi.NetCore.csproj"
COPY . .
WORKDIR "/src/."
RUN dotnet build "WebApi.NetCore.csproj" -c Release -o /app

FROM build AS publish
RUN dotnet publish "WebApi.NetCore.csproj" -c Release -o /app

FROM base AS final
WORKDIR /app
COPY --from=publish /app .
ENTRYPOINT ["dotnet", "WebApi.NetCore.dll"]
```

이전 버전의 .NET Core 기본 이미지를 사용하므로 우선 FROM 행의 nanoserver-1803 태그를 nanoserver-1809로 바꿔야 한다. 이 확장은 빌드 및 게시 단계용 SDK 이미지와 최종 이미지용 ASP.NET Core 런타임을 사용해 여러 단계로 구성된 Dockerfile을 만든다. Visual Studio Code는 Dockerfile에서 실제로 필요한 것보다 많은 단계를 만들지만 설계 과정에서 유도된 결과다.

 Visual Studio Code는 .dockerignore 파일도 만든다. 이 기능으로 컨테이너 이미지 빌드 속도를 높일 수 있어 유용하다. 이 파일에는 Dockerfile에서 사용하지 않는 파일이나 디렉터리 경로가 나열되며 빌드 컨텍스트에서 제외된다. 모든 bin, obj, packages 폴더를 제외하면 Docker CLI가 이미지를 빌드할 때 Docker 엔진에 훨씬 작은 페이로드를 전송하므로 빌드가 훨씬 빨라질 수 있다.

F1 | docker tasks를 사용해 이미지를 빌드하고 컨테이너를 실행할 수 있지만 Visual Studio 2017처럼 Docker Compose 파일을 자동으로 만드는 기능은 제공되지 않는다.

Visual Studio Code에는 프로젝트를 실행하고 디버깅하기 위한 매우 유연한 시스템이 있으므로 윈도우 컨테이너에서 실행되는 애플리케이션에 대한 디버깅 지원을 제공하기 위해 구성을 별도로 추가할 수 있다. launch.json 파일을 편집해 Docker에서 디버깅을 위한 새 구성을 추가할 수 있다.

ch11-webapi-vscode 폴더에는 Docker에서 애플리케이션을 실행하고 디버거를 연결하도록 만들어둔 샘플 .NET Core 프로젝트가 들어 있다. 여기서도 Visual Studio 2017과 같은 접근 방식을 사용한다. .NET Core용 디버거는 vsdbg라고 하며 Visual Studio Code에서 C# 확장과 함께 설치되므로 docker-compose.debug.yml 파일을 사용해 소스 위치와 함께 호스트에서 컨테이너로 vsdbg 폴더를 마운트한다.

```
volumes:
  - .\bin\Debug\netcoreapp2.2:C:\app
  - ~\.vscode\extensions\ms-vscode.csharp-1.17.1\.debugger:C:\vsdbg:ro
```

디버그 재정의 파일을 사용해 Docker Compose로 애플리케이션을 실행하면 .NET Core 애플리케이션이 시작되고 호스트의 디버거가 컨테이너에서 실행할 수 있다. launch.json 파일의 Visual Studio Code에서 디버깅 환경을 만들기 위해 이렇게 만들었다. 디버그 컨테이너 구성에서 디버그할 애플리케이션의 종류와 연결할 프로세스 이름을 지정한다.

```
"name": "Debug Docker container",
"type": "coreclr",
"request": "attach",
"sourceFileMap": {
    "C:\\app": "${workspaceRoot}"
},
"processName": "dotnet"
```

이 구성은 또한 컨테이너의 애플리케이션 루트를 호스트의 소스 코드 위치에 연결하므로 디버거는 올바른 소스 파일을 디버그 파일과 연관시킬 수 있다. 또한 디버거 구성은 명명된 컨테이너에서 docker container exec 명령문을 실행해 디버거를 시작하는 방법을 지정한다.

```
"pipeTransport": {
 "pipeCwd": "${workspaceRoot}",
 "pipeProgram": "docker",
 "pipeArgs": [
   "exec", "-i", "webapinetcore_webapi_1"
 ],
 "debuggerPath": "C:\\vsdbg\\vsdbg.exe",
 "quoteArgs": false
```

```
}
```

이 애플리케이션을 디버깅하려면 재정의 파일과 함께 Docker Compose를 사용해 디버그 구성에서 애플리케이션을 빌드하고 실행해야 한다.

```
docker-compose -f .\docker-compose.yml -f .\docker-compose.debug.yml build
docker-compose -f .\docker-compose.yml -f .\docker-compose.debug.yml up -d
```

그런 다음 Debug 액션을 사용하고 Debug Docker container를 선택해 디버거를 활성화할 수 있다.

Visual Studio Code는 컨테이너 내부에서 .NET Core 디버거 **vsdbg**를 시작해 실행 중인 .NET 프로세스에 연결한다. .NET Core 애플리케이션의 출력이 Visual Studio Code의 **디버그 콘솔** 창으로 리디렉션되는 것을 볼 수 있다.

```
PROBLEMS   OUTPUT   DEBUG CONSOLE   TERMINAL

Loaded 'C:\Program Files\dotnet\shared\Microsoft.NETCore.App\2.2.1\System.Xml.ReaderWriter.dll'. Skipped loading symbols. Module i
s optimized and the debugger option 'Just My Code' is enabled.
Loaded 'C:\Program Files\dotnet\shared\Microsoft.NETCore.App\2.2.1\Microsoft.Win32.Primitives.dll'. Skipped loading symbols. Modul
e is optimized and the debugger option 'Just My Code' is enabled.
Microsoft.AspNetCore.Hosting.Internal.WebHost:Information: Request starting HTTP/1.1 GET http://localhost:8081/api/values
Microsoft.AspNetCore.Routing.EndpointMiddleware:Information: Executing endpoint 'WebApi.NetCore.Controllers.ValuesController.Get
(WebApi.NetCore)'
Microsoft.AspNetCore.Mvc.Internal.ControllerActionInvoker:Information: Route matched with {action = "Get", controller = "Values"}.
 Executing action WebApi.NetCore.Controllers.ValuesController.Get (WebApi.NetCore)
Microsoft.AspNetCore.Mvc.Internal.ControllerActionInvoker:Information: Executing action method WebApi.NetCore.Controllers.ValuesCo
ntroller.Get (WebApi.NetCore) - Validation state: Valid
Microsoft.AspNetCore.Mvc.Internal.ControllerActionInvoker:Information: Executed action method WebApi.NetCore.Controllers.ValuesCon
troller.Get (WebApi.NetCore), returned result Microsoft.AspNetCore.Mvc.ObjectResult in 0.1054ms.
Microsoft.AspNetCore.Mvc.Infrastructure.ObjectResultExecutor:Information: Executing ObjectResult, writing value of type 'System.St
ring[]'.
Microsoft.AspNetCore.Mvc.Internal.ControllerActionInvoker:Information: Executed action WebApi.NetCore.Controllers.ValuesControlle
```

> ℹ️ 이 책을 집필하는 현 시점에서 Visual Studio Code는 윈도우 컨테이너 안에서 실행되는 디
> 버거와 완전하게 통합되지 않았다. 코드에 중단점을 추가하면 디버거가 프로세스를 일시 중
> 단하지만 제어권은 Visual Studio Code로 전달되지 않는다. 이러한 현상은 나노 서버 컨
> 테이너 안에서 OmniSharp 디버거를 실행할 때 발생하는 알려진 문제다. https:///gitgit.
> com/OmniSharp/omnisharp-vscode/issues/1001에서 자세한 내용을 확인할 수 있다.

컨테이너에서 애플리케이션을 실행하고 항상 사용하던 통합 개발 환경에서 디버깅할 수
있다는 것은 큰 이점이다. 애플리케이션이 같은 플랫폼에서 실행되고 다른 모든 환경에
서 사용하는 같은 배포 구성으로 실행되지만 로컬에서 실행되는 것처럼 코드를 단계별로
실행할 수 있다.

통합 개발 환경에서 Docker 지원이 빠르게 개선되고 있으므로 11장에서 자세하게 설명한
모든 수동 단계는 곧 제품 및 확장에 완전하게 구현될 것이다. JetBrains Rider는 Docker
와 잘 작동하는 마이크로소프트 이외의 회사가 만드는 .NET을 지원하는 통합 개발 환경의
좋은 예다. Docker API와 통합되며 자체 디버거를 실행 중인 컨테이너에 연결할 수 있다.

▌ 컨테이너로 만든 애플리케이션의 메트릭 보기

로직이 예상대로 작동하지 않고 무엇이 잘못됐는지 추적할 때는 애플리케이션을 디버깅하

는 것이 좋다. 프로덕션 환경에서는 디버깅하지 않으므로 발생하는 문제를 추적할 수 있도록 애플리케이션 동작을 나타내는 로그를 기록해야 한다.

메트릭을 보거나 활용하는 것은 종종 간과되지만 개발할 때 진지하게 고민하는 것이 좋다. 메트릭은 프로덕션 환경에서 애플리케이션의 상태와 활동을 이해하는 가장 좋은 방법이다. Docker에서 애플리케이션을 실행하면 중앙집중식 로깅 및 메트릭 보기에 대한 새로운 기회가 제공되므로 다른 언어와 플랫폼을 사용하더라도 애플리케이션의 여러 부분에서 일관된 뷰를 얻을 수 있다.

애플리케이션에 메트릭을 추가하는 것은 복잡하지 않다. 윈도우 서버 코어 컨테이너는 이미 윈도우 성능 카운터에서 많은 메트릭을 수집한다. .NET 또는 IIS로 빌드된 컨테이너 이미지에는 해당 스택의 모든 추가 성능 카운터가 있다. 성능 카운터 값을 메트릭 서버에 공개하기만 하면 컨테이너의 메트릭을 볼 수 있다.

프로메테우스를 사용한 메트릭 활용하기

Docker 주변 생태계는 플랫폼의 개방형 표준과 손쉬운 확장을 활용해 매우 크고 활동적인 모습을 보여준다. 생태계가 발전하면서 대부분의 컨테이너로 만든 애플리케이션에 포함될 수 있는 강력한 후보로 몇 가지 기술이 등장했다.

프로메테우스는 오픈 소스 모니터링 솔루션이다. 다양한 방법으로 사용할 수 있는 유연한 구성 요소이지만 일반적인 구현은 다른 컨테이너에서 사용할 수 있는 메트릭 엔드 포인트를 읽도록 구성된 컨테이너에서 프로메테우스 서버를 실행하는 것이다.

모든 컨테이너 엔드 포인트를 폴링하도록 프로메테우스를 구성하고 결과를 시계열 데이터베이스에 저장한다. REST API를 추가해 프로메테우스 엔드 포인트를 애플리케이션에 추가할 수 있다. REST API는 프로메테우스 서버의 **GET** 요청에 응답하려는 메트릭 목록으로 응답한다.

.NET Framework 및 .NET Core 프로젝트에서는 애플리케이션에 프로메테우스 엔드포

인트를 추가하는 NuGet 패키지를 사용할 수 있다. 주요 .NET 통계 및 윈도우 성능 카운터 값을 포함해 기본적으로 유용한 메트릭 집합을 제공한다. 애플리케이션에 프로메테우스 지원을 직접 추가하거나 애플리케이션과 함께 프로메테우스 형식으로 데이터를 내보낼 수 있다.

사용하는 방법은 메트릭을 보려는 애플리케이션의 종류마다 다르다. Docker로 옮기는 기존 .NET Framework 애플리케이션에서는 컨테이너 이미지에 프로메테우스 출력 기능을 포함해 기본 메트릭을 추가할 수 있으며 코드를 변경하지 않고도 애플리케이션에 대한 메트릭을 제공할 수 있다. 새로 만드는 애플리케이션에서는 특정 애플리케이션 메트릭을 프로메테우스에 공개하는 코드를 만들 수 있다.

.NET 애플리케이션 메트릭을 프로메테우스에 공개하기

prometheus-net NuGet 패키지는 기본 메트릭 수집기 세트와 프로메테우스가 연결되는 메트릭 엔드포인트를 제공하는 MetricServer 클래스를 제공한다. 이 패키지는 모든 애플리케이션에 프로메테우스 지원을 추가하기에 좋다. 메트릭은 자체 호스팅된 HTTP 엔드포인트에서 제공하며 애플리케이션에 대한 사용자 지정 메트릭을 제공할 수 있다.

dockeronwindows/ch11-api-with-metrics 이미지에서 Web API 프로젝트에 프로메테우스 지원을 추가했다. 메트릭 엔드포인트를 구성하고 시작하는 코드는 PrometheusServer 클래스에 있다.

```
public static void Start()
{
  _Server = new MetricServer(50505);
  _Server.Start();
}
```

포트 50505에서 수신 대기하고 NuGet 패키지가 제공하는 기본 .NET 통계 및 성능 카운터 컬렉터 세트를 실행하는 새 MetricServer 인스턴스가 시작된다. 이들은 주문형 수집기이므로 프로메테우스 서버가 엔드포인트를 호출할 때 메트릭을 제공한다.

MetricServer 클래스는 애플리케이션에서 설정한 모든 사용자 지정 메트릭을 반환한다. 프로메테우스는 다양한 유형의 메트릭을 지원한다. 가장 간단한 카운터는 증가 카운터다. 프로메테우스는 애플리케이션에 메트릭 값을 쿼리하고 애플리케이션은 각 카운터에서 일정한 숫자 값을 반환한다. ValuesController 클래스에서 API에 대한 요청 및 응답을 기록하기 위한 카운터를 설정했다.

```
private Counter _requestCounter = Metrics.CreateCounter("ValuesController_
Requests", "Request count", "method", "url");

private Counter _responseCounter = Metrics.CreateCounter("ValuesController_
Responses", "Response count", "code", "url");
```

컨트롤러에 요청이 들어오면 컨트롤러 작업 메서드는 URL에 대한 요청 수를 늘리고 카운터 객체에서 Inc 메서드를 호출해 응답 코드의 상태 수를 늘린다.

```
public IHttpActionResult Get()
{
  _requestCounter.Labels("GET", "/").Inc();
  _responseCounter.Labels("200", "/").Inc();
  return Ok(new string[] { "value1", "value2" });
}
```

프로메테우스에는 애플리케이션의 주요 정보를 기록할 때 사용할 수 있는 다양한 유형의 메트릭이 있다. 카운터는 증가 값만 처리할 수 있지만 게이지는 값의 증감을 처리할 수 있으므로 스냅샷을 기록할 때 유용하다. 프로메테우스는 타임스탬프와 사용자가 제공한 임의의 레이블 집합으로 각 메트릭 값을 기록한다. 이때 URL과 HTTP 메서드를 요청 수에 추가하고 URL 및 상태 코드를 응답 수에 추가한다. 이를 사용해 프로메테우스에서 메트릭을 집계하거나 필터링할 수 있다.

Web API 컨트롤러에서 설정한 카운터는 사용 중인 엔드포인트와 응답 상태를 보여주는 사용자 지정 메트릭 집합을 제공한다. 이들은 시스템 성능을 기록하기 위한 기본 메트릭과 함께 NuGet 패키지의 서버 구성 요소가 공개된다. 이 애플리케이션의 Dockerfile에 프로메테우스 엔드포인트를 위해 두 줄을 추가했다.

```
EXPOSE 50505
RUN netsh http add urlacl url=http://+:50505/metrics user=BUILTIN\IIS_IUSRS; `
    net localgroup 'Performance Monitor Users' 'IIS APPPOOL\DefaultAppPool' /add
```

첫 번째 줄은 메트릭 엔드포인트에 사용 중인 사용자 지정 포트를 표시한다. 두 번째 줄은 해당 엔드포인트에 필요한 권한을 설정한다. 이때 메트릭 엔드포인트는 ASP.NET 애플리케이션 안에서 호스팅되므로 IIS 사용자 계정은 사용자 지정 포트를 수신하고 시스템 성능 카운터에 접근할 권한이 필요하다.

Dockerfile을 빌드하고 일반적인 방식인 –P 스위치를 사용해 모든 포트를 공개해 이미지에서 컨테이너를 실행할 수 있다.

```
docker container run -d -P --name api dockeronwindows/ch11-api-with-metrics:2e
```

메트릭이 기록 및 공개되는지 확인하기 위해 일부 파워셸 명령문을 실행해 컨테이너 포트를 잡고 API 엔드포인트를 호출하고 메트릭을 확인할 수 있다.

```
$apiPort = $(docker container port api 80).Split(':')[1]
for ($i=0; $i -lt 10; $i++) {
 iwr -useb "http://localhost:$apiPort/api/values"
}
$metricsPort = $(docker container port api 50505).Split(':')[1]
(iwr -useb "http://localhost:$metricsPort/metrics").Content
```

이름 및 레이블별로 그룹화된 텍스트 메트릭 목록이 표시될 것이다. 각 메트릭에는 메트릭 이름, 유형 및 친숙한 설명을 포함해 프로메테우스의 메타 데이터도 포함된다.

```
# HELP process_num_threads Total number of threads
# TYPE process_num_threads gauge
process_num_threads 27
# HELP dotnet_total_memory_bytes Total known allocated memory
# TYPE dotnet_total_memory_bytes gauge
dotnet_total_memory_bytes 8519592
# HELP process_virtual_memory_bytes Virtual memory size in bytes.
# TYPE process_virtual_memory_bytes gauge
process_virtual_memory_bytes 2212962820096
# HELP process_cpu_seconds_total Total user and system CPU time spent in seconds.
# TYPE process_cpu_seconds_total counter
process_cpu_seconds_total 1.734375
...
# HELP ValuesController_Requests Request count
# TYPE ValuesController_Requests counter
ValuesController_Requests{method="GET",url="/"} 10
# HELP ValuesController_Responses Response count
# TYPE ValuesController_Responses counter
ValuesController_Responses{code="200",url="/"} 10
```

위의 내용은 전체 내용 중 일부만 가져온 것이다. 이 스니펫에서는 컨테이너 내부의 표준 윈도우 및 .NET 성능 카운터에서 가져온 총 스레드 수, 할당된 메모리, CPU 사용량을 보여준다. 또한 사용자 지정 HTTP 요청 및 응답 카운터를 보여줬다.

이 애플리케이션의 사용자 지정 카운터에는 URL과 응답 코드가 표시된다. 이때 ValuesController의 루트 URL에 대한 10개의 요청과 OK 상태 코드 200의 10개의 응답을 볼 수 있다. 11장 후반부에서 그라파나를 사용해 이러한 통계를 시각화하는 방법을 알아본다.

NuGet 패키지를 프로젝트에 추가하고 MetricServer를 실행하는 것은 소스 코드에 간단하게 추가할 수 있는 확장 기능이다. 유용한 모든 종류의 지표를 기록할 수 있지만 애플리케이션에 변경을 가하는 것이므로 개발 중인 애플리케이션에만 적합한 접근법이다.

때에 따라 메트릭을 보려는 애플리케이션을 변경하지 않고 모니터링을 추가할 수 있다. 이 때 애플리케이션과 함께 메트릭 익스포터 기능을 실행할 수 있다. 익스포터는 애플리케이션 프로세스에서 메트릭을 가져와 프로메테우스에 공개한다. 윈도우 컨테이너에서는 표준 성능 카운터에서 유용한 정보를 많이 얻을 수 있다.

기존 애플리케이션과 함께 프로메테우스 익스포터 추가하기

컨테이너로 만든 솔루션에서 프로메테우스는 컨테이너에서 공개된 메트릭 엔드포인트를 예약 호출하고 결과를 저장한다. 기존 애플리케이션에서는 메트릭 엔드포인트를 추가할 필요가 없다. 현재 애플리케이션과 함께 콘솔 애플리케이션을 실행하고 메트릭 엔드포인트를 호스팅할 수 있다.

코드를 변경하지 않고 10장, Docker를 사용해 지속적 배포 파이프라인 구축하기에서 NerdDinner 웹 애플리케이션에 프로메테우스 엔드포인트를 추가했다. `dockeronwindows/ch11-nerd-dinner-web-with-metrics` 이미지에서 ASP.NET 성능 카운터의 데이터를 공개하고 메트릭 엔드포인트를 제공하는 콘솔 애플리케이션을 추가했다. ASP.NET 익스포터 애플리케이션은 Docker 허브의 공개 이미지에서 제공된다. NerdDinner의 전체 Dockerfile은 익스포터용 바이너리에 복사되며 컨테이너의 시작 명령문을 설정한다.

```
#escape=`
FROM dockeronwindows/ch10-nerd-dinner-web:2e

EXPOSE 50505
ENV COLLECTOR_CONFIG_PATH="w3svc-collectors.json"

WORKDIR C:\aspnet-exporter
COPY --from=dockersamples/aspnet-monitoring-exporter:4.7.2-
windowsservercore-ltsc2019 C:\aspnet-exporter .

ENTRYPOINT ["powershell"]
CMD Start-Service W3SVC; `
```

```
Invoke-WebRequest http://localhost -UseBasicParsing | Out-Null; `
Start-Process -NoNewWindow C:\aspnet-exporter\aspnet-exporter.exe; `
netsh http flush logbuffer | Out-Null; `
Get-Content -path 'C:\iislog\W3SVC\u_extend1.log' -Tail 1 -Wait
```

aspnet-exporter.exe 콘솔 애플리케이션은 시스템에서 실행 중인 명된 프로세스의 성능 카운터 값을 읽는 사용자 지정 메트릭 수집기를 구현한다. NuGet 패키지의 기본 컬렉터와 같은 카운터 집합을 사용하지만 다른 프로세스를 대상으로 한다. 익스포터는 IIS w3wp.exe 프로세스의 성능 카운터를 읽고 주요 IIS 메트릭을 내보내도록 구성했다.

 익스포터의 소스 코드는 모두 dockersamples/aspnet-monitoring GitHub 리포지터리에 있다.

콘솔 익스포터는 가벼운 구성 요소다. 컨테이너가 시작될 때 시작되고 컨테이너가 실행되는 동안 계속 실행된다. 메트릭 엔드포인트를 호출할 때 컴퓨팅 리소스만 사용하므로 프로메테우스의 스케줄에 따라 실행할 때 애플리케이션에 미치는 영향을 최소화한다. 일반적인 방법으로 NerdDinner를 실행한다(여기서는 전체 솔루션이 아닌 ASP.NET 구성 요소만 실행한다).

```
docker container run -d -P --name nerd-dinner dockeronwindows/ch11-nerd-dinner-
web-with-metrics:2e
```

컨테이너 포트를 가져와 일반적인 방법으로 NerdDinner를 탐색할 수 있다. 그런 다음 익스포터 애플리케이션 포트에서 메트릭 엔드포인트를 찾아 IIS 성능 카운터를 게시할 수 있다.

이때 애플리케이션의 사용자 지정 카운터는 따로 없으며 모든 메트릭은 표준 윈도우 및 .NET 성능 카운터에서 가져온다. 익스포터 애플리케이션은 실행 중인 w3wp 프로세스에 대한 이러한 성능 카운터 값을 읽을 수 있으므로 기본 정보를 프로메테우스에 제공하기 위해 애플리케이션을 변경할 필요가 없다.

이 메트릭은 컨테이너 내부에서 IIS가 얼마나 열심히 작동하는지를 알려주는 런타임 메트릭이다. 사용 중인 스레드 수, 메모리 사용량, IIS 파일 캐시 크기를 볼 수 있다. IIS가 응답한 HTTP 상태 코드의 백분율에 대한 메트릭도 있으므로 많은 수의 404 또는 500 오류가 있는지 확인할 수 있다.

커스텀 애플리케이션 메트릭을 기록하려면 코드 성능을 확인하고 관심 있는 데이터 요소를 명시적으로 기록해야 한다. 상당한 노력을 해야 하지만 이로써 .NET 런타임 메트릭 외에 주요 성능 메트릭을 볼 수 있는 애플리케이션을 얻을 수 있다.

컨테이너로 만든 애플리케이션에 메트릭을 추가하는 것은 프로메테우스가 쿼리할 메트릭 엔드포인트를 제공하는 것이다. 프로메테우스 서버 자체는 컨테이너에서 실행되며 모니터링하려는 서비스로 구성한다.

윈도우 컨테이너에서 프로메테우스 서버 실행하기

프로메테우스는 Go 언어로 만들어진 크로스 플랫폼 애플리케이션이므로 윈도우 컨테이너 또는 리눅스 컨테이너에서 실행할 수 있다. 다른 오픈 소스 프로젝트와 마찬가지로 개발팀에서는 Docker 허브에 리눅스 이미지를 게시하지만 윈도우에서 사용하려면 이미지를 직접 빌드해야 한다. ASP.NET 익스포터에 사용한 GitHub의 같은 dockersamples/aspnet-monitoring 예제에서 윈도우 서버 2019 컨테이너로 프로메테우스를 포함한 기존 이미지를 사용한다.

프로메테우스용 Dockerfile은 이 책에서 지금까지 해온 방법과 별로 다르지 않게 이미지를 만드는 과정을 포함한다. 릴리스 파일을 다운로드해 압축을 풀고 실행 환경을 설정한다. 프로메테우스 서버에는 여러 가지 기능이 있다. 예약된 작업을 실행해 메트릭 엔드포인트를 폴링하고 데이터를 시계열 데이터베이스에 저장하며 데이터베이스를 쿼리하는 REST API와 데이터를 탐색하는 간단한 웹 UI를 제공한다.

컨테이너를 실행하고 구성 파일의 볼륨을 마운트하거나 스웜 모드에서 Docker 구성 객체를 사용해 실행할 수 있는 스케줄러의 자체 구성을 추가해야 한다. 메트릭 엔드포인트 구성은 거의 변화가 없는 정적 구성이므로 기본 구성 집합을 이 프로메테우스 이미지에 번들로 제공하는 것이 좋다. dockeronwindows/ch11-prometheus:2e에 있는 매우 간단하게 만든 Dockerfile을 사용해 원하는 작업을 실행했다.

```
FROM dockersamples/aspnet-monitoring-prometheus:2.3.1-windowsservercore-ltsc2019
COPY prometheus.yml /etc/prometheus/prometheus.yml
```

메트릭을 볼 수 있는 API 및 NerdDinner 웹 이미지에서 이미 실행 중인 컨테이너가 있고 프로메테우스가 사용할 메트릭 엔드포인트를 공개했다. 프로메테우스에서 모니터링하려면 prometheus.yml 구성 파일에서 메트릭 위치를 지정해야 한다. 프로메테우스는 구성 가능한 일정에 따라 이러한 엔드포인트를 폴링할 것이다. 이 스크래핑을 호출하고 scrape_configs 섹션에 컨테이너 이름과 포트를 추가했다.

```
global:
  scrape_interval: 5s

scrape_configs:
  - job_name: 'Api'
    static_configs:
      - targets: ['api:50505']

  - job_name: 'NerdDinnerWeb'
    static_configs:
      - targets: ['nerd-dinner:50505']
```

모니터링할 각 애플리케이션이 작업으로 지정되고 각 엔드포인트는 대상으로 나열된다. 프로메테우스는 같은 Docker 네트워크의 컨테이너에서 실행되므로 컨테이너 이름으로 대상을 참조할 수 있다.

 이러한 설정은 단일 Docker 엔진용이지만 프로메테우스 같은 접근 방식을 사용해 다른 구성 설정을 사용해 여러 복제본에서 실행되는 서비스를 모니터링할 수 있다. 내 Pluralsight 온라인 교육 코스 'Docker로 컨테이너화된 애플리케이션의 상태 모니터링'에서 윈도우 및 리눅스 컨테이너의 모니터링 방법을 자세하게 알 수 있다.

이제 컨테이너에서 프로메테우스 서버를 시작할 수 있다.

```
docker container run -d -P --name prometheus dockeronwindows/ch11-prometheus:2e
```

프로메테우스는 구성된 모든 메트릭 엔드포인트를 폴링하고 데이터를 저장한다. 프로메테우스를 그라파나 같은 풍부한 UI 구성 요소의 백엔드로 사용해 모든 런타임 KPI를 단일 대시보드에 구축할 수 있다. 기본 모니터링을 위해 프로메테우스 서버에서는 웹 UI에 접근할 수 있도록 9090 포트로 웹 연결을 받아들인다.

게시된 프로메테우스 컨테이너 포트로 이동해 애플리케이션 컨테이너에서 스크랩하는 데이터에 쿼리를 실행할 수 있다. 프로메테우스 UI는 원시 데이터 또는 시간 경과에 따른 집계된 그래프를 표시할 수 있다. REST API 애플리케이션에서 전송한 HTTP 응답은 다음과 같다.

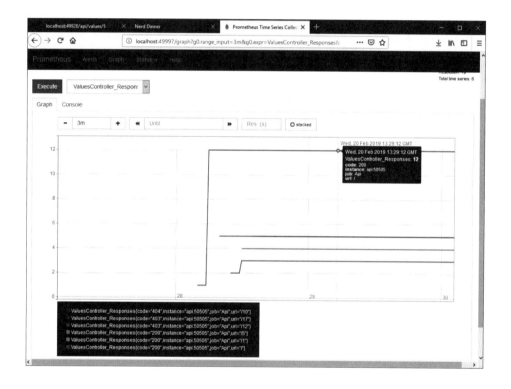

각 레이블 값마다 별도의 줄이 있으므로 다른 URL에서 다른 응답 코드를 볼 수 있다. 이들은 컨테이너 수명에 따라 증가하는 카운터이므로 그래프는 항상 올라가는 모양으로 그려진다. 프로메테우스에는 시간에 따른 변화율을 그래프로 표시하고 메트릭을 집계하며 데이터 예측을 선택할 수 있도록 다양한 기능 세트가 있다.

프로메테우스 **NuGet** 패키지의 다른 카운터는 성능 카운터 통계와 같은 스냅샷이다. 다음 그림처럼 IIS가 NerdDinner 컨테이너에서 처리하는 초당 요청 수를 볼 수 있다.

메트릭 이름은 프로메테우스에서 중요하다. .NET 콘솔과 ASP.NET 애플리케이션의 메모리 사용량을 비교하려면 process_working_set 같은 메트릭 이름이 동일하면 두 값 세트모두 쿼리할 수 있다. 각 메트릭의 레이블은 데이터를 제공하는 서비스를 확인하므로 모든 서비스에서 집계하거나 특정 서비스로 필터링할 수 있다. 또한 각 컨테이너의 ID를 메트릭 레이블로 포함해야 한다. 익스포터 애플리케이션은 서버 호스트 이름을 레이블로 추가한다. 실제로 이 식별자는 컨테이너 ID이므로 대규모로 실행하면 전체 서비스를 집계하거나 개별 컨테이너를 볼 수 있다.

8장, 컨테이너로 만든 솔루션과 DTR의 관리 및 모니터링하기에서 Docker 엔터프라이즈의 CaaS^{Containers as a Service} 플랫폼인 유니버설 제어 플레인^{UCP}을 시연했다. 컨테이너를 시작하고 관리하는 표준 API로 이 도구의 통합 관리 및 관리 방식을 제공할 수 있다. Docker 플랫폼의 개방성은 오픈 소스 도구를 풍부하게 만들어주고 통합된 모니터링 환경을 위해 같은 접근 방식을 취할 수 있게 해준다.

프로메테우스가 좋은 예다. 컨테이너에서 실행하기에 적합한 경량 서버로 실행된다. 애플리케이션에 메트릭 엔드포인트를 추가하거나 기존 애플리케이션과 함께 메트릭 익스포터를 실행해 애플리케이션에 프로메테우스 지원을 추가한다. Docker 엔진 자체는 프로메테우스 지표를 내보내도록 구성할 수 있으므로 컨테이너 및 노드 상태에 대한 저수준 지표를 수집할 수 있다.

이러한 메트릭은 애플리케이션 상태를 한눈에 알려주는 풍부한 대시보드를 강화할 때 모두 필요한 것이다.

그라파나로 애플리케이션 대시보드 만들기

그라파나는 데이터 시각화를 위한 웹 UI다. 프로메테우스 같은 시계열 데이터베이스는 물론 SQL 서버 같은 관계형 데이터베이스를 포함한 많은 데이터 원본에서 데이터를 읽을 수 있다. 비즈니스 KPI, 애플리케이션 및 런타임 메트릭, 인프라 상태를 포함해 전체 애플리케이션 자산 상태를 표시하는 그라파나에서 대시보드를 구축할 수 있다.

일반적으로 컨테이너화된 애플리케이션에 그라파나를 추가해 프로메테우스 데이터를 표시한다. 컨테이너에서도 그라파나를 실행하고 대시보드, 사용자 계정 및 데이터베이스 연결이 포함되도록 컨테이너 이미지를 만들 수 있다. 11장 후반부 dockeronwindows/ch11-grafana:2e 이미지에서 이 작업을 실행했다. 그라파나 팀은 Docker 허브에 윈도우 이미지를 게시하지 않으므로 샘플 이미지로부터 가져온 다음과 같은 Dockerfile은 필요한 모든 구성을 추가한다.

```
# escape=`
FROM dockersamples/aspnet-monitoring-grafana:5.2.1-windowsservercore-ltsc2019
SHELL ["powershell", "-Command", "$ErrorActionPreference = 'Stop';"]

COPY datasource-prometheus.yml \grafana\conf\provisioning\datasources\
COPY dashboard-provider.yml \grafana\conf\provisioning\dashboards\
COPY dashboard.json \var\lib\grafana\dashboards\

COPY init.ps1 .
RUN .\init.ps1
```

그라파나에는 배포 자동화의 2가지 접근 방식이 있다. 첫째, 알려진 위치의 파일을 사용한다. 이 파일은 프로메테우스 데이터 소스, 대시보드 및 대시보드 공급자를 설정할 때 사용한다. 그래야 그라파나가 대시보드의 디렉터리를 가리킨다. 둘째, 인증 및 권한 부여에 REST API를 사용하며 init.ps1 스크립트는 이를 사용해 대시보드에 접근할 수 있는 읽기 전용 사용자를 만든다.

그라파나로 원하는 대시보드를 직접 만드는 것은 간단하다. 숫자, 그래프, 히트 맵, 신호등, 테이블이 모두 지원되는 특정 시각화 유형에 대한 패널을 만든다. 그런 다음 패널을 데이터 소스에 연결하고 쿼리를 설정한다. 일반적으로 프로메테우스 UI를 사용해 쿼리를 정밀하게 조정한 후 그라파나에 추가한다. 시간 절약을 위해 이미지에 미리 만들어진 대시보드가 제공된다.

ch11 폴더의 Docker Compose 파일로 모니터링 솔루션을 시작한 후 API 및 웹사이트를 탐색해 트래픽을 만든다. 이제 그라파나를 열어 사용자 이름은 viewer, 비밀번호는 readonly로 로그인하면 대시보드가 표시될 것이다.

이 대시보드는 단지 샘플 대시보드이지만 얼마나 많은 정보를 제공할 수 있는지에 대한 아이디어를 제공한다. REST API를 나타내는 행에서는 HTTP 요청 및 응답 분류와 CPU 사용량에 대한 전반적인 보기를 나타낸다. 또한 캐시 성능에 대한 IIS의 성능 지표와 헤드라인 통계를 보여주는 NerdDinner에 대한 행이 있다.

적은 노력으로 모든 애플리케이션에 메트릭을 추가하고 솔루션에서 발생한 상황에 대한 통찰력을 제공하는 자세한 대시보드를 구축할 수 있다. 또한 모든 환경에서 정확하게 같은 모니터링 기능을 사용할 수 있으므로 개발 및 테스트에서 프로덕션에서 사용하는 것과 같은 메트릭을 볼 수 있다. 대시보드는 성능 문제를 추적할 때 매우 유용하다. 개발자는 성능 문제에 대한 새로운 메트릭 및 시각화를 추가하고 문제를 해결하며 변경 사항이 적용되면 프로덕션에서 추적할 수 있는 새로운 메트릭이 포함된다.

11장에서 마지막으로 다룰 내용은 Docker의 버그 수정에 접근하는 방법과 컨테이너화가 훨씬 쉬운 방법이다.

Docker의 버그 수정 작업 흐름

프로덕션 배포 후 문제를 수정할 때 가장 큰 어려움은 개발 환경에서 결함을 재현하는 것이다. 버그가 있는지 확인하고 문제를 찾기 위해 드릴 다운하기 위한 시작점을 확인하는 첫 단계다. 또한 시간이 많이 걸리는 문제일 수 있다.

릴리스 프로세스가 복잡해 대규모 .NET 프로젝트는 드물게 릴리스되는 경향이 있으며 새로운 기능을 확인하고 회귀를 확인하려면 많은 수동 테스트가 필요하다. 1년에 3~4개 릴리스만 출시되는 것은 드문 일이 아니며 개발자가 릴리스 프로세스의 다른 부분에서 여러 버전의 애플리케이션을 지원해야 할 때가 있다.

이러한 상황에서는 프로덕션 버전 1.0, 사용자 승인 테스트[UAT] 버전 1.1 및 시스템 테스트 버전 1.2를 사용할 수 있다. 개발팀이 현재 버전 1.3 또는 2.0의 주요 업그레이드를 진행하는 동안 추적하고 수정해야 할 버전에서 버그가 발생할 수 있다.

Docker 도입 이전의 버그 수정하기

그동안 나는 리팩터링된 2.0 코드 베이스에서 릴리스될 1.1 코드 베이스로 다시 전환해야 하는 컨텍스트 전환을 매우 많이 봤다. 컨텍스트 스위치는 비용이 많이 들지만 1.1 UAT 환경을 다시 만들기 위해 개발 환경을 설정하는 프로세스는 훨씬 많은 비용이 든다.

릴리스 프로세스는 버전이 지정된 MSI를 만들 수 있지만 일반적으로 개발 환경에서 MSI를 실행할 수는 없다. 설치 프로그램은 특정 환경에 맞는 구성으로 포함될 수 있다. 릴리스 모드에서 컴파일되고 PDB 파일 없이 패키지됐을 수 있으므로 디버거를 연결할 수 있는 옵션이 없으며 인증서나 암호화 키 또는 추가 소프트웨어 구성 요소와 같이 개발 환경에서 사용할 수 없는 전제 조건이 있을 수 있다.

그 대신 소스에서 1.1 버전을 다시 컴파일해야 한다. 다행히 릴리스 프로세스에 릴리스 빌드, 분기 실행 및 로컬 복제에 사용한 정확한 소스 코드를 찾을 수 있는 충분한 정보를 포함했다(Git 커밋 ID 또는 TFS 변경 세트가 빌드된 어셈블리에 기록될 수 있을 것이다). 그런 다음 로컬 개발 환경에서 다른 환경을 다시 만들 때 진짜 문제를 만난다.

작업 흐름 개발 환경에서 구성한 설정과 1.1 환경 사이에는 다음과 같은 많은 차이점이 있을 것이다.

- 소스 코드를 로컬에서 컴파일한다. Visual Studio에서 애플리케이션을 빌드할 것이지만 릴리스된 버전은 MSBuild 스크립트를 사용하므로 많은 추가 작업이 실행된다.
- 애플리케이션을 로컬에서 실행한다. 윈도우 10에서 IIS 익스프레스를 사용하지만 릴리스는 윈도우 서버 2012에서 IIS 8에 배포되는 MSI를 사용한다.
- 로컬 SQL 서버 데이터베이스가 작업 중인 2.0 스키마에 맞춰 설정됐다. 이 릴리스에는 1.0에서 1.1로의 업그레이드 스크립트가 있지만 2.0에서 1.1로의 다운그레이드 스크립트는 없으므로 로컬 스키마를 수동으로 수정해야 한다.
- 외부 API 같이 로컬로 실행할 수 없는 종속성 부분이 있다. 이 릴리스는 실제 애플리케이션 구성 요소를 사용한다.

버전 1.1의 정확한 소스 코드를 얻을 수 있더라도 개발 환경은 UAT 환경과 전혀 다르다. 하지만 다른 방법은 없으며 이것이 최선의 방법이다. 구축에만 몇 시간이 걸릴 수 있다. 이 시간을 줄이기 위해 애플리케이션 관련 지식을 사용해 2.0 데이터베이스 스키마를 대상으로 애플리케이션 버전 1.1을 실행하는 것과 같은 단축된 방법을 적용할 수 있다. 이 방법을 사용하면 로컬 환경이 대상 환경과 비슷하게 만들어질 것이다.

이 시점에서 애플리케이션을 디버그 모드로 실행하고 문제 재현을 시도할 수 있다. 버그가 UAT의 데이터 문제 또는 환경 문제 때문에 발생했을 때만 이를 재현할 수 없으며 이를 찾기 위해 하루 종일 노력했을 것이다. 문제가 UAT 설정과 관련 있다고 생각되면 개발 환경에서는 확인할 수 없다. UAT 환경의 정확한 구성을 재현하려면 운영팀과 협력해야 한다.

하지만 다행히 버그 리포트의 재현 단계를 실행해 문제를 재현할 수 있었다. 수동 단계를 실행하면 문제를 재현하는 실패한 테스트를 만들고 코드를 변경하고 단위 테스트가 통과할 때 문제가 해결됐다고 확신할 수 있다. 개발 환경과 UAT 간에 차이가 있으므로 분석이 정확하지 않고 수정 사항 때문에 UAT가 수정되지 않지만 다음 릴리스까지 확인할 수 없다.

이 수정 프로그램이 UAT 환경으로 릴리스되는 방법은 또 다른 문제다. 이상적으로는 전체 CI 및 이미지 만들기 프로세스가 이미 1.1 브랜치에 맞춰 설정했으므로 변경 사항을 푸시하면 배포할 준비가 된 새로운 MSI가 나올 것이다. 상황이 나쁠 때 CI는 마스터 분기에서만 실행되므로 수정 분기에서 새 작업을 설정하고 해당 작업을 완료한 1.1 릴리스와 동일하게 구성해야 할 것이다.

툴체인의 일부가 1.1에서 2.0 사이로 이동하면 로컬 환경 구성, 애플리케이션 실행, 문제 분석 및 수정 프로그램 푸시에서 프로세스의 모든 단계를 더 어렵게 만든다.

Docker 도입 이후의 버그 수정 작업 흐름

Docker를 사용하면 프로세스가 훨씬 간단해진다. UAT 환경을 로컬로 복제하려면 UAT에서 실행되는 같은 이미지에서 컨테이너를 실행하면 된다. 버전이 지정된 전체 솔루션을 설명하는 Docker Compose 또는 스택 파일이 있으므로 버전 1.1을 배포하면 소스에서 빌드하지 않고도 UAT 같은 환경을 얻을 수 있다.

이 시점에서 문제를 복제하고 코딩 문제인지 아니면 데이터나 환경 관련 문제인지 확인할 수 있어야 한다. 구성 문제일 때는 UAT 같은 문제가 발생하며 업데이트된 Compose 파일로 수정 프로그램을 테스트할 수 있다. 코딩 문제라면 코드를 파헤쳐야 한다.

이 시점에서 버전 1.1 태그와 일치하는 소스를 복제하고 컨테이너 이미지를 디버그 모드로 빌드할 수 있지만 애플리케이션에서 문제가 될 것이라고 확신할 때까지 시간을 소비하지 않을 것이다. Dockerfile에 고정된 모든 버전으로 다단계 빌드를 사용할 때 로컬 빌드는 UAT에서 실행되는 것과 같은 이미지를 만들지만 디버깅을 위한 추가 결과물이 만들어진다.

이제 문제를 찾아 테스트를 만들고 버그를 수정할 수 있다. 새로운 통합 테스트가 통과되면 UAT에 배포할 같은 컨테이너로 만든 솔루션을 대상으로 실행되므로 버그가 수정됐다고 확신할 수 있다.

1.1 브랜치를 대상으로 구성된 CI가 없을 때 빌드 작업은 `docker image build` 또는 `docker -compose build` 명령문을 실행만 하면 되므로 간단하게 설정할 수 있다. 빠른 피드백을 원한다면 로컬로 구축된 이미지를 레지스트리로 푸시하고 CI 설정을 구성하는 동안 수정사항을 확인하기 위해 새 UAT 환경을 배포할 수 있다. 이 새로운 환경은 테스트 클러스터에서 다른 스택이 될 것이므로 배포를 위해 더 이상 인프라를 만들 필요가 없다.

Docker 작업 흐름은 훨씬 깨끗하고 빠르지만 무엇보다 위험 요소가 거의 없다는 것이 장점이다. 문제를 로컬로 재현할 때 UAT 환경과 정확하게 같은 플랫폼에서 실행되는 것과 같은 애플리케이션 구성 요소를 사용하는 것이다. 수정 사항을 테스트할 때 같은 새 결과물을 배포하므로 UAT에서 수정될 것이라는 것을 알 수 있다.

애플리케이션을 컨테이너로 만드는 시간을 투자하면 여러 버전의 애플리케이션을 지원하는 시간이 절약되는 효과를 얻을 수 있으므로 큰 이득이 된다고 볼 수 있다.

▌ 요약

11장에서는 디버깅, 메트릭 보기와 함께 컨테이너에서 실행되는 애플리케이션 문제 해결 방법도 알아봤다. Docker는 새로운 애플리케이션 플랫폼이지만 컨테이너의 애플리케이션은 호스트에서 프로세스로 실행되므로 원격 디버깅 및 중앙집중식 모니터링에 여전하게 적합한 대상이다.

Docker에 대한 지원은 모든 최신 버전 Visual Studio에서 사용할 수 있다. Visual Studio 2017부터는 리눅스 및 윈도우 컨테이너를 가장 완벽하게 지원한다. Visual Studio 2015 및 Visual Studio Code에는 현재 리눅스 컨테이너에 디버깅 기능을 제공하는 플러그인

이 있다. 윈도우 컨테이너에 대한 자체 지원을 쉽게 추가할 수 있지만 완전한 디버깅 환경을 만들기 위해 계속 발전한다.

11장에서는 윈도우 컨테이너에서 실행할 수 있는 가벼운 메트릭 보기 및 모니터링 구성 요소인 프로메테우스도 소개했다. 프로메테우스는 다른 컨테이너에서 실행되는 애플리케이션에서 추출한 메트릭을 저장한다. 컨테이너의 표준화된 특성 덕분에 이러한 모니터링 솔루션을 매우 간단하게 구성할 수 있다. 컨테이너에서 실행되는 그라파나의 대시보드를 구동하기 위해 프로메테우스 데이터를 사용했는데 애플리케이션 상태에 대한 통합된 뷰를 제공하는 간단하고 강력한 방법이다.

12장은 마지막 장이다. 기존 프로젝트에 윈도우에서 Docker를 사용한 사례 연구를 포함해 기존 도메인에서 Docker를 시작하는 접근 방식을 알아보면서 끝마친다.

12

잘 아는 것을 컨테이너화하기 – Docker 구현을 위한 지침

이 책에서는 샘플 애플리케이션에 레거시 .NET 기술을 사용해 Docker가 최신 .NET Core 애플리케이션과 마찬가지로 작동하는 것을 보여준다. 10년 된 웹 폼 애플리케이션을 컨테이너로 옮기고 컨테이너에서 개발 가능한 ASP.NET Core 웹 애플리케이션을 실행해 얻는 것과 같은 많은 이점을 얻을 수 있다.

컨테이너화된 애플리케이션의 많은 예를 봤고 Docker를 사용해 프로덕션 수준의 애플리케이션을 빌드, 배포, 실행하는 방법을 배웠다. 이제 여러분의 프로젝트에서 Docker로 이동할 준비가 됐다. 12장에서는 시작하는 방법을 조언한다.

개념 증명 프로젝트를 실행해 애플리케이션을 Docker로 옮길 때 도움이 되는 기술과 도구를 설명한다. 또한 Docker를 기존 프로젝트에 도입한 방법을 보여주는 사례 연구를 안내한다.

- 소규모 .NET Framework 2.0 웹 폼 애플리케이션
- 윈도우 커뮤니케이션 파운데이션^{WCF} 애플리케이션 안의 데이터베이스 연동 서비스
- 애저에서 실행되는 분산된 IoT API 애플리케이션

12장에서는 일반적인 문제에 접근하는 방법과 Docker로 전환하는 과정에서 발생하는 문제를 해결하는 방법을 알아본다.

잘 아는 것을 Docker로 만들기

새로운 애플리케이션 플랫폼으로 이동할 때는 새로운 결과물과 새로운 운영 프로세스로 작업해야 한다. 지금 윈도우를 대상으로 설치 프로그램을 사용해 뭔가를 배포한다면 Wix와 MSI 파일을 결과물로 주로 사용할 것이다. 배포 프로세스에서는 MSI 파일을 대상 서버에 복사하고 로그온한 후 설치 관리자를 실행할 것이다.

Docker로 이동하면 Dockerfile 및 이미지가 배포용 결과물로 만들어질 것이다. 이미지를 레지스트리로 푸시하고 컨테이너를 실행하거나 서비스를 업데이트해 애플리케이션을 배포한다. Docker에서는 리소스와 활동이 더 간단하며 프로젝트 사이가 똑같지만 처음 배우기 시작할 때는 여전하게 학습곡선이 있다.

잘 아는 애플리케이션을 컨테이너화하면 Docker를 배울 때 탄탄한 기반을 쌓을 수 있다. 컨테이너에서 애플리케이션을 처음 실행하면 오류가 발생하거나 동작이 잘못될 수 있지만 모든 문제는 이미 아는 애플리케이션 내부 문제로 한정된다. 문제를 추적할 때는 잘 이해하는 영역을 다루므로 전혀 새로운 플랫폼을 사용하더라도 문제를 쉽게 찾아낼 수 있다.

간단한 개념 증명 애플리케이션 선택하기

Docker는 각 구성 요소가 경량 컨테이너에서 실행돼 최소 하드웨어 세트를 효율적으로

사용하는 분산 애플리케이션에 이상적이다. 첫 번째 Docker 배포를 위해 분산 애플리케이션을 선택할 수 있지만 더 간단한 애플리케이션은 더 빠르게 마이그레이션할 수 있으며 성공적으로 일을 마무리할 수 있다.

모놀리식 애플리케이션은 좋은 선택이다. 작은 코드 베이스일 필요는 없지만 다른 구성 요소와의 통합이 적을수록 Docker에서 더 빨리 실행할 수 있다. SQL 서버에 상태를 저장하는 ASP.NET 애플리케이션은 간단한 옵션이다. 간단한 애플리케이션으로 하루이틀 안에 개념 증명PoC을 실행할 수 있다.

소스 코드가 아닌 컴파일된 애플리케이션으로 시작해보면 애플리케이션을 변경하지 않고도 컨테이너로 옮길 수 있는 것을 증명하는 좋은 방법이다. PoC 애플리케이션을 선택할 때 고려할 몇 가지 요소가 있다.

- **상태 기반**: 옮기려는 애플리케이션이 상태를 메모리에 저장하면 여러 컨테이너를 실행해 PoC를 확장할 수 없다. 각 컨테이너는 자체 상태를 가지며 고정 세션 지원으로 리버스 프록시를 실행하지 않으면 요청을 다른 컨테이너가 처리하므로 일관되지 않은 동작이 발생한다. SQL 서버를 ASP.NET의 세션 상태 공급자로 사용하는 것과 같이 공유 상태를 사용할 수 있는 상태 독립적 애플리케이션 또는 애플리케이션을 고려하는 것이 좋다.
- **구성**: .NET 애플리케이션은 일반적으로 `Web.config` 또는 `app.config`에서 XML 구성 파일을 사용한다. 기존 구성 파일을 기본으로 사용하도록 PoC를 설정한 후 컨테이너화된 환경에 적용되지 않는 모든 값을 교환할 수 있다. 환경 변수와 시크릿을 사용할 때는 Docker로 구성 설정을 읽는 것이 바람직하지만 구성 파일을 유지하는 것이 PoC 작업을 진행하는 데 더 쉽다.
- **복원력**: 레거시 애플리케이션은 일반적으로 백엔드 구성 요소가 항상 사용 가능할 것이라고 가정한다. 웹 애플리케이션은 데이터베이스를 항상 사용할 수 있어야 하며 문제가 발생했을 때를 대비하지 않는다. 애플리케이션에 외부 연결에 대한 재시도 로직이 없으면 컨테이너가 시작될 때 일시적인 연결 오류가 발생하면

PoC에 오류가 발생한다. Dockerfile에서 시작에 대한 종속성을 확인하고 지속적으로 상태를 확인해 이러한 문제를 최소화할 수 있다.

- **윈도우 인증**: 컨테이너는 도메인에 가입한 상태가 아니다. 액티브 디렉터리에서 그룹 관리 서비스 계정을 만들면 컨테이너의 액티브 디렉터리 개체에 접근할 수 있지만 복잡성이 증가한다. PoC를 진행하는 동안 기본 인증과 같은 간단한 인증 체계를 그대로 사용하는 것을 추천한다.

그중 큰 제한 사항은 아무 것도 없다. 코드를 변경하지 않고 기존 애플리케이션을 컨테이너화하는 방식으로 작업할 수 있어야 하지만 기능이 PoC 단계에서 완벽하지 않을 수도 있다는 것을 알고 있어야 한다.

Image2Docker로 초기 Dockerfile 만들기

Image2Docker는 기존 애플리케이션에 대한 Dockerfile을 만들 때 사용할 수 있는 오픈소스 도구다. 로컬 시스템이나 원격 시스템 또는 가상 시스템 디스크 파일(Hyper-V에서 파일은 VHD 또는 VHDX 형식이다)에서 실행할 수 있는 파워셸 모듈이다.

이 방법은 Docker를 시작하는 매우 간단한 방법이다. 컴퓨터에 Docker를 설치하지 않더라도 Dockerfile이 애플리케이션에 어떠한 모양으로 적용될 수 있을지를 확인할 수 있다. Image2Docker는 다른 유형의 애플리케이션(결과물)과 함께 작동할 수 있지만 IIS에서 실행되는 ASP.NET 애플리케이션에 더 특화돼 있다.

개발 컴퓨터에는 인터넷 정보 서비스IIS에 ASP.NET 애플리케이션을 배포했다. 파워셸 갤러리에서 Image2Docker를 설치하고 로컬로 사용하기 위해 모듈을 가져와 해당 애플리케이션을 Docker로 마이그레이션할 수 있다.

```
Install-Module Image2Docker
Import-Module Image2Docker
```

컴퓨터의 모든 IIS 웹사이트가 포함된 Dockerfile을 빌드하기 위해 IIS 아티팩트를 지정해 ConvertTo-Dockerfile 명령문을 실행할 수 있다.

ConvertTo-Dockerfile -Local -Artifact IIS -OutputPath C:\i2d\iis

이 명령문으로 C:\i2d\iis에 디렉터리를 만들며 폴더 안에는 각 웹사이트에 대한 Dockerfile과 하위 디렉터리를 만든다. Image2Docker는 웹사이트 콘텐츠를 소스에서 출력 디렉터리로 복사한다. Dockerfile은 찾은 애플리케이션 즉 microsoft/iis, microsoft/aspnet 또는 microsoft/aspnet:3.5에 가장 적합한 기본 이미지를 사용한다.

소스에 여러 웹사이트 또는 웹 애플리케이션이 있다면 Image2Docker는 모든 웹사이트 또는 웹 애플리케이션을 추출해 원래 IIS 설정을 복제하는 단일 Docker 파일을 빌드하므로 컨테이너 이미지에 여러 애플리케이션이 들어간다. 하지만 컨테이너 이미지에는 하나의 애플리케이션만 필요하므로 이러한 방식은 목표가 아니다. 따라서 단일 웹사이트를 직접 추출하는 대신 전달 인자를 사용해 원하는 결과를 만들도록 실행할 수 있다.

ConvertTo-Dockerfile -Local -Artifact IIS -ArtifactParam SampleApi - OutputPath C:\i2d\api

프로세스는 동일하지만 이번에는 Image2Docker가 소스에서 ArtifactParam 전달 인자로 명명된 단일 애플리케이션만 추출한다. Dockerfile에는 애플리케이션을 배포하는 단계가 들어 있고 docker image build 명령문을 실행해 이미지를 만들고 애플리케이션을 실행할 수 있다.

이 도구를 사용해 애플리케이션을 컨테이너로 옮기는 첫 단계를 뗄 수 있다. 컨테이너를 실행하고 애플리케이션의 기능을 확인하게 해준다. `Image2Docker`에서 진행하지 않는 추가 설정이 필요할 수 있으므로 만들어진 Dockerfile을 반복적으로 고쳐 써야 할 수는 있지만 도구를 사용해 시작하는 것은 좋은 시작점이 될 수 있다.

 Image2Docker는 오픈 소스 프로젝트다. 소스는 GitHub에 있으며 다음 주소를 확인하길 바란다(https://github.com/docker/communitytools-image2docker-win). 이제 Docker에는 Docker 애플리케이션 변환기(DAC)라는 제품이 있으므로 이 도구는 더 이상 업데이트되지 않는다. DAC는 리눅스 및 윈도우 애플리케이션을 모두 지원하는 훨씬 큰 기능을 제공한다. YouTube의 DockerCon 세션에서 시연 내용을 확인할 수 있다(https://is.gd/sLMOa1).

다른 이해관계자의 참여

PoC를 며칠 안에 끝낼 수 있다면 성공적인 작업이다. 그 결과 Docker에서 실행되는 샘플 애플리케이션과 해당 PoC를 만들 때 필요한 추가 단계를 얻을 수 있을 것이다. 팀이 프로젝트 배포를 책임지는 데브옵스 환경에서 작업한다면 프로덕션 환경 개선을 위해 Docker로 투자하는 데 동의할 수 있다.

대규모 프로젝트 또는 대규모 팀은 PoC를 더 개선하기 위해 다른 이해관계자와 협력해야 할 것이다. 말해야 할 내용은 조직 구조에 따라 다르지만 Docker로 얻는 개선 사항에 중점을 둔 몇 가지 주제가 있다.

- 종종 운영팀은 애플리케이션을 배포할 때 개발로 인한 핸드 오버에 마찰을 일으키곤 한다. Docker 아티팩트, Dockerfile 및 Docker Compose 파일은 개발팀과 운영팀이 함께 일할 수 있는 구심점이다. 업그레이드는 이미 실행된 적이 있고 충분하게 테스트된 컨테이너 이미지이므로 운영팀에 배포할 수 없는 업그레이드가 제공될 위험이 없다.
- 대기업 보안팀은 종종 출처를 입증해야 한다. 프로덕션 환경에서 실행되는 소프

트웨어가 변경되지 않았고 실제로 SCM에 있는 코드를 실행한다는 사실을 증명해야 한다. 이 과제를 풀기 위해 절차적으로 접근할 수 있지만 그 대신 이미지 서명 및 Docker 콘텐츠 트러스트 설정 기능을 사용해 명시적으로 자동화된 방법으로 입증할 수 있다. 필요하다면 보안 인증된 하드웨어에서만 실행할 수 있다. Docker 스웜의 보안 레이블 및 제약 조건으로 실행하기 쉽다는 것을 입증해야 한다.

- 프로덕트 오너는 종종 대규모 백 로그와 장기 출시 일정의 균형을 유지하기 위해 노력한다. 대규모 .NET 프로젝트는 일반적으로 배포하기 어렵다. 업그레이드 프로세스는 느리고 수동 과정이 많고 위험하다. 배포 단계와 사용자 테스트 단계가 있으며 이 기간 동안 애플리케이션은 일반 사용자에게 오프라인 상태가 된다. 반대로 Docker를 사용한 배포는 빠르고 자동화되며 안전하다. 즉 예정된 다음 릴리스를 몇 개월 기다리지 않고 준비가 되면 기능을 추가해 더 자주 배포할 수 있다.

- 관리팀은 제품 및 제품 실행 비용에 중점을 둘 것이다. Docker는 컴퓨팅 리소스를 더 효율적으로 사용하고 라이선스 비용을 낮춰 인프라 비용을 절감한다. 팀이 더 효율적으로 작업할 수 있도록 해 환경 간 격차를 없애고 배치를 똑같이 유지함으로써 프로젝트 비용을 절감할 수 있다. 또한 자동화된 이미지 만들기 및 순차 업데이트로 기능을 추가하고 결함을 더 신속하게 수정해 더 자주 배포할 수 있으므로 제품 품질을 개선할 수 있다.

윈도우 10의 Docker 데스크톱과 함께 제공되는 Docker 커뮤니티 에디션[CE]을 실행해 기술 검증을 간단하게 해볼 수 있다. 조직의 다른 이해관계자는 컨테이너에서 실행되는 애플리케이션에서 무엇이 가능한지 자세하게 알아보려고 할 것이다. Docker 엔터프라이즈 엔진은 윈도우 서버 2016 또는 2019 라이선스 비용에 들어 있으므로 추가 비용 없이 마이크로소프트 및 Docker 사의 지원을 받을 수 있다.[1] 운영팀과 보안팀은 Docker 엔터프라이즈 제품군에 함께 제공되는 유니버설 제어 플레인[UCP] 및 신뢰할 수 있는 Docker 레지

---

[1] 현재 Docker 엔터프라이즈 버전과 Mirantis Container Runtime은 Mirantis 사에서 모든 기술 지원을 담당한다.

스트리^{DTR}를 활용해 많은 이점을 얻을 수 있다.

 최근 Docker는 맥용과 윈도우용 Docker 데스크톱에도 엔터프라이즈 기능을 제공할 것이라고 발표했다. 윈도우용 Docker 데스크톱과 같은 사용자 환경을 제공하지만 윈도우 10을 지원하고 조직에서 프로덕션 환경에서 실행 중인 같은 버전의 Docker 엔터프라이즈 엔진을 로컬에서 실행할 수 있다.

PoC를 위해 만든 Dockerfile 및 컨테이너 이미지는 이러한 모든 버전에서 같은 방식으로 작동한다. Docker 커뮤니티 에디션, Docker 엔터프라이즈 엔진 및 유니버설 제어 플레인은 모두 같은 기본 플랫폼을 공유한다.

▋ Docker 도입을 위한 사례 연구

Docker를 기존 솔루션으로 가져왔거나 Docker를 프로젝트로 가져올 로드맵을 준비한 3가지 실제 사례 연구를 알아보면서 12장을 마친다. 지금 알아볼 시나리오는 수십 명의 사용자를 보유한 소규모 회사 프로젝트에서 백만 명 이상의 사용자를 보유한 대기업 프로젝트에 이르는 프로덕션 시나리오까지 다양하다.

사례 연구 1 – 사내 웹 폼 애플리케이션

몇 년 전 나는 차량 대여 회사를 위한 웹 폼 애플리케이션 개발 업무를 했다. 이 애플리케이션은 약 30명의 팀이 사용했으며 배포 규모가 작았다. 데이터베이스를 호스팅하는 서버 하나와 웹 애플리케이션을 실행하는 서버 하나가 있었다. 작지만 비즈니스를 위한 핵심 애플리케이션이었으며 비즈니스에서 실행한 모든 작업은 이 애플리케이션에서 실행됐다.

이 애플리케이션은 하나의 웹 애플리케이션과 SQL 서버 데이터베이스로 이뤄진 단순한 아키텍처를 갖고 있었다. 처음에는 애플리케이션의 성능과 품질 개선을 위해 많은 노력을 기울였다. 이후 유지·보수를 실행하면서 1년에 2~3개의 릴리스를 관리하고 새로운 기능을 추가하거나 잔존하는 버그를 수정했다.

유지·보수를 진행하면서 진행한 릴리스는 항상 이전보다 어렵고 시간이 많이 걸렸다. 릴리스는 일반적으로 다음과 같이 구성됐다.

- 업데이트된 애플리케이션이 포함된 웹 배포 패키지
- 스키마 및 데이터 변경 사항이 들어 있는 SQL 스크립트 세트
- 새로운 기능을 확인하고 회귀를 확인하는 수동 테스트 가이드 문서

배포는 근무 시간 외 시간에 실행돼 발견한 모든 문제를 해결할 시간적 여유가 있었다. 원격 데스크톱 프로토콜RDP을 사용해 서비스에 접근하고 결과물을 복사한 후 웹 배포 패키지 및 SQL 스크립트를 수동으로 실행했다. 일반적으로 몇 달에 한 번 꼴로 릴리스가 배포돼 각 단계를 기억하기 위해 만든 문서에 의존해 작업했다. 그런 다음 테스트 가이드를 알아보고 주요 기능을 확인한다. 때로는 웹 애플리케이션에 대한 SQL 스크립트 또는 종속성이 누락돼 문제가 발생해 이전에 보지 못한 문제를 추적해야 한다.

최근까지 이 애플리케이션은 지원이 중단된 지 한참 지난 윈도우 서버 2003에서 실행됐다. 회사에서 윈도우 서버를 업그레이드할 때 윈도우 서버 2016 코어 및 Docker로의 전환을 제안했다. 내 제안은 Docker를 사용해 웹 애플리케이션을 실행하고 SQL 서버를 자체 서버에서 기본적으로 실행하도록 유지하지만 Docker를 배포 메커니즘으로 사용해 데이터베이스 업그레이드를 배포하는 것이었다.

Docker로 이동하는 것은 매우 간단했다. 프로덕션 서버에서 Image2Docker를 사용해 초기 Dockerfile을 만든 후 상태 확인 기능을 추가하고 애플리케이션 구성을 위한 환경 변수를 추가하는 등의 작업을 단계별로 진행했다. Visual Studio에 스키마에 대한 SQL 서버 프로젝트가 이미 있어 데이터베이스에 대한 배포 스크립트로 DACPAC을 이미지로 만들기 위해 다른 Dockerfile을 추가했다. Docker 아티팩트를 마무리하고 테스트 환경에서 새 버전을 실행하기까지 이틀밖에 걸리지 않았다. 다음은 Docker로 만든 아키텍처다.

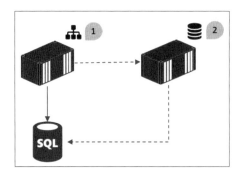

- 1: 웹 애플리케이션이 윈도우 컨테이너에서 실행된다. 프로덕션 환경에서는 별도의 SQL 서버 인스턴스에 연결된다. 비 프로덕션 환경에서는 컨테이너에서 실행 중인 로컬 SQL 서버 인스턴스에 연결된다.
- 2: 데이터베이스는 SQL 서버 익스프레스 기반 컨테이너 이미지로 만들어 DACPAC의 데이터베이스 스키마와 함께 배포된다. 프로덕션에서는 이미지에서 태스크 컨테이너가 실행돼 스키마를 기존 데이터베이스에 배포한다. 비 프로덕션 환경에서 데이터베이스를 호스팅하기 위해 백그라운드 컨테이너가 실행된다.

이후 배포가 간단해졌고 항상 같은 단계를 따른다. Docker 허브에는 버전이 지정된 애플리케이션 및 데이터베이스 이미지가 저장된 개인 저장소 세트가 있다. 로컬 Docker CLI가 Docker 엔진을 조작할 수 있도록 구성한 후 다음 작업을 진행한다.

1. 웹 애플리케이션 컨테이너를 중지한다.
2. 새 데이터베이스 이미지에서 컨테이너를 실행해 SQL 서버를 업그레이드한다.
3. Docker Compose를 사용해 웹 애플리케이션을 새 이미지로 업데이트한다.

Docker로 이전할 때의 가장 큰 이점은 빠르고 안정적인 릴리스가 가능하다는 것과 인프라 요구 사항이 줄어든다는 점이다. 이 회사는 현재 Docker 스웜을 실행하고 다운 타임 업그레이드가 전혀 없도록 현재 실행 중인 여러 대의 큰 서버를 작은 서버로 교체하려고 한다.

그 외에도 릴리스 프로세스가 단순해지는 이점을 얻을 수 있었다. 프로덕션 환경에서 사용될 같은 컨테이너 이미지를 사용해 배포가 이미 여러 번 진행된 적이 있으므로 문제를 추적하기 위해 애플리케이션을 이해하는 사람의 도움이 없어도 된다. 회사의 IT 지원 담당자는 이제 개발자의 도움 없이도 릴리스를 실행할 수 있다.

 나는 윈도우 서버 2019에서 최신 Docker 엔터프라이즈로의 업그레이드를 관리하기 위해 지금 말한 회사에서 새로운 프로젝트를 진행했다. 계획은 매우 간단하다. 이미 최신 윈도우 서버 2019 코어 이미지 위에 애플리케이션 및 데이터베이스 이미지를 구축했으며 소정의 엔드 투 엔드 테스트에서 작동하는지 확인했다. 이러한 방법으로 같은 도구를 사용해 서버 업그레이드를 실행한 후 새 버전을 배포했을 때 제대로 작동할 수 있다는 것을 확신할 수 있다.

사례 연구 2 – 데이터베이스 통합 서비스

나는 크고 복잡한 웹 애플리케이션을 실행하는 금융회사의 프로젝트를 진행한 적이 있다. 내부용 애플리케이션으로 대규모 거래를 관리하는 애플리케이션이었다. 프론트엔드는 ASP.NET MVC로 만들어졌지만 대부분의 비즈니스 로직은 WCF로 만든 서비스 계층에 들어 있었다. 서비스 계층은 WCF 계층의 통합 논리를 나누는 여러 외부 애플리케이션에 대한 파사드였다.

대부분의 외부 애플리케이션에는 사용할 수 있는 XML 웹 서비스 또는 JSON REST API가 있었지만 레거시 애플리케이션 중에는 연동을 위한 기능이 제공되지 않는 것도 있었다. 참조 데이터에만 연동 기능을 사용했으므로 파사드는 데이터베이스 수준 통합으로 구현됐다. WCF 서비스는 캡슐화된 엔드포인트를 다루기 편리하게 공개했지만 구현은 외부 애플리케이션 데이터베이스에 직접 연결돼 데이터를 제공했다.

공개된 서비스 계약 대신 개인 데이터베이스 스키마를 사용해야 해 데이터베이스 통합이 취약하지만 선택의 여지가 없을 때도 있었다. 이때 스키마가 간헐적으로만 변경돼 혼란스럽지 않게 관리할 수 있었다. 불행하게도 릴리스 프로세스는 전면적이었다. 운영팀은 애플리케이션이 프로덕션에서 벤더의 지원만 받기 때문에 먼저 프로덕션에서 새로운 버전의 데이터베이스를 출시할 것이다. 이 모든 것이 작동하면 개발 및 테스트 환경에서 릴리스를 복제할 수 있었다.

한 릴리스는 데이터베이스 스키마 변경 때문에 여기서 만든 통합이 깨졌다. 외부 애플리케이션의 참조 데이터를 사용하던 기능도 작동을 멈췄고 최대한 빨리 해결책을 찾아야 했다. 수정은 간단했지만 WCF 애플리케이션은 큰 단일 골격이었고 많은 회귀 테스트가 필요했다. 이 변화가 다른 분야에 영향을 미치지 않는다고 확신할 수 있었다. 나는 데이터베이스를 관리하는 더 나은 방법으로 Docker를 사용하는 것을 검토하기 시작했다.

그 제안은 간단했다. 나는 전체 애플리케이션을 Docker(이미 장기 로드맵에 나와 있다)로 옮기는 것이 아니라 하나의 서비스만 Docker로 옮기는 것을 추천했다. 그에 대한 WCF 엔드포인트는 데이터베이스 애플리케이션 파사드가 나머지 애플리케이션에서 분리된 Docker에서 실행된다는 것이었다. 웹 애플리케이션은 서비스의 유일한 소비자였기 때문에 단지 소비자의 서비스 URL을 변경하는 상황일 것이다. 제안된 아키텍처는 다음과 같다.

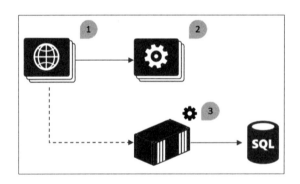

- 1: 웹 애플리케이션은 IIS에서 실행된다. 코드는 변경되지 않지만 컨테이너에서 실행되는 새로운 통합 구성 요소의 URL을 사용하도록 구성이 업데이트된다.
- 2: 원본 WCF 서비스는 IIS에서 계속 실행되지만 이전 데이터베이스 통합 구성 요소는 제거된 상태에서 실행된다.

- 3: 새로운 통합 구성 요소는 이전과 같은 WCF 계약을 사용하지만 현재는 컨테이너에서 호스팅돼 외부 애플리케이션 데이터베이스에 대한 접근을 격리한다.

이러한 접근 방식은 많은 이점이 있다.

- 데이터베이스 스키마가 변경되면 컨테이너로 옮긴 서비스만 변경하면 된다.
- 컨테이너 이미지 업데이트만으로 전체 애플리케이션 릴리스 없이 서비스 변경 사항을 릴리스할 수 있다.
- Docker를 이용해 격리된 환경에서 도입하는 것이므로 데브옵스 팀이 자신감을 갖고 기능을 시험해볼 수 있다.

이 사례에서 가장 중요한 이점은 시험에 드는 노력을 최소화하는 것이었다. 전체 단일 애플리케이션이라면 릴리스에는 몇 주 간의 테스트가 필요하다. 서비스를 Docker 컨테이너로 분리함으로써 변경된 서비스만 릴리스를 위한 테스트가 필요하다. 이로써 필요한 시간과 노력을 대폭 줄여 더 빈번한 출시를 가능하게 하므로 새로운 기능을 비즈니스에 더 신속하게 제공할 수 있다.

사례 연구 3 - 애저 IoT 애플리케이션

나는 모바일 애플리케이션을 위한 백엔드 서비스 제공 프로젝트의 API 설계를 담당했다. 2개의 주요 API가 있었다. 구성 API는 읽기 전용이며 설정 및 소프트웨어 업데이트를 확인하기 위해 장치가 이를 호출했다. 이벤트 API는 쓰기 전용이었고 기기는 사용자 행동에 대한 익명 이벤트를 게시했다. 이 이벤트는 제품팀이 차세대 기기에 대한 설계 결정을 알리는 데 사용됐다.

API는 150만 개 이상의 장치를 지원했다. 구성 API는 항상 사용 가능하도록 대비하고 기기 호출에 신속하게 대응하고 초당 수천 건의 동시 요청으로 확장해야 했다. 이벤트 API는 장치에서 데이터를 소비하고 이벤트를 메시지 큐로 푸시했다. 대기열에서 청취하는 것은 두 세트의 핸들러로 하나는 모든 이벤트 데이터를 하둡에 장기 분석을 위해 저장한 것이고 또 하나는 실시간 대시보드를 제공하기 위해 이벤트 서브셋을 저장한 핸들러였다.

모든 구성 요소는 애저에서 실행됐고 프로젝트 절정기에는 클라우드 서비스, Event Hubs, SQL 애저, HDInsight를 사용했다. 이 프로젝트의 아키텍처는 다음과 같다.

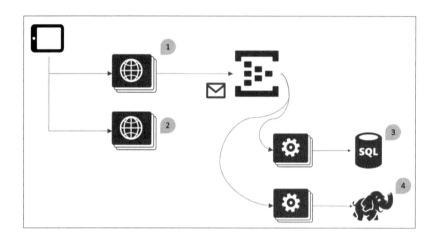

- 1: 이벤트 API는 여러 인스턴스가 있는 클라우드 서비스에서 호스팅됐다. 장치는 API에 이벤트 데이터를 보낸다. API에서는 받은 데이터에 약간의 전처리를 더하고 일괄적으로 애저 Event Hub에 게시한다.

- 2: 구성 API도 여러 인스턴스가 있는 클라우드 서비스에서 호스팅됐다. 디바이스가 API에 연결돼 소프트웨어 업데이트 및 구성 설정을 확인했다.

- 3: 주요 성과 지표의 하위 집합에 사용하는 실시간 분석 데이터를 처리하는 부분이 있다. 비교적 적은 양의 데이터에 빨리 접근할 수 있도록 SQL 애저에 저장된다.

- 4: 모든 장치에서 게시되는 모든 이벤트를 저장하기 위한 배치 분석 데이터를 처리하는 부분이 있다. 장기간 실행되는 빅데이터 쿼리를 위해 애저의 관리형 하둡 서비스인 HD 인사이트에 저장된다.

이 시스템은 운영비가 많이 들었지만 제품팀에 장치 사용법의 많은 정보를 전달해 차세대 설계 프로세스에 적용했다. 모두 만족했지만 이후 제품 로드맵이 취소되고 더 이상 장치가 제공되지 않을 예정이어서 운영비를 줄여야 했다.

나는 애저에 지출되는 비용을 월 5만 달러에서 1만 달러 이하로 줄이는 작업을 했다. 리포트 만들기 기능을 일부 포기하더라도 이벤트 API와 구성 API는 항상 사용 가능한 상태를 유지해야 했다.

이 과정은 Docker가 윈도우에서 지원되기 이전 일이어서 내가 처음 수정한 아키텍처는 애저의 Docker 스웜 클러스터에서 실행되는 리눅스 컨테이너를 사용했다. 시스템의 분석 기능을 엘라스틱 서치와 키바나로 교체하고 구성 API를 Nginx에서 제공하는 정적 콘텐츠로 교체했다. 장치 데이터 및 메시지 처리기를 사용해 애저 이벤트 허브에 데이터를 엘라스틱 서치로 푸시하는 이벤트 API를 위해 클라우드 서비스에서 실행되는 사용자 지정 .NET 구성 요소를 남겨뒀다.

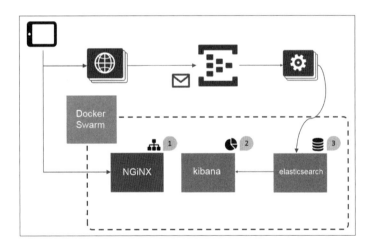

- 1: Nginx에서 정적 웹사이트로 실행되는 구성 API가 있다. 구성 데이터는 JSON 페이로드로 제공돼 원래의 API 계약을 유지한다.
- 2: 키바나는 실시간 및 이력 분석을 할 때 사용된다. 저장된 데이터 양을 줄임으로

써 세부 메트릭을 손실하는 비용으로 데이터 스토리지 요구 사항을 크게 줄였다.

- 3: 엘라스틱 서치를 사용해 수신 이벤트 데이터를 저장했다. .NET 클라우드 서비스는 여전하게 이벤트 허브에서 데이터를 읽을 때 사용됐지만 이 버전은 엘라스틱 서치에 데이터를 저장한다.

첫 번째 업데이트에서는 주로 API에 필요한 노드 수와 장치에서 저장한 데이터 양을 줄임으로써 원하는 비용 절감 목표를 달성했다. 모든 것을 하둡에 저장하고 실시간 데이터를 SQL 애저에 저장하는 대신 엘라스틱 서치에 집중해 데이터의 작은 부분 집합만 저장했다. Nginx를 사용해 구성 API를 제공함으로써 제품팀이 구성 업데이트를 게시하기 위해 갖고 있던 사용자 친화적 기능을 잃었지만 훨씬 더 작은 컴퓨팅 리소스로 실행할 수 있었다.

나는 윈도우 서버 2016이 출시되고 윈도우용 Docker가 지원될 때 이 프로젝트의 두 번째 업데이트를 진행했다. 나는 Docker 스웜 클러스터의 기존 리눅스 노드에 윈도우 노드를 추가하고 이벤트 API와 메시지 처리기를 윈도우 컨테이너로 마이그레이션했다. 또한 리눅스 컨테이너에서 실행되는 메시징 시스템을 NATS로 이동했다.

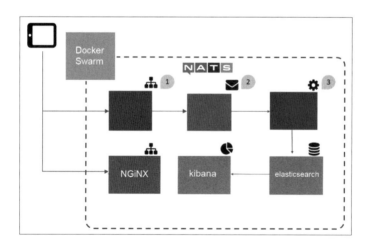

- 1: 이제 이벤트 API가 컨테이너에 호스팅되지만 코드는 변경되지 않았다. 여전하게 윈도우 컨테이너에서 실행되는 ASP.NET 웹 API 프로젝트이기 때문이다.

- 2: 메시징 구성 요소는 이벤트 허브 대신 NATS를 사용한다. 메시지 저장 및 재처리 기능은 손실되지만 메시지 대기열은 이제 이벤트 API와 같은 수준의 사용 가능성을 보장한다.
- 3: 메시지 핸들러는 NATS에서 읽고 엘라스틱 서치에 데이터를 저장한다. 대부분의 코드는 변경되지 않았지만 이제 윈도우 컨테이너에서 .NET 콘솔 애플리케이션으로 실행된다.

두 번째 업데이트에서 비용과 복잡성을 더 줄였다.

- 모든 구성 요소가 현재 Docker에서 실행 중이므로 개발 중인 전체 시스템을 복제할 수 있다.
- 모든 구성 요소가 Dockerfile로 만들어지고 컨테이너 이미지로 만들어지므로 모든 구성 요소는 같은 결과물을 사용한다.
- 전체 솔루션은 같은 수준의 서비스를 제공하므로 하나의 Docker 스웜에서도 효율적으로 실행된다.

프로젝트는 중단 예정이었고 새로운 해결책으로 이러한 변화를 수용하는 것은 어렵지 않았다. 기기 사용은 여전하게 기록되고 키바나 대시보드로 표시된다. 시간이 지나면서 더 적은 수의 장치가 사용되므로 서비스에서 컴퓨팅이 덜 필요하며 스웜에서 노드를 제거할 수 있다. 궁극적으로 이 프로젝트는 애저의 소규모 가상 컴퓨터에서 실행되는 최소 인프라 즉 2개의 노드로 묶어 스웜 클러스터로 실행되거나 사내 데이터센터로 다시 이동할 수 있을 것이다.

▍요약

전 세계 대기업과 소기업이 윈도우 및 리눅스에서 Docker를 더 많이 도입한다. 효율적인 운영, 강력한 보안, 쉬운 이식 등의 여러 이유로 선택한 사람이 많다. 많은 새로운 프로젝트는 컨테이너를 사용해 처음부터 설계됐지만 Docker로 이전하면 혜택을 줄 수 있는 기존 프로젝트가 더 많다.

12장에서는 기존 애플리케이션을 윈도우의 Docker로 마이그레이션하는 방법을 알아봤다. 잘 아는 애플리케이션으로 시작하는 것이 유리하다. 짧고 제한된 시간 안에 실행하는 애플리케이션을 컨테이너로 옮기기 위한 PoC를 거쳐 애플리케이션이 Docker 환경 안에서 어떻게 보일지 빨리 확인할 수 있다. 해당 PoC의 결과는 다음에 실행할 작업과 PoC를 프로덕션으로 이전하기 위해 누가 참여해야 하는지를 이해하도록 도와준다.

기존 프로젝트에서 Docker를 소개하는 방법을 보여주는 매우 다양한 사례 연구로 마무리했다. 사례 중 하나로 Docker가 기본으로 제공하는 편리한 이미지 만들기 기능을 활용해 소프트웨어를 변경하지 않고 모놀리식 애플리케이션을 실행했지만 향후 릴리스에서 더 깔끔하고 쉽게 업그레이드할 방법을 만드는 토대로 사용하기도 했다. 또한 릴리스에 대한 테스트 부담을 줄이기 위해 모놀리식 애플리케이션에서 하나의 구성 요소를 가져와 컨테이너에서 실행하도록 추출했다. 마지막으로 기존 솔루션을 Docker로 완전하게 마이그레이션해 실행 비용이 저렴하고 유지·관리가 쉽고 어디서나 실행할 수 있는 옵션을 제공했다.

여러분이 Docker를 도입할 때 12장이 도움이 됐길 바란다. 이 책의 다른 부분을 알아보면서 Docker로 실행할 수 있는 작업과 이 기술이 왜 흥미로운 기술인지 알게 되길 바란다. 이 책을 읽어준 데 감사드린다. Pluralsight 코스를 확인하고 트위터에서 나를 팔로잉하길 바란다. 윈도우에서 Docker를 사용하기로 한 여정에서 좋은 성과를 거두길 바란다.

독자 여러분을 위한 가이드

윈도우 컨테이너 기술이 윈도우 서버 2016이 정식 출시된 이후로 어느덧 5년이 흘렀다. 그 사이에 여러 가지 기술적 변화와 정책 변화가 있었다. 그중 잘 알아둬야 할 중요한 정보가 많다. 그래서 원서에는 없는 내용이지만 역자의 실제 운영과 개발 경험을 토대로 번역서를 읽을 독자 여러분의 편의를 위해 부록 두 편을 추가했다.

첫 번째 부록에서는 2018년 연말부터 2021년 9월까지 있었던 컨테이너 기술 세계의 중요한 변경 사항을 정리했다. 그중에는 윈도우 컨테이너 기술을 계속 사용해야 할지를 결정하는 데 큰 영향을 미칠 수 있는 정보도 있으니 꼭 읽어보길 바란다.

두 번째 부록에서는 윈도우 컨테이너 기술을 개발자의 관점에서 처음부터 끝까지 단계별로 활용하는 데 필요한 기본 개념 그리고 개발 환경을 구축하는 상세한 가이드가 들어 있다. 특히 이 튜토리얼은 역자가 실무에서 윈도우 컨테이너 기술을 도입하면서 겪은 내용을 담고 있다. 윈도우 컨테이너 기술을 팀 수준에서 도입할 때 참고할 수 있는 내용도 포함하고 있다.

부록 1

원서 출간 이후
바뀐 내용의 업데이트

이 책을 읽는 독자 여러분 모두 공감하는 부분이겠지만 윈도우 서버는 전례 없는 급격하고 빠른 변화를 겪고 있다.

윈도우 서버를 이용해 구축하던 대부분의 기술은 리눅스, 클라우드 기술로 대체할 수 있는 기술이 대부분이며 실제로 마이크로소프트의 여러 개발 팀은 윈도우 서버에 의존적인 선택에서 벗어나 클라우드(마이크로소프트 애저), 깃허브, 오픈 소스로 주요 제품의 기반을 옮겼다. 그래서 윈도우 서버를 기반으로 개발해야 하는 곳이 아니라면 윈도우 서버 플랫폼을 선택하지 않는다.

이는 나중에 추가된 윈도우 컨테이너 기술에도 비슷한 영향을 미쳤으며 2018년 연말 이후 약 3~4년 동안 크고 다양한 변화를 가져왔다. 그중 여러분이 윈도우 컨테이너 기술을 계속 사용해야 할지를 결정하는 데 영향을 미칠 수 있는 큰 변화 사항도 여럿 포함돼 있을 수 있다.

번역서를 탈고하는 시점에 확인된 사항을 이 부록에서 간단하게 정리해보려고 한다. 물론 번역서가 출간된 이후로 또 다른 변화 사항이 있을 수 있으므로 부록 마지막에 최신 정보를 얻을 수 있는 곳도 함께 기재하겠다. 관련 정보를 꼭 찾아볼 것을 권한다.

▌윈도우 컨테이너용 SQL 서버 개발 중단

배경

2021년 7월 5일 마이크로소프트 테크 커뮤니티 웹사이트에 윈도우 컨테이너용 SQL 서버의 개발을 중단하겠다는 발표문이 올라왔다.[1]

2017년 첫 미리 보기 버전이 출시됐지만 윈도우 컨테이너 기술 도입상의 난이도와 다양한 성능 문제 등 실제 사용 시 난이도를 끌어올릴 수 있는 요인, SQL 서버 제품군의 역할 변화, 팀 내 리소스 투자 상황 등 종합적인 요인이 작용해 이 날 공식적인 개발 중단 결정이 발표됐다.

물론 윈도우 컨테이너용 SQL 서버는 처음부터 미리 보기, 시험 사용 용도로 공개됐지만 특별한 변수가 없다면 대부분의 기술을 정식 출시해오던 흐름에 따라 여러 윈도우 서버 관련 기술을 다루는 여러 책에서 윈도우 컨테이너용 SQL 서버를 활용하는 지식을 전달했다. 하지만 이 날 발표로 인해 여기에 의존하는 여러 정보는 더 이상 유효하지 않은 정보가 됐다.

---

1 https://techcommunity.microsoft.com/t5/sql-server/update-beta-program-for-sql-server-on-windows-container-is/ba-p/2516639

영향 범위

- 기존에 비공개 베타 프로그램으로 신청해 윈도우 컨테이너용 SQL 서버를 받아 사용한 경우 모든 기술 지원이 끊기고 마이크로소프트 서버에서 이미지를 더 이상 다운로드할 수 없다.
- 윈도우 컨테이너용 SQL 서버 익스프레스 에디션 이미지도 모든 기술 지원이 끊기고 마이크로소프트 서버에서 이미지 다운로드가 차단될 수 있다.
- 리눅스 컨테이너용 SQL 서버 이미지는 전혀 영향을 받지 않으며 최신 업데이트를 계속 받으면서 사용할 수 있다.

대안

- SQL 서버 설치 파일을 윈도우 컨테이너 이미지에 직접 설치해 사용하는 것을 고려할 수 있다. 하지만 SQL 서버의 여러 구성 요소(설치 파일부터 실제 SQL 서버 프로그램 등)는 윈도우 컨테이너에서 실행되는 것을 고려하지 않았기 때문에 문제가 발생할 수 있고 그것에 대한 기술 지원을 받기 어려울 수도 있다.
- 클라우드 서비스상에서 윈도우 컨테이너를 사용한나면 대안으로 클라우드 제공업체(아마존 웹 서비스, 마이크로소프트 애저, 구글 클라우드 플랫폼 등)가 제공하는 관리형 데이터베이스를 사용할 수 있다.
- 온프레미스 환경이라면 윈도우 서버나 리눅스 서버에서 실행되는 SQL 서버를 이용하거나 리눅스 컨테이너를 실행하는 호스트와 연결해 리눅스 컨테이너용 SQL 서버를 이용할 수 있다.

▌ Docker 엔터프라이즈 부문 매각에 따른 제품 구성 변화

배경

이 책에서도 다루는 Docker 사의 엔터프라이즈 기술인 Docker 엔터프라이즈 엔진, 신뢰할 수 있는 Docker 레지스트리^{DTR}, Docker 유니버설 컨트롤 플레인^{UCP}은 2021년 현재 모두 Mirantis 사에서 인수해 제품을 개발, 공급 중이다.

Docker 사가 Mirantis 사로 엔터프라이즈 제품군을 매각한 자세한 이유는 알 수 없지만 기본적으로 Docker 사는 쿠버네티스와 ContainerD를 이용한 컨테이너 런타임 구동이 대세가 되면서 이전보다 사용 빈도와 활용도 면에서 위상이 크게 줄었다. 이에 따라 제품 구성, 기업 내 인원 배치 등 경영상 많은 변화를 겪을 수밖에 없었으며 엔터프라이즈 부문 매각 결정도 그 영향 중 하나로 보인다.

영향 범위

- Docker 엔터프라이즈 엔진, 신뢰할 수 있는 Docker 레지스트리^{DTR}, Docker 유니버설 컨트롤 플레인^{UCP}은 이제 Docker 사가 아닌 Mirantis 사에서 제품을 유지 · 보수하고 개발한다.
- Docker 엔터프라이즈 엔진은 미란티스 컨테이너 런타임으로 제품 이름이 변경됐다.
- **중요** 윈도우 컨테이너 버전의 미란티스 컨테이너 런타임은 더 이상 마이크로소프트가 무료로 제공하는 제품이 아니다.
- 대 당 가격은 기술 지원 미포함 시 노드 당 연간 50달러이며 온라인 구매 시 최소 10개 노드, 구매 방식과 상관 없이 회사 당 최대 27개 노드까지만 구매가 가능하다. 기술 지원을 받길 원한다면 노드 당 1,150달러를 지불해야 한다.
- 다만 2021년 9월 현재 리눅스용 미란티스 컨테이너 런타임과 달리 윈도우용 미

란티스 컨테이너 런타임은 별도의 디지털 라이선스 인증을 설치 시 요구하지 않고 있다.[2] 하지만 Mirantis 사의 정책 결정에 따라 얼마든지 바뀔 수 있는 부분임을 고려해야 한다.

대안

- 안타깝게도 2021년 9월 현재 Docker 엔터프라이즈 엔진의 윈도우 버전을 대체할 수 있는 제품이나 오픈 소스 프로젝트는 명확하지 않다. 호환성과 안정성 면에서 보수적으로 접근하면 Mirantis 사의 제품을 새로 구입하는 것이 최선이다.

- 마이크로소프트가 제공하는 구 버전의 Docker 엔터프라이즈 엔진을 계속 사용할 수도 있다. 하지만 최신 버전의 Docker 엔진과의 버전 격차가 많이 벌어져 있고 보안 취약점 방어가 어려울 수 있다.

- ContainerD 프로젝트가 윈도우 컨테이너를 지원하는 기능은 안정 단계에 진입했지만 이는 어디까지나 컨테이너 실행 환경에만 초점을 맞춘 것으로 컨테이너 간 네트워킹[3], 컨테이너의 저장소 지원[4], Dockerfile을 통한 컨테이너 이미지 빌드[5]처럼 Docker에 통합된 모든 기능은 각자 개별 구성 요소로 흩어졌으며 이들 모두 윈도우 환경보다 리눅스 환경에 초점을 맞추고 개발되고 있다.

- 필요하다면 리눅스 서버 1~2대와 윈도우 서버 1~2대로 이뤄진 가상머신 클러스터를 만들어 테스트용 윈도우 쿠버네티스 클러스터를 직접 만들거나 단독으로 ContainerD 호스트를 만들 수도 있다. 하지만 Docker 엔터프라이즈 엔진을 사용할 때와 현저하게 다른 설치 과정과 난이도를 감안해야 하며 시간 투자가 많이

---

2 https://docs.mirantis.com/mcr/20.10/install/mcr-license-install.html

3 데스크톱 컴퓨터, 개발자를 위한 윈도우 OS용 CNI 플러그인은 아직 명확하게 출시된 적이 없다. 서버, 클라우드 환경에서는 각 플랫폼 및 클라우드 서비스 제공업체의 역량으로 개발과 관리가 이뤄지고 있다.

4 마찬가지로 데스크톱 컴퓨터, 개발자를 위한 윈도우 OS용 CSI 플러그인도 아직 명확하게 출시된 적이 없다. 이 영역도 서버, 클라우드 환경에서는 각 플랫폼 및 클라우드 서비스 제공업체의 역량으로 개발과 관리가 이뤄지고 있다.

5 후술할 윈도우 컨테이너 로드맵 리포지터리 상의 이슈, 그리고 Moby Buildkit 리포지터리상의 이슈로 각각 등록돼 개발이 진행 중이다. 하지만 2021년 9월 현재 계속 개발 중인 기능이며 아직 출시되지 않았다(윈도우 컨테이너 로드맵 이슈: https://github.com/microsoft/Windows-Containers/issues/34).

필요할 수 있다.

- Docker 스웜을 사용하고 있다면 Mirantis 사의 지원을 계속 받을 수는 있다. 하지만 Mirantis 사의 의도는 장기적으로 쿠버네티스 기반으로 기술을 통합하는 것이 목표이므로 궁극적으로는 쿠버네티스 기반의 기술로 이주해야 한다. 이는 윈도우 컨테이너와 리눅스 컨테이너 모두 동일하다.

▮ Docker 허브의 이미지 다운로드 전송량 제한

2020년 11월부터 Docker 허브는 이미지 다운로드 전송량을 제한하는 정책을 도입했다.[6]

Docker가 컨테이너 기술의 대명사로 여겨진 덕분에 Docker 허브는 모두의 공동자원이 됐지만 이를 운영하는 기업 입장에서는 감당하기 너무 버거운 서비스였을 것이다. 안정적으로 운영하기 위해서는 사용량에 합당한 비용을 충당해야만 했을 것이므로 어쩔 수 없이 비용을 충당하기 위한 결정을 내린 것이다. 하지만 대부분의 주요 오픈 소스 컨테이너 이미지가 사실상의 표준De-facto Standard으로 Docker 허브를 공식 리포지터리로 사용하고 있었기 때문에 이러한 결정이 미친 영향은 매우 컸으며 이러한 정책으로 인해 서비스 중단 시간이 발생하지 않도록 보완하기 위한 전 세계의 수많은 데브옵스DevOps 엔지니어와 클라우드 서비스 제공업체는 한동안 많은 일을 해야만 했다.

다행스럽게도 이러한 제한 정책은 윈도우 컨테이너의 베이스 이미지에는 영향을 미치지 않았다. 이보다 훨씬 앞선 2018년 5월 마이크로소프트가 윈도우 컨테이너의 베이스 이미지를 포함해 자사의 모든 컨테이너 베이스 이미지를 자사의 마이크로소프트 애저 클라우드 서비스상에서 실행되는 마이크로소프트 컨테이너 레지스트리MCR에서 제공하도록 모든 조치를 취했기 때문이다.[7] 하지만 이것은 베이스 이미지에만 국한되는 이야기이며 여러분이 만든 윈도우 및 리눅스 컨테이너 이미지를 별 뜻 없이 Docker 허브에 올려 사용했

---

6 https://www.docker.com/blog/scaling-docker-to-serve-millions-more-developers-network-egress/

7 https://azure.microsoft.com/en-us/blog/microsoft-syndicates-container-catalog/

다면 당장 이 제한 정책의 영향을 받게 된다.

영향 범위

- mcr.microsoft.com 이미지 레지스트리 서버나 다른 서비스 제공업체의 이미지 레지스트리 서버를 명시적으로 사용한다면 이러한 제한 정책의 영향을 거의 받지 않을 것이다(어딘가 단 한 곳이라도 Docker 허브를 관습적으로 쓰는 곳이 있을 수 있기 때문이다).
- 윈도우 컨테이너 베이스 이미지를 포함해 마이크로소프트가 공식적으로 제공하는 모든 컨테이너 이미지는 mcr.microsoft.com 이미지 레지스트리 서버를 사용하므로 이미지 빌드 과정에서 이러한 제한 정책 때문에 발생할 문제는 신경쓰지 않아도 된다.

대안

- 팀에서 Docker 허브에 의존하는 빈도가 높다면 프로 플랜 또는 팀 플랜으로 업그레이드해 사용량 제한 정책으로 인한 서비스 중단 시간을 최소화하는 것이 좋다.
- 하지만 Docker 허브 플랜을 업그레이드하더라도 이러한 제한에서 완전하게 벗어날 수는 없으며 24시간 내 최대 50,000번까지만 이미지 풀을 할 수 있고 매 24시간마다 카운터가 초기화되므로 이러한 기준을 넘어선다면 다른 이미지 레지스트리 서비스 또는 직접 이미지 레지스트리 서버를 구축해 사용하는 것이 적절하다.

Docker 데스크톱(구 Docker 커뮤니티 에디션) 유료화

배경

2021년 9월부터 약 4개월의 유예 기간을 거쳐 2022년 2월부터 새로운 가격 정책에 따라 Docker 데스크톱(윈도우와 맥 OS 버전)을 유료 사용으로 전환한다는 발표[8]가 나왔다. 이러한 결정도 Docker 사의 수익성 개선을 위한 부득이한 조치로 보인다. 이러한 발표를 기점으로 Docker 사의 모든 서비스는 일정 규모 이상의 기업에서 무료로 사용할 수 있는 제품이 더 이상 아니게 됐다. 적절한 예산을 추가로 편성하거나 커뮤니티에서 주도하는 제품을 활용해 인프라를 다시 구축하는 등의 전략 수정이 후속 조치로 이뤄져야 할 상황이 됐다.

영향 범위

- 윈도우 데스크톱과 맥 OS에서 Docker 개발 환경을 구축해 사용하는 경우 변경된 정책의 영향을 받는다.
- 250명 이내의 직원으로 구성된 회사이면서 연 매출 1천만 US 달러 이내의 회사, 개인 사용자, 교육기관 사용자, 비 상업적 오픈소스 프로젝트 사용자에게는 Docker 데스크톱 기능이 무료로 계속 제공된다.
- 위의 조건에 해당하지 않는 모든 곳에서는 사용자 당 월 5달러의 사용료를 지불하는 계약을 맺어야 한다.
- 현재 오픈소스로 공개된 Moby 프로젝트를 직접 빌드해 사용하는 경우 이 유료화 정책에 포함되지 않는다.

---

8 https://www.docker.com/blog/updating-product-subscriptions/

대안

- 리눅스 컨테이너를 위한 Docker 데스크톱 대안은 커뮤니티에서 다양한 논의가 이뤄지고 있으며 빠른 시일 내에 안정적인 대안이 나올 것으로 예상된다. 윈도우 환경에서는 WSL 2를 이용해 Docker 데스크톱 대신 다른 컨테이너 런타임을 설치해 활용할 수 있다.
- 윈도우 컨테이너를 위한 Docker 데스크톱 대안은 안타깝게도 명확하게 드러난 것이 없다. 앞에서 말한 Docker 엔터프라이즈 사례와 마찬가지로 Docker 데스크톱에서 윈도우 컨테이너를 일정 규모 이상의 기업에서 빌드하기 위해서는 Docker 구독 서비스를 월별로 결제하는 것이 가장 안정적인 선택이다.
- 더 실험적으로 접근하길 원한다면 ContainerD를 윈도우 10 또는 윈도우 11에서 사용하는 것을 검토할 수 있지만 역시 상당한 난이도가 예상되며 많은 시간과 노력을 투자해야 할 것이다.

▌쿠버네티스에서 Docker 런타임 지원 제외

배경

쿠버네티스 버전 1.20부터는 클러스터에 배치되는 각 노드가 사용하는 컨테이너 런타임으로 Docker 엔진을 더 이상 사용할 수 없다.[9]

Docker는 단순하게 컨테이너 런타임일 뿐만 아니라 컨테이너를 빌드하고 네트워크를 만드는 등 컨테이너 운영에 필요한 모든 기능이 집합으로 묶인 종합 런타임이다.

쿠버네티스는 더 안정적이고 빠르면서 유연하게 동작하는 컨테이너 실행 환경이 필요했

---

9 https://kubernetes.io/blog/2020/12/02/dont-panic-kubernetes-and-docker/

고 그 결과 CRI, CNI, CSI라는 표준 기술 사양을 제안해 거기에 맞는 각각의 세부 구성 요소를 개별 오픈소스 프로젝트로 분리해 육성하기 시작했다. 그리고 이제 그러한 노력이 어느 정도 결실을 맺게 됐다.

끝까지 해결이 쉽지 않았던 유일한 부분은 바로 윈도우 컨테이너였다. 이러한 부분은 ContainerD가 윈도우 운영 체제 지원 개발을 마칠 때까지 시간이 필요했으며 쿠버네티스 1.20 버전을 기점으로 드디어 안정화가 돼 운영 체제와 상관 없이 쿠버네티스가 Docker에 종속되지 않는 컨테이너 런타임을 사용할 수 있게 됐다.

흥미로운 점은 이것이 마치 Docker 기술로 만든 컨테이너 이미지를 전부 다시 만들어야 하는 듯한 오해를 불러 일으켰다는 것이다. 하지만 다행스럽게도 훨씬 이전부터 컨테이너 이미지는 오픈 컨테이너 이니셔티브[OCI] 사양을 준수하도록 만들었고 Docker를 포함한 여러 컨테이너 관련 오픈소스 프로젝트가 운영 체제나 CPU 아키텍처와 상관 없이 OCI 사양을 충족하도록 설계돼 왔기 때문에 Docker 런타임이 아닌 다른 컨테이너 런타임을 사용해도 기술적으로 전혀 문제가 없다.

또한 윈도우 컨테이너 기술 면에서도 기존 Docker 엔터프라이즈 엔진은 호스트 컴퓨팅 서비스[HCS]의 버전 1 API만 사용하는데 ContainerD는 버전 2 API까지 모두 지원하므로 이 책에서 소개하지 못한 개별 파일 단위 마운트는 물론 리눅스 컨테이너와 차이가 있던 부분이 많이 해소됐다.

다만 ContainerD와 대응되는 컨테이너 런타임의 윈도우 데스크톱 버전이 이 번역서가 출간되는 현 시점에 명확하게 존재하지 않으며 여전하게 Docker 데스크톱을 사용해야 하는 것은 기술적 흠이라고 할 수 있다.

영향 범위

- 사용자 입장에서는 별로 신경쓸 것이 없다.
- 인프라 운영을 담당하는 엔지니어라면 최신 버전의 쿠버네티스로 빠른 시일 내에

업그레이드를 진행하는 것이 좋다. Docker 런타임을 지원하는 구 버전의 쿠버네티스 기술 지원 기간이 종료되면 문제가 어려워질 수 있다.

고려할 사항

- HCS v2 API의 혜택을 직접 누리고 싶다면 Docker 데스크톱을 이용할 때 한계에 봉착할 수 있다(예: 파일 단위 마운트는 ContainerD에서는 가능하지만 Docker 데스크톱에서는 지원되지 않는 동작으로 취급돼 오류가 발생할 수 있다).

▌ 앙보이 윈도우 버전 정식 출시

배경

컨테이너 기술과 직접 관련된 부분은 아니지만 클라우드 네이티브 에코 시스템에서 컨테이너 간 네트워킹의 핵심을 책임지는 앙보이^{Envoy} 프로젝트의 윈도우 버전이 2021년 5월 정식 출시됐다.[10] 앙보이 버전 1.18.3 버전부터 해당한다.

앙보이가 낯선 독자를 위해 간단하게 설명하면 앙보이는 오픈소스 기반의 소프트웨어로 구현된 L7 프록시다. 컨테이너 안에서 실행되는 애플리케이션이나 컨테이너를 띄우는 구성을 힘들게 수정하는 대신 앙보이를 이용해 선언적으로 규칙을 정의하면 동적으로 들어오고 나가는 트래픽을 제어하고 모니터링할 수 있는 기능을 제공한다. 그래서 일정 규모 이상의 마이크로 서비스 아키텍처를 개발하고 운영하는 곳에서는 반드시 사용된다.

윈도우용 앙보이가 출시됨에 따라 비싼 비용을 지불하고 사용했던 기존 하드웨어 L7 라우터 또는 오픈소스가 아닌 L7 소프트웨어를 윈도우 서버에서도 대체해 사용할 수 있는 길

---

10 https://blog.envoyproxy.io/general-availability-of-envoy-on-windows-267e4544994a

이 열렸다. 물론 컨테이너 환경에서도 잘 동작하도록 처음부터 설계됐기 때문에 가볍고 빠르게 동작하도록 성능도 최적화가 잘돼 있다.

함께 보면 좋은 자료

- 앙보이콘 2020(비대면 행사): 윈도우에서 앙보이를 활용한 사례, 로드맵, 여러 가지 내용: https://www.youtube.com/watch?v=f3DezuydHr4
- 윈도우 컨테이너에서 앙보이 프록시 사용하기: https://blog.envoyproxy.io/envoy-proxy-on-windows-containers-193dffa13050

▌윈도우 서버 2022 정식 출시와 출시 주기의 회귀

배경

2021년 9월 윈도우 서버 2022가 정식 출시됐다. 코로나19의 여파, 마이크로소프트의 비즈니스 노선 변화 등 다양한 요인이 결합돼 윈도우 서버의 출시 방식에도 큰 변화가 있었다.

윈도우 10 1주년 업데이트 이후 유지됐던 클라이언트 빌드와 서버 빌드 번호의 일치 기조가 깨졌다(윈도우 10 21H2의 빌드 번호는 10.0.19044, 윈도우 서버 2022의 빌드 번호는 10.0.20348, 그리고 2021년 10월 출시될 윈도우 11의 빌드 번호는 10.0.22000으로 예상된다). 이 빌드 번호의 일치 기조가 깨짐으로써 기술적으로도 큰 변화가 나타나는데 이는 후술할 별도 단원에서 별도로 다루기로 하고 여기서는 출시 주기부터 이야기하겠다.

그리고 윈도우 서버 2022부터는 반기 릴리스 채널SAC, Semi Annual Channel 개념을 더 이상 사용하지 않고 이전 윈도우 서버처럼 최소 4~5년 이상 간격을 두고 출시하는 주기로 회귀한다. 리눅스 서버 운영 체제와 비슷한 전략을 취하면서 빠르고 유연하게 기술 변화에 대처하는 것이 반기 릴리스 채널의 운영 목적이었지만 실사용자의 낮은 호응도와 마이크로소프트의 개발인력 운영상의 부담이 이러한 전략을 포기하게 된 배경으로 추측된다.

장기 지원 채널만 남기는 것은 장·단점이 분명하게 갈리는 선택이다.

장점은 윈도우 서버 기반의 인프라를 제공하는 여러 서비스 업체의 서비스를 이용할 때 컨테이너 이미지의 버전이 특정 연도의 버전인지 따질 필요가 없다는 것이다. 윈도우 서버 2022용 이미지를 만들 수 있다면 특별한 변수가 없는 한[11] 어디서든 호환성을 보장받을 수 있다.

단점은 쿠버네티스처럼 빠르게 변화하는 기술을 지원하기가 한층 더 어려워진다는 것이다. 마이크로소프트의 기술은 오픈소스 생태계와 다른 신진대사로 움직인다. 오픈소스처럼 빠르지 못하고 개발할 수 있는 인력의 한계도 명확하다.

업계에서는 뉴 노멀로 인정받는 기술적 컨셉이 마이크로소프트의 시각에서는 자신들의 전략상 우선순위에 따라 뉴 노멀이 아닌 지역적 문제로 취급될 수 있으며 윈도우 컨테이너를 사용하는 입장에서는 이러한 뉴 노멀의 혜택을 놓칠 가능성이 있다. 다시 말해 윈도우 컨테이너와 리눅스 컨테이너 사이의 기술적 격차가 더 심해질 수 있다.

이러한 명확한 장·단점을 이해하고 적절한 곳에 도입해 사용하기 위해서는 더 많은 고민이 뒷받침돼야 한다.

영향 범위

- 새로운 버전의 윈도우 서버로 업그레이드할 때 영향을 받는다.

---

11 매우 이례적인 상황으로 윈도우 컨테이너 호스트에 치명적인 문제가 발견된 적이 있어 마이크로소프트가 특정 버전 이상의 컨테이너 이미지로 다시 빌드할 것을 고객에게 강력하게 권고한 적이 있다. 해당 문제가 있었던 컨테이너 이미지 버전은 2021년 9월 현재 지원 주기에서 벗어났다.

고려할 사항

- 컨테이너 기술 때문에 서버의 운영 체제 버전을 올려야 한다면 기존 빌드 파이프라인 시스템에 영향을 미칠 수 있는 요소가 많이 추가되므로 충분한 테스트 기간을 확보해 업그레이드를 신중하게 진행하는 것이 좋다.
- 또한 Docker 엔터프라이즈 엔진이 앞에서 언급한 대로 Mirantis 컨테이너 런타임으로 제품이 바뀜에 따라 가격 정책에도 변화가 있을 수 있다. 충분한 예산 확보가 가능한지 팀과 기업 내 상황도 고려하는 것이 좋다.

▌ 컨테이너 베이스 이미지와 호스트 OS의 버전 일치 제약 완화

배경

윈도우 컨테이너는 리눅스 컨테이너와 달리 처음부터 2가지 타입의 컨테이너 런타임을 제공한다. 프로세스 격리 방식과 Hyper-V 격리 방식이다.[12] [13]

프로세스 격리 방식은 가상화 기술이 구동 단계에서 사용되지 않기 때문에 가상 컴퓨터 위에서 이미 실행 중이더라도 컨테이너를 사용하는 데 지장이 없으며 컨테이너 당 추가 비용이 발생하지 않는다. 그 대신 호스트 OS 버전과 컨테이너 이미지의 OS 버전이 빌드 번호 단위에서 일치해야만 했다.

마이크로소프트는 윈도우 컨테이너 로드맵이라는 깃허브 리포지터리[14]를 만들었다. 깃허

---

12 참고로 Hyper-V 격리 방식은 가상화 기술이 구동 단계에서 반드시 필요하므로 효율성 면은 물론 라이선스 면에서도 많이 사용되지 않는다. 특히 쿠버네티스처럼 컨테이너를 많이 실행해야 하는 환경에서 Hyper-V 컨테이너는 선택지가 아니다.

13 https://docs.microsoft.com/en-us/virtualization/windowscontainers/about/faq#how-are-containers-licensed--is-there-a-limit-to-the-number-of-containers-i-can-run- 페이지의 내용을 참고하길 바란다. OS 계약 사항에 따라 다르지만 비용 절감을 위해 스탠다드 에디션을 구매한 경우 Hyper-V 컨테이너는 해당 서버 인스턴스 위에서 최대 두 개만 만들어 사용할 수 있다.

14 https://github.com/microsoft/Windows-Containers/projects/1

브의 이슈 및 프로젝트 관리 기능을 이용해 윈도우 컨테이너를 실제로 사용하면서 불편하다고 생각하는 사람들의 의견을 모아 이슈로 정리하고 문제 해결 상황을 공유하고 있다.

여기 만들어진 이슈 중 이슈 번호 36[15]의 내용이 현재 개발 진행 중이다(프로젝트 트래커상의 상태는 이를 정확하게 반영하지 못하고 있는 것 같다).

테스트 결과

역자가 2021년 8월에 윈도우 서버 2022 프리뷰, 윈도우 11의 인사이더 프리뷰 버전을 기준으로 확인했을 때[16] 기존 규칙대로라면 윈도우 11은 윈도우 서버 2022의 컨테이너 이미지를 빌드할 수 없다. 하지만 이러한 이슈에서 다루는 개선 사항이 반영되는 덕분인지 10.0.20348 버전의 컨테이너 이미지를 10.0.22000 버전 번호를 갖는 윈도우 11에서 프로세스 격리 방식과 Hyper-V 컨테이너 방식으로 모두 띄울 수 있었다.

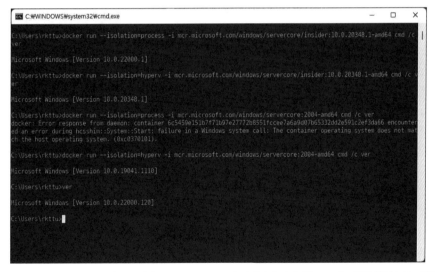

윈도우 11(10.0.22000)에서 윈도우 서버 2022(10.0.20348) 컨테이너 이미지를 프로세스 격리 방식으로도 컨테이너를 띄울 수 있다.

---

15 https://github.com/microsoft/Windows-Containers/issues/36

16 https://www.facebook.com/photo/?fbid=4243540275693288&set=a.180533255327364

반면 윈도우 서버 20H1(2004) 컨테이너 이미지는 옛날 규칙이 그대로 적용된다. 그래서 Hyper-V 격리 방식으로만 컨테이너를 띄울 수 있었다.

▌ 정리

윈도우 서버 2022로 컨테이너 서버 OS의 버전을 올리고 윈도우 11로 빌드 머신이나 개발자 컴퓨터를 업그레이드할 수 있다면 개발자 컴퓨터에서도 앉은 자리에서 서버용 컨테이너를 빌드하고 서버와 비슷한 환경에서 테스트할 수 있다. 하지만 개발자의 컴퓨터가 윈도우 10을 사용한다면 윈도우 서버 2022가 설치된 별도의 가상 컴퓨터, 클라우드 인스턴스 등을 별도로 준비해야만 빌드와 테스트가 가능하다.

아울러 윈도우 컨테이너 기술 관련 최신 정보는 다음 웹사이트와 커뮤니티에서 얻을 수 있다.

- 윈도우 컨테이너 로드맵: https://bit.ly/2GKnCZ7
- 쿠버네티스 윈도우 SIG 정기 미팅 회의록: https://bit.ly/38Rshmj
- 쿠버네티스 윈도우 SIG 미팅 녹화 영상: https://bit.ly/3laiMEi
- 쿠버네티스 윈도우 SIG 깃허브 리포지터리: https://bit.ly/3dor7zX
- 쿠버네티스 슬랙 커뮤니티(https://slack.k8s.io)의 #sig-windows 채널

윈도우 컨테이너
개발 환경 구축하기

▍ 윈도우 컨테이너 소개

윈도우 컨테이너 기술은 컨테이너 기술이 업계에서 한창 주목받던 때부터 마이크로소프트가 직접 개발을 진행했다. 그리고 윈도우 서버 2016이 출시되면서 처음 선보였다. 이후 2019년 봄 쿠버네티스 1.14에서 쿠버네티스 워커 노드를 윈도우 서버 위에서 실행할 수 있도록 정식 지원[1]하게 됐다.

---

1 https://kubernetes.io/blog/2019/03/25/kubernetes-1-14-release-announcement/

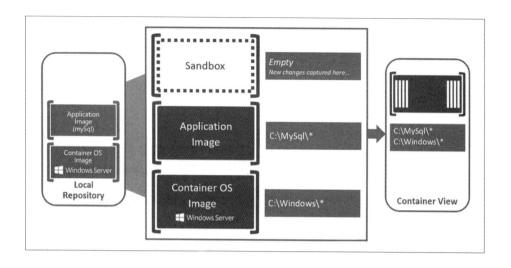

▌ 윈도우 컨테이너 개요[2]

윈도우 컨테이너는 리눅스 컨테이너와 유사하며 호환되는 아키텍처를 사용한다. 그리고 기존 리눅스 컨테이너를 빌드하는 방법과 동일하게 Dockerfile을 이용해 원하는 내용을 추가할 수 있다.

다만 윈도우 컨테이너는 OS 이미지는 mcr.microsoft.com 이미지 레지스트리[3]로부터 내려 받고 컨테이너를 빌드하고 실행하려면 윈도우 운영 체제가 필요하다는 것이 다른 점이다.

이렇게 만들어진 이미지로 새로운 윈도우 컨테이너를 곧바로 실행하거나 Docker 허브나 직접 관리하는 이미지 레지스트리에 게시해 다른 사람과 공유할 수 있다.

---

2 https://docs.microsoft.com/en-us/virtualization/windowscontainers/about/

3 https://hub.docker.com/_/microsoft-windows-base-os-images

▌ 컨테이너 이미지

HCS가 관리하는 영역 중 큰 의미가 있는 또 다른 부분인 컨테이너 이미지 이야기는 내용이 조금 길어 따로 말하겠다. 기술적으로 윈도우 OS 컨테이너 이미지는 Hyper-V가 사용하는 VHDX(Hyper-V가 사용하는 가상 하드 디스크 이미지 포맷) 형식을 이용해 차등분을 저장하는 형태로 관리된다.

하지만 오픈 컨테이너 이니셔티브[OCI] 사양을 따르도록 돼 있어 윈도우 OS만 위한 별도 이미지 레지스트리를 구축할 필요가 없다. 다만 뒤에서 설명할 라이선스상 이슈로 최초의 루트 이미지는 mcr.microsoft.com 서버에서 받도록 돼 있다.

윈도우 컨테이너 OS 이미지는 윈도우 서버 2019 기준으로 용도에 맞게 총 3가지 서버용 이미지가 제공된다. 컨테이너화하려는 대상 애플리케이션의 특성에 맞는 이미지를 찾아 베이스 이미지로 사용하면 된다.

▌ 베이스 이미지의 종류

윈도우 컨테이너를 사용할 때는 베이스 이미지로 무엇을 어떻게 사용할지를 결정해야 한다. 리눅스와 달리 윈도우 컨테이너는 기존 윈도우 서버용 애플리케이션을 컨테이너에서도 안정적으로 실행할 수 있게 만드는 것이 목표였다. 그러므로 베이스 이미지를 얼마나 잘 이해하는가가 매우 중요하다.

널리 알려진 대로 윈도우는 리눅스와 달리 마이크로소프트가 독점 개발, 배포하는 소프트웨어여서 Docker에서도 마이크로소프트가 관리하는 레지스트리에서만 이미지를 다운로드할 수 있다(물론 기술적으로 예외는 얼마든지 있을 수 있지만 논외로 한다).

윈도우 컨테이너 베이스 이미지는 여러 가지가 있지만 대표적으로 2가지를 고려한다. 일반적으로 서버 코어 이미지와 나노 서버 이미지 중 하나를 고른다.

- **서버 코어 이미지** mcr.microsoft.com/windows/servercore:YYMM: 윈도우 서버의 코어 버전에 대응하는 컨테이너 이미지로 GUI 애플리케이션을 제외한 거의 모든 부분에서 호환성이 보장된다. 그 대신 이미지 크기가 큰 편으로 최신 버전은 4~5GiB다.

- **나노 서버 이미지** mcr.microsoft.com/windows/nanoserver:YYMM: 핵심적인 윈도우 OS의 기능만 담은 컨테이너 이미지로 x64 아키텍처로 컴파일된 애플리케이션만 실행할 수 있으며 핵심적인 Win32 API만 사용하는 애플리케이션(예: 파이썬, Go 언어, .NET Core 등)을 실행하도록 최적화돼 있어 크기는 200~500MiB다. 윈도우용 파워셸과 .NET 프레임워크는 이 이미지에서는 사용할 수 없다.

그 외에 목적과 상황에 따라 다음과 같은 이미지를 적절하게 선택할 수 있다.

- **윈도우 이미지** mcr.microsoft.com/windows:YYMM: 윈도우 서버에 데스크톱 경험 기능(DirectX, 인터넷 익스플로러 등)까지 얹어 실행하도록 만든 실제 윈도우 운영 체제와 거의 대등한 기능 집합을 포함한 이미지로 메시지 루프 처리가 필요한 일반적인 Win32 애플리케이션도 화면 출력 수단은 없지만 실행 자체는 지원한다. 즉 메모리상에 가상 그래픽 캔버스에 그리는 것으로 대체한다고 생각할 수 있다. 최신 버전은 11~12GiB다.

- **IoT 이미지** mcr.microsoft.com/windows/iotcore: 라즈베리 파이 등의 임베디드 컴퓨팅 디바이스상에서 실행되는 윈도우 10 IoT 버전에서도 Docker를 사용할 수 있으며 여기에 배포할 애플리케이션은 IoT 베이스 이미지로 빌드해야 한다.

- **머신 러닝 이미지** mcr.microsoft.com/windows/ml/insider: 윈도우 10에 내장된 머신 러닝 API인 WinML을 컨테이너에서 사용할 수 있도록 제공하는 것으로 2021년 초 기준으로 아직 인사이더 프리뷰 버전이다.

- **인사이더 프리뷰 채널** mcr.microsoft.com/windows/insider: 컨테이너 베이스 이미지도 윈도우 10 클라이언트 운영 체제와 동일하게 인사이더 프리뷰 프로그램을 운영하며 윈도우 서버의 인사이더 프리뷰 버전이 SAC 채널 안에서 출시되면 약간

의 시차가 존재하지만 대체로 빠른 시일 안에 일치하는 커널 버전을 포함한 컨테이너 베이스 이미지가 MCR에 함께 게시된다.

- IIS 이미지 mcr.microsoft.com/windows/servercore/iis: IIS 서버를 컨테이너 안에서 실행하길 원한다면 이 버전의 이미지를 사용할 수 있다. 인사이더 버전의 윈도우 서버는 mcr.microsoft.com/windows/servercore/iis/insider 이미지를 사용할 수 있다.

사용할 이미지의 종류를 결정했다면 이번에는 OS 버전을 선택해야 한다. OS 버전을 선택할 때는 컨테이너가 실행될 환경도 고려해야 한다. OS 버전을 적절하게 선택하지 않으면 컨테이너 이미지를 만들더라도 실행하지 못할 수도 있기 때문이다.

▌ 컨테이너 격리 방식 이해하기

윈도우 컨테이너는 윈도우 운영 체제 제품 중 윈도우 서버를 위해 만들어진 기능이다. 그래서 컨테이너 실행 환경을 격리하는 방법은 처음부터 2가지로 나눠져 있다. 프로세스 격리 방식과 Hyper-V 격리 방식으로 나뉜다.

프로세스 격리 방식은 가볍고 효율적인 대신 호스트와의 경계가 엄격하게 구분되지 않아 드물게 보안 취약성을 의심받고 (전통적인 리눅스 컨테이너가 그렇듯) Hyper-V 격리 방식은 완전한 가상 컴퓨터를 만들지 않는 대신 커널 수준부터 실행 환경을 분리해 구동하므로 메모리 사용량이 다소 높다.

하지만 그 외에도 격리 방식을 어디서 어떠한 조건하에 사용할 수 있는지 정확하게 이해하는 것이 좋다. 격리 방식의 적용 조건을 이해하지 못하면 윈도우 컨테이너 도입을 위한 개발에 아예 진입조차 못하거나 기대했던 성능에 못 미칠 수도 있기 때문이다.

▍격리 방식의 차이점

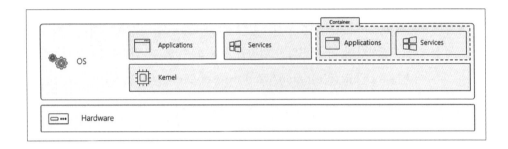

프로세스 격리 방식은 윈도우 서버 컨테이너라고도 부르며 리눅스에서 흔하게 사용되는 컨테이너처럼 커널에 네임스페이스 컨셉을 도입해 보안 계층, 자원을 분리 할당하는 방식으로 실행된다. DirectX를 통한 GPU 가속 등의 하드웨어 연동에 최적화돼 있으며 실행되는 모양만 차이가 있을 뿐 사실상 EXE 파일을 직접 띄워 실행하는 것과 비슷한 성능과 양상을 띤다.

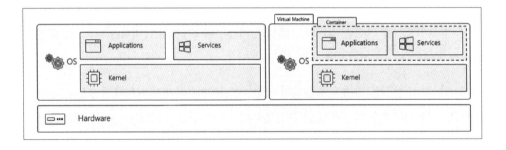

Hyper-V 격리 방식은 Hyper-V 컨테이너라고도 부르며 가상화 기술을 이용해 호스트와 분리된 실행 환경을 만들고 여기에 컨테이너 베이스 이미지에 내장된 커널을 불러와 별도의 실행 환경을 만들어 실행한다.

이 안에서 실행되는 애플리케이션은 호스트 OS의 존재를 네트워크가 아닌 프로세스나 API 레벨에서는 인지할 수 없다.

다만 완전한 가상 컴퓨터를 만들어 실행하는 것과 달리 특수하게 최적화된 가벼운 가상 계층을 만드는 것이므로 호스트 운영 체제의 커널과 완전하게 분리된 것은 아니어서 실행할 수 있는 베이스 이미지의 버전이 호스트 OS보다 높을 수 없다는 제약 조건이 따른다.

▌ 알기 쉽게 정리한 격리 방식 적용 조건

어느 격리 방식을 사용하든 윈도우 컨테이너는 기본적으로 다음과 같은 전제로 사용할 수 있다.

컨테이너 베이스 이미지의 OS 버전 <= 호스트 OS 버전

그리고 격리 방식에 따라 세부 조건이 달라진다. 프로세스 격리 방식은 다음 조건과 일치해야 한다.

컨테이너 베이스 이미지의 OS 버전 == 호스트 OS 버전

Hyper-V 컨테이너 격리 방식을 사용하는 경우 다음 조건과 일치해야 한다.

컨테이너 베이스 이미지의 OS 버전 <= 호스트 OS 버전 && 호스트는 가상화 또는 중첩 가상화를 지원해야 한다.

그리고 위의 조건은 윈도우 서버에서 컨테이너를 사용할 때뿐만 아니라 윈도우 10에서 컨테이너를 사용할 때도 동일하게 적용되는 조건이다. 윈도우 10의 경우에도 윈도우 서버처럼 커널 버전과 일치하는 베이스 이미지를 사용하면 프로세스 격리 방식의 컨테이너를 사용할 수 있기 때문이다. 이와 관련 있는 GitHub상 풀 리퀘스트를 보면 더 자세한 내용을 알 수 있다.[4]

---

4 https://github.com/moby/moby/pull/38000

▌ 실제 사례 살펴보기

위의 조건에 따라 실제 상황을 가정해보면 다음과 같다.

1. 게임 A의 게임 서버 컨테이너 이미지를 윈도우 서버 코어 1809 베이스 이미지를 사용해 만들었다.

2. 해당 이미지를 실행할 서버는 윈도우 서버 2019다. 윈도우 서버 2019는 릴리스 버전이 1809이므로 윈도우 서버 코어 1809를 사용했다.

3. 프로세스 격리 방식으로 해당 서버에서 게임 서버 컨테이너 이미지를 레지스트리로부터 내려받아 사용할 수 있다.

한편 다음과 같은 문제를 만날 수도 있다.

1. 게임 B의 게임 서버 컨테이너 이미지를 윈도우 서버 코어 1903 베이스 이미지를 사용해 만들었다.

2. 해당 이미지를 실행할 서버는 윈도우 서버 2004(2020년 4월 릴리스된 버전)이고 아마존 웹 서비스에서 t3.large 인스턴스로 실행하려고 한다.

3. OS 버전과 컨테이너 베이스 이미지 버전이 달라 Hyper-V 격리 방식을 사용하려 했지만 EC2는 중첩 가상화가 지원되지 않는다.

이미지의 OS 릴리스 버전을 정확하게 선택하지 않은 상태에서 퍼블릭 클라우드 환경에서 윈도우 컨테이너를 실행하려고 하면 이와 같은 상황에 봉착한다. 이러한 문제를 피하려면 다음 사항을 고려해야 한다.

- 실행하려는 환경이 가상화나 중첩 가상화를 지원하는지 확인한다(Hyper-V로 가상 컴퓨터를 실행할 수 있는지 여부를 확인하면 쉽다).

- 가상화나 중첩 가상화가 지원되지 않는 환경이라면 컨테이너를 실행할 OS의 릴리스 버전(1809, 1903 등)을 확인해 일치하는 베이스 이미지로 컨테이너 이미지를 만들어 등록한다.

▌ OS 릴리스 버전 이해하기

윈도우 10과 윈도우 서버 2016부터는 클라이언트 OS 버전과 서버 OS 버전이 동일한 릴리스 버전을 사용한다. 예를 들어 윈도우 10으로 2020년 5월 업데이트가 출시되면 윈도우 서버의 경우에도 일치하는 커널 버전을 사용하는 2004(2020년 4월이라는 뜻이다) 버전이 함께 출시된다.

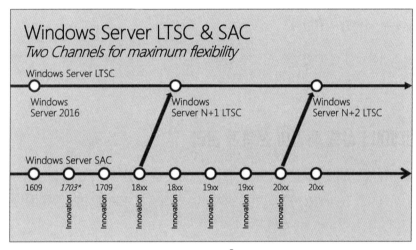

Windows Server Release Cadence by Jeff Woolsey[5], 17번째 장표에서 인용함

다만 윈도우 10과 달리 윈도우 서버의 경우 함께 출시되더라도 사용 중인 OS를 그대로 업그레이드하는 기능은 빠진 상태로 출시된다. 이렇게 나오는 버전 사이의 간격이 약 6개월이어서 반기 채널SAC이라고 부른다.

SAC 버전은 데스크톱 경험 기능이 들어 있지 않으며 서버 코어 이미지와 컨테이너 이미지만 업그레이드해 출시된다. 각 SAC 버전에는 작든 크든 변화 사항이 포함되며 각 버전의 지원 기간은 LTSC 버전보다 짧다.

반면 장기 지원 채널LTSC을 통해 제공되는 버전은 이전에 출시된 LTSC 버전의 OS 그대로

---

5 https://channel9.msdn.com/Events/Ignite/Microsoft-Ignite-Orlando-2017/BRK2279

업그레이드할 수 있으며 데스크톱 경험을 포함하고 SAC 버전보다 훨씬 오랫동안 기술 지원이 되는 버전이다. 윈도우 10 출시 이후 윈도우 서버는 2021년 현재까지 2016년과 2019년 두 번 LTSC 버전이 출시됐다. 3~4년마다 한 번 출시된다.

아마존 웹 서비스, 마이크로소프트 애저 같은 퍼블릭 클라우드의 경우 복잡한 요구 사항을 충족시키고 쿠버네티스 같은 오픈 소스 기술과의 협업을 위해 SAC 버전의 윈도우 서버 지원을 자주 꾸준하게 업데이트한다. 반면 깃허브나 서클 CI 등의 환경에서는 LTSC 버전의 윈도우 서버만 지원한다.

이러한 조건하에서 실행 환경을 어떻게 선택할지 고민이 따르기 마련이다.

▌ 컨테이너 실행 환경의 선택과 관리

고려해야 할 것이 많은 것이 윈도우 컨테이너 개발과 운영 환경이지만 다음 내용에 따라 적절한 선택지를 골라 활용하면 고민을 줄이거나 더 효율적으로 대응할 수 있다.

개발 환경과 CI

개발자가 컨테이너 이미지를 만들어야 할 경우 항상 최신 버전의 윈도우 OS 버전과 윈도우 10용 Docker를 설치하는 것이 좋다. 최신 버전의 윈도우 호스트 OS 버전을 항상 유지하면 Hyper-V 방식을 통해 윈도우 10용 Docker에서 하위 컨테이너 이미지 OS 버전을 모두 사용할 수 있기 때문이다(다만 OS를 인사이더 프리뷰 참가 상태 즉 데브 채널이나 베타 채널로 유지할 필요는 없다). Hyper-V 컨테이너로 docker build 명령을 실행하면 빌드 속도가 다소 느리지만 정식으로 출시돼 MCR 레지스트리에 등재된 모든 윈도우 컨테이너 이미지를 버전과 상관 없이 완벽하게 다룰 수 있다는 장점이 있다.

빌드 자동화를 고려 중이라면 애플리케이션 유형에 따라 빌드 자동화 방법을 다르게 선택하는 것이 유리하다. 그리고 컨테이너 베이스 이미지를 SAC 버전으로 정했다면 시중에서 제공되는 호스팅 방식의 윈도우 빌드 노드는 모두 LTSC 버전 기준이므로 빌드 노드를 별도로 구축해 운영해야 한다. 아울러 베어 메탈 계열이나 중첩 가상화를 쓸 수 있는 인스턴스 타입이 아닌 경우 빌드 노드의 OS 버전과 컨테이너 이미지의 OS 버전이 일치해야 한다는 점에 항상 유의해야 한다.

컨테이너 오케스트레이션

쿠버네티스 환경이 아닌 다른 컨테이너 오케스트레이터(예: Docker 스웜)를 사용한다면 LTSC 버전을 사용할 것을 추천한다. 쿠버네티스를 제외한 다른 오케스트레이터는 윈도우 서버 2016 출시 직후 몇 번의 업데이트로 검증된 성능과 안정성을 충분하게 확보한 지 이미 오랜 시간이 지났으므로 SAC 버전을 따라 올라가야 할 필요성이 적다.

반면 쿠버네티스 환경에서 윈도우 컨테이너를 실행할 경우 새로운 SAC 버전이 나올 때마다 업그레이드해 테스트하는 것이 유리하다. 쿠버네티스에 추가되는 풍부한 기능을 윈도우 OS에서도 사용할 수 있도록 마이크로소프트에서 윈도우 OS 자체를 계속 개발하고 있을 뿐만 아니라 최근의 윈도우 서버 개발 방향도 컨테이너와 쿠버네티스에 집중되고 있기 때문이다.

따라서 윈도우 컨테이너를 쿠버네티스에서 사용할 때는 LTSC 버전의 윈도우 서버 노드와 SAC 버전의 노드를 나눠 관리하고 적절한 제약 조건 및 노드 라벨 일치 설정을 추가해 워크로드를 분리하는 것이 좋다.

그리고 오케스트레이션 환경에서 발생할 수 있는 또 다른 문제로 차등분의 베이스 이미지를 받느라 컨테이너 구동 속도가 기대보다 느려지거나 네트워크 대역폭 사용량이 늘어나거나 컨테이너 호스트의 디스크 공간이 소진되는 문제가 발생할 수도 있다.

윈도우 OS는 옛날과 달리 거의 매달 롤업 형태로 OS의 리비전 번호를 올려 배포된다. 이는 컨테이너 베이스 이미지에도 동일하게 적용된다. 예를 들어 1903 태그를 사용하도록 Dockerfile을 만들었다면 이미지를 언제 빌드했는가에 따라 출시 초기의 이미지를 가리키거나 이후 갱신된 이미지를 가리킬 수도 있다.

다행히 윈도우 베이스 이미지는 기반이 되는 큰 이미지를 기준으로 매달 발표되는 롤업으로 인해 변경되는 차등분만 변화를 주는 방식으로 이미지를 게시한다. 따라서 리비전 버전 번호와 아키텍처까지 정확하게 태그를 지정해 빌드를 수행한다면 컨테이너 호스트에 베이스 이미지를 미리 캐시해 프로비저닝하는 전략이 항상 효과적이다.

다만 이 전략은 프로세스 격리 방식일 때 더 잘 작동하며 Hyper-V 격리 방식에서는 컨테이너 내부의 커널을 사용하므로 보안 문제를 회피하려면 컨테이너 베이스 이미지도 함께 업그레이드해야 하는 관리 비용 증가를 고려해야 할 수도 있다.

윈도우 컨테이너의 라이선스

윈도우 서버에서 가장 까다롭고 골치 아픈 부분은 역시 라이선스다. 하지만 클라우드 컴퓨팅 환경의 대중화로 최근 윈도우 서버 라이선스 문제는 매우 단순하게 바뀌었다.

리눅스와 달리 윈도우는 오직 마이크로소프트만 이미지를 제작해 배포할 독점권을 갖고 있다. 생각해보면 당연하다. 그리고 컨테이너 OS 이미지에도 마찬가지다.

이 때문에 윈도우 컨테이너 OS 이미지를 실제 서비스용으로 사용하려면 윈도우 서버 호스트에 대한 라이선스를 갖고 있어야 한다.

하지만 클라우드 컴퓨팅 환경(아마존 웹 서비스, 마이크로소프트 애저, 구글 클라우드 플랫폼 등)에서 윈도우 서버 인스턴스를 사용하고 있다면 대체로 라이선스 고민은 안 해도 된다.

기존에 온프레미스 환경에서 사용할 목적으로 윈도우 서버 라이선스를 구입해둔 것이 있다면 각 클라우드 컴퓨팅 공급업체가 라이선스 전환 사용으로 저렴하게 윈도우 서버를 사용할 수 있게 해주는 프로모션 정책을 제공하는 경우도 있으니 여러분의 클라우드 비즈니스 파트너 업체와 잘 상의해보길 바란다.

하지만 여전하게 윈도우 서버를 데이터센터에 직접 구축해 사용하거나 그럴 계획이라면

관련 내용을 반드시 검토하는 것이 좋다.[6]

기본적으로 보유 중인 윈도우 서버 OS의 라이선스 상품의 종류와 상관 없이 프로세스 격리 방식의 컨테이너는 실행 개수에 제한이 없다. 이 방식의 컨테이너는 하이퍼바이저를 전혀 사용하지 않기 때문이다.

다만 비 데이터센터 에디션으로 실행 중인 윈도우 서버에서는 라이선스상 Hyper-V 컨테이너 방식의 컨테이너는 최대 2개만 실행할 수 있다. 라이선스상 개수 제약 없이 Hyper-V 컨테이너를 실행하려면 데이터센터 에디션 라이선스를 구매해 적용해야 한다.

아울러 윈도우 10 PC에서 컨테이너를 만들어 테스트하는 것은 어떠한 형태로 윈도우 10 라이선스를 사용하든 개발과 테스트 목적으로만 기능과 라이선스가 제한된다.[7]

윈도우 컨테이너 개발 환경 준비

윈도우 컨테이너를 개발해 테스트하기 위해 선택할 수 있는 가장 쉬운 방법은 Hyper-V를 사용할 수 있는 윈도우 10 호환 컴퓨터나 노트북을 사용하는 것이다. 다만 주의할 점이 있다.

- 일부 저가형 컴퓨터나 구형 컴퓨터는 CPU 가상화 기능을 처음부터 제공하지 않도록 기능이 막혀 있는 경우가 있을 수 있으므로 CPU 가상화 기술을 사용할 수 있는 컴퓨터인지 반드시 확인해야 한다.
- 윈도우 10 S 모드가 켜져 있는 경우 S 모드를 해제해야 한다. S 모드를 해제하는 자세한 방법은 관련 문서를 참조하길 바란다.[8] 다만 한 번 해제하면 S 모드로 다시 돌아올 수 없다.

---

6 https://www.microsoft.com/en-us/licensing/product-licensing/windows-server

7 https://docs.microsoft.com/en-us/virtualization/windowscontainers/about/faq#can-i-run-windows-containers-in-process-isolated-mode-on-windows-10-enterprise-or-professional

8 https://support.microsoft.com/ko-kr/help/4456067/windows-10-switch-out-of-s-mode

윈도우 10 홈 버전을 사용 중이거나 인텔 프로세서 기반의 macOS[9]나 리눅스 환경에서 작업하길 원한다면 윈도우 10과 개발 도구가 모두 설치된 가상 컴퓨터 이미지를 마이크로소프트에서 내려받아 이용할 수 있다.

이 방법을 사용하면 윈도우 10이나 윈도우 서버 라이선스를 별도로 취득하지 않더라도 트라이얼 버전을 실행할 수 있는 기한에 개발 목적으로 자유롭게 윈도우 10 개발 환경을 이용할 수 있다. 다만 컨테이너 빌드 과정에서 오버헤드가 더 클 수 있다.

윈도우 10 개발 환경이 들어 있는 가상 컴퓨터 이미지를 다운로드하려면 다음 주석을 참조해 웹사이트를 방문하길 바란다.[10]

웹사이트에서 가상 머신 소프트웨어의 종류별로 이미지가 각각 제공되므로 적절한 파일을 다운로드해 사용할 수 있다.

▋ 가상화 또는 중첩 가상화 지원 여부 확인하기

실제 컴퓨터의 경우 사용 중인 프로세서가 가상화를 지원하는지 여부, 가상 컴퓨터를 사용하는 경우 하이퍼바이저가 중첩 가상화를 지원하는지 여부를 다시 한 번 확인한다.

가상화나 중첩 가상화를 활성화해 사용하는 방법은 매우 다양하므로 여기서 모두 다루기는 어렵다. 하지만 데스크톱용 Docker를 사용하려면 가상화 기능이 호스트에서 반드시 지원돼야 한다.

UEFI와 비트라커를 사용하는 컴퓨터에서 UEFI상의 가상화 지원 설정을 변경할 경우 다음에 시스템을 시작할 때 윈도우 OS가 잠길 수 있다. 이때 비트라커 복구 키를 입력해줘

9　애플 M1 프로세서 및 이후 애플 실리콘 프로세서를 사용하는 맥 제품에서도 여전하게 패러렐즈 같은 서드파티 하이퍼바이저를 이용해 ARM용 윈도우 10을 실행할 수 있다. 하지만 윈도우 컨테이너는 ARM을 아직 지원하지 않는다. 따라서 윈도우 컨테이너를 개발해야 하는 경우 여전하게 인텔 호환 프로세서를 사용하는 PC나 랩톱이 필요하다는 점에 유의하길 바란다. 아울러 이것은 서피스 프로 X 같은 ARM 기반 윈도우 장치에도 동일하게 적용되는 제약 조건이다.

10　https://developer.microsoft.com/ko-kr/windows/downloads/virtual-machines

야 하므로 계속 하기 전에 비트라커 복구 키를 미리 메모한 후 작업하는 것이 안전하다.

▍데스크톱용 Docker 설치하기

여기서 설명하는 윈도우 컨테이너 개발은 Docker 데스크톱 2.0 이상의 버전이 반드시 필요하다. 윈도우용 Docker 툴박스는 윈도우 컨테이너 개발을 지원하지 않는 버전이므로 혼동해 설치하지 않도록 주의해야 한다.

윈도우 10 실행 환경이 준비되면 데스크톱용 Docker를 설치하고 구성할 차례다.

데스크톱용 Docker는 다음 주석에 소개된 웹사이트에서 다운로드할 수 있다.[11]

이후 설치 마법사의 안내에 따라 설치를 진행한다. 특별하게 변경할 옵션 없이 설치를 완료하고 시스템을 다시 시작하거나 로그오프 등이 필요하다는 안내 문구가 뜨면 그대로 따라한다.

설치 후에는 Docker 데스크톱을 시작 메뉴의 검색 기능을 이용해 다음 그림과 같이 실행할 수 있다.

---

11 https://hub.docker.com/editions/community/docker-ce-desktop-windows

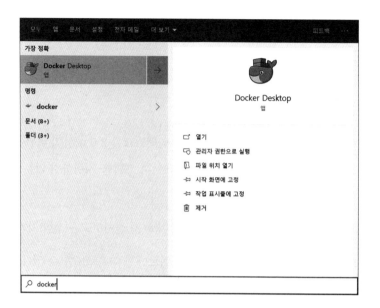

Docker 데스크톱을 실행하면 작업 표시줄의 트레이 아이콘에 고래 모양의 아이콘이 다음 그림과 같이 표시된다. 처음 시작하는 과정에서 트레이 아이콘에 애니메이션이 계속 재생되는데 멈출 때까지 기다린다.

윈도우 컨테이너 호스트로 전환하기

보편적으로 사람들은 리눅스 컨테이너 개발 환경이 필요하므로 데스크톱용 Docker를 처음에 설치하면 리눅스 컨테이너 호스트로 실행된다. 윈도우 컨테이너를 사용하려면 윈도우 컨테이너 모드로 반드시 전환해야 한다.

윈도우 컨테이너 모드로 전환하려면 트레이 아이콘을 오른쪽 마우스 버튼을 클릭하면 뜨는 팝업 메뉴에서 Switch to Windows Container 메뉴를 클릭한다. 이 메뉴가 보이지 않으면 전환이 이미 완료된 것이다.

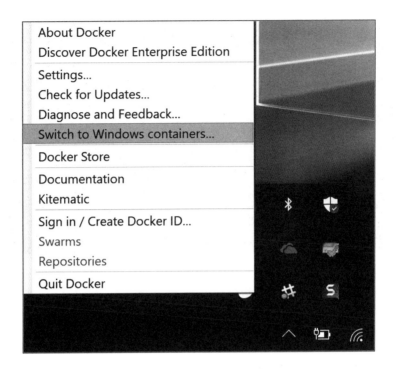

잠시 기다리면 윈도우 컨테이너 호스트 모드로 로딩이 완료된다.

잘 설치됐는지 확인하기 위해서는 다음 명령어를 실행한다.

```
docker run -it --rm hello-world
```

다음 그림과 같은 메시지가 뜨면 윈도우 컨테이너 호스트 구동이 정상적으로 완료된 것
이다.

이제 윈도우 컨테이너를 사용해 개발할 준비를 모두 마쳤다.

윈도우 서버에서 컨테이너 환경 구축하기

윈도우 서버를 직접 사용할 여건이 되면 윈도우 서버 인스턴스를 먼저 프로비저닝한 후 다음 단계를 따른다. 이 문서의 내용을 따라하려면 최소 윈도우 서버 2019 이상의 서버 OS가 필요하다. 또한 개발 용도나 프로덕션 용도와 상관 없이 컨테이너 런타임 환경은 서버 코어 버전을 사용하는 것이 일관성 있고 이해하기 쉬우므로 서버 코어 버전의 OS를 프로비저닝할 것을 권한다.

권장: 서버에 SSH 접속 활성화하기

윈도우 10과 윈도우 1709부터 기본적으로 제공되는 SSH 서버를 설정하는 방법을 살펴보자. 이 방법을 사용하면 윈도우 서버도 기존 리눅스 서버와 마찬가지로 SSH로 원격 접속할 수 있다. 또한 SSH 포트 터널링을 이용해 방화벽 설정을 수정하지 않고 안전하게 원격 데스크톱을 사용하는 방법도 살펴보겠다.

▌ 오픈 SSH 서버 설치하고 구성하기

이전 글에서 SSH 클라이언트를 설치했던 것과 같은 방법으로 오픈 SSH 서버를 설치할 수 있다.

```
$OpenSSHServer = Get-WindowsCapability -Online | ? Name -like 'OpenSSH.Server*'
Add-WindowsCapability -Online -Name $OpenSSHServer.Name
```

오픈 SSH 서버 프로그램을 설치한 후에는 NT 서비스를 한 번 시작하고 종료해 필요한 초기 설정 파일을 만든다.

```
$SSHDaemonSvc = Get-Service -Name 'sshd'
Start-Service -Name $SSHDaemonSvc.Name
Stop-Service -Name $SSHDaemonSvc.Name
```

▌ 비대칭 키 인증 적용하기

비밀번호 대입을 통한 공격 방지를 위해 공개 키 인증 방식을 사용하고 비밀번호 인증 방식을 비활성화하는 것이 좋다. 관리자 권한으로 파워셸을 시작한 후 다음 경로의 파일을 연다(또는 선호하는 다른 텍스트 에디터를 사용해도 된다).

```
notepad.exe $env:PROGRAMDATA\ssh\sshd_config
```

그리고 다음 항목에 대한 주석이 적용돼 있으면 주석을 해제하고 다음과 같이 값을 적용한다.

- PubkeyAuthentication yes
- PasswordAuthentication no
- PermitEmptyPasswords no

그 다음에는 SSH 공개 키를 어떠한 방식으로 관리할지 선호하는 방법을 선택한다. 윈도우 서버 2019(또는 1809)부터는 2가지 방법이 있는데 그중 사용자 홈 디렉터리에 authorized_keys 파일을 만드는 전통적인 방법부터 설명하겠다.

▌ $HOME\.ssh\authorized_keys 파일 사용법

이 방법을 사용하려면 설정 파일 하단에 있는 다음과 같은 코드 블록을 주석 처리해야 한다.

```
Match Group administrators
  AuthorizedKeysFile
  __PROGRAMDATA__/ssh/administrators_authorized_keys
```

그 다음에는 로그인하려는 사용자 홈 디렉터리로 이동해 .ssh 디렉터리를 만든다.

```
mkdir "$HOME\.ssh"
```

새로 만든 디렉터리 안에 authorized_keys 파일(확장자가 없어야 한다)을 만들고 선호하는 텍스트 편집기로 파일을 연다.

```
$authorizedKeyFilePath = "$HOME\.ssh\authorized_keys"
New-Item $authorizedKeyFilePath
notepad.exe $authorizedKeyFilePath
```

여기에 사용 중인 SSH 공개 키 값을 가져와 기록하고 저장한다.

파일을 저장하면 '인증 키 정보를 담은 파일 권한 설정하기' 절에서 설명하는 대로 반드시 파일 권한 설정을 변경해야 한다. 이 설정이 돼 있지 않으면 SSH에 연결할 때 실패하므로 빠뜨리면 안 되는 중요한 작업이다.

▌administrators_authorized_keys 사용법

윈도우 서버 2019(1809)에 포함된 오픈 SSH에서 기본적으로 사용하는 방식이다. 사용자별로 SSH 키를 새로 매번 등록하지 않고도 한군데서 파일을 관리할 수 있다.

이 방식을 사용할 경우 관리자가 아닌 사용자(Administrators 그룹에 속하지 않은)를 제외하면 모든 공개 키가 $env:PROGRAMDATA\ssh\administrators_authorized_keys 파일에 저장돼야 하고 관리자 그룹에 속한 사용자가 접속을 시도하면 이 설정을 홈 디렉터리의 설정 대신 사용하므로 여기에 키가 없으면 접속에 실패한다.

administrators_authorized_keys 파일은 기본적으로 존재하지 않으므로 새로 만들어야 한다.

```
$authorizedKeyFilePath = "$env:ProgramData\ssh\administrators_authorized_keys"
New-Item $authorizedKeyFilePath
notepad.exe $authorizedKeyFilePath
```

여기에 사용 중인 SSH 공개 키 값을 가져와 기록하고 저장한다.

파일을 저장하면 '인증 키 정보를 담은 파일 권한 설정하기' 절에서 설명하는 대로 반드시 파일 권한 설정을 변경해야 한다. 이 설정이 돼 있지 않으면 SSH에 연결할 때 실패하므로 빠뜨리면 안 되는 중요한 작업이다.

▌인증 키 정보를 담은 파일 권한 설정하기

윈도우용 오픈 SSH 서버 설정에서 가장 어려운 부분이다. 또는 잘 되던 SSH 접속이 어느 날 안 되는 것도 이 부분과 관련이 있을 수 있다.

앞 단계의 선택 방법에 따라 authorized_keys 파일이나 administrators_authorized_ keys 파일 경로를 확인해 icacls.exe 유틸리티와 Get-Acl, Set-Acl 명령을 사용해 시스 템 계정만 접근할 수 있게 권한을 변경해야 한다.

```
$authorizedKeyFilePath = "..."
icacls.exe $authorizedKeyFilePath /remove "NT AUTHORITY\Authenticated Users"
icacls.exe $authorizedKeyFilePath /inheritance:r
Get-Acl "$env:ProgramData\ssh\ssh_host_dsa_key" | Set-Acl $authorizedKeyFilePath
```

▌SSH 기본 셸 변경하기

기본적으로 호환성을 고려해 윈도우 운영 체제는 이전부터 지금까지 DOS 명령어를 인 식하는 인터프리터를 기본으로 하는 셸을 제공해왔다. 하지만 이제 DOS 명령어를 사용 해 작업하는 것보다 많고 다양한 기능을 제공하는 파워셸이 훌륭한 대안이 돼 가고 있다.

필요하다면 DOS 인터프리터 대신 파워셸을 SSH의 기본 셸로 처음부터 사용하도록 지정 할 수도 있다. 다만 여기서 설정하는 것은 SSH 세션에만 한정된다.

```
New-ItemProperty -Path "HKLM:\SOFTWARE\OpenSSH" -Name DefaultShell -Value
"$env:WINDIR\System32\WindowsPowerShell\v1.0\powershell.exe" -PropertyType String
-Force
```

SSH 서비스 시작하기

이제 SSH 서버를 시작할 준비가 됐다. SSH 서버는 기본적으로 수동 실행 상태로 설정돼 있으므로 시작 모드를 자동으로 변경하고 서비스를 시작한다.

```
$SSHDaemonSvc = Get-Service -Name 'sshd'
Set-Service -Name $SSHDaemonSvc.Name -StartupType Automatic
Start-Service -Name $SSHDaemonSvc.Name
```

다음과 같이 접속이 가능하다는 것을 확인하면 잘된 것이다.

이렇게 해 윈도우도 기본적으로 제공되는 소프트웨어만으로 리눅스처럼 비밀번호를 사용하지 않고도 접속이 가능하도록 구성됐다.

안전한 파일 송·수신 기능 사용하기

당연한 말이지만 SSH를 기반으로 하는 SFTP를 사용할 수도 있다. 이 기능을 이용해 원격 데스크톱의 폴더 공유 기능을 대신해 대용량 파일 전송도 더 안전하게 처리할 수 있다.

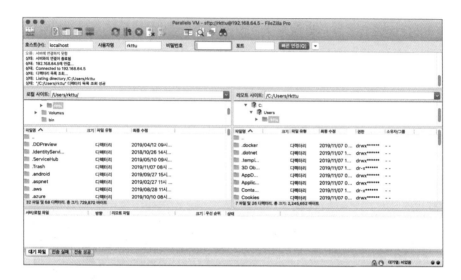

파일질라 같이 SFTP 기능을 지원하는 클라이언트라면 모두 호환되며 기존 FTP처럼 복잡한 방화벽 개방 정책을 적용할 필요도 없으므로 관리상 이점이 뛰어나다.

▍ 권장: 클라이언트에서 SSH 접속 준비하기

마이크로소프트에서 제공하는 오픈 SSH는 흔하게 사용하는 클래식 제어판(control.exe)의 윈도우 구성 요소 추가/제거 대화 상자에 나오는 항목이 아닌 주문형 기능[FOD] 스타일의 추가 패키지이므로 설정 앱의 선택적 기능 메뉴를 이용하거나 다음과 같은 명령어를 사용해야만 설치할 수 있다.

관리자 권한으로 파워셸 시작 후 윈도우 구성 요소 추가를 위해 다음과 같은 파워셸 명령어를 사용한다.

```
$OpenSSHClient = Get-WindowsCapability -Online | ? Name -like 'OpenSSH.Client*'
```

```
Add-WindowsCapability -Online -Name $OpenSSHClient.Name
```

보통 설치한 후 시스템 재시작은 필요 없다.

설치 완료 후 ssh-agent 서비스를 활성화해야 한다. 이 서비스는 SSH 키의 비밀번호를 매번 묻지 않게 등록하기 위해 사용한다. 처음에는 서비스가 비활성화돼 있고 정지돼 있으므로 서비스가 자동으로 시작되도록 설정하고 지금 시작하도록 만든다.

```
$SSHAgentSvc = Get-Service -Name 'ssh-agent'
Set-Service -Name $SSHAgentSvc.Name -StartupType Automatic
Start-Service -Name $SSHAgentSvc.Name
```

이제 관리자 모드의 파워셸 창을 닫고 일반 권한의 파워셸 창을 열어 작업해야 한다.

시스템을 새로 설정하는 것이니 새로운 SSH 키를 만들어보자. 오픈 SSH 클라이언트 패키지와 함께 자주 쓰이는 유틸리티도 함께 추가됐다. ssh-keygen 명령어를 실행해 순서대로 응답한다.

```
ssh-keygen
```

그러면 $HOME\.ssh\id_rsa 파일과 $HOME\.ssh\id_rsa.pub 파일로 Key Pair가 만들어진다.

이제 이 키 쌍을 ssh-agent 서비스에 추가하기 위해 ssh-add 명령어를 실행한다.

```
ssh-add
```

$HOME\.ssh\id_rsa Key Pair를 자동으로 등록하게 되며 지금부터 해당 키 쌍으로 인증할 수 있게 됐다.

▌ 윈도우 컨테이너와 Docker 엔터프라이즈 에디션 활성화하기

위의 권장 사항을 적용했다면 데스크톱 경험이 설치돼 있지 않더라도 파일 복사와 각종 고급 명령 줄 도구를 윈도우에서도 SSH를 통해 충분하게 활용할 수 있다. 이 상태에서 윈도우 컨테이너와 Docker를 활용할 수 있으므로 여러 면에서 유익할 것이다.

윈도우 서버에서 윈도우 컨테이너를 사용하려면 2021년 2월 기준으로 공식적으로 Docker 엔터프라이즈 에디션이 유일하게 검증된 런타임이다. 클라우드 네이티브 컴퓨팅 재단에서 지원하는 컨테이너 D 런타임의 경우 쿠버네티스와 연계할 목적으로 현재 개발이 진행 중이며 2021년 말이나 2022년 초 정식 버전 출시가 예상되지만 이 프로젝트의 완료 여부와 상관 없이 여러분이 윈도우 컨테이너와 마주할 때는 Docker를 계속 사용할 것이다.

따라서 여기서는 윈도우 컨테이너를 윈도우 서버에서 사용하는 데 필요한 Docker 엔터프라이즈 에디션을 서버에 설치하고 활성화하는 방법을 설명하겠다.

Docker 엔터프라이즈 에디션은 이름에서도 알 수 있듯이 원래 상용 제품이고 별도로 돈을 받고 판매하는 제품이다. 하지만 전략적으로 마이크로소프트와의 제휴를 통해 윈도우 서버에 대한 라이선스 비용을 지불했다면(윈도우 서버를 정상적으로 라이선스를 취득해 사용 중이라면) 추가 비용 없이 무료로 사용할 수 있다.

하지만 일종의 서드파티 소프트웨어이므로 마이크로소프트의 기본 소프트웨어 피드가 아닌 커뮤니티 피드를 통해 설치할 수 있어 패키지 매니저를 별도로 먼저 설치해줘야 한다. 설치 과정에 외부 스크립트 실행 여부를 묻는 질문에는 전부 실행하는 것으로 답한다.

```
Install-Module -Name DockerMsftProvider -Repository PSGallery -Force
```

그 다음은 다음과 같은 명령어를 실행해 Docker 엔터프라이즈 에디션을 설치한다. 마찬가지로 설치 과정에 외부 스크립트 실행 여부를 묻는 질문에는 전부 실행하는 것으로 답한다.

```
Install-Package -Name docker -ProviderName DockerMsftProvider
```

그 후 서버를 재시작해야 한다.

```
Restart-Computer -Force
```

▎첫 윈도우 컨테이너 애플리케이션 만들기

이제 클라이언트와 서버의 구분 없이 여러분이 원하는 윈도우 컨테이너 실행 환경을 만들었다.

윈도우 컨테이너 이미지 중 서버 코어 컨테이너에 기본적으로 포함돼 있는 파워셸을 이용해 외부에서 웹 요청을 받아들일 수 있는 간단한 웹 서버 컨테이너를 만들어보자.

참고로 여기서 설명하는 모든 명령 줄은 파워셸 문법을 사용한다.

먼저 작업 편의를 위해 사용자 홈 디렉터리 아래에 새로운 작업용 디렉터리 dockertest를 생성한다.

```
cd $env:USERPROFILE
mkdir dockertest
cd dockertest
```

샘플 컨테이너에서 표시할 웹페이지를 방금 만든 디렉터리 안에 추가한다. 파일 이름은 index.html로 만들고 원하는 내용을 채워 넣는다.

```
echo '<h1>Hello, World! from Windows Container</h1>' > index.html
```

그리고 새로운 Dockerfile을 만들어 원하는 텍스트 편집기로 연다. 확장자를 붙이지 않도록 만들어야 하므로 명령어로 새로운 파일을 먼저 만드는 것이 정확하다.

```
New-Item -Type File .\Dockerfile
```

Dockerfile 내용은 다음과 같이 작성한다.

```
FROM mcr.microsoft.com/windows/servercore/iis:windowsservercore-ltsc2019

WORKDIR C:\\Inetpub\\wwwroot
ADD index.html .

EXPOSE 80/tcp
```

위의 Dockerfile은 웹 서버가 보여줄 index.html 파일을 추가하는 것 외에 특별한 내용이 없다. 다만 윈도우 환경을 접할 기회가 많지 않았다면 위의 코드 중 일부가 무슨 의미인지 이해되지 않을 수도 있다. 그중 2가지 핵심만 짚고 넘어간다.

리눅스는 드라이브 개념이 없고 모든 것이 루트 디렉터리로부터 출발하지만 모두 잘 알듯이 윈도우는 루트 디렉터리 개념이 없고 드라이브 개념을 사용한다. 윈도우 컨테이너 안에서도 마찬가지다. 다만 호스트 OS의 파티션 설정을 공유하지 않으므로 컨테이너에는 C

드라이브만 존재한다(호스트 OS의 파티션이 어떻게 구성돼 있고 CD-ROM 드라이브 몇 개가 연결 돼 있든 컨테이너와는 전혀 상관 없다).

그리고 C 드라이브가 시작점인 것은 역사적으로 윈도우 OS는 DOS의 드라이브 문자 할 당 체계 의미론을 계승하므로 플로피 드라이브를 위해 예약되는 A와 B를 남겨두고 C부 터 시스템 파티션의 드라이브 문자로 사용하기로 하고 기본 값으로 선택했기 때문이다.[12]

그리고 WORKDIR 지시자를 사용해 C:\Inetpub\wwwroot 디렉터리를 기본 경로로 잡은 부 분을 설명하면 다음과 같다. 예제에서 사용하는 컨테이너는 IIS 컨테이너이며 IIS 컨테이 너는 윈도우 OS가 설치된 파티션에 할당된 드라이브에 \Inetpub\wwwroot 디렉터리를 만 들어 첫 웹사이트를 띄운다. 이 경로를 원하는 대로 바꿀 수는 있지만 예제에서는 빠른 이 해를 돕기 위해 굳이 변경하지 않았다.

이제 위의 Dockerfile을 이용해 웹 서버 컨테이너를 빌드해보겠다.

그리고 빌드하기 전에 현재 작업 중인 컴퓨터가 종량제 인터넷을 사용한다면 접속 수단부 터 바꾸는 것이 좋다. 윈도우 컨테이너의 베이스 이미지 크기는 종류에 따라 다르지만 최 소 1GiB 내외에서 최대 4GiB까지 매우 폭넓어 종량제 플랜을 사용할 경우 사용량을 모두 소진하거나 추가 요금이 발생할 수 있으므로 주의해야 한다.

```
docker build -t wwwtest:latest .
```

처음 빌드할 때는 이미지를 받아올 때 시간이 많이 걸릴 수 있다.

빌드가 완료된 후에는 다음과 같은 명령어를 실행해 IIS 컨테이너를 실행한다.

```
docker run -d -p 8080:80 --name=wwwtest wwwtest:latest
```

이제 웹 서버가 잘 실행됐는지 확인하기 위해 웹 브라우저로 다음 주소에 접속한다.

---

12 이러한 체계를 따르게 된 이유에 대해서는 https://en.wikipedia.org/wiki/Drive_letter_assignment를 참조하길 바란다.

http://localhost:8080

다음 그림과 같이 여러분이 만든 index.html 페이지가 잘 나타났다면 성공한 것이다.

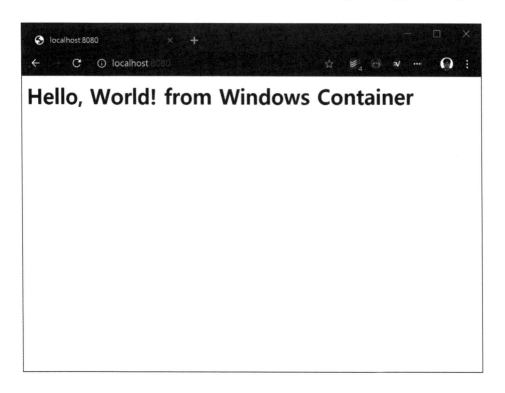

축하한다! 이제 윈도우 컨테이너를 성공적으로 개발할 수 있다.

이제 만들어진 컨테이너를 제거하기 위해서는 다음과 같은 명령어를 실행한다.

```
docker rm -f wwwtest
```

| 찾아보기 |

도커에서 윈도우 컨테이너 사용하기 2/e

윈도우 서버 애플리케이션을 클라우드 네이티브 환경으로 보내기 위한 준비

발 행 | 2021년 10월 27일

지은이 | 엘튼 스톤맨
옮긴이 | 남 정 현

펴낸이 | 권 성 준
편집장 | 황 영 주
편 집 | 조 유 나
         김 진 아
디자인 | 윤 서 빈

에이콘출판주식회사
서울특별시 양천구 국회대로 287 (목동)
전화 02-2653-7600, 팩스 02-2653-0433
www.acornpub.co.kr / editor@acornpub.co.kr

한국어판 ⓒ 에이콘출판주식회사, 2021, Printed in Korea.
ISBN 979-11-6175-576-2
http://www.acornpub.co.kr/book/docker-windows

책값은 뒤표지에 있습니다.